春秋左传通注 中

宣公　成公　襄公

焦作森　译注

吉林大学出版社

宣公

宣公名倭（亦作倭），文公子，母敬嬴。

宣公元年

【经】

元年春王正月，公即位。

公子遂如齐逆女。居丧而娶，欲宠齐自固也。君夫人以卿逆为礼，敬事也。

三月，遂以夫人妇姜至自齐。称“妇”，有姑之辞。宣公母敬嬴在世，则此时敬嬴为国夫人，故《经》不书“夫人姜氏”，而书“夫人妇姜”以明之。杜预：“不书氏（不书妇姜氏，而书妇姜），史阙文。”不从，书不书无义例。

夏，季孙行父如齐。

晋放其大夫胥甲父于卫。杜预：“放者，受罪黜免，宥之以远。”

公会齐侯于平州。平州，齐地。

公子遂如齐。

六月，齐人取济西田。为立宣公故，赂齐也。

秋，郳子来朝。

楚子、郑人侵陈，遂侵宋。晋赵盾帅师救陈。宋公、陈侯、卫侯、曹伯会晋师于棐林，棐林，郑地。伐郑。

冬，晋赵穿帅师侵崇。杜预："崇，秦之与国。"

晋人、宋人伐郑。

【传】

元年春，王正月，公子遂如齐逆女，尊君命也。尊君命，故称"公子遂"。杜预："诸侯之卿，出入称名氏，所以尊君命也。《传》于此发者，与还文不同，故释之。"三月，遂以夫人妇姜至自齐，尊夫人也。夫人尊于公子遂，故《经》书"遂"，不书"公子遂"，尊夫人也。然此去"公子"，无讥意。

夏，季文子如齐，纳赂以请会。杜预："宣公篡立，未列于会，故以赂请之。"

晋人讨不用命者，放胥甲父于卫，胥甲，下军佐。杜预谓讨文十二年河曲之战不用命，然河曲之战距今已历数年，何不早讨之？盖胥甲自河曲之战至今，复有不用命者。而立胥克。杜预："克，甲之子。"先辛奔齐。杜预："辛，甲之属大夫。"

会于平州，杨伯峻："与齐侯会也，纳赂请会，始有此会。"以定公位。杨伯峻："即得诸侯承认之意。"

东门襄仲如齐拜成。杜预："谢得会也。"东门襄仲，公子遂。

六月，齐人取济西之田。为立公故，以赂齐也。

宋人之弑昭公也，在文十六年。晋荀林父以诸侯之师伐宋，在文十七年。宋及晋平，宋文公受盟于晋。言晋受赂，不果讨宋。又会诸侯于扈，将为鲁讨齐，在文十五年。时齐屡伐鲁，故晋为盟主谋讨之。皆取赂而还。凡讨罪、救患，霸主之义也，晋为霸主，受贿而堕其事。郑穆公曰："晋不足与也。"与，从也，即也。遂受盟于楚。陈共公之卒，在文十三年。楚人不礼焉。陈灵公受盟于晋。

秋，楚子侵陈，遂侵宋。晋赵盾帅师救陈、宋。会于棐林，以伐郑也。楚蔿贾救郑，遇于北林。与诸侯师相遇。蔿贾，伯嬴，孙叔敖之父。囚晋解扬，晋人乃还。解 xiè 扬，晋大夫。

晋欲求成于秦，赵穿曰："我侵崇，秦急崇，崇既秦之与国，秦必急其事若己事也。必救之。吾以求成焉。"借此求成于秦。冬，赵穿侵崇。秦弗与成。

晋人伐郑，以报北林之役。杜预："报囚解扬。"于是晋侯侈，赵宣子为政，骤谏而不入，骤，屡也。故不竞于楚。杜预："竞，强也。"杨伯峻："竞有争义。犹言不能与楚相争也。"

宣公二年

【经】

二年春王二月壬子，宋华元帅师及郑公子归生帅师战于大棘。杨伯峻："大棘此时为宋地。"宋师败绩，获宋华元。杜预："得大夫，生死皆曰获。"

秦师伐晋。

夏，晋人、宋人、卫人、陈人侵郑。

秋九月乙丑，二十六日。晋赵盾弑其君夷皋。杜预："灵公不君而称臣以弑者，以示良史之法，深责执政之臣。"

冬十月乙亥，六日。天王崩。

【传】

二年春，郑公子归生命于楚伐宋。命于楚，受命于楚。宋华元、乐吕御之。二月壬子，战于大棘，宋师败绩。囚华元，获乐吕，《经》书"获宋华元"，此曰"囚"，明生获也；乐吕则区别言之曰"获"，死获也。及甲车四百六十乘，俘二百五十人，馘百人。

狂狡辂郑人，杜预："狂狡，宋大夫。辂，迎（迎战）也。"郑人入于井。言"入"不言"坠"，或郑人自入于井。倒戟而出之，获狂狡。倒授戟柄以拉出之，而郑人反获狂狡。君子曰："失礼违命，礼，非仪也，礼是本于天道法则的处事行为规范。重耳亡在楚，答楚王之言可谓礼；楚归晋知罃，知罃答楚王之言亦谓礼，《传》释礼之例多有，昭五年有女叔齐释礼，昭二十五年有子太叔释礼，可参看。宜其为禽也。戎，昭果毅以听之之谓礼，听，犹受也。杜预："听谓常存于耳，著于心，想闻其政令。"杨伯峻："此句意谓兵戎之事在于昭明果毅精神，唯发扬果毅存念于心，行动于外，斯乃谓之礼。"杀敌为果，杀灭敌师之有生力量是谓有成果。致果为毅。兵戎之事，能致力于杀敌得果为毅。易之，戮也。"孔颖达："反易此道，则合刑戮也。"

将战，此补叙战前事。华元杀羊食士，其御羊斟不与。与，予也。及战，曰："畴昔之羊，子为政；今日之事，我为政。"畴，犹言比。畴昔，昨日也。政，执掌、主管某项事务，曰为某事之政。与入郑师，与，从也。驱车入郑师。故败。君子谓："羊斟非人也，以其私憾，败国殄民。杨伯峻谓，"殄民"或与下文"残民"同义。于是刑孰大焉。《诗》所谓'人之无良'者，其羊斟之谓乎！残民以逞。"残害人民以逞己私欲。

宋人以兵车百乘、文马百驷以赎华元于郑。文马，杨伯峻据沈钦韩、章炳麟，谓马之毛色有文彩者。百驷，四百匹。半入，杨伯峻："所赎物仅入其半。"华元逃归，立于门外，告而入。

杜预："告宋城门而后入，言不苟。"**见叔牂，曰：**杜预："叔牂，羊斟也。"阮芝生："疑其陷元于敌，即脱身而逃，不与元同获。"**"子之马然也？"**杨伯峻本杨树达谓："盖华元知羊斟卖己，故婉其辞以诘之，谓：'子之驰入郑师者，子之马则然邪？'"**对曰："非马也，其人也。"既合而来奔。**杜预："叔牂言毕，遂奔鲁。合犹答也。"

宋城，华元为植，巡功。杜预"植，将主也"，杨伯峻从之，曰："华元为筑城之主持者，巡行检查工作。"**城者讴曰：**《说文》："讴，齐歌也（齐声而歌也）。"**"睅其目，**《说文》："睅（hàn），大目也。"杜预："出目。"**皤其腹，**杜预："皤（pó），大腹。"**弃甲而复。**杨伯峻："弃甲指其战败，复指其逃归。"**于思于思，**杜预："于思，多须之貌。""于思"亦可解为无义之感叹词，《诗》"不可休思"、"不可求思"、"今我来思"、"天惟显思"。**弃甲复来。"**杨伯峻："复来指其巡功。"**使其骖乘谓之曰："牛则有皮，犀兕尚多，**句谓虽有牛皮，然犀兕之皮尚多（犀兕之皮良于牛皮，固当优先择用）。牛皮喻小勇，犀兕之皮喻大勇；华元以牛皮比国之勇士，又以犀兕之皮自居，言纵使国多勇士，与我自不可比，故己能来巡功。**弃甲则那？"**弃甲又如何？杨伯峻："那，奈何之合音。"**役人曰："从其有皮，丹漆若何？"**从同纵。役人意谓：筑城之事与涂丹抹漆之事无异，汝既有大勇，今委汝以"丹漆"之事，虽勇如何？言虽勇无用也。**华元曰："去之！夫其口众我寡。"**寡，口寡。言不可与之争。杜预："《传》言华元不吝其咎，宽而容众。"

秦师伐晋，以报崇也，晋侵崇在去年。**遂围焦。**杜预："焦，晋河外邑。"**夏，晋赵盾救焦，遂自阴地，及诸侯之师侵郑，以报大棘之役。**大棘役在今春。**楚斗椒救郑，**斗椒，子越椒，司马子良之子，令尹子文之侄。**曰："能欲诸侯而恶其难乎？"**谓欲求诸侯之事己，则当勤其事，不可嫌恶其祸难。**遂次于郑，以待晋师。赵盾曰："彼宗竞于楚，**彼宗，若敖氏也。竞，争竞。杜预：

“竞，强也。”**殆将毙矣。姑益其疾。”**杜预：“欲示弱以骄之。”**乃去之。**

晋灵公不君：杜预：“失君道也。”杨伯峻：“犹言在君位而言行不合为君之道。”**厚敛以彫墙；**厚敛，厚敛于民。杜预：“彫，画也。”**从台上弹人，而观其辟丸也；**弹 tán。以丸弹击台下之人，观其躲避之态以取乐。**宰夫胹熊蹯不熟，**胹 ér，烹饪之法。熊蹯，熊掌。**杀之，寘诸畚，**畚 běn，盖犹南方之背篓。**使妇人载以过朝。**载，背也。畚之前侧盖有两耳，可背在肩上。**赵盾、士季见其手，**盖尸之手露于外。士季，士会，随会，范会也。**问其故，而患之。将谏，士季曰：“谏而不入，则莫之继也。**杨伯峻：“赵盾为正卿，若谏而灵公不纳，则再无人可以继之。”**会请先，不入，则子继之。”三进，及溜，而后视之。**溜，屋溜也。杨伯峻据沈钦韩谓：“士会前进三次，最后及于阶间之溜，晋灵始举头张目视之。前两次之进，晋灵伪装不见。三进者，始进为入门；再进者，由门入庭；入庭之后，升阶当溜，则三进矣。此则晋灵不得不视随会也。”**曰：“吾知所过矣，将改之。”稽首而对曰：“人谁无过？过而能改，善莫大焉。《诗》曰：‘靡不有初，鲜克有终。’**言人皆能敬慎事之初始，时日既久则失去恒心，于是敷衍怠慢其事，不能壹以贯终。《周易·既济》“初吉终乱”与此同义。**夫如是，**如《诗》之言。**则能补过者鲜矣。**以能补过者鲜来肯定晋灵“知过将改”之言，用美劝之。**君能有终，则社稷之固也，岂唯群臣赖之。又曰：‘衮职有阙，惟仲山甫补之。’**衮，天子以及上公之礼服，此借指周宣王。杨伯峻：“仲山甫，周宣王时之贤臣樊侯。《诗》以衮衣之阙喻周王之过失，以能缝补衮衣之阙喻仲山甫能匡救君过。”**能补过也。君能补过，衮不废矣。”**杨伯峻：“言衮不失其为衮。随会以衮喻晋之社稷，仲山甫喻晋灵公。仲山甫为周天子卿士，晋侯则侯伯，亦可以相当。”

犹不改。宣子骤谏，公患之，骤，屡也。患，惧也。**使鉏**

麑贼之。杜预："鉏麑（ní），晋力士。"贼，杀也，有暗杀之义。**晨往，寝门辟矣，**辟，启也，开也。《舜典》："辟四门。"《诗·大雅·皇矣》："启之辟之，其柽其椐。攘之剔之，其檿其柘。"悬门曰启发，对开门曰辟阖。**盛服将朝。**盛服，言礼服备也。**尚早，坐而假寐。**坐，双膝跪地，臀坐于双足后跟曰坐。假寐，闭目养神也。**麑退，叹而言曰："不忘恭敬，民之主也。**大人皆得为民之主，文十七年《传》以齐侯为民主，襄二十二年谓国卿为民主，例甚多。**贼民之主，不忠；弃君之命，不信。有一于此，不如死也。"触槐而死。**杜预："槐，赵盾庭树。"

秋九月，晋侯饮赵盾酒，伏甲，将攻之。其右提弥明知之，杜预："右，车右。"杨伯峻："盖临时始察觉而得之，然后趋登以救之。若早知之，当早言之而为其备。"**趋登，**杨伯峻"趋行而登上堂也"。**曰："臣侍君宴，过三爵，非礼也。"**杨伯峻："此盖小饮酒之礼，所宴者为赵盾一人，故提弥明以'过三爵非礼'为言，盖促赵盾之速退。"**遂扶以下，公嗾夫獒焉。**嗾 sǒu，使狗也。命犬追逐猎物或攻击咬人，则"嗾"之。杜预："獒，猛犬也。"**明搏而杀之。**搏，斗也。**盾曰："弃人用犬，虽猛何为？"**《传》言灵公很。**斗且出，**杨伯峻："与伏甲且斗且出也，此时伏甲当已起矣。"**提弥明死之。**

初，宣子田于首山，田，猎也。**舍于翳桑，见灵辄饿，**盖饿仆于道。**问其病。曰："不食三日矣。"食之，**与之食使食。**舍其半。**不尽食之。**问之，**问何不尽食之。**曰："宦三年矣，**俞樾："宦为臣隶也。"善。**未知母之存否，今近焉，**离家近。**请以遗之。"使尽之，而为之箪食与肉，**杨伯峻："箪音单，古代盛饭食之圆形筐。"**寘诸橐以与之。既而与为公介，**杜预："灵辄为公甲士。"与，从也。**倒戟以御公徒，而免之。**杨伯峻："倒戟犹言倒戈。"是也。**问何故。**问何故救己。**对曰："翳桑之饿人也。"**

问其名居，居，居所。**不告而退。**杜预："不望报也。"杨伯峻："后人或以灵辄既不自言其姓名，作《传》者何由知之。不知其人既为灵公卫士，赵盾于事后必能得其名。"**遂自亡也。**前人多谓"自亡"是灵辄亡，误。王引之："此谓盾亡，非辄亡也。出奔出于己意，不待君之放逐，故曰'自亡'。"是也。灵辄，小人也，《经》《传》所书，甚惜笔墨，小人之亡否不当宗旨，故"亡"自是赵盾亡。

乙丑，赵穿攻灵公于桃园。攻，本或作"杀"。**宣子未出山而复。**杜预："晋竟之山也。盾出奔，闻公弑而还。"是也。王引之："是时晋境南至河，而山在其内。则出山尚未越境，不得以为'晋境之山'也。"误。王引之误会下文"亡不越竟"之言，以为"出山"即是"越境"，然则若不出晋境内之山，则不可谓"不越竟"乎？**大史书曰："赵盾弑其君。"以示于朝。宣子曰："不然。"对曰："子为正卿，**正卿有广狭二义，广义包括上中下三卿，狭义则特指上卿。**亡不越竟，**越境，则君臣之义绝，一旦出境，国内再有任何事件发生，则与之无关；若未出境，国内之事务，己身为正卿，自然不能摆脱干系。**反不讨贼，非子而谁？"**若返而讨贼，亦可不背弑君之名。**宣子曰："乌呼！'我之怀矣，自诒伊戚'，**怀，怀恋也。言怀恋于晋，非坚意出亡。昭十二年："或谮成虎于楚子，成虎知之而不能行。书曰：'楚杀其大夫成虎。'怀宠也。"诒，遗也。伊，犹斯也。**其我之谓矣！"**

孔子曰："董狐，董狐，即太史。**古之良史也，书法不隐。**杜预："不隐盾之罪。"**赵宣子，古之良大夫也，为法受恶。**王肃："为书法受弑君之名。"**惜也，越竟乃免。"**

宣子使赵穿逆公子黑臀于周而立之。《晋世家》："是为成公。成公者，文公少子，其母周女也。"**壬申，**十月三日。**朝于武宫。**武宫，晋武公之庙。曲沃历桓叔、庄伯，至武公始受周封为侯。

初，丽姬之乱，诅无畜群公子，诅，为盟誓之言，诅咒背盟者。**自是晋无公族。**诸侯之同姓子弟称公族，异姓则不可称公族。

杨伯峻："公族有二义，凡公之同姓子弟曰公族，此广义之公族也。公族大夫亦省曰公族，此狭义之公族。'自是晋无公族'者，晋自此以后，无公族大夫之官也。杜注云：'无公子，故废公族之官。'晋本有此官，当以同姓为之。献公、骊姬之时，废不复设，至此年复之，然以异姓为之。"孔颖达："公族大夫掌公族及卿大夫子弟之官。"**及成公即位，乃宦卿之適子而为之田，**杨伯峻："宦，仕也。授卿之嫡子以官职。"俞樾："为之田即与之田。"是也。**以为公族。**为公族大夫也。**又宦其馀子，**杜预："馀子，嫡子之母弟也。"**亦为馀子。**杨伯峻："此'馀子'则是官名。"杜预："亦治馀子之政。"**其庶子为公行。**杜预："庶子，妾子也。掌率公戎行。"**晋于是有公族、馀子、公行。赵盾请以括为公族，**括，赵盾异母弟，赵姬之中子屏季也。赵盾感赵姬之德，故以公族让括。**曰："君姬氏之爱子也。**杜预："赵姬，文公女，成公姊也。"爱，宠也。**微君姬氏，则臣狄人也。"**事详见僖二十四年。**公许之。**

冬，赵盾为旄车之族。杨伯峻："旄音毛。旄车之族，即馀子，亦即公路。戎车有旄，故名旄车。"**使屏季以其故族为公族大夫。**杨伯峻据沈钦韩谓："其指赵盾。故族，谓自赵夙以来之族属也。赵盾本为嫡子，为大宗，于古礼有收族之谊，故统率之。今赵盾既以公族让于赵括，故亦以其所统率之故族让于赵括统之。"

宣公三年

【经】

三年春王正月，郊牛之口伤，杨伯峻："郊，祈谷之祭也。郊祭必先择牛而卜之，吉则养之，然后卜郊祭之日。未卜日以前谓之牛，既卜日之后改曰牲，僖三十一年《传》云'牛卜日曰牲'是也。此曰'郊牛'，是尚未卜日可知。"**改卜牛。**郊牛伤则不可用，改卜他牛之吉者代之。**牛死，乃不郊。**改卜所得之牛死，于是不行郊祭。**犹三望。**杨伯峻："鲁之三望，祭东海、泰山与淮水也。"

葬匡王。匡王崩于去年十月，至此四月而葬，不及七月。

楚子伐陆浑之戎。

夏，楚人侵郑。

秋，赤狄侵齐。

宋师围曹。

冬十月丙戌。二十三日。**郑伯兰卒。**

葬郑穆公。

【传】

三年春，不郊而望，皆非礼也。杜预："言牛虽伤、死，当更改卜取其吉者，郊不可废也。"**望，郊之属也。不郊，亦无望可也。**杜预："例在僖三十一年，复发《传》者，嫌牛死与卜不从异。"

晋侯伐郑，及郔。郑及晋平，士会入盟。杜预："郔，郑地。为夏楚侵郑传。"

楚子伐陆浑之戎，遂至于雒，雒，雒水。**观兵于周疆。**观兵，检阅军队以示威也。杨伯峻："周疆，周王室之境界内。"误。周疆乃周疆界之外，然逼临其疆界也。若楚师越界，则构成侵伐之实矣。例在哀十六年："'吾闻胜也信而勇，不为不利。舍诸边竟，使卫藩焉。'召之，使处吴竟，为白公。"吴竟自是楚国际吴之邑，审矣。**定王使王孙满劳楚子。**王孙满，周大夫。劳，慰劳。**楚子问鼎之大小轻重焉。**鼎，九鼎也。九鼎乃三代政权与统治之象征，问鼎者，其意不言自明。杜预："示欲偪周取天下。"**对曰："在德不在鼎。**言国所以能保有天命，在其德之厚薄，不在鼎之大小。**昔夏之方有德也，远方图物，**杨伯峻："图画远方各种物象。《广雅》：'图，画也。'"物，尤指动物类。**贡金九牧，**金，青铜。杜预："使九州之牧贡金。"杨伯峻："州长曰牧。相传夏时划分天下为九州，《尚书·禹贡》可证。'贡金九牧'，犹言天下贡金。"**铸鼎象物，**案百物之形象铸之于鼎。**百物而为之备，使民知神、奸。**四远八荒之物象皆备铸于鼎，使民因而广知神、奸之物。神者，若龙若凤之属；奸者，若虺若蛇之类。使民识其形貌，知其性情。**故民入川泽山林，不逢不若。**逢，遇也。若，顺也。《尚书》多有此"若"字，如"钦若昊天"、"若时登庸"、"若予采"、"民有不若德，不听罪"等。不若，盖指鼎上所无有的怪异事物，即螭魅罔两。**螭魅罔两，莫能逢之。**螭魅罔两乃是民间凭空幻想出来的妖魅怪异之事物，非现实中所有，亦不铸于鼎。旧说谓鼎上多铸有妖魅之物，不可信。鼎者，定也，巩固也，是乃昭明之器，故鼎上所铸之物必是现实中存在的具体事物。地理不同，其所生物亦不同，古时民智蒙昧且迷信，遇稀有不识之物，辄为妖魅之说，于是流言惶惑，震惊民众，有违治道。故有臧文仲不识爰居，遂以神祀之者；哀十四年叔孙氏之车子鉏商获麟，鲁人不识何物，以为不祥，若彼时孔丘亦不识之，则亦必以为妖物，益其凶恶而播扬之。故铸现实中存在的事物于鼎以启民智，辟邪说，晓谕百姓，以正视听，民入川泽山林，但见丑恶稀有之物，知而不怪，用不妄兴妖言。若鼎上或铸有龙、凤或一二妖魅之物，亦因政教而生，实不多有；若谓鼎上多铸妖魅之物，则鼎岂不成兆奸之器，妖妄之制造机？何资于治？**用能协于上下，以承天休**。民不惶惑，然后能安，于是上下协和，不违于事。休，美也。杨伯峻："用，因也。休，赐也。"亦通。**桀有昏德，鼎迁于商**，商灭夏遂迁九鼎。**载祀六百**。杜预："载、祀皆年。"**商纣暴虐，鼎迁于周**。**德之休明**，杨伯峻："犹言德若休明。休，美也；明，光明。"**虽小，重也**。杨伯峻："言若君主有美德，九鼎虽小，亦重不可迁。"**其奸回昏乱，虽大，轻也**。杜预："言可移。"**天祚明德，有所底止**。祚，福也。杜预："底，致也。"杨伯峻："底，定也，至也。句谓上天赐福于明德之人，必有所固定，非随时可变者。"《尚书》"可底行"、"底可绩"、"原隰底绩"、"东原底平"、"底慎财赋"、"三邦底贡厥名"、"乃底灭亡"、"底天之罚"、"底商之罪"，其例甚多。**成王定鼎于郏鄏**，郏鄏，在今洛阳市。**卜世三十，卜年七百，天所命也。周德虽衰，天命未改**。言仍不失有德。**鼎之轻重，未可问也。"**

夏，楚人侵郑，郑即晋故也。即，就也。

宋文公即位三年，杀母弟须及昭公子，在文十八年。**武氏之谋也。使戴、桓之族攻武氏于司马子伯之馆，尽逐武、穆之族。武、穆之族以曹师伐宋。秋，宋师围曹，报武氏之乱也。**

冬，郑穆公卒。

初，郑文公有贱妾曰燕姞，燕，南燕也。姞，南燕之姓。燕姞，南燕女。**梦天使与己兰**，天使，天之使者。**曰："余为伯鯈。余，而祖也**，杜预："伯鯈，南燕祖。"**以是为而子**。杨伯峻："以兰为其子也。"**以兰有国香**，《传》例有"国宝"、"国士"、"国老"、"国狗"。杨伯峻："谓其香甲于一国也。"**人服媚之如是。"**服，着也，佩也，凡服、饰皆可曰"服"。高诱："服，佩也（佩戴）。"是。杜预："媚，爱也，欲令人爱之如兰。”**既而文公见之，与之兰而御之。**杨伯峻引蔡邕：“御者，进也。凡衣服加于身，饮食进于口，妃妾接寝皆曰御。”**辞曰：**辞，辞谢。**“妾不才，幸而有子，将不信，**而，犹若也。将，恐也，必也，表倾向于肯定之判断。桓十一年：“君多内宠，子无大援，将不立。”文十七年：“以臣观之，将不能。”宣六年：“将可殪也。”**敢徵兰乎？”**杜预：“惧将不见信，故欲计所赐兰为怀子月数。”此盖戒约郑文公之言，欲使有子则当善待之。**公曰：“诺。”生穆公，名之曰兰。**

文公报郑子之妃曰陈妫，郑子即曼伯子仪，为郑文公之叔父，居君位十四年，不知何故郑人不与之谥，既卒亦不称之为君，参庄十四年。《汉律》：“淫季父之妻曰报。”《邶风·雄雉》孔《疏》引服虔云：“淫亲属之妻曰报。”**生子华、子臧。子臧得罪而出。**子臧，好聚鹬冠者，出奔在僖二十四年。**诱子华而杀之南里，**郑人诱子华。子华为郑太子，奸父之命，欲以郑为齐之内臣，被杀在僖十六年。南里，郑地。**使盗杀子臧于陈、宋之间。**在僖二十四年。**又娶于江，生公子士。朝于楚，楚人鸩之，及叶而死。又娶于苏，生子瑕、子俞弥。俞弥早卒。洩驾恶瑕，**洩驾，郑大夫。**文公亦恶之，故不立也。公逐群公子，公子兰奔晋，从晋文公伐郑。**伐郑在僖三十年。**石癸曰：“吾闻姬、姞耦，**耦，匹配也，犹言般配。**其子孙必蕃。**蕃，昌盛，茂盛也。**姞，吉人也，后稷之元妃也。**杨伯峻：“后稷元妃亦姞姓，周之兴由后稷。”**今公子兰，姞甥也。天或启之，必将为君，其后必蕃。先纳之，可以亢宠。”**亢，当即“亢龙有悔”之亢。亢宠言宠幸之极限也。**与孔将鉏、侯宣多纳之，盟于大宫而立之。**杜预：“大宫，郑祖庙。”**以与晋平。**

穆公有疾，曰：“兰死，吾其死乎！“兰死”为假设句，应读为“若兰死”。其，表判断之副词。**吾所以生也。”刈兰而卒。**

沈钦韩："穆公欲试己之生死，因刈兰而果卒。"是也，然不能明述之。时兰未死，而穆公生疾，因疑其命，曰："（若）兰死，吾其死乎！吾所以生也。"斩刈其兰而果卒。言穆公不信命，刈兰而试其验否。

宣公四年

【经】

四年春王正月，公及齐侯平莒及郯。二国有怨，齐、鲁平之。**莒人不肯。公伐莒，**恶其顽。**取向。**向，莒邑。

秦伯稻卒。

夏六月乙酉，二十六日。**郑公子归生弑其君夷。**归生，子家。

赤狄侵齐。

秋，公如齐。

公至自齐。

冬，楚子伐郑。

【传】

四年春，公及齐侯平莒及郯，莒人不肯。公伐莒，取向，非礼也。平国以礼不以乱，乱指以兵伐莒。**伐而不治，乱也。以乱平乱，何治之有？无治，何以行礼？**居上者以能制命为义，义以行礼。

楚人献鼋于郑灵公。《说文》："鼋（yuán），大鳖也。"灵公，穆公太子夷，今年实灵公元年。**公子宋与子家将见。**杜预："宋，子公也。子家，归生。"**子公之食指动，**食指，今古同义，第二指也，盖因其为进食之主要手指而得名。动，无意识地跳动。**以示子家，曰："他**

日我如此，必尝异味。”如此，谓食指动。及入，宰夫将解鼋，解，肢解，分解，即庖丁解牛之解。相视而笑。应兆。公问之，子家以告。及食大夫鼋，召子公而弗与也。杜预：“欲使指动无效。”子公怒，染指于鼎，尝之而出。公怒，欲杀子公。子公与子家谋先。杜预：“先公为难。”子家曰：“畜老，犹惮杀之，畜，牲畜也。以其有成劳于人。而况君乎？”反谮子家，杜预：“谮子家于公。”子家惧而从之。夏，弑灵公。

书曰：“郑公子归生弑其君夷。”权不足也。权，权衡，谋划也。犹言谋划不周，致有弑君之罪。君子曰：“仁而不武，无能达也。”称“畜老”是其仁也，欲行仁义，亦当仁武相济，空有仁而不武，仁亦不济。杜预：“子家权不足以御乱，惧谮而从弑君。”杨伯峻：“子公之位似高于子家。”据“君子曰”之言，似未有杜、杨之意。君子意谓，子家本当以武力止乱，而实未能。若子家确实因权势实力不足，则君子评论之言似不恰当。且数年来，子家实为郑国政治宠人，子公则不尝见，纵是子公长于子家，亦未必高于子家之位。凡弑君，称君，君无道也；称臣，臣之罪也。称君、称臣者，言称君之名，称臣之名以书也。

郑人立子良，子良，穆公庶子，公子去疾。辞曰：“以贤，则去疾不足；杨伯峻：“以贤，犹言论贤，以贤而论。”以顺，则公子坚长。”礼，立长为顺。乃立襄公。襄公，公子坚。襄公将去穆氏，杜预：“逐群兄弟。”而舍子良。杜预：“以其让己。”子良不可，曰：“穆氏宜存，则固愿也。若将亡之，则亦皆亡，去疾何为？”杜预：“何为独留。”乃舍之，皆为大夫。杨伯峻：“穆公之子十三人，后以罕、驷、丰、游、印、国、良七族著，谓之七穆。”

初，楚司马子良生子越椒，子良，斗伯比子，令尹子文弟。子越椒，斗椒。子文曰：“必杀之！是子也，熊虎之状，而豺狼之声，弗杀，必灭若敖氏矣。杨伯峻：“若敖为楚武王之祖，其后人以若敖为氏。”**谚曰：‘狼子野心。’是乃狼也，其可畜乎？”子良不可。子文以为大戚，**戚，忧也，哀也。**及将死，聚其族，曰：“椒也知政，乃速行矣，无及于难。”且泣曰：“鬼犹求食，**犹，仍也。据襄二十九年“先君若有知也”之言，知古人已经怀疑鬼神是否真实存在的事实，盖子文亦怀疑鬼神之说，认为鬼神是不存在的，也不会来求食于人。“鬼犹求食”则是假定鬼神确实存在，而来求食的话。**若敖氏之鬼不其馁而？”**鬼，祖先也。馁，饥也。杨伯峻：“不其馁而，犹言不将饥乎，意谓子孙灭绝，无人祭祀之。”

及令尹子文卒，斗般为令尹，杜预：“般，子文之子子扬。”**子越为司马。蒍贾为工正，谮子扬而杀之，子越为令尹，己为司马。**蒍贾为子越椒谮杀子扬而己得椒位。**子越又恶之，**恶蒍贾。**乃以若敖氏之族，圄伯嬴于轑阳而杀之，**杜预：“圄，囚也。伯嬴，蒍贾也。轑阳，楚邑。”**遂处烝野，将攻王。王以三王之子为质焉，弗受。**杜预：“烝野，楚邑。三王：文、成、穆。”**师于漳澨。**子越师于漳噬。杜预：“漳澨，漳水边。”**秋七月戊戌，**九日。**楚子与若敖氏战于皋浒。**皋浒，楚地。**伯棼射王，汰辀及鼓跗，著于丁宁。**伯棼，子越椒。汰同汰，矢行劲猛也。辀，车辕也，兵车单辕，在四马之正中。杨伯峻：“鼓跗犹今之鼓架。”韦昭：“丁宁，谓钲也。”古谓钲为收军之器，哀十一年“此行也，吾闻鼓而已，不闻金矣”，则钲必青铜为之。箭何以能著于其上？盖钲较薄，如锣之类，其表皮薄，声音始能洪亮，故箭能著其上。此楚子将兵，亲执旗鼓，位在戎车之正中，军鼓之后。鼓由鼓架支撑，而钲当在鼓之下，王与鼓架之中间，或悬于鼓架之上。箭自前方而来，过车辕，又穿鼓架，著于丁宁，然则若非丁宁，箭将中王。**又射，汰辀，以贯笠毂。**贯，穿而不过也。笠，车盖也，车盖如笠，故曰笠。毂者，笠之毂也。车盖之结构与雨伞相同，伞内用作支撑之构件，形如辐条而环列如毂。车盖可以收放，行军时可蔽雨蔽日，战时则收起，然不去其位，盖固定于前轼中央，则在军鼓之前。杨伯峻据《考工记》云："'盖（车盖）弓二十有八'是也。车轮有辐，三十辐之所聚曰毂，则此二十八弓之所聚亦宜曰毂。然则笠毂者，车盖弓骨之所聚也。"子越此箭穿透笠毂而未过，否则亦将中王。军鼓当平放于鼓架之上，鼓之上至笠毂之间，当仍有空隙。子越之箭，一者偏低于此空隙，一者偏高，皆几于中王。**师惧，退。王使巡师曰："吾先君文王克息，**在庄十四年。**获三矢焉。伯棼窃其二，尽于是矣。"**杨伯峻："谓良矢已尽，敌不足惧，以鼓舞士气。"**鼓而进之，遂灭若敖氏。**

初，若敖娶于䢵，䢵，国名。**生斗伯比。若敖卒，从其母畜于䢵，**畜，养也。**淫于䢵子之女，生子文焉。䢵夫人使弃诸梦中，**杜预："梦，泽名。"**虎乳之。**乳，哺乳。**䢵子田，见之，惧而归，夫人以告，**杨伯峻："䢵子归后必言其事，䢵夫人遂以其女私通生子之事告之也。"**遂使收之。楚人谓乳穀，**穀，楚语也，中原语"乳"者，楚语曰"穀"。**谓虎於菟，**楚语谓老虎曰"於菟"。**故命之曰斗穀於菟。**斗穀於菟翻译为中原语即"斗乳（于）虎"。**以其女妻伯比。**杜预："伯比所淫者。"**实为令尹子文。**其私通所生子即令尹子文。

其孙箴尹克黄使于齐，杜预："箴尹，官名。克黄，子扬之子。"**还，及宋，闻乱。其人曰，**其人，克黄之从者。**"不可以入矣。"箴尹曰："弃君之命，独谁受之？**杨伯峻："独为表语气之副词，常用于疑问句，无实义。"**君，天也，天可逃乎？"遂归，复命，而自拘于司败。王思子文之治楚国也，曰："子文无后，何以劝善？"使复其所，改命曰生。**杜预："易其名也。"

冬，楚子伐郑，郑未服也。

宣公五年

【经】

五年春，公如齐。

夏，公至自齐。

秋九月，齐高固来逆叔姬。“叔姬”，《公羊》、《谷梁》皆作“子叔姬”，误。杨伯峻：“‘子叔姬’为已嫁之称。”是也。此时婚礼未竟，下《经》作“子叔姬”者，自与此不同，既嫁之后，礼当称“子叔姬”。

叔孙得臣卒。杜预：“不书日，公不与小敛。”

冬，齐高固及子叔姬来。返马也。

楚人伐郑。

【传】

五年春，公如齐。高固使齐侯止公，止，强行滞留也。**请叔姬焉。**杜预：“留公强成昏。”

夏，公至自齐，书，过也。礼，君出行不利，则返不告庙。公被止于齐而逼婚，故返不告庙；既不告庙，则史不当书“公至自齐”，此《经》仍书之者，徵过也。《经》例，书公出而不书入者多见。桓二年《经》“公至自唐”，其《传》曰“公至自唐，告于庙也”，公之入，告于庙则书之，不告于庙，则不书。盖出行不利者，若过非由己，讳事，则返国不告庙，因亦不书入。此文盖与庄二十三年“公至自齐”同例，公至虽不告庙，然因其情，史仍书之以徵过。

秋九月，齐高固来逆女，自为也。为己娶妻。**故书曰：“逆叔姬。”卿自逆也。**此释《经》所以不书“逆女”。凡诸侯来鲁逆女，或者鲁侯娶于诸侯，卿代君逆，皆曰“逆女”。隐二年：“纪裂繻来逆女。”桓三年：“公子翚如齐逆女。”宣元年：“公子遂如齐逆女。”卿大夫自为娶妻，则不曰“逆女”，例如庄二十七年“莒庆来逆叔姬”，与此文同。

冬，来，反马也。杜预：“礼，送女留其送马，谦不敢自安。三月庙见，遣使反马。高固遂与叔姬俱宁，故《经》《传》具见以示讥。”古婚嫁有返马之礼，杨伯峻：“至大夫以上者娶妇，则乘母家之车，驾母家之马。既婚三月以后，夫家留其车而返其马。郑玄云‘留车，妻之道也’者，盖谓妻不敢自必能长久居于夫家，恐一旦被出，将乘此车以归，杜注所谓‘谦不敢自安’之意也。郑又云‘反马，婿之义也’者，夫家示以后不致发生出妇之事也。”

楚子伐郑。陈及楚平。晋荀林父救郑，伐陈。

宣公六年

【经】

六年春，晋赵盾、卫孙免侵陈。

夏四月。

秋八月，螽。

冬十月。

【传】

六年春，晋、卫侵陈，陈即楚故也。

夏，定王使子服求后于齐。杜预：“子服，周大夫。”

秋，赤狄伐晋。围怀及邢丘。怀与邢丘当是相邻之二邑，围者，并围之也。**晋侯欲伐之。中行桓子曰：**桓子，荀林父。**“使疾其民，**俞樾：“疾犹病也。”**以盈其贯。**杨伯峻：“贯者，《说文》云：‘钱贝之毌也。’毌者，《说文》云：‘穿物持之也。从一横\u2F6B，\u2F6B象宝货之形。’毌、贯实为一字，一仅象其形，一则加贝并会其意。故焦循《补疏》说此云：‘贯为钱贝之贯，如以绳贯钱，一一重之，至于盈满。多一次战，则多一次民疾，是为“盈其贯”。’此及《韩非子》之贯，皆以钱贝之贯借喻罪恶之贯，伪古文《尚书·泰誓》亦云‘商罪贯盈’，故后代有‘恶贯满盈’之俗语。旧刑律例，凡赃私窃盗，计其所得之数，罪已至死者亦曰满贯。”**将可殪也。**杨伯峻：“将，殆也。殪乃一举而绝灭之义。”**《周书》曰‘殪戎殷’，**杨伯峻：“《尔雅·释诂》云：‘戎，大也。’殪戎殷者，灭绝大国殷也。旧解戎为兵戎，误。”善。**此类之谓也。”**杨伯峻：“意谓周文、武待纣之恶贯满盈然后一举灭之。我之待赤狄亦犹是也。”

冬，召桓公逆王后于齐。杜预：“召桓公，王卿士。事不关鲁，故不书。”

楚人伐郑，取成而还。

郑公子曼满与王子伯廖语，杜预：“二子，郑大夫。”是也。沈钦韩：“王子似是周人。”惠士奇主此说，杨伯峻已驳之。文十一年，齐有王子成父，襄八年、十一年郑有王子伯骈。哀十一年伍子胥使于齐，“属其子于鲍氏，为王孙氏”，子胥之曾祖伍参为楚庄王之嬖人，则其位甚卑，而伍子胥可以自立其子为“王孙氏”，则诸侯之“王子氏”非周人。**欲为卿。伯廖告人曰：“无德而贪，其在《周易》《丰》䷶之《离》䷝，**杜预：“《丰》上六变而为纯《离》也。《周易》论变，故虽不筮，必以变言其义。《丰》上六曰：‘丰其屋，蔀其家，窥其户，阒其无人，三岁不觌，凶。’义取无德而大其屋，不过三岁必灭亡。”**弗过之矣。”**杜预：“不过三年。”**间一岁，郑人杀之。**杨伯峻：“间一岁者，中间隔一岁之谓。连前带后，则历时三年。”

宣公七年

【经】

七年春，卫侯使孙良夫来盟。孙良夫，孙桓子。

夏，公会齐侯伐莱。莱，国名。

秋，公至自伐莱。

大旱。

冬，公会晋侯、宋公、卫侯、郑伯、曹伯于黑壤。

【传】

七年春，卫孙桓子来盟，始通，周公、康叔为同母兄弟，盖因此卫国先来修好。“来盟”即意味着承认宣公为鲁合法国君的事实。宣公自篡立以来，不得中原诸侯认可，此乃宣公之一大忧患。若非其时晋国自顾不暇（二年且有弑君之乱），以晋之为霸主，礼当讨宣公篡立之罪。鲁虽曾莅匡王、郑穆之葬，然实不能求成于诸侯。虽自今年始，逐渐得到诸侯认可（九年，王使来徵聘，至十七年公盟晋侯及诸侯），然终宣公之世，鲁与中原诸侯始终保持一种非常微妙的关系。十八年宣公薨，季文子于是有“使我杀適立庶以失大援者，仲也夫”之言。**且谋会晋也。**借卫求会晋。

夏，公会齐侯伐莱，不与谋也。凡师出，与谋曰及，不与谋曰会。

赤狄侵晋，取向阴之禾。杜预：“晋用桓子谋，故纵狄。”

郑及晋平，公子宋之谋也，故相郑伯以会。冬，盟于黑壤，王叔桓公临之，以谋不睦。杜预：“王叔桓公，周卿士。

衔天子之命以监临诸侯。不同歃者，尊卑之别也。”“不同歃”即不同盟，会亦如之。宣公欲借此会求好于诸侯，然未得实质性进展。

晋侯之立也，晋成公黑臀立于宣二年。**公不朝焉，又不使大夫聘，晋人止公于会。盟于黄父，公不与盟。**杨伯峻：“以晋侯囚禁之故。”杜预：“黄父即黑壤。”**以赂免。**赂晋始得释放回国。**故黑壤之盟不书，**只书会。**讳之也。**讳见执。

宣公八年

【经】

八年春，公至自会。

夏六月，公子遂如齐，至黄乃复。疾兴乃复。黄，齐地。杜预、孔颖达皆谓：“遂以疾还，非礼也。”未必信。诸事礼与不礼，仍当视情况而定。

辛巳，十六日。**有事于大庙。仲遂卒于垂。**有事，祭事。垂，齐地。**壬午，**十七日。**犹绎。**犹者，当止之辞也。杜预：“绎，又祭，陈昨日之礼，所以宾尸。”祭则必以人扮作受祭享食之鬼神，是曰尸。**万入，**万，舞也。祭有献舞之仪式。**去籥。**杨伯峻：“籥者，古代乐器，吹之以节舞。”万入去籥即仅舞不乐也。杜预：“鲁人知卿佐之丧不宜作乐，而不知废绎，故内舞去籥，恶其声闻。”

戊子，二十三日。**夫人嬴氏薨。**嬴氏，宣公母敬嬴，文公之次妃。

晋师、白狄伐秦。

楚人灭舒蓼。杜预谓舒、蓼二国，误。

秋七月甲子，三十日。**日有食之，既。**既，尽，尽食也，即日全食。

冬十月己丑，二十六日。**葬我小君敬嬴**。杜预："敬，谥；嬴，姓也。反哭成丧，故称葬小君。"**雨，不克葬**。杨伯峻"克，能也。"不确。杜预："克，成也。"**庚寅，日中而克葬**。

城平阳。平阳，鲁邑。

楚师伐陈。

【传】

八年春，白狄及晋平。夏，会晋伐秦。杨伯峻："会晋伐秦者，白狄也。"是也。司马迁则误以为鲁会。**晋人获秦谍**，谍，间谍也。**杀诸绛市，六日而苏**。苏，死而更生也（此文之义）；醒也。杜预："盖记异也。"襄十年"苏而复上者三"，定四年"由于徐苏而从"，则取苏醒之义。

有事于大庙，襄仲卒而绎，非礼也。非礼者，仅斥"绎"非礼。

楚为众舒叛故，伐舒蓼，灭之。楚子疆之，杜预："正其界也。"**及滑汭**。杜预："滑，水名。"汭 ruì，水之隈曲处。**盟吴、越而还**。吴，姬姓国，周太王之子太伯、仲雍之后。越，国名，偶亦称为"於越"。

晋胥克有蛊疾，蛊疾，泛指精神、心理之疾病。杜预："惑以丧志。"是也。庄二十八年："楚令尹子元欲蛊文夫人。"蛊，惑，迷惑也。《洪范》："晦淫惑疾。"淫于晦时之事则生惑疾。昭元年"疾如蛊，非鬼非食，惑以丧志"，言蛊疾之临床表现类似于"惑以丧志"也。又"淫则生内热惑蛊之疾"，又"谷之飞亦为蛊"，粮久积而生飞虫是谓"谷之飞"，言因人贪惑所致也。《说文》："蛊，腹中虫也。"不可信，段玉裁又因之："谓腹内中虫食之毒也。"杨伯峻："古之所谓蛊疾者即食物中毒。"皆误。**郤缺为政**。杨伯峻："赵盾已死，郤缺代之为政。"**秋，废胥克。使赵朔佐下军**。杜预："朔，盾之子，代胥克。为成十七年胥童怨郤氏张本。"

冬，葬敬嬴。旱，无麻，始用葛茀。杜预：“记礼变之所由。茀，所以引柩，殡则有之，以备火，葬则以下柩。”杨伯峻：“茀音弗，亦作绋。《礼记·曲礼》云：‘助葬必执绋。’故后世谓送葬为执绋。”**雨，不克葬，礼也。礼，卜葬，先远日，辟不怀也。**先卜远日，不吉再卜中日或近日；若先卜近日而吉，则当从之，是汲汲于葬也。

城平阳，书，时也。

陈及晋平。楚师伐陈，取成而还。

宣公九年

【经】

九年春王正月，公如齐。

公至自齐。

夏，仲孙蔑如京师。仲孙蔑，公孙敖之孙，文伯穀之子孟献子也。

齐侯伐莱。莱，国名，地在今胶东半岛一带。

秋，取根牟。鲁取也。根牟，国名。

八月，滕子卒。

九月，晋侯、宋公、卫侯、郑伯、曹伯会于扈。扈，郑地。

晋荀林父帅师伐陈。

辛酉，晋侯黑臀卒于扈。杨伯峻：“不言‘卒于会’者，会已毕也。”

冬十月癸酉，十五日。**卫侯郑卒。**

宋人围滕。

楚子伐郑。

晋郤缺帅师救郑。

陈杀其大夫泄冶。杜预：“泄冶直谏于淫乱之朝以取死，故不为《春秋》所贵，而书名。”

【传】

九年春，王使来徵聘。杨伯峻：“徵聘者，示意鲁遣使往周聘问。”杜预：“徵聘不书，微加讽谕，不指斥。”**夏，孟献子聘于周。王以为有礼，厚贿之。**

秋，取根牟，言易也。

滕昭公卒。

会于扈，讨不睦也。陈侯不会。去年陈与楚成故。**晋荀林父以诸侯之师伐陈。晋侯卒于扈，乃还。**

冬，宋人围滕，因其丧也。

陈灵公与孔宁、仪行父通于夏姬，皆衷其衵服以戏于朝。杜预：“二子，陈卿。夏姬，郑穆公女，陈大夫御叔妻。衷，怀也。衵（rì）服，近身衣。”襄二十七年“楚人衷甲”，衷者，言着于内也。衵服，今曰内衣。据成二年“是（夏姬）不祥人也，是夭子蛮，杀御叔，弑灵侯，戮夏南，出孔、仪，丧陈国”，此时御叔已死，故陈侯及孔、仪能与夏姬恣情淫纵。据《楚语上》，御叔为陈公子夏之子。**泄冶谏曰：“公卿宣淫，**昭三十二年“宣昭令名”，宣昭同义。杜预：“宣，示也。”杨伯峻：“宣扬。”**民无效焉，**公卿为万民师，而宣淫，民无以效法。**且闻不令。**闻，名声也。令，善也。**君其纳之！”**杜预：“纳藏衵服。”**公曰：“吾能改矣。”公告二子。二子请杀之，公弗禁，遂杀泄冶。**

孔子曰：“《诗》云：‘民之多辟，无自立辟。’其泄冶之谓乎！”杜预：“辟（前），邪也。辟（后），法也。《诗·大雅》，言邪辟之世不可立法，国无道，危行言孙。”《诗》所谓“既明且哲，以保其身”。

楚子为厉之役故，伐郑。

晋郤缺救郑，郑伯败楚师于柳棼。柳棼，郑地。**国人皆喜，唯子良忧曰：**子良，公子去疾。**“是国之灾也，吾死无日矣。”**杜预：“自是晋、楚交兵伐郑，十二年卒有楚子入郑之祸。”

宣公十年

【经】

十年春，公如齐。

公至自齐。

齐人归我济西田。元年宣公赂齐之田，今齐复以之还鲁。

夏四月丙辰，初一。**日有食之。**

己巳，十四日。**齐侯元卒。**

齐崔氏出奔卫。崔氏，崔杼也。书“崔氏”言非其罪也，无罪见出，故不书其名。

公如齐。

五月，公至自齐。

癸巳，八日。**陈夏征舒弑其君平国。**夏征舒，御叔与夏姬之子。

六月，宋师伐滕。

公孙归父如齐，公孙归父，鲁庄公孙，公子遂之子子家也。**葬齐惠公。**

晋人、宋人、卫人、曹人伐郑。

秋，天王使王季子来聘。王季子，刘康公。

公孙归父帅师伐邾，取绎。杜预：“绎，邾邑。”

大水。

季孙行父如齐。

冬，公孙归父如齐。

齐侯使国佐来聘。杜预：“既葬成君，故称君命使也。”

饥。杜预：“有水灾，嘉谷不成。”

楚子伐郑。

【传】

十年春，公如齐。齐侯以我服故，归济西之田。杜预：“公比年朝齐故。”

夏，齐惠公卒。崔杼有宠于惠公，崔氏，姜姓。据襄二十五年，崔氏出自齐丁公。**高、国畏其偪也，**杨伯峻：“高氏、国氏世为齐上卿。此高氏当是高固，国氏当即国佐。”**公卒而逐之，奔卫。书曰“崔氏”，非其罪也，且告以族，不以名。凡诸侯之大夫违，**违，去国。杜预：“违，奔放也。”**告于诸侯曰：“某氏之守臣某，**杜预：“上某氏者姓，下某名。”**失守宗庙，敢告。”所有玉帛之使者则告；**言与己有通使往来之国则告。杜预：“玉帛之使谓聘。”杜不误，后人误会之。玉帛之使言友好之使也，区别于成九年“兵交，使在其间”之“使”，乃兵戈之使也。刘炫：“谓国家有交好之国皆告。”**不然，则否。**杜预：“恩好不结，故亦不告。”

公如齐奔丧。杜预：“公亲奔丧，非礼也。”

陈灵公与孔宁、仪行父饮酒于夏氏。淫夏姬也。夏氏，夏征舒家。陈灵与二卿淫夏姬，不避夏征舒。**公谓行父曰：“征舒似女。”**所谓子像父，女像母。似者，容貌相似也。言征舒似行父者，以征舒为行父淫夏姬所生之子戏之也。**对曰：“亦似君。”**杜预：“灵公即位于今十五年，征舒已为卿，年大，无嫌是（灵）公子。盖以夏姬淫放，故谓其子为似以为戏。”**征舒病之。**陈灵与行父以征舒之出身相戏，谓夏姬人尽可夫，故征舒以为大辱。**公出，自其厩射而杀之**。或以“公出自其厩”为句，误。公，尊者，自有仆夫入厩取马，公不入厩。车盖在厩外，仆者取马套车，公将就其处登车。句谓公出，征舒隐于其厩，射公于其登车处。**二子奔楚**。避祸。

滕人恃晋而不事宋，六月，宋师伐滕。

郑及楚平。杜预：“前年（去年）败楚师，恐楚深怨，故与之平。”**诸侯之师伐郑，取成而还**。

秋，刘康公来报聘。杜预：“报孟献子之聘。即王季子也。”

师伐邾，取绎。杜预：“为子家如齐传。”

季文子初聘于齐。杜预：“齐侯初即位。”

冬，子家如齐，伐邾故也。杜预：“鲁侵小，恐为齐所讨，故往谢。”

国武子来报聘。报文子之聘。

楚子伐郑。夏，郑与晋成故。**晋士会救郑，逐楚师于颍北。诸侯之师戍郑**。

郑子家卒。子家，公子归生。**郑人讨幽公之乱**，弑幽公夷在四年。**斫子家之棺而逐其族**。杜预：“斫薄其棺，不使从卿礼。”杨伯峻：“斫棺，谓剖棺见尸也。”**改葬幽公，谥之曰“灵”**。杨伯峻：“初谥为‘幽’，改谥为‘灵’。”

宣公十一年

【经】

十有一年春王正月。

夏，楚子、陈侯、郑伯盟于辰陵。《陈世家》：“孔宁、仪行父皆奔楚，灵公太子午奔晋。征舒自立为陈侯。”杨伯峻从之，因谓此陈侯即夏征舒。不可信，夏征舒之身份，虽公孙之不得，据春秋时礼制，征舒必不敢自立为君，《传》弑君篡立者亦未有此类。若征舒立太子午为君，据《传》例，亦极有可能之事。或者太子午既立，自此后又出奔晋者，亦有可能。《传》曰“遂入陈，杀夏征舒，轘诸栗门，因县陈，陈侯在晋”，因知陈侯即太子午，而非夏征舒也。杜预：“辰陵，陈地。”

公孙归父会齐人伐莒。公孙归父，庄公孙，襄仲之子子家。

秋，晋侯会狄于欑函。杜预：“晋侯往会之，故以狄为会主。欑函，狄地。”

冬十月，楚人杀陈夏征舒。

丁亥，十一日。**楚子入陈。**杜预：“楚子先杀夏征舒，而欲县陈，后得申叔时谏，乃复封陈，不有其地，故书‘入’在‘杀夏征舒’之后。”

纳公孙宁、仪行父于陈。

【传】

十一年春，楚子伐郑，及栎。栎，郑地。**子良曰：**子良，公子去疾。**“晋、楚不务德而兵争，与其来者可也。**与，从，即也。**晋、楚无信，我焉得有信？”乃从楚。夏，楚盟于**

辰陵，陈、郑服也。

楚左尹子重侵宋，杜预："子重，公子婴齐，庄王弟。"**王待诸郔。令尹蒍艾猎城沂，**楚讨子越椒后，蒍艾猎为令尹。杜预："蒍艾猎，孙叔敖也。沂，楚邑。"**使封人虑事，**封人有二义，一为主边境封疆事务之官司；此文之封人，杨伯峻谓即《周礼·地官》之封人，曰："'凡封国，设其社稷之壝，封其四疆；造都邑之封域者亦如之。'则是并掌建筑城郭。"则此"封人"为工程规划设计之范畴。虑事者，谋度城之大小丈数，高卑厚薄，并界定城之基趾所在。另参昭三十二年："士弥牟营成周，计丈数，揣高卑，度厚薄，仞沟洫，物土方，议远迩，量事期，计徒庸，虑材用，书糇粮。"**以授司徒。**以其既定方案授司徒。杜预："司徒掌役。"**量功命日，**吕祖谦："量功是量用功之多寡，命日是度其日子多少。"是也。据封人之规划方案，可以核算出工程总量，然后计算完成既定工量所需功之多少。土木建筑工程，以成年男性一人一天的标准工作量为一个工（功），则功亦是工作量单位。既有工程总量，又有役徒人数，即可预算工程的工期；或者制为固定之工期，而浮动其役徒之员额，以使按时完工，此为"命日"。**分财用，**杜预："财用，筑作具。"杨伯峻："财通材。用，用具也。计其材料工具之多少而分与之。"是也，昭三十二年即作"虑材用"，"财"非财币之财。**平板榦，**板，筑城所用之长木板，用障土。榦亦作幹，较粗且直之树杆也。平者，平其长短也，犹治也。筑城者，先在城基之内外两侧挖坑立杆固定，板则靠内外两侧杆之内侧底部横立置放，然后在其中填土打夯，再接第二层板，以此类推，直至所要求高度。**称畚筑，**称 chèn。畚，盖类似背篓，或者有耳在上，可用抬土之筐亦曰畚。杨伯峻："筑，筑土之杵。称畚筑者，使运土之功与筑土之功相称，不使少于筑土之功，因而停工待料，亦不使浮于筑土之功也。"**程土物，**杨伯峻："土谓筑城土，计城之丈尺而稽其土数，犹今计算土方。物谓材木，若干土方须用多少材木。程土物者，土方与材木皆先计算之，作为程限，使之预备不致停工待料。"**议远迩，**杜预："均劳逸。"吕祖谦：

“谓就近取水取土，如百步与五十步，去百步内取已争一半。”**略基趾，**杜预：“趾，城足。略，行也。”基趾乃封人所定，临开工，最后巡行之，察以上所谋诸事有无疏漏不恰当之处。“略”非界定之义。**具餱粮，**杜预：“餱，干食也。”**度有司，**杨伯峻：“筑城之工程大，有各方面之主持人，谓之有司。审度人才，使其能力与其职务相称。”**事三旬而成，不愆于素。**愆，过也。杜预：“不过素所虑之期。”素，本义谓不经染色的布料，即布料原本之色也，此则谓初始（原本）计划之期限。

晋郤成子求成于众狄。郤成子，郤缺，冀缺。**众狄疾赤狄之役，**疾，亚于病也。杜预：“赤狄潞氏最强，故服役众狄。”**遂服于晋。秋，会于欑函，众狄服也。**

是行也。诸大夫欲召狄。召，召狄来会己（晋）。**郤成子曰：“吾闻之，非德，莫如勤，**勤，勤劳，与懒对。**非勤，何以求人？能勤有继，**勤则不匮，功业不致断顿。**其从之也。**顾炎武：“言往而会狄。”**《诗》曰：‘文王既勤止。’文王犹勤，况寡德乎？”**自谓德薄。

冬，楚子为陈夏氏乱故，伐陈。杜预：“十年，夏征舒弑君。”**谓陈人无动，**杨伯峻：“动谓惊惧也。昭十八年《传》：‘将有大祥，民震动。’”**将讨于少西氏。**少西氏，指夏征舒。杜预：“少西，征舒之祖子夏之名。”**遂入陈，杀夏征舒，轘诸栗门，**轘，车裂之刑。**因县陈。**因入而县之也。因犹遂也。杜预：“灭陈以为楚县。”**陈侯在晋。**杜预：“灵公子成公午。”

申叔时使于齐，贾逵：“叔时，楚大夫。”**反，复命而退。**不贺县陈即退。**王使让之曰：**让，责备也。**“夏征舒为不道，弑其君，寡人以诸侯讨而戮之，**戮，刑也，下同。**诸侯、县公皆庆寡人，女独不庆寡人，何故？”**庆，贺也。**对曰：“犹可辞乎？”**辞，辞辩，辩解。**王曰：“可哉！”曰：夏征舒弑其君，其罪大矣，讨而戮之，君之义也。抑人亦有言**

曰：抑，转折连词，然也。**‘牵牛以蹊人之田，**蹊，成语有“独辟蹊径”，蹊与径皆小道、捷径之义。言不行大路，取道他人之田以为捷径。**而夺之牛。’牵牛以蹊者，信有罪矣；**信，确实也，诚也。**而夺之牛，罚已重矣。**已，太也。**诸侯之从也，曰讨有罪也。今县陈，贪其富也。以讨召诸侯，**以讨罪之名召来诸侯。**而以贪归之，**贪，指县陈。归，复也，返也，与上句“召”相对。之，诸侯也。杨伯峻：“归，犹终也。”误。**无乃不可乎！王曰：“善哉！”吾未之闻也。**未有闻此言者。**反之，可乎？对曰：“可哉！吾侪小人所谓取诸其怀而与之也。”**杜预：“叔时谦言小人意浅，谓譬如取人物于其怀而还之，为愈于不还。”**乃复封陈，乡取一人焉以归，谓之夏州。**取陈每乡一人归楚，为之立夏州，以旌功。杜预：“州，乡属，示讨夏氏所获也。”然据宋国都四乡，陈国又能几乡乎？楚盖取数人而归，仅取象征意义。**故书曰“楚子入陈，纳公孙宁、仪行父于陈”，书有礼也。**

厉之役，郑伯逃归，自是楚未得志焉。郑与其来者，故不能得志于郑。谓不能服郑使坚事楚也。**郑既受盟于辰陵，**在今夏。**又徼事于晋。**徼，求也。

宣公十二年

【经】

十有二年春，葬陈灵公。杜预：“贼讨国复，二十一月然后得葬。”

楚子围郑。

夏六月乙卯，晋荀林父帅师及楚子战于邲，杜预：“邲，郑地。”**晋师败绩**。

秋七月。

冬十有二月戊寅，八日。**楚子灭萧**。萧，宋附庸国。

晋人、宋人、卫人、曹人同盟于清丘。杜预：“清丘，卫地。”

宋师伐陈。卫人救陈。

【传】

十二年春，楚子围郑。旬有七日。郑人卜行成，行成，求和也。**不吉；卜临于大宫**，杜预：“临，哭也。大宫，郑祖庙。”襄十二年：“吴子寿梦卒，临于周庙。”定四年：“赵简子为之临，甚哀。”盖忧悼之事临必哭，则哭为临之派生义。**且巷出车**，求成不吉，故卜踞守抵御。贾逵：“巷出车，陈于街巷，示虽困不降，必欲战也。”惠栋、杨伯峻皆主之。**吉。国人大临，守陴者皆哭**。惧灭国。陴，城上女墙也。**楚子退师**，示不欲利人之危，必义取。**郑人修城。进复围之，三月克之**。三月，历时三月。**入自皇门**，皇门，贾逵：“郑城门。”**至于逵路**。杜预：“涂（途）方九轨曰逵。”**郑伯肉袒牵羊以逆**，肉袒牵羊，自贬损也，示将服为臣隶牧圉。此本《周易·夬》卦，“牵羊，悔亡”。**曰：“孤不天**，不天，违天也。杨伯峻：“不承奉天之旨意也。”襄二十三年“我实不天，子无咎焉”，可为明证。杜预：“不为天所佑。”误。**不能事君，使君怀怒以及敝邑**，言因己而祸及国家。**孤之罪也。敢不唯命是听。其俘诸江南以实海滨**，实，即僖十八年“梁伯益其国而不能实也”、昭七年“纳亡人以实之”之“实”，充实也。句谓为楚之边陲献身出力。**亦唯命；其翦以赐诸侯**，翦，灭也，与下文“不泯”相对应。成二年：“余姑翦灭此而朝食。”襄八年：“翦焉倾覆。”昭三十年：“使翦丧吴国而封大异姓乎？”翦皆灭之义。**使臣、妾之**，使臣之妾之也。**亦唯命。若惠顾前好**，杜预：“楚、郑世有盟誓之好。”**徼福于厉、宣、桓、武，**徼，求也。厉、宣，周厉王、周宣王。桓公友，郑之始封君，厉王之子，宣王之弟。郑武公，桓公之子。杨伯峻：“句意谓楚若求郑祖先之福佑。”**不泯其社稷，使改事君，**泯，灭也。改，更也。**夷于九县，**夷本有“平”义，杨伯峻解“夷”为“等”，平与等本相通。杨伯峻：“夷于九县，即等于九县。九县者，楚灭诸小国，皆以为县。郑国土地较大，非仅楚之一县，故云九县。九可用作虚数，九县犹言诸县耳。”**君之惠也，孤之愿也，非所敢望也。敢布腹心，**布，展布。**君实图之。”左右曰：“不可许也，得国无赦。”**言必灭之。**王曰：“其君能下人，必能信用其民矣，庸可几乎！”**几，下文“利人之几，而安人之乱”，几同机，利机、危机之机。庸可几乎，谓不可利用其危机。又据哀十六年“国人望君如望岁焉，日日以几”，则“几”又作“冀”，望也。僖十五年：“晋其庸可冀乎！”此据楚子所言之意，“几”当解作“冀”。前说非。**退三十里而许之平。潘尫入盟，子良出质。**杨伯峻：“潘尫据下《传》，字师叔，《万氏氏族略》疑为文元年潘崇之子，或然。”子良，郑伯弟，公子去疾。

夏六月，晋师救郑。荀林父将中军，杜预：“代郤缺。”**先縠佐之。**杜预：“彘（zhì）季，代林父。”先縠食邑于彘，下文又称彘子。**士会将上军，**杜预：“河曲之役，郤缺将上军，宣八年代赵盾为政，将中军，士会代将上军。”**郤克佐之。**杜预：“郤缺之子，代臾骈。”**赵朔将下军，**朔，赵盾子。代栾盾。**栾书佐之。**杜预：“栾盾之子，代赵朔。”**赵括、赵婴齐为中军大夫。**二人皆赵盾异母弟。**巩朔、韩穿为上军大夫。**巩朔，巩伯，士庄伯。**荀首、赵同为下军大夫。**杜预：“荀首，林父弟。”赵同，赵括、赵婴齐之同母兄。**韩厥为司马。**杜预：“韩万玄孙。”

及河，闻郑既及楚平，桓子欲还，桓，荀林父之谥。**曰：“无及于郑而勦民，**郑、楚既平，故曰无及于救郑。杜预：“勦（chāo），劳也。”晋此来本在救郑，非为伐楚。救郑不及，反欲怒而伐楚师，是勦民也。**焉用之？楚归而动，不后。”**楚大国，不敢轻言用师，故待其归再讨郑之贰。**随武子曰：**随武子，士会。**“善。会闻用师，观衅而动。**衅，衅端，端倪，苗头，又作间隙之隙。**德、刑、政、事、典、礼不易，**不易，不违也。**不可敌也，不为是征。**杨伯峻：“犹言不征是。”**楚军讨郑，怒其贰而哀其卑。**杨伯峻：“卑谓郑襄公卑辞以求服。”**叛而伐之，服而舍之，德、刑成矣。伐叛，刑也；柔服，德也，二者立矣。**二者，德、刑也。**昔岁入陈，**在去年冬十月。**今兹入郑，**今兹，今年。**民不罢劳，**罢同疲。**君无怨讟，**谓民对君无怨讟。昭元年“民无谤讟”，谤讟连言。杜预：“讟，谤也。”杨伯峻本《说文》，“痛怨也”，不从。**政有经矣。**经，经纬之经，纪纲也。**荆尸而举，商、农、工、贾不败其业，**荆尸，据上文“昔岁入陈，今兹入郑”皆在冬、春之际；“商、农、工、贾不败其业”是谓师不干时也；又下文“事时”，正针对此“荆尸而举”，则荆尸当是时间名词，盖即荆条之落叶期。荆尸又见庄四年《传》。商贾gǔ，郑玄“行曰商，处曰贾”。**而卒乘辑睦，**辑，协也。杨伯峻：“步兵曰卒，车兵曰乘。辑，和也。”**事不奸矣。**杜预：“奸，犯也。”杨伯峻：“意谓各不相犯。”**蔿敖为宰，**杜预：“宰，令尹。蔿敖，孙叔敖。”**择楚国之令典，**令，善也。典，法也。**军行，右辕，左追蓐，**杨伯峻：“竹添光鸿《会笺》本傅逊之说而引申之云：‘左右与下“前茅”“中权”“后劲”对言，则亦谓左右军，非车左右。盖楚分其军为五部，而各有所任也。辕谓将军之辕，右辕，言右军从将军之辕所向而进退，下文云“令尹南辕反旆”，又云“改乘辕而北之”是也。’”追蓐者，有缝补阙漏之义。**前茅虑无，**王引之：“茅当读为旄，旄牛尾。其用茅者，则谓之旄旌矣。”则茅即旄旌。前茅，前军之大旗也，引申为前军。军行时，前军探道，行于最前，见前有平道、水泽、隘阻、车旗、士师等，则以不同之旌为标识告后军。杨伯峻：“虑无者，思虑所未必有之事，盖备豫不虞之意。”**中权，**

后劲。杜预："中军制谋，后以精兵为殿。"**百官象物而动，**章炳麟："百官统指在军中有职者。"隐五年"取材以章物采谓之物"，物指大物、器物而言。物之义所包甚广，故车服文章旌旗皆可谓物；器物所以体现事之属性，人之尊卑、职司等。杨伯峻："物读为《周礼·大司马》'群隶以旗物'、《春官·司常》'大夫士建物，师都建旗'之'物'，本是旌旗之一种，此则借为旌旗之通称。百官各建其旌旗，其旌旗表明其地位与职司，并依此而行动。"**军政不戒而备，**杜预："戒，敕令。"孔颖达："军之政教不待约敕号令而自备办。"**能用典矣。其君之举也，**杨伯峻："举谓选拔人材。"**内姓选于亲，**杨伯峻："内姓谓同姓，亲谓支系之亲近者。"**外姓选于旧。**杨伯峻："旧谓世臣。"**举不失德，**孔颖达："所举不失有德。"**赏不失劳。**孔颖达："所赏不失有劳。"**老有加惠，旅有施舍。**旅，旅客。施，施与财物也。舍，建置也。**君子小人，物有服章。**杜预："尊卑别。"杨伯峻："君子小人以位言，谓各有一定之衣服色彩。"**贵有常尊，**杨伯峻："贵者有一定可尊之制度仪节，亦不得互相僭越。"**贱有等威，**杨伯峻据马宗琏谓"昭七年《传》云：'士臣皂，皂臣舆，舆臣隶，隶臣僚，僚臣仆，仆臣台。'是虽所谓贱者，亦各有其臣属，是所谓等威也"，又引竹添光鸿，"威、畏通，言贱者有等之可畏，而不苟犯尊也"。**礼不逆矣。德立，刑行，政成，事时，典从，礼顺，若之何敌之？见可而进，知难而退，军之善政也。兼弱攻昧，**兼，兼并，吞并。襄二十九年："武、献以下，兼国多矣。"昧，昏昧不明者。**武之善经也。**经，经纬之经，犹言纲领也。**子姑整军而经武乎！**姑，且也。经，营也，治也。杨伯峻："整军谓'知难而退'，经武谓'兼弱攻昧'。"**犹有弱而昧者，**而，且也。**何必楚？仲虺有言曰：**杜预："仲虺，汤左相，薛之祖奚仲之后。"**'取乱侮亡。'兼弱也。《汋》曰：'於铄王师，**杨伯峻："於，音乌，叹词，此表赞美。"铄，光耀威武貌。**遵养时晦。'**遵，率也。养，畜也，豢也。时，是也。晦，昧也。言豢养其昏昧者。《传》

“使益其疾”、“是豢吴也夫”皆此类。**耆昧也。**耆之本义为老，无疑也，《说文》“耆，老也”。前人皆因上文“攻昧”，解“耆”为“攻”，不从，此仍从其本义，言“遵养时晦”者，所以老其昏昧者也。**《武》曰：‘无竞惟烈。’**无，发语词，无义。《诗·周颂·烈文》：“无竞维人，四方其训之；不显维德，百辟其刑之。”“无”与“不”用法同。《毛诗传》：“竞，强也。烈，业也。”谓能强者唯致其功业。**抚弱耆昧，**上文言“兼弱”，此则言“抚弱”，义正相对，故“耆昧”亦不可拘泥上文之“攻昧”。《左传》善用字之引申义，有时若刻意以句意解字义，则不得其正；然若引申过度，亦非训诂之宜。**以务烈所，可也。”彘子曰：**彘子，先縠。**“不可。晋所以霸，师武、臣力也。今失诸侯，不可谓力；有敌而不从，不可谓武。由我失霸，不如死。且成师以出，**成师又曰成军，谓军队已全部任命部署妥当。**闻敌强而退，非夫也。**杜预：“非丈夫。”**命为军帅，**卿之立，受命于庙，故曰受命为军帅，**而卒以非夫，**卒，终也。**唯群子能，我弗为也。”以中军佐济。**杜预：“佐，彘子所帅也。济，渡河。”

知庄子曰：知庄子，荀首。**“此师殆哉！**殆，危也。**《周易》有之，在《师》䷆之《临》䷒，**《坎》下《坤》上为《师》卦。《兑》下《坤》上为《临》卦。《师》卦初六变九而为《临》卦。**曰：‘师出以律，否臧，凶。’**《师》卦初六之爻辞。杜预：“律，法也。”杨伯峻：“法制号令。”二注皆是。然“律”，其实亦即今之纪律，因纪律属法度之范畴。否 pǐ，不，违，逆也。臧，善也，此指顺成。**执事顺成为臧，**言在下者顺从在上者之号令以成就其事。**逆为否。**违逆则为不顺成。**众散为弱，**《坎》为水为川，众之象也；《兑》为泽，泽为死水，弱之象也，故《坎》变为《兑》，是众散为弱。**川壅为泽。**壅，壅塞。**有律以如己也，**杨伯峻：“有法制号令者，以其能指挥三军如一人，犹如自己指挥自己。”**故曰律。否臧，且律竭也。**杨伯峻：“竭，尽也，穷也。”律如虚设，是与无律同，故曰律竭。**盈而以竭，**

杨伯峻："此并卦象辞义论之，《坎》为川，川水盈满，哀九年《传》'如川之满，不可游也'是也，故曰'盈'，此卦象也。川壅为泽，泽水易竭；又师出不以律，则律竭，两竭字相应，故曰'盈而以竭'，此卦象及辞义也。"**夭且不整，**杜预："水遇夭塞，不得整流。"杨伯峻亦主"夭"为阻塞之义。**所以凶也。不行谓之《临》，**临如莅，皆有不行之象。**有帅而不从，**杨伯峻："彘子不从中军帅之令，是有帅不从也，则军中法制号令不行甚矣。"**临孰甚焉！此之谓矣。果遇，**遇，遇敌。**必败，彘子尸之，**杜预："主此祸。"杨伯峻从之。据《师》卦六三"师或舆尸"，六五"长子帅师，弟子舆尸"，"尸"，乃尸位，尸官，尸职之义。彘子不从上命，是尸官也。**虽免而归，**杨伯峻："虽免于战死而归晋。"**必有大咎。"韩献子谓桓子曰：**韩献子，韩厥。**"彘子以偏师陷，子罪大矣。子为元帅，师不用命，谁之罪也？失属、亡师，**失属言失郑之服事。亡师，谓彘子以偏师陷。**为罪已重，**已，太也。**不如进也。事之不捷，恶有所分。**恶，罪也。分，分摊。**与其专罪，**专罪，桓子独任其罪。**六人同之，不犹愈乎？"**同，犹共也。杜预："三军皆败，则六卿同罪，不得独责元帅。"**师遂济。**

楚子北师次于郔，杜预："郔，郑北地。"**沈尹将中军，**沈尹，一说谓孙叔敖既为令尹，自当将中军，则沈尹即孙叔敖。然亦多有不认同此说者，谓孙叔敖与沈尹非一人。**子重将左，子反将右，**子重，公子婴齐。子反，公子侧。公子侧字子反者，"侧"与"反"义近，例如《诗·国风·关雎》"辗转反侧"、《大雅·荡》"无背无侧"、《小雅·何人斯》"以极反侧"，等。**将饮马于河而归。闻晋师既济，王欲还，**惧晋师。**嬖人伍参欲战。**伍参，伍奢之祖，伍员子胥曾祖，楚庄王嬖臣。**令尹孙叔敖弗欲，曰："昔岁入陈，今兹入郑，不无事矣。战而不捷，参之肉其足食乎？**言若战败，楚师怨忿之情绪必欲食伍参之肉而弗厌，然参之肉够食乎？时楚师多不欲战，故言参将犯众怒。**参曰："若事之捷，孙叔为无谋矣。不捷，参之肉将在**

晋军，可得食乎？”言将被俘，楚众不得食之。**令尹南辕、反旆，**杨伯峻：“敌人在北，车当北辕，令尹回车南向，故曰南辕。旆，军前大旆。大旗亦反其向。”**伍参言于王曰：“晋之从政者新，**杨伯峻：“从政指荀林父。去年秋，其前任郤缺犹在，《传》云‘晋郤成子求成于众狄’可证，则荀林父执政最多不过数月。”**未能行令。**无威信故。**其佐先縠刚愎不仁，**愎，乖戾自用。**未肯用命。其三帅者，专行不获。**杜预：“欲专其所行而不得。”**听而无上，**上不能行令故。杨伯峻：“欲听从而无可听之上司。”**众谁适从？**适，当位也，正主也。言众当以谁为“適主”而听从之。**此行也，晋师必败。且君而逃臣，若社稷何？”**视国家为何如也。言有辱国家。**王病之，告令尹，改乘辕而北之，次于管以待之。**管，故管国之地，在今郑州市。

晋师在敖、鄗之间。敖、鄗，二山名。**郑皇戌使如晋师，**杨伯峻：“皇戌，郑卿。”**曰：“郑之从楚，社稷之故也，未有贰心。**杨伯峻：“意谓郑所以屈服于楚，由于挽救国家之灭亡之故，于晋实无贰心，心犹在晋也。”**楚师骤胜而骄，其师老矣，**骤，屡也。老，师久为老。**而不设备。子击之，郑师为承，**杜预：“承，继也。”**楚师必败。”彘子曰：“败楚服郑，于此在矣，必许之。”栾武子曰：**栾武子，栾书。**“楚自克庸以来，**在文十六年。**其君无日不讨国人而训之于民生之不易、祸至之无日、戒惧之不可以怠；**杜预：“讨，治也。”怠，懈怠。**在军，无日不讨军实而申儆之于胜之不可保，纣之百克，而卒无后。**杨伯峻：“军实，此指军中指挥员、战士等。申儆，犹言再三告诫。”据成十三年“申之以盟誓，重之以昏姻”，“申”盖与“重（zhòng）”同义，唯其所表程度不同。克，克敌。百克，犹言百胜。卒，终也。**训之以若敖、蚡冒，**二人，楚贤君。**筚路蓝缕，以启山林。**杜预：“筚，柴车（极简陋之车）。蓝缕，敝衣。”启，辟也，开辟。**箴之曰：**箴，诫也，戒劝。**‘民生在勤，勤则不匮。’**匮，乏也。**不可谓骄。**

先大夫子犯有言曰：子犯，狐偃。**'师直为壮，曲为老。'**直、曲，理直、理曲。**我则不德，而微怨于楚。**微，求也。**我曲楚直，不可谓老。其君之戎分为二广，**杨伯峻："其君之戎谓楚王之亲兵戎车也。"句谓楚王亲兵戎车分为左右两班，左班名曰左广，右班名曰右广，统称二广。**广有一卒，**每广有一卒之车数。**卒偏之两。**两，两倍也。一卒为两偏之车数，即合两偏成一卒。杨伯峻据江永谓："一偏是十五乘，两偏是三十乘。楚以三十乘为一卒。"是也。楚子之左右广共四偏，合六十乘车数。**右广初驾，**初，指鸡鸣，与下文"昏"对。驾，套车也。**数及日中，**杨伯峻："数者，数漏刻也。"**左则受之，**受，受职代右广也。**以至于昏。**《传》例曰"楚人上左"，由上文"子重将左，子反将右"及下文"左拒""右拒"可证。又据此"右广初驾"及上文"右辕，左追蓐"，知楚并非尽以左为上。**内官序当其夜，**杜预："内官，近官。序，次也。"当，值也，当其夜值。**以待不虞，**不虞，不料，不测。**不可谓无备。子良，郑之良也。师叔，楚之崇也。**师叔，潘尫。**师叔入盟，子良在楚，楚、郑亲矣。来劝我战，我克则来，**杨伯峻："来服晋。"**不克遂往，**往从楚。**以我卜也，**杨伯峻："以我战之胜负决其从晋或从楚，故云'以我卜'。"**郑不可从。"**

赵括、赵同曰："率师以来，唯敌是求。克敌得属，败楚，则郑将服晋。**又何俟？必从彘子。"**彘子，先縠。**知季曰：**知季，知庄子荀首。**"原、屏，咎之徒也。"**徒，党也，辈也，属也。杜预："原，赵同。屏，赵括。徒，党也。"杨伯峻据《老子》"生之徒十有三，死之徒十有三"，谓"徒借为涂（途）"。据下文"二憾往矣"，斥魏锜、赵旃为"二憾"，此"徒"当亦贬斥之言，杨说不足信。**赵庄子曰：**庄子，赵朔。**"栾伯善哉，**栾伯，栾书。**实其言，**杨伯峻："实犹言实践。"**必长晋国。"**长有二义，一为长官之长，一为长久之长。杜预谓"长晋国"为栾书将执晋国政。例襄九年"体仁足以长人"、襄二十四年"侨闻君子长国家者"。杨伯峻谓长为长久之长，言将长国运。例僖十一年"何以长世”、成八年“何以长有诸侯乎”。杜说是。

楚少宰如晋师，少宰，官名。**曰：“寡君少遭闵凶，**少，少幼也。闵，忧也。**不能文。**不善文辞。杨伯峻：“表谦虚之外交辞令，言其辞坦率无文饰也。”**闻二先君之出入此行也，**杜预：“二先君：楚成王、穆王。”杨伯峻：“成王六年，即鲁庄之二十八年，楚令尹子元伐郑；穆王八年，即鲁文之九年，楚穆师于狼渊以伐郑，是二先君出入此行之事也。行，道也。出入此行犹言往来于此道，谓由楚至郑之道。”**将郑是训定，**杨伯峻：“此倒装句，谓将训定郑也。”**岂敢求罪于晋？二三子无淹久。”**淹，滞，滞留。僖三十三年“为从者之淹”“吾子淹久于敝邑”、文六年“出滞淹”、昭十四年“举淹滞”、成二年“无令舆师淹于君地”。杨伯峻从杜预，“淹，久也”，不从。**随季对曰：**随季，士会。**“昔平王命我先君文侯曰：**文侯，晋文侯仇也。**‘与郑夹辅周室，毋废王命。’**周平王东迁雒邑，实赖晋文侯、郑武公之襄助，故有此敕命。**今郑不率，**言郑不率行王命。**寡君使群臣问诸郑，岂敢辱候人？**杨伯峻：“古有候人之官，为道路迎送宾客之吏。‘岂敢辱候人’者，犹言不劳楚吏之迎送，意谓此事与楚不相涉。”可信。杜预“候人谓伺候望敌者”，则有讽刺意味，不合外交辞令之语气，且下文曰“彘子以为谄”，故杜说非，杨伯峻亦驳之曰：“随季之候人指少宰（而杜注之“候人”甚卑，不可当少宰），仍以前义为胜，比少宰如候人。”**敢拜君命之辱。”**辱君之命敢拜。**彘子以为谄，**谄，谄谀。**使赵括从而更之，**更，改也。**曰：“行人失辞。**行人指士会。辞，辞令。**寡君使群臣迁大国之迹于郑，曰：‘无辟敌。’群臣无所逃命。”**迁，迁出也，即“逐”之外交辞令。大国，楚也。言群臣不敢逃避晋君之命，必与楚战。

楚子又使求成于晋，晋人许之，盟有日矣。杨伯峻：“已约定盟期。”**楚许伯御乐伯，摄叔为右，以致晋师。**此乃一般兵车，故御者在中，射者在左，勇士在右。致师者，顾名思义，以己交付敌师，待其擒拿也，故曰致。致师乃怒敌求战之法，以广车一乘迫犯敌垒也。杜预："单车挑战，又示不欲崇和，以疑晋之群帅。"**许伯曰："吾闻致师者，御靡旌，摩垒而还。"**靡，倾斜，倒也。杨伯峻："杜预：'靡旌，驱疾也。'盖疾驱车辕自稍偏，其旌旗必倾斜似披靡，故云靡旌。"一意谓，固以靡旌往，非因驱疾而旌靡也，则是以羸弱不整侮敌，非本文之意。致师在示勇，非在示弱，杜预是。摩，迫、逼、近也，今"摩天大楼"之"摩"即取此义。**乐伯曰："吾闻致师者，左射以菆，**左，车左。杜预："菆，矢之善者。"**代御执辔，御下，两马、掉鞅而还。"**杜预本服虔谓："两，饰也。掉，正也。示閒暇。"俞樾："两，排比之也。一车有四马，两马在中曰服，两马在边曰骖，《诗》曰'两服齐首'、'两骖如手'，皆言其整齐也。是时车右入垒，而车在垒外留待之，故御者下车排比其马，使两骖两服不致儳互不齐，亦示閒暇之意也。"**摄叔曰："吾闻致师者，右入垒，折馘，执俘而还。"**右，车右。杨伯峻："折馘，杀死敌人而取其左耳；执俘，生俘敌人。"**皆行其所闻而复。晋人逐之，左右角之。**杨伯峻："晋人分三路，在中者逐之，鲍癸是也；另张两角，从左右夹攻之。"**乐伯左射马而右射人，角不能进。矢一而已。**仅剩一矢。**麋兴于前，**兴，起也。**射麋，丽龟。**杜预："丽，著也。龟，背之隆高当心者。"杨伯峻："龟指禽兽之背部。古之田猎者，其箭先着背以达于腋为善射。乐伯之射麋中龟，状其善射也。"**晋鲍癸当其后，使摄叔奉麋献焉，**使摄叔下车奉麋献鲍癸。摄叔为车右，随车之闲杂事务皆由车右担当，如推车、取水等。**曰："以岁之非时，献禽之未至，**杨伯峻："献禽即献兽，《说文》云：'禽，走兽总名。'此时为周正六月，即夏正之四月，《周礼·天官·兽人》云'夏献麋'，则麋是夏季时物，惟当初夏，故云'非时''未至'也。"**敢膳诸从者。"**诸，之于也。**鲍癸止之，**止众不逐。**曰："其左善射，其右有辞，**有文辞。**君子也。"既免。**既，尽也。谓许伯、乐伯、摄叔三人皆得脱。

晋魏锜求公族未得，而怒，魏锜，厨武子吕锜也。公族，公族大夫。**欲败晋师。请致师，弗许。请使，许之。遂往，请战而还。**矫命请战。**楚潘党逐之，**据杜预，潘党，叔党也，潘尪之子。**及荧泽，见六麋，射一麋以顾献，**杨伯峻："射其一以回车而献于潘党。"不从。顾献者，不止马，车仍疾驱，唯侧身后顾，以言致献。**曰："子有军事，兽人无乃不给于鲜，敢献于从者。"**给，足也。鲜，鲜禽兽。言子有军务在身，兽人不及侍奉。寓意谓子有军务在身，逐我非汝本职。潘党本职楚军前哨，不宜远逐敌人。**叔党命去之。**杨伯峻："叔党即潘党。命部下离去不追。"**赵旃求卿未得，**杜预："赵旃，赵穿子。"**且怒于失楚之致师者。请挑战，**挑战，古多谓挑战与致师同，然魏锜既请致师而弗许，则赵旃不至于再请致师，故退而求其次——请挑战。挑战者，盖双方戒期，对阵，择其勇武之士于双方阵间单车对战，以竞雌雄。然挑战亦极有擦枪走火，引发全面战争之可能，故挑战之用仅次于致师。**弗许。请召盟，许之。与魏锜皆命而往。**皆命，皆受命。二人非同时请命，亦非同时受命，魏锜先受命，既往，赵旃又请命，此言"皆命"者，《传》并言之也。**郤献子曰：**献子，郤克。**"二憾往矣，**斥魏锜与赵旃为二憾。**弗备，必败。"彘子曰："郑人劝战，弗敢从也；楚人求成，弗能好也。师无成命，**成命，既成之命，指双方已戒定战与不战之命。**多备何为？"士季曰："备之善。若二子怒楚，楚人乘我，**襄二十三年"栾氏乘公门"，"则乘槐本而覆"、襄二十八年"蛇乘龙"、哀二年"驾而乘材"，皆此"乘"，例尚多。韦昭："乘，陵也。"杜预："乘，犹登也。"乘，陵，登，加，加于……之上也。杨伯峻："盖凭陵掩杀之意。"**丧师无日矣。不如备之。楚之无恶，除备而盟，何损于好？若以恶来，有备不败。且虽诸侯相见，军卫不彻，**彻，去也。**警也。"彘子不可。**杜预："不肯设备。"

士季使巩朔、韩穿帅七覆于敖前，士季，士会。杜预："覆，为伏兵七处。”**故上军不败。赵婴齐使其徒先具舟于河，故败而先济。**

潘党既逐魏锜，魏锜先至，请战而还，又见楚逐，知楚有意侮晋。**赵旃夜至于楚军，**此与魏锜至楚师乃同一日，即甲寅之夜。**席于军门之外，使其徒入之。**至而不入，布席坐于楚军门之外，反使其徒入楚营，此所以楚怒其无礼。**楚子为乘广三十乘，分为左右。**杨伯峻："此句极易误解为楚子以三十乘分为左右广，每广十五乘。杜注之误，亦由于此。此句谓楚子分乘广为左右，每广三十乘。不如此解，不足以解上文'卒偏之两'及成七年《传》'以两之一卒适吴'诸句。"此说极是。**右广鸡鸣而驾，日中而说。**说同脱，卸车，卸驾也。**左则受之，日入而说。**昃尽至日入之前为夕，日既入为昏。**许偃御右广，养由基为右。彭名御左广，屈荡为右。**杜预："楚王更迭载之，故各有御、右。"**乙卯，王乘左广以逐赵旃。**赵旃于昨夜（甲寅夜）至楚军，王逐之在今日（乙卯）上午。然右广因鸡鸣已驾，而王逐赵旃当在食时左右，此时右广正当巡职，不便召之。因战时异于平常，虽卸职者亦当严阵待命，于是左广现成，遂遽驾左广以逐赵旃。此时正是上午，故下文"王见右广，将从之乘"，又"自是楚之乘广先左"，明此时王本当乘右广，故遇右广而欲改乘之。杨伯峻以为魏锜、赵旃至楚师皆在乙卯日，赵旃当在乙卯夜至于楚军，又以"夜"字当作"夕"，谓王逐之在乙卯夕也，非。"夜"在"宵"之后，不可作"夕"解。且王于下午日入之前理当乘左广，右广于日中（中午）已卸驾，王在夕时何以能见右广？又何必欲舍当职之左广而改乘不当职之右广？**赵旃弃车而走林，**跑入林中。**屈荡搏之，**屈荡下车逐之，而与之搏斗。**得其甲裳。晋人惧二子之怒楚师也，使軘车逆之。**之，赵旃也。軘车，兵车名，服虔谓屯守之车，盖车较重，防护设施好。**潘党望其尘，**潘党盖司楚军之前哨，故能望晋軘车所扬尘。**使骋而告曰："晋师至矣。"**杨伯峻"潘党盖逐魏锜而犹在道"，误。潘党逐魏锜在甲寅日，杨伯峻因误解上文"乙卯"，遂并致此误也。**楚人**

亦惧王之入晋军也，遂出陈。孙叔曰：“进之。宁我薄人，无人薄我。薄，迫也。**《诗》云：‘元戎十乘，以先启行。’**杜预：“元戎，戎车在前也。《诗·小雅》，言王者军行，必有戎车十乘，在前开道，先人为备。”杨伯峻据韩婴之说谓：“元戎为陷军之车，以十乘先行，突犯敌军。启行者，打开敌人之行伍也。”**先人也。**杨伯峻：“进攻在敌人之先，即今争取主动之意。”**《军志》曰：‘先人有夺人之心。’**杜预：“夺敌战心。”**薄之也。”遂疾进师，车驰、卒奔，乘晋军。桓子不知所为，**事出突然，又无防备，故不知所措。**鼓于军中曰：“先济者有赏。”**欲急渡河避楚。**中军、下军争舟，舟中之指可掬也。**掬，犹捧也。杜预：“两手曰掬。”因争舟而相互斩断之手指落于舟中，可以捧掬。

晋师右移，杨伯峻：“盖河在右，中军、下军皆崩而右就河也。”**上军未动。**设七覆之备，故不动。**工尹齐将右拒卒以逐下军。**工尹即中原国家之工正。齐，工尹之名。拒，方阵也。**楚子使唐狡与蔡鸠居告唐惠侯曰：**杜预：“二子，楚大夫。唐，属楚之小国。”孔颖达：“此未战之前告。《经》不书唐侯者，为楚私属。”**“不穀不德而贪，以遇大敌，不穀之罪也。然楚不克，君之羞也，敢藉君灵以济楚师。”**杜预：“藉犹假借也。”灵，福也。**使潘党率游阙四十乘，**杜预：“游车补阙者。”**从唐侯以为左拒，以从上军。驹伯曰：**惠栋、洪亮吉谓驹伯为郤锜，杨伯峻亦从此说。**“待诸乎？”**杨伯峻从王引之云：“待诸者，御之也。”可信。襄十一年：“寡人无以待戎，不能济河。”昭七年：“晋师必至，吾无以待之。”闵二年：“至，则告守曰：‘不可待也。’”**随季曰：“楚师方壮，若萃于我，**萃，聚也，集也。**吾师必尽，不如收而去之。分谤、生民，**杜预：“同奔为分谤，不战为生民。”**不亦可乎？”殿其卒而退，**杜预：“以其所将卒为军后殿。”言士会自殿其师使退。**不败。**

王见右广，将从之乘。此时尚未及日中，王本应乘右广，故欲改乘。**屈荡户之，**杜预："户，止也。"杨伯峻据顾炎武、惠栋谓："（户）字亦作扈，昭十七年《传》'扈民无淫'是也。"《说文》："半门曰户。"户，亦门也，常指室内之小门，单扇门，或空有门框而无门扇者。兵车之户在车厢正后，《传》中，"门"有正反两义，曰守门，曰攻门。或此文之"户"亦可作"守御其户"解，则"屈荡户之"犹言"屈荡门之"也。**曰："君以此始，亦必以终。"**杜预："中易乘则恐军人惑。"**自是楚之乘广先左。**先左者，改使左广鸡鸣驾。杜预："以乘左得胜故。"

晋人或以广队不能进，广，兵车名。队同坠。广队，车轮陷于坎也。**楚人惎之脱扃。**杜预："惎（jì），教也。扃（jiǒng），车上兵阑。"杨伯峻："扃，车前横木，所以约车上兵器者。"**少进，马还，**少读稍。车虽稍轻，然马仍不克陷坑之阻力，车稍进，又复退还原位。**又惎之拔旆投衡，**杜预："旆，大旗也。拔旆投衡上，使不帆风，差轻。"杨伯峻："衡即车轭，辕前横木厄马颈者也。"刘文淇引黄承吉谓拔旆投衡为两事，即拔旆而掷车下，车衡亦投去之，用减轻车之重量。**乃出。顾曰：**反顾楚人。**"吾不如大国之数奔也。"**言晋师不若楚师之屡次逃奔，故不得此出陷之经验。

赵旃以其良马二，济其兄与叔父，以他马反。遇敌不能去，弃车而走林。逢大夫与其二子乘，杜预："逢，氏。"**谓其二子无顾。**已知赵旃在后，不欲载之，故命其二子无顾。**顾曰："赵傁在后。"**二子因好奇而后顾。傁同叟，老头儿也。**怒之，使下，指木曰："尸女于是。"**木，树也。尸作动词收尸解。**授赵旃绥，以免。**杨伯峻："绥，挽以上车之索。逢大夫车不能容多人，故下其二子以使赵旃登车。"不从。盖下其二子者，因尊卑不敌，不能共载。**明日，以表尸之，皆重获在木下。**重 zhòng。表，所指之树也，凡指为标识之物皆得曰表。二子之尸皆获于所指树下。

楚熊负羁囚知罃。杜预："负羁，楚大夫。"知罃 yīng，知庄子荀首之子。**知庄子以其族反之，**杜预："族，家兵。"反之，犹言解救之，《传》既战或脱险后，返车救人者有数例，如齐侯救丑父，三入三出；“颜鸣三入齐师，呼曰‘林雍乘’”。杜预：“反，还战。”不确。**厨武子御，**杜预：“武子，魏锜。”杨伯峻：“盖食邑于厨，故谓之厨武子。”**下军之士多从之。每射，抽矢，菆，**菆 zōu，良矢曰菆。**纳诸厨子之房。**房，箭筒也。厨子司御，不主射，然因其在车左之右，故其背上有箭筒，盖便于车左取拿。车左主射，背上亦有箭筒。此荀首每遇良矢，则置于厨子之房而不用之。**厨子怒曰：“非子之求，**子，儿子之子，指荀罃。**而蒲之爱，**蒲，植物名，其杆为制作箭杆之上等材料。爱，惜也。言矢不过一蒲而已，子如是爱之，其为求子乎？**董泽之蒲，**董泽，晋泽名。**可胜既乎？”**胜，堪也，能也。既，尽也。句谓董泽之蒲，取用不尽。**知季曰：“不以人子，吾子其可得乎？**欲待以良矢射楚之尊者为人质。**吾不可以苟射故也。”射连尹襄老，获之，遂载其尸。射公子縠臣，囚之。以二者还。**

及昏，楚师军于邲。晋之余师不能军，不能军，不成军，败乱溃散，不成行伍。**宵济，亦终夜有声。**众溃散故。

丙辰，楚重至于邲，杜预：“重，辎重也。”**遂次于衡雍。潘党曰：“君盍筑武军，而收晋尸以为京观？**盍，何不也。武军，表彰武功的军事纪念建筑。京观，京，大，高也；观，建筑物名。此京观盖类似观而得名，盖武军既纳敌尸而建表木则为京观。**臣闻克敌必示子孙，以无忘武功。”楚子曰：“非尔所知也。夫文，止戈为武。**“武”拆字得止戈，甲骨、篆体尤明显，可参看。盖止戈乃“武”字造字之本义。**武王克商。作《颂》曰：‘载戢干戈，载櫜弓矢。**杨伯峻：“载，语首助词，无义。戢，《说文》‘藏兵也’。櫜音高，本名词，弓衣也。此作动词，纳弓于其衣内也。”**我求懿德，肆于时夏，**肆，陈也，布也。《诗·大雅·行苇》“肆筵设席”，“或肆之筵”、《小雅·小明》“或剥或亨，或肆或将”、《周颂·雝》“相予肆祀”。时，是也。夏，中国。《诗·周颂·思文》：“无此疆尔界，陈常于时夏。”“夏”谓“中国”甚明，杨伯峻谓夏指《夏》乐，不从。**允王保之。’**信王保天下。允，信也。**又作《武》，其卒章曰‘耆定尔功’。**《毛诗传》：“耆，致也。”杜预：“言武王诛纣，致定其功。”耆，又老寿也，或可引申为考也，成也。**其三曰：‘铺时绎思，我徂维求定。’**铺，今《诗》作“敷”，布也，陈也。时，是也。绎，绪也。思，语末助词，无义。徂，往也，《诗》谓往伐纣。**其六曰：‘绥万邦，屡丰年。’**杜预：“绥，安也。屡，数也。”言地平天成也。**夫武，禁暴、戢兵、保大、定功、安民、和众、丰财者也。**杨伯峻：“止戈为武，禁暴也；戢干戈、櫜弓矢，戢兵也；肆于时《夏》，允王保之，保大也；耆定尔功，定功也；我徂求定，安民也；绥万邦，和众也；屡丰年，丰财也。”**故使子孙无忘其章。**杨伯峻引王念孙：“凡功之显著者谓之章。”**今我使二国暴骨，暴矣；观兵以威诸侯，兵不戢矣。暴而不戢，安能保大？犹有晋在，焉得定功？所违民欲犹多，民何安焉？无德而强争诸侯，**杨伯峻：“强，勉强也。”**何以和众？利人之几，**几同机，利机危机皆曰机。**而安人之乱，以为己荣，何以丰财？武有七德，我无一焉，何以示子孙？其为先君宫，告成事而已。**为，筑，造也。杜预：“祀先君，告战胜。”**武非吾功也。**杨伯峻：“言此胜战不足以为武功也。”**古者明王伐不敬，取其鲵鲸而封之，**杨伯峻：“鲸、鲵皆是海中大鱼，此以喻指大憝首恶。”**以为大戮，**戮，刑也。**于是乎有京观以惩淫慝。**淫，百事过度皆曰淫。慝，恶，隐恶。**今罪无所，**杨伯峻：“下年《传》云‘罪无所归’，此亦罪无所归之义，省归字。此言晋无大罪，我战胜而无归罪之人。”是也。**而民皆尽忠以死君命，**民，指晋之人民。民能死君命者，谓其君不失德，亦即其君无罪。**又可以为京观乎？”**京观所以惩淫慝，晋君无罪，故不可以筑京观。**祀于河，**祭黄河。河非楚神，因战胜于河，故祭之。**作先君宫，**杨伯峻：“作楚武诸王之庙。”**告成事而还。**

是役也，郑石制实入楚师，石制，子服。入非"召"也，入者，言围郑数月之楚师因石制之卖国，得轻易而入也，非谓石制实召来楚师使侵郑。召者，明年"赤狄伐晋，及清，先縠召之也"、僖十一年"扬、拒、泉、皋、伊、雒之戎同伐京师，王子带召之也"。将以分郑而立公子鱼臣。欲分裂郑，以其一部分赂楚，而使楚立公子鱼臣为郑君，己亦得郑之政权。辛未，郑杀仆叔及子服。杜预："仆叔，鱼臣也。子服，石制也。"君子曰："史佚所谓'毋怙乱'者，谓是类也。《诗》曰：'乱离瘼矣，杜预："离，忧也。瘼，病也。"杨伯峻："乱离为一词。"爰其适归？'杨伯峻："爰作焉用，何处也。"适，即"众谁适从"、"寡君无适与也，而传诸君"之适，彼谓当适之人，此文谓当适之所。《诗》本义谓天下乱离太甚，当逃归于何处？此则断章取义，谓当归乱离之罪于何人？归于怙乱者也夫。"谓当归罪于怙乱之人。

郑伯、许男如楚。

秋，晋师归，桓子请死，晋侯欲许之。士贞子谏曰：杜预："贞子，士渥浊。""不可。城濮之役，晋师三日谷，文公犹有忧色。左右曰：'有喜而忧，如有忧而喜乎？'杜预："言忧喜失时。"是也。《传》曰"喜怒以类"、昭二十五年"民有好恶、喜怒、哀乐……哀乐不失，乃能协于天地之性，是以长久"。句谓今有喜而忧，然若遇忧丧之事，难道可以喜乎？公曰：'得臣犹在，得臣，子玉。忧未歇也。杨伯峻："歇，竭也，尽也。"困兽犹斗，况国相乎？及楚杀子玉，公喜而后可知也，杜预："喜见（现）于颜色。"曰：'莫余毒也已。'毒，害也。是晋再克而楚再败也。楚杀子玉，于晋是再克楚，于楚是再败于晋。楚是以再世不竞。再世，两世也，成王、穆王也。杨伯峻："不竞，不强也。"今天或者大警晋也，杜预："警，戒也。"而又杀林父以重楚胜，重 chóng。言是助楚杀林父，故曰重楚胜。其无乃久不竞乎！林父之事君也，进思尽忠，退思补过，社稷之卫也，若之何

杀之？夫其败也，如日月之食焉，何损于明？”晋侯使复其位。

冬，楚子伐萧，宋华椒以蔡人救萧。萧本宋所封之附庸国，故宋急其难。**萧人囚熊相宜僚及公子丙。王曰：“勿杀，吾退。”萧人杀之。王怒，遂围萧。萧溃。**

申公巫臣曰：杨伯峻：“巫臣为申县之尹，故称申公巫臣。盖氏屈，故成二年又称屈巫。字子灵。”**“师人多寒。”王巡三军，拊而勉之。**拊 fǔ，轻拍也，轻击。《尚书·舜典》“击石拊石，百兽率舞”，是“拊”与“击”义近同。襄二十五年“公拊楹而歌”，拍柱以节其歌也。此文当是拍抚士卒之肩或臂，用慰勉之。**三军之士，皆如挟纩。**纩音旷，杜预：“纩，绵也。言说（悦）以忘寒。”**遂傅于萧。**王大得士心，故能为王所用。

还无社与司马卯言，此段乃补叙伐萧前事。**号申叔展。**杜预：“还无社，萧大夫。司马卯、申叔展，皆楚大夫也。无社素识叔展，故因卯呼之。”号，呼也。**叔展曰：“有麦曲乎？”**杨伯峻：“麦曲即今之酒母，用以酿酒也。”此以下凡“曰”者，皆还无社之言；凡直陈者，皆叔展之言。**曰：“无。”“有山鞠穷乎？”**杨伯峻：“山鞠穷即芎䓖，今产于四川者曰川芎。”**曰：“无。”**杜预本贾逵谓：“麦曲、鞠穷所以御湿，欲使无社逃泥水中，无社不解，故曰无。军中不敢正言，故谬语。”**“河鱼腹疾奈何？”**《洪范》：“雨淫腹疾。”古人认为腹疾乃雨淫湿气所致。杨伯峻：“两者御湿之药物俱无，若患潮湿之疾，将若之何？其意乃再三暗示之逃于低下处也。河鱼，黄河之鱼也。”**曰：“目于眢井而拯之。”**眢（yuān）字与目有关，《说文》“眢，目无明也”，盖即无珠之目。则眢井谓毁弃之枯井。杜预：“无社意解，欲入井，故使叔展视虚废井而求拯己。”**“若为茅绖，哭井则已。”**此叔展之言，杨伯峻据孔颖达谓：“盖废井必多，难以的知其处。汝可结茅为绖，绖形似带，置于井端以为标帜。又恐无社错认他人，更教之云，有向井哭者，则我自己也。”**明日，萧溃，申叔视其井，则茅绖存焉，号而出之。**号，呼喊曰号，干哭亦曰号，此干哭之义。

晋原縠、原縠，先縠。**宋华椒、卫孔达、曹人同盟于清丘。曰：“恤病，讨贰。”于是卿不书，**杨伯峻：“不书原縠等卿姓名。”**不实其言也。**杨伯峻：“虽有盟约，然未实行。”杜预：“宋伐陈，卫救之，不讨贰也。楚伐宋，晋不救，不恤病也。”

宋为盟故，伐陈。陈贰于楚故。**卫人救之。**卫背清丘盟救陈。**孔达曰：“先君有约言焉，若大国讨，**讨，讨陈。**我则死之。”**卫成公与陈共公有旧好，故卫救陈。

宣公十三年

【经】

十有三年春，齐师伐莒。

夏，楚子伐宋。

秋，螽。

冬，晋杀其大夫先縠。

【传】

十三年春，齐师伐莒，莒恃晋而不事齐故也。

夏，楚子伐宋，以其救萧也。救萧在去年。**君子曰：“清丘之盟，唯宋可以免焉。”**清丘之盟乃晋、宋、卫、曹四国。宋以盟故讨陈之贰，卫反救陈；今宋见伐，诸国又不救，故曰唯宋可以免。

秋，赤狄伐晋，及清，先縠召之也。杜预：“邲战不得志，故召狄欲为变。清，一名清原。”

冬，晋人讨邲之败与清之师，归罪于先縠而杀之，尽灭其族。先縠即原縠，先轸（原轸）之后。**君子曰：“‘恶之来也，己则取之。’**襄二十三年所谓“祸福无门，唯人所召”。则，法也，法则。**其先縠之谓乎！”**

清丘之盟，晋以卫之救陈也，讨焉。杜预：“寻清丘之盟以责卫。”**使人弗去，**弗去，居卫不走。**曰：“罪无所归，将加而师。”**杨伯峻：“而同尔。意谓若不得罪首而惩罚之，则将以兵来。”**孔达曰：“苟利社稷，请以我说。**说，解说于晋也。**罪我之由。**杨伯峻：“犹言其罪由我。”罪若作动词责罪解亦通。**我则为政而亢大国之讨，将以谁任？**亢，激亢，奋也。**我则死之。”**

宣公十四年

【经】

十有四年春，卫杀其大夫孔达。

夏五月壬申，十一日。曹伯寿卒。

晋侯伐郑。

秋九月，楚子围宋。

葬曹文公。

冬，公孙归父会齐侯于穀。公孙归父，庄公孙，公子遂襄仲之子子家。

【传】

十四年春，孔达缢而死。卫人以说于晋而免。以杀孔达向晋解说，故免于伐。**遂告于诸侯曰："寡君有不令之臣达，构我敝邑于大国，**令，善也。构，构陷也，挑拨两端，使其相怨恶。**既伏其罪矣，敢告。"**杜预："诸侯杀大夫亦皆告。"**卫人以为成劳，**既成之功劳曰成劳。成与"成师"、"成军"、"成命"、"成世"之成皆同义。**复室其子，**室，妻也。《传》："男有室，女有家。"孔颖达："言卫侯以女妻之也。"**使复其位。**杜预："袭父禄位。"

夏，晋侯伐郑，为邲故也。邲之役，郑实有祸晋之心。**告于诸侯，蒐焉而还。**杜预："蒐，简阅车马。"**中行桓子之谋也。**桓子，荀林父。**曰："示之以整，**以威慑郑也。杨伯峻："整谓队伍整齐，军纪严明。"**使谋而来。"**使其惧而谋来。**郑人惧，使子张代子良于楚。**杜预："十二年，子良质于楚。子张，穆公孙。"**郑伯如楚，谋晋故也。**谋晋难。**郑以子良为有礼，**杜预："有让国之礼。"**故召之。**

楚子使申舟聘于齐，申舟即文十年之文之无畏。**曰："无假道于宋。"**使之但过宋，而不向宋国借道。杨伯峻："欲以挑衅。"**亦使公子冯聘于晋，不假道于郑。申舟以孟诸之役恶宋，**孟诸之役，宋公违命，申舟抶其仆以徇诸侯之师，在文十年。**曰："郑昭、宋聋，**昭，明也，言达事理。聋，老聩也，言糊涂。**晋使不害，**往晋之使者无危害。**我则必死。"王曰："杀女，我伐之。"见犀而行。**犀，申犀，申舟之子。引见犀于楚子而后出使。引见其子者，知必死，欲为立后，亦示其言必验。**及宋，宋人止之，华元曰："过我而不假道，鄙我也。**杨伯峻："鄙我者，视我为其边鄙之邑县也。"是。昭十九年："是晋之县鄙也，何国之为？"例甚多，不详举。**鄙我，亡也。**既视宋为楚边鄙之县邑，是将不有宋也。**杀其使者必伐我，伐我，亦亡也。亡一也。"乃杀之。楚子闻之，投袂而起。**投袂，投，甩也。古人袖极宽，楚子因愤而甩之。袖在手臂，甩其手臂，袖亦随甩而出。杜预："投，振也。"杨伯峻："盖即奋袂也。"皆得之。《吕览》："庄王方削袂，闻之，投袂而起。"误。袖为衣服之一部分，虽投之，仍不去身也，如嫦娥舒广袖，虽舒之，不离手臂也。**屦及于窒皇，**杜预："窒皇，寝门阙。"杨伯峻："古人在室内不穿鞋。屦，今之鞋。闻申舟被杀，怒而起，起而走，不及纳屦。及者，送屦者追而及之也。"**剑及于寝门之外，**王出必佩剑，于时楚王因怒遽出，侍者急取其宝剑，追至寝门之外始及之。**车及于蒲胥之市。**比及仆人取马套车追及楚王时，王已徒行至蒲胥之市。**秋九月，楚子围宋。**

冬，公孙归父会齐侯于穀。归父，子家。**见晏桓子，**杜预："桓子，晏婴父。"**与之言鲁，乐。**乐 luò（lè），言得意也。**桓子告高宣子曰：**杜预："宣子，高固。"**"子家其亡乎！**其，表倾向于肯定判断之副词。亡，逃亡，出奔也。**怀于鲁矣。**怀，恋也。**怀必贪，贪必谋人。谋人，人亦谋己。一国谋之，何以不亡？"**

孟献子言于公曰：孟献子，仲孙蔑也。**"臣闻小国之免于大国也，**免谓免于大国之侵伐征讨。**聘而献物，**访聘大国而致献礼物。**于是有庭实旅百；**杨伯峻据沈钦韩谓："庭实旅百是小国往聘大国所献之礼物。"是也。**朝而献功，**杨伯峻："国君自往大国曰朝。"杜预："献其治国若征伐之功于牧伯。"**于是有容貌采章，嘉淑而有加货，**杨伯峻："容貌、采章等亦均是小国所献大国之物。容貌采章者，盖指玄纁玑组、羽毛齿革诸物，皆所以充衣服、旌旗之装饰者。采章，物采、文章也。嘉淑谓美善之物。加货，常额外礼物。加即加笾之加。"**谋其不免也。诛而荐贿，则无及也。**杜预："荐，进也。见责而往，则不足解罪。"**今楚在宋，君其图之。"公说。**

宣公十五年

【经】

十有五年春，公孙归父会楚子于宋。归父，子家。

夏五月，宋人及楚人平。

六月癸卯，十八日。**晋师灭赤狄潞氏，**杨伯峻：“潞，国名，赤狄之别种，曰潞氏者，盖当时所谓夷狄之国，或尚在氏族社会，故其国名带以氏字。”**以潞子婴儿归。**杨伯峻：“《春秋》于当时所谓夷狄之国皆以‘子’称之，杜注以‘子’为爵，非。”然《经》称“子”与《传》称“子”者不尽同，杜注仍可信。

秦人伐晋。

王札子杀召伯、毛伯。

秋，螽。

仲孙蔑会齐高固于无娄。仲孙蔑，孟献子。

初税亩。

冬，蝝生。蝝，董仲舒谓即飞蝗之幼虫，未必信。杨伯峻据《汉书·五行志》引刘歆说谓：“蝝为蚍蜉之有翼者（即飞蚂蚁，身黑色，体长在一厘米），食谷为灾。”亦不知信否。杨伯峻：“据庄二十九年《传》‘凡物，不为灾，不书’之义例，此书必为灾。”

饥。

【传】

十五年春，公孙归父会楚子于宋。接去年《传》。

宋人使乐婴齐告急于晋。晋侯欲救之。伯宗曰：杜预："伯宗，晋大夫。"**"不可。古人有言曰：'虽鞭之长，不及马腹。'**非鞭之长度够不到，实因马腹为触及死角。言凡事皆受制于外力因素，不能仅凭主观臆断，晋虽强，亦不可与楚争。**天方授楚，**授，与也。**未可与争。虽晋之强，能违天乎？谚曰：'高下在心。'**杜预："度时制宜。"杨伯峻："处理事务，或高之，或下之，唯有我心之裁度其宜。"此一解也。又据文意及"污""疾""瑕""垢"，四者皆指屈辱，耻也，即高下之"下"。僖七年"心则不竞，何惮于病"，则高下亦可解为强弱、荣辱。高下在心谓强弱荣辱皆在各人之理解，唯智者能高下在心，宠辱不惊。**川泽纳污，**川泽容纳污秽。**山薮藏疾，**杨伯峻："山薮谓山林与薮泽也。"杜预："毒害者居之。"是也，昭七年《传》引《尚书》"萃渊薮"，可明证此意。**瑾瑜匿瑕，**美玉藏瑕。**国君含垢，**杜预："忍垢耻。"**天之道也，**杜预："晋侯耻不救宋，故伯宗为说小恶不损大德之喻。"**君其待之。"**待可行。**乃止。使解扬如宋，使无降楚，曰："晋师悉起，将至矣。"郑人囚而献诸楚。**晋使过郑，郑时从楚，故因晋使而献楚。**楚子厚赂之，使反其言。**使其反晋之使命，以晋不能来救告宋。**不许，三而许之。登诸楼车，**杨伯峻："楼车盖即成十六年《传》之巢车，盖兵车之较高者，所以望敌。"**使呼宋人而告之。**告不来救。**遂致其君命。**以晋师将至呼而告宋。其君，晋君。**楚子将杀之，使与之言曰："尔既许不穀而反之，何故？非我无信，女则弃之，速即尔刑。"**即，就也。**对曰："臣闻之，君能制命为义，**君能制定国之大政、号令为义。**臣能承命为信，**承，奉行也。**信载义而行之为利。谋不失利，以卫社稷，民之主也。义无二信，**杜预："欲为义者不行两信。"**信无二命。**杜预："欲行信者不受二命。"**君之赂臣，不知命也。**杨伯峻："此谓楚庄不知'信无二命'之义，故赂解扬使改反其致命。"**受命以出，有死无霣，**霣，坠也。言宁死不堕使命。**又可赂乎？臣之许君，**

君，楚王。**以成命也。**言所以许君，欲以完成寡君之使命。**死而成命，臣之禄也。**禄，福也。**寡君有信臣，下臣获考死，**考即《洪范》“考终命”之考。杜预：“考，成也。”**又何求？”楚子舍之以归。**

夏五月，楚师将去宋。杜预：“在宋积九月，不能服宋故。”**申犀稽首于王之马前，曰：“毋畏知死而不敢废王命，王弃言焉？”**弃言，弃“杀女，我伐之”之言，今不能致伐于宋而归，故曰弃言。事详参去年《传》。**王不能答。申叔时仆，**仆，御，司机也。**曰：“筑室反耕者，宋必听命。”**杜预：“筑室于宋，分兵归田，示无去志。”**从之。宋人惧，使华元夜入楚师，登子反之床，**华元何以能夜入楚师且直登子反之床，前人之说无有可信者，姑置之。**起之，曰：“寡君使元以病告，曰：‘敝邑易子而食，析骸以爨。**析，劈开也。爨 cuàn，炊也。**虽然，城下之盟，有以国毙，不能从也。**杜预：“宁以国毙，不从城下盟。”**去我三十里，唯命是听。’”子反惧，与之盟，**孔颖达引服虔：“与华元私盟，许为退师。”**而告王。退三十里。宋及楚平，华元为质。盟曰：“我无尔诈，尔无我虞。”**诈，欺也。虞，图谋，算计也。

潞子婴儿之夫人，晋景公之姊也。酆舒为政而杀之，杜预：“酆舒，潞相。”**又伤潞子之目。晋侯将伐之，诸大夫皆曰：“不可。酆舒有三儁才，**不言潞有三儁才，盖三儁才为酆舒之私属。儁同俊，此盖指有勇善谋者。**不如待后之人。”**不如待酆舒去政之后伐之。后之人，酆舒去政后，继之为潞政者。若三儁才为酆舒私属，则酆舒去政，三儁才礼当从之而去。**伯宗曰：“必伐之。狄有五罪，儁才虽多，何补焉？不祀，一也。**不祀，不祀鬼神。**耆酒，二也。**耆同嗜。**弃仲章而夺黎氏地，三也。**杜预：“仲章，潞贤人也。黎氏，黎侯国。”盖仲章曾谏阻酆舒夺黎氏地，酆舒不听，既又黜仲章而夺黎氏地，此所以伯宗谓“三罪”。杨伯峻：“盖仲章尝谏其夺黎氏地，不用而废之也。”不可信。**虐我伯姬，四也。**虐，杀也。十八年：“凡自内虐其君曰弑，自外（虐）曰戕。”**伤其君目，五也。怙其儁才，而不以茂德，**怙，恃也。茂，盛也。**兹益罪也。**杨伯峻：“兹，此也。犹言此乃增益其罪也。”**后之人或者将敬奉德义以事神人，**后之人，同上。《传》神人连言，多指神与民。**而申固其命，**杨伯峻：“申固其命，犹言强固其国家之命运。”是也。**若之何待之？**言将不可讨之矣。**不讨有罪，曰‘将待后’，后有辞而讨焉，**两“后”皆指“后之人”。有辞，有理。**毋乃不可乎！**谓若继酆舒为政者能敬奉德义以治其国，晋将无理辞以讨之。**夫恃才与众，亡之道也。商纣由之，故灭。天反时为灾，**寒暑失时。杜预：“寒暑易节。”**地反物为妖，**杜预：“群物失性。”反物者，地反其土性，使作物大范围生病害，瓜果未成而腐烂蛆坏等现象。**民反德为乱，**反道败德，则乱兴。**乱则妖灾生。**杨伯峻：“谓天灾地妖生于民乱。”**故文，反正为乏。**“正”字左右反即是乏字，此当参考“正”“乏”两字之篆体，则可明见。**尽在狄矣。”晋侯从之。六月癸卯，**十八日。**晋荀林父败赤狄于曲梁。辛亥，**二十六日。**灭潞。酆舒奔卫，卫人归诸晋，晋人杀之。**

王孙苏与召氏、毛氏争政，杜预：“三人皆王卿士。”文十四年王孙苏曾与周公阅争政。**使王子捷杀召戴公及毛伯卫。卒立召襄。**杜预：“王子捷即王札子。襄，召戴公之子。”

秋七月，秦桓公伐晋，次于辅氏。辅氏，杜预“晋地”。**壬午，**二十七日。**晋侯治兵于稷，以略狄土，**杜预：“略，取也。稷，晋地。晋时新破狄，土地未安，权秦师之弱，故别遣魏颗距秦，而东行定狄也。”杨伯峻：“《方言》：‘略，强取也。’”**立黎侯而还。及雒，**杜预：“晋侯还及雒也。雒，晋地。”**魏颗败秦师于辅氏。获杜回，秦之力人也。**

初，魏武子有嬖妾，无子。杜预：“武子，魏犨，颗之父。”

武子疾，命颗曰：“必嫁是。”疾病，杨伯峻：“古人谓病危曰疾病。”**则曰：“必以为殉。”**殉，殉葬，陪葬。**及卒，颗嫁之，曰：“疾病则乱，**疾病时神志不清，不能做出正确的思考和判断，故曰乱。**吾从其治也。”**从其清醒时之命，即“必嫁是”之命。**及辅氏之役，颗见老人结草以亢杜回，**亢同抗，拦绊也。言结草为索，施于近地面处，以绊杜回。**杜回踬而颠，**踬，拆字得足从质，质又引申有固、定之义，盖造字义为，行进之人，足突然被制，此文谓足触及阻碍也。**故获之。夜梦之曰：**之，结草老人。**“余，而所嫁妇人之父也。**而同尔。**尔用先人之治命，余是以报。”**先人，当特指魏武子。治即“吾从其治也”之“治”。

晋侯赏桓子狄臣千室，杨伯峻：“狄臣，狄人之为奴隶者。室为具居住之处。此赏以奴隶，则其所耕土地宜一并赏之。”**亦赏士伯以瓜衍之县。**士伯，士贞子，士渥浊也。**曰：“吾获狄土，子之功也。微子，吾丧伯氏矣。”**荀林父之不被杀，因士贞子之谏阻也，事在十二年。伯氏，荀林父。**羊舌职说是赏也，**杜预：“职，叔向父。”杨伯峻：“说，解说，阐明。”**曰：“《周书》所谓‘庸庸祇祇’者，**杜预：“《周书》，《康诰》。庸，用也。祇，敬也。言文王能用可用，敬可敬。”**谓此物也夫。**物，类也。**士伯庸中行伯，**谓士伯以中行伯为可用而用之。**君信之，亦庸士伯，此之谓明德矣。文王所以造周，不是过也。**不过是也。是，此也。**故《诗》曰：‘陈锡哉周。’**杨伯峻：“陈，布也；锡，赐也；谓布其利而赐予也。哉，创始之义，《传》以‘造周’解‘哉周’。”**能施也。率是道也，**率，循也。**其何不济？”**

晋侯使赵同献狄俘于周，不敬。刘康公曰：杜预：“刘康公，王季子也。”**“不及十年，原叔必有大咎，**杜预：“原叔，赵同也。”**天夺之魄矣。”**杜预：“心之精爽，是谓魂魄。为成八年晋杀赵同传。”

初税亩，杨伯峻："按田亩之多少征税。初税亩者，表明鲁国正式宣布废除井田制，承认土地之私有权，而一律取税。"**非礼也。谷出不过藉，**杨伯峻："藉，借也，借民力以耕田也。盖自殷、周以来，行井田之制。井田制有私田，亦有公田。农奴于公田，有进行无偿劳动之义务，即所谓藉法。"**以丰财也**。非礼、丰财者，土地私有化之后，原先公田所得为公家全部占有的制度不复存在，政府只能于土地取税而已。表面上国家之收入似乎被削弱，但私有制大大激发了劳动者的积极性，致使生产力大幅提高。劳动者所获虽然增多，但国家收税所得亦大愈于藉田之法。土地私有改革本是社会进步的必然产物，而守旧者自然以为非礼。任何变革，必然会有守旧者之反对，并非守旧者必须否定，亦非激进者皆当肯定。此文"非礼"即代表守旧派的声音。

冬，蝝生，饥。幸之也。幸之者，侥幸之故也，犹言轻视所致也。盖蝝之生，偶或有成灾之年头，然一般情况下不会造成灾害。民因生侥幸心理，不予重视或抢收（周十月，夏八月，作物临收及收割之月。若周十一月，则农收已毕，故知蝝生在十月），结果导致了蝝的蔓延成灾。

宣公十六年

【经】

十有六年春王正月。晋人灭赤狄甲氏及留吁。杜预："甲氏、留吁，赤狄别种，晋既灭潞氏，今又并其余党。"

夏，成周宣榭火。杜预："《传》例曰：人火之也。成周，洛阳。宣榭，讲武屋，别在洛阳者。"

秋，郯伯姬来归。来归，见出之辞。

冬，大有年。

【传】

十六年春，晋士会帅师灭赤狄甲氏及留吁、铎辰。杜预："铎辰不书，留吁之属。"

三月，献狄俘。杜预："献于王也。"晋侯请于王，戊申，二十七日。以黻冕命士会将中军，且为大傅。杜预："代林父将中军，且加以大傅之官。黻冕，命卿之服。"于是晋国之盗逃奔于秦。羊舌职曰："吾闻之，'禹称善人，杨伯峻据杜预曰："称，举也。谓提拔而任之也。"不善人远'，此之谓也夫。《诗》曰：'战战兢兢，如临深渊，如履薄冰。'杨伯峻："战战兢兢，恐惧戒慎之貌。如临深渊，恐其坠也。如履薄冰，恐其陷也。"善人在上也。善人在上，则国无幸民。幸民，犯险以求侥幸之民。杨伯峻："幸民谓侥幸十万一之民。"谚曰：'民之多幸，国之不幸也。'是无善人之谓也。"

夏，成周宣榭火，人火之也。人者，言人为也。凡火，人火曰火，天火曰灾。

秋，郯伯姬来归，出也。出，后世曰"休"。

为毛、召之难故，在去年。王室复乱。王孙苏奔晋，毛、召族党欲逐王孙苏，故出奔。晋人复之。

冬，晋侯使士会平王室，平，调和，和解。定王享之。原襄公相礼。定王为主，原襄公相享宴之礼。杜预："原襄公，周大夫。"殽烝。杜预："烝，升也。升殽于俎。"杨伯峻："古代祭祀、宴会，杀牲以置于俎曰烝。烝者，升也，谓升之于俎也。若将整个牲体置于俎上，并不煮熟，曰全烝，唯祭天用之。若将半个牲体置于俎，曰房烝，亦曰体荐。若节解其牲体，连肉带骨置之于俎，则曰殽烝，亦曰折俎。殽即肴，凡非谷物而可食者曰肴，此则殽对胾而言。骨有肉曰殽，犹今之排骨。纯肉切之曰胾。殽烝，宾主可食，至全烝、房烝则只是虚设，不能食。"武季私问其故。杜预："享当体荐而殽烝，故怪问之。武，士会谥；季，其字。"私问，窃问于原襄公。**王闻之，召武子曰：**召，召至前也。**"季氏，而弗闻乎？**而同尔。**王享有体荐，宴有折俎。**王享有体荐之礼，宴有折俎之礼。有者，亦言用也。杨伯峻："体荐即房烝。"**公当享，**公，指诸侯。杨伯峻："天子于诸侯则设享礼。"**卿当宴，**杨伯峻："天子招待诸侯之卿，则设宴礼。"**王室之礼也。"武子归而讲求典礼，以修晋国之法。**杜预："《传》言典礼之久废。"

宣公十七年

【经】

十有七年春王正月庚子，二十四日。**许男锡我卒。**

丁未，二月二日。**蔡侯申卒。**

夏，葬许昭公。

葬蔡文公。

六月癸卯，日有食之。

己未，六月十五日。**公会晋侯、卫侯、曹伯、邾子同盟于断道。**杜预："断道，晋地。"

秋，公至自会。

冬十有一月壬午，十一日。**公弟叔肸卒。**

【传】

十七年春，晋侯使郤克徵会于齐。杜预："徵，召也。欲为断道会。"**齐顷公帷妇人，**杨伯峻："帷，以布帛围之以自障。"帷内暗，其外明，故帷内可以视见其外，于外则不能视见其内。杨伯峻谓："妇人即齐顷公之母萧同叔子，故成二年鞌之战后，晋欲以为质。"不可信。

成三年《传》又曰“此行也，君为妇人之笑辱也”，“妇人”非萧同叔子，若“妇人”即萧同叔子，则《传》当书“夫人”而非“妇人”。妇有二义：一者，称妇，有姑之辞。此时顷公母萧同叔子在世，故“妇人”当指顷公之妃。二者，妇人即嬖妾，嬖妇人。后者善。成二年晋所以欲质萧同叔子者，罪顷公遂及其母也，以其有不教之罪，且执“妇人”不足以辱齐侯。**使观之。**郤克跛，盖欲使观郤克之行态，而取媚妇人。**郤子登，妇人笑于房。**登，登阶。房，《说文》“室在傍也”。段玉裁注：“凡堂之内，中为正室，左右为房，所谓东房西房也。”疑此文之“房”，指帷幕为房也，帷幕成方格，妇人处其内，故曰房。帷房当在东房或西房之外，非指东、西房。**献子怒，**怒其笑辱。**出而誓曰：“所不此报，无能涉河。”**杜预：“不复渡河而东。”定三年，蔡侯曰：“余所有济汉而南者，有若大川。”**献子先归，使栾京庐待命于齐，**栾京庐，郤克之介。**曰：“不得齐事，无复命矣。”**杨伯峻：“郤克使命未完成而返国，故曰‘先归’。栾京庐为其副手，则留于齐，必欲其使齐顷公往与会，然后回国复命。”是。**郤子至，请伐齐，晋侯弗许。请以其私属，**杜预：“私属，家众也。”**又弗许。**

齐侯使高固、晏弱、蔡朝、南郭偃会。杨伯峻：“高固，高宣子。宴弱即宴桓子。”**及敛盂，**敛盂，卫地。**高固逃归。**杜预：“闻郤克怨故。”**夏，会于断道，讨贰也。盟于卷楚，辞齐人。**晋怒齐侯不来，拒绝齐使与盟。盖齐大夫参与断道之会，唯不得盟。**晋人执晏弱于野王，执蔡朝于原，执南郭偃于温。**执，拘禁也，囚也。杜预：“执三子不书，非卿。”**苗贲皇使，见晏桓子。**杜预：“贲（fén）皇，楚斗椒之子，楚灭斗氏而奔晋，食邑于苗地。晏弱时在野王，故因使而见之。”**归，言于晋侯曰：“夫晏子何罪？昔者诸侯事吾先君，皆如不逮。**言诸侯争相服晋，唯恐不及。杜预：“言汲汲也。”**举言群臣不信，诸侯皆有贰志。**上句言昔，此句言今，谓今者诸侯举言（晋）群臣不信，故皆有贰志。举，皆也。举言谓诸侯皆言。

群臣指晋侯也，苗贲皇不敢斥言晋侯，故称以群臣，谓诸侯举言晋之群臣不信，而不曰“举言晋君不信”。**齐君恐不得礼，**杨伯峻：“犹言不见礼待，亦即被辱。”**故不出，而使四子来。左右或沮之，**沮，止也，阻止。**曰：‘君不出，必执吾使。’故高子及敛盂而逃。夫三子者曰：‘若绝君好，宁归死焉。’为是犯难而来，吾若善逆彼以怀来者。**杨伯峻从俞樾谓：“若，应该之意。”误。此实省略句，原句当为“吾若善逆彼以怀来者，犹惧不莸”，“若”仍当以本意解。**吾又执之，以信齐沮，**使齐国阻止来盟者之预言得证实。**吾不既过矣乎？过而不改，而又久之，**杨伯峻：“久执之而不释放。”**以成其悔，何利之有焉？使反者得辞，**杜预：“反者，高固。谓得不当来之辞。”**而害来者，以惧诸侯，**惧，动词使动用法。**将焉用之？”晋人缓之，**杜预：“缓，不拘执，使得逃去也。《传》言晋侯不能修礼，诸侯所以贰。”缓者，杨伯峻曰：“放松其囚执。”**逸。**

秋八月，晋师还。自盟会还。旧以“秋八月，晋师还”为一段，不可。此因“晋师还”引出下文，故不可与下文分裂。**范武子将老，**范武子，士会，随会也，初食邑于随，故曰随武子，后又得范邑，因又称范会，范武子，自此终春秋，其后代皆称范氏。老，告老致仕，今曰“退休”。**召文子曰：“燮乎！**燮，士燮，即范文子，士会之子。**吾闻之，喜怒以类者鲜，**昭二十五年：“哀有哭泣，乐有歌舞，喜有施舍，怒有战斗……哀乐不失，乃能协于天地之性。”喜怒以类者，喜怒不失也，当喜则喜，当怒则怒；当喜不怒，当怒不喜也，是谓合于事之类。句谓鲜有人可以做到喜怒以类者。**易者实多。**易，反易，违也。**《诗》曰：‘君子如怒，乱庶遄沮。君子如祉，乱庶遄已。’**杨伯峻：“沮、已，皆止也。遄，速也。祉，喜也。意谓君子之怒或者喜，皆庶几能速止乱也。”杜预：“祉，福也。”**君子之喜怒，以已乱也。弗已者，必益之。**若不能使止其乱，必反其意而纵乱。**郤子其或者欲已乱于齐乎！不然，**若不使郤子已乱于齐。**余惧其益之也。余将老，使**

郤子逞其志，逞，犹得也。杨伯峻本杜预：“逞，快也。”**庶有豸乎！**杜预：“豸，解也。欲使郤子从政，快志以止乱。”**尔从二三子唯敬。”**二三子，晋诸卿。**乃请老，郤献子为政。**政，国政也。

冬，公弟叔肸卒。公母弟也。凡大子之母弟，公在曰公子，不在曰弟。凡称弟，“凡”指《经》而言，言凡《经》称“弟”者。**皆母弟也。**

宣公十八年

【经】

十有八年春，晋侯、卫世子臧伐齐。

公伐杞。

夏四月。

秋七月，邾人戕鄫子于鄫。杜预：“《传》例曰‘自外曰戕’，邾大夫就鄫杀鄫子。”

甲戌，七日。**楚子旅卒。**

公孙归父如晋。归父，子家也，庄公孙，公子遂（东门襄仲）之子。

冬十月壬戌，二十六日。**公薨于路寝。**薨路寝，得所也。

归父还自晋，至笙，遂奔齐。杜预：“大夫还不书，《春秋》之常也。今书归父还奔，善其能以礼退。不书族者，非常所及，今特书，略之。笙，鲁竟外，故不言出。”

【传】

十八年春，晋侯、卫大子臧伐齐，至于阳穀。阳穀，齐地。**齐侯会晋侯盟于缯，以公子强为质于晋。晋师还，蔡朝、**

南郭偃逃归。杜预："晋既与齐盟，守者解缓，故得逃。"

夏，公使如楚乞师，欲以伐齐。杜预："公不事齐，齐与晋盟，故惧而乞师于楚。（《经》）不书，微者行。"

秋，邾人戕鄫子于鄫。凡自内虐其君曰弑，虐，杀也。**自外曰戕。**杜预："弑者积微而起，所以相测量，非一朝一夕之渐；戕者，卒（猝）暴之名。"

楚庄王卒。楚师不出，不借师于鲁。**既而用晋师，**杜预："成二年战于鞌是。"**楚于是乎有蜀之役。**怒鲁不得楚师，竟遂服晋（用晋师），故有蜀之役。蜀，鲁地，其役在成二年。

公孙归父以襄仲之立公也，宣公乃襄仲弑君（太子恶，彼时文公已葬，杀太子即是弑君）所立。**有宠，**父立宣公，子因得宠。**欲去三桓以张公室。**三桓，鲁桓公三子仲庆父、叔牙、季友之后代，史称"三桓"，即孟氏（仲孙氏）、叔孙氏、季孙氏。**与公谋而聘于晋，欲以晋人去之。**欲借晋之力去三桓。**冬，公薨。季文子言于朝曰："使我杀适立庶以失大援者，仲也夫！"**仲，襄仲也。襄仲杀適立庶在文十八年。大援，指中原诸侯，周、晋、宋、郑、卫、曹等。杨伯峻："归罪于襄仲，将去公孙归父。"**臧宣叔怒曰：**臧宣叔，臧孙许，臧武仲纥之父。**"当其时不能治也，后之人何罪？**杨伯峻："此揭露季孙行父之用心。季孙行父恨归父欲去三桓，因欲逐之，而不便明言，故托辞以罪其父。臧孙许则云：若谓襄仲失大援，则当其时须治之，其子无罪，不受责。"**子欲去之，**杨伯峻："点明季孙行父之阴谋。"**许请去之。"**杜预盖据襄二十一年《传》谓："宣叔时为司寇，主行刑。"是也。季孙行父欲逐子家，臧氏为司寇正当此职，故宣叔揭露行父之阴谋，以不为后事受罪责约众。**遂逐东门氏。**杨伯峻："襄仲之族号东门氏。"

子家还，子家，归父之字。**及笙，坛帷，**坛，筑土为坛。杜预："除土为坛（除，除墠；为，筑也）。"帷，名词作动词用，以帷围坛也。**复命于介。**杜预："介，副也。将去，使介反命于君（死君宣公）。"**既**

复命，袒、括发，杨伯峻：“古代之袒，无论吉凶，皆袒左，解去左边外衣，露出内衣。唯受刑则右肉袒。袒或裼，皆不露体。若露体，则云‘肉袒’。”括发，杜预：“以麻约（捆束）发。”**即位哭，**杜预：“依在国丧礼设哭位，公薨故。”**三踊而出**。三踊，丧礼仪节，当在丧初用之。踊，犹顿足也。**遂奔齐。书曰“归父还自晋”，善之也**。《经》例，大夫还不书，此释归父还，《经》所以书之之故。

成公

成公名黑肱，宣公子。

成公元年

【经】

元年春王正月，公即位。

二月辛酉，二十七日。**葬我君宣公。**

无冰。古有藏冰之礼，详参昭四年《传》。藏冰在周正二月进行，《诗·豳风·七月》“二之日凿冰冲冲，三之日纳于凌阴”是也。周正二月当今农历十二月（公历一月），然今年因冬暖，故无冰可藏。

三月，作丘甲。《周礼》：“九夫为井，四井为邑，四邑为丘。”杨伯峻：“‘丘’系地方基层组织之名。”丘甲，军赋名。

夏，臧孙许及晋侯盟于赤棘。臧孙许，宣叔。赤棘，晋地。

秋，王师败绩于茅戎。杜预：“茅戎，戎别种。不书败地，而书茅戎，明为茅戎所败。”

冬十月。

【传】

元年春，晋侯使瑕嘉平戎于王，杜预：“平十七年郕垂之役。詹嘉处瑕，故谓之瑕嘉。”杨伯峻：“瑕嘉平戎，疑为以前事。周师为茅戎所败，因不得不追叙其源。”误。**单襄公如晋拜成。**拜谢晋从中斡旋调和之力。杜预：“单襄公，王卿士。谢晋为平戎。”**刘康公徼戎，将遂伐之。**刘康公，王季子也。徼，求，要也。杨伯峻：“徼戎，乘戎因讲和之际不设防备而欲侥幸败戎也。”误。讲和之事必在双方结成及举行盟誓之前，绝不至于在盟誓之后。由上句“单襄公如晋拜成”，知戎与周平已是既成之事；又下句“背盟而欺大国”，“盟”自指戎与周结平时举行之盟誓，盟绝不会在讲和之前，故“徼戎”者，乃三方自盟所返归后事。且“徼”作“侥幸”者，亦误。刘康公欲借双方之盟誓，求与戎行往来之好，度戎人不疑，必无备，因借求好之名往伐之。**叔服曰：“背盟而欺大国，**大国指晋。**此必败。背盟，不祥；欺大国，不义，神人弗助，**神，鬼神；人，民人。**将何以胜？”不听，遂伐茅戎。三月癸未，**十九日。**败绩于徐吾氏。**戎不失备，故周败。杜预：“徐吾氏，茅戎之别也。”杨伯峻因《公羊传》，谓周盖为晋所败，误。

为齐难故，作丘甲。

闻齐将出楚师，将出楚师伐鲁。**夏，盟于赤棘。**臧宣叔与晋侯盟。鲁惧齐、楚也。

秋，王人来告败。

冬，臧宣叔令修赋、缮完、具守备，“修”“缮”“具”皆当作动词。“赋”“完”“守备”当作名词。赋，军赋。缮，亦修也，修治。完同院，引为城郭。完本名词，襄三十一年“缮完葺墙”；《传》又常作动词用，如隐元年“大叔完聚”。**曰：“齐、楚结好，我新与晋盟，晋、楚争盟，齐师必至。虽晋人伐齐，楚必救之，是齐、楚同我也。**同我犹言同恶于我。**知难而有备，乃可以逞。”**逞，逞志也，得已之愿望。

成公二年

【经】

二年春，齐侯伐我北鄙。

夏四月丙戌，二十九日。卫孙良夫帅师及齐师战于新筑，救鲁也。新筑，卫地。卫师败绩。

六月癸酉，十七日。季孙行父、臧孙许、叔孙侨如、公孙婴齐帅师会晋郤克、卫孙良夫、曹公子首及齐侯战于鞌，齐师败绩。侨如，桓公生僖叔牙，牙生公孙戴伯兹，兹生叔孙庄叔得臣，得臣生叔孙侨如及叔孙豹。婴齐，声伯也，文公之孙，宣公之侄，宣公母弟叔肸之子。鞌 ān，齐地。

秋七月，齐侯使国佐如师。己酉，二十三日。及国佐盟于袁娄。袁娄，齐地。

八月壬午，二十七日。宋公鲍卒。

庚寅，九月五日。卫侯速卒。

取汶阳田。杜预："晋使齐还鲁。"

冬，楚师、郑师侵卫。

十有一月，公会楚公子婴齐于蜀。杜预："公与大夫会，不贬婴齐者，时有许、蔡之君故。"楚婴齐，令尹子重也。

丙申，十二日。公及楚人、秦人、宋人、陈人、卫人、郑人、齐人、曹人、邾人、薛人、鄫人盟于蜀。蜀，鲁地。

【传】

二年春，齐侯伐我北鄙，围龙。龙，鲁边邑。顷公之嬖人卢蒲就魁门焉，门，攻门。卢蒲氏，姜姓。龙人囚之。齐侯曰："勿杀！吾与而盟，无入而封。"封，境也。弗听，杀而膊诸城上。杨伯峻："'膊诸城上'与'尸诸城上'义同。"杜预："膊，磔也。"磔，裂尸也。疑"膊"为脱其衣服而尸诸城上。齐侯亲鼓，士陵城。陵，登也。三日，取龙，遂南侵，及巢丘。

卫侯使孙良夫、石稷、甯相、向禽将侵齐，杜预："良夫，孙林父之父。石稷，石碏四世孙。甯相，甯俞子。"向禽将，或以"向禽"为人名，"将侵齐"三字一读，则仅从语法结构，此句已为病句。有"使（或命）某某如何"者，未有"使（或命）某某将如何"者。与齐师遇。遇者，卫师不期而遇齐师。齐既伐鲁还，闻卫将侵齐（不可小觑春秋时间谍与斥候之用，况齐以师出国，必申戒境内严加警备。故能获得卫师之及时情报，不为难事），遂改道逆卫师，两师遇当在齐、卫之境，故出卫师预料。石子欲还，以齐人有备故。孙子曰："不可。以师伐人，遇其师而还，将谓君何？言无以复命。若知不能，则如无出。杨伯峻："如，应当也。"今既遇矣，不如战也。"

夏，有……杜预："阙文，失新筑战事。"

石成子曰：成子，石稷。"师败矣。子不少须，众惧尽。杨伯峻本俞樾谓："须，等待。意谓孙良夫若不稍许等待，顶住敌人，而仓促后退，恐怕全军将被歼灭。"子丧师徒，何以复命？"皆不对。杨伯峻："孙良夫等人皆不答。实为不肯稍停以御敌。"又曰："子，国卿也。陨子，辱矣。子，指孙良夫。杨伯峻："石稷见诸将帅俱不稍停，故又改口。"子以众退，我此乃止。"杨伯峻："我止于此御齐师。我此乃止，我乃止此之变句。"且告车来甚众。车，新筑援军之战车。此当实有其事，非冒诈之辞。齐师乃止，次于鞫居。鞫 jū 居，卫地。新筑人仲叔于奚救孙桓子，杜预："于奚，守新筑大夫。”**桓子是以免。**

既，卫人赏之以邑，辞。辞不受。**请曲县、繁缨以朝，许之。**县同悬，杜预：“轩县（悬）也。《周礼》：天子乐，宫县，四周；诸侯乐，轩县，阙南方。繁缨，马饰。皆诸侯之服。”曲悬即轩悬，为钟、磬悬挂于架者，与繁缨皆诸侯所用之礼。仲叔于奚实县邑大夫，今请曲悬、繁缨以朝者，是僭用诸侯之礼。朝，朝国君，即上朝也。**仲尼闻之曰：“惜也，不如多与之邑。唯器与名，**器，大器，在此文谓曲悬、繁缨。**不可以假人，君之所司也。**假同借。所司者，对曲悬、繁缨而言。言曲悬、繁缨乃君所司之器。**名以出信，**杨伯峻：“有某种爵号，即赋予某种威信。”以，用也，下同。**信以守器，**有某种威信，始能保有相当之器物。**器以藏礼，**杨伯峻：“制定各种器物，以示尊卑贵贱，体现当时之礼。”**礼以行义，**礼用行义。**义以生利，**义用生利。**利以平民，**平，定也。庄十三年：“以平宋乱。”宣四年：“平国以礼不以乱。”**政之大节也。**节，制也。**若以假人，与人政也。**与，予也。**政亡，则国家从之，弗可止也已。”**国家，国及家也，非今义之“国家”。已通矣。

孙桓子还于新筑，于新筑还。**不入，**不入国都。**遂如晋乞师。臧宣叔亦如晋乞师。皆主郤献子。**二人皆主乞师于郤献子，因其有恶于齐顷公，且为中军将。**晋侯许之七百乘。郤子曰：“此城濮之赋也。**赋，兵力也。杨伯峻：“城濮之战，晋发兵车七百乘。”城濮役在僖二十八年。**有先君之明与先大夫之肃，故捷。**肃，严，整，端庄。**克于先大夫，无能为役，**杨伯峻：“与先大夫相较，不足以为其仆役。”**请八百乘。”许之。郤克将中军，士燮佐上军，**杜预：“范文子，代荀庚。”**栾书将下军，**杜预：“代赵朔。”**韩厥为司马，以救鲁、卫。臧宣叔逆晋师，且道之。**杨伯峻：“道同导。”“道”若作动词用，引道也，亦通。**季文子帅师会之。**

及卫地，韩献子将斩人，韩子为司马，主军法。**郤献子驰，**

将救之。盖计其罪不当斩，故救之。郤子欲救之，则其人必非等闲。**至，则既斩之矣。郤子使速以徇，**就其罪徇师。**告其仆曰："吾以分谤也。"**《传》言将佐同心。杜预："不欲使韩氏独受谤。"

师从齐师于莘。六月壬申，十六日。**师至于靡笄之下。**靡笄 ji，山名。**齐侯使请战，曰："子以君师辱于敝邑，不腆敝赋，诘朝请见。"**腆，厚也。赋，军赋。诘朝，杜预"平旦"，杨伯峻"次日早晨"。**对曰："晋与鲁、卫，兄弟也。来告曰：'大国朝夕释憾于敝邑之地。'寡君不忍，使群臣请于大国，无令舆师淹于君地。**大国，齐也。淹，滞也，引为沉滞，沉陷，困也。淹者，外交辞令自损之辞，下文曰"无令舆师陷入君地"。**能进不能退，君无所辱命。"**不辱君致请战之命。**齐侯曰："大夫之许，寡人之愿也；若其不许，亦将见也。"**杨伯峻："齐侯言无论晋许战与否，必一战。"**齐高固入晋师，桀石以投人，**投，击也。《诗·卫风·伯兮》"邦之桀兮"、《魏风·甫田》"无田甫田，维莠桀桀"，桀，杰也，壮美也。桀石，用作击人之飞石，盖经择选或粗加工而成，故曰桀石。襄十年有"亲受矢石"。桀石体积不大，当即石丸也，临战纳于车中，焦循："桀，举也。"言举者，其石必较大，然战车所容极有限，不至于纳大石于车，反自累也，且战车又能纳几大石？故不可信。**禽之而乘其车，系桑本焉，**《周易·否》"其亡，其亡！系于苞桑"，则于《周易》之年代，已有系罪人于桑树之典故。此以桑树根系于所获之车，意在示此车与他车有别，乃获敌之车。**以徇齐垒，曰："欲勇者贾余余勇。"**杜预："贾，买也。言己勇有余，欲卖之。"意谓齐之士众若能效法己之余勇，则御敌绰绰有余矣。

癸酉，师陈于鞌。邴夏御齐侯，逢丑父为右。晋解张御郤克，郑丘缓为右。齐侯曰："余姑翦灭此而朝食。"杨伯峻："翦灭，同义词连用。'朝'为'朝暮'之'朝'。"朝食，春秋时，一日食两餐，即朝食与夕食，朝食进食时间在食时（上午九点左右）。

然临战则异于常制，故战前不论迟早，必当饱食。**不介马而驰之。**齐侯急欲战，既不进食又不介马而出战，且谓先翦灭晋师，尚不耽误朝食。《传》言齐侯轻敌。介，甲也。不介马，马不被甲。**郤克伤于矢，**郤克为元帅，主旗鼓，在戎车中位。**流血及屦，未绝鼓音，曰："余病矣！"**犹今曰"我不行了"。**张侯曰：**张侯，解张也。**"自始合，**杨伯峻："合，交战也。"**而矢贯余手及肘，**杨伯峻："一箭贯手，一箭贯肘。"**余折以御。**折，折断箭杆。杨伯峻："无暇拔出箭镞。"非也，实是不敢拔出箭镞，避免大出血，此常识也。**左轮朱殷，**朱，血色，鲜红色。殷，鲜血遇空气氧化而为黑红色。元帅兵车，御者在左，故解张左手臂之血流至左车轮。**岂敢言病？吾子忍之！"缓曰："自始合，苟有险，余必下推车，**战车遇意外情况或闲杂事务，皆车右之职，即包括此"推车"。**子岂识之？**识，知也。郤克与郑丘缓并肩作战，缓屡下推车，而郤克不知，可见当时情势。**然子病矣！"**言御、右尚不敢言弃师，子身为元帅，反欲弃师。**张侯曰："师之耳目，在吾旗鼓，进退从之。**大军从元帅之车进退。**此车一人殿之，可以集事，**杜预："殿，镇也。集，成也。"**若之何其以病败君之大事也？擐甲执兵，固即死也。**杨伯峻："擐音患，穿着。即，就也。"**病未及死，吾子勉之！"左并辔，**杨伯峻："左手一总把握缰绳。"**右援枹而鼓，**杜预："枹音浮，鼓槌也。"杨伯峻："（张侯）右手执鼓槌代郤克击鼓。焦循《补疏》谓枹仍在郤克手，张侯不过牵引郤克之手助之击鼓，曲说。"疑焦循说亦不无理。**马逸不能止，**逸，奔逸也。**师从之。齐师败绩。逐之，三周华不注。**杜预："华不注，山名。"

韩厥梦子舆谓己曰：杜预："子舆，韩厥父。"**"旦辟左右。"故中御而从齐侯。**韩厥位本当车左，受父命于梦中，故中御。杜预："居中代御者。自非元帅，御者皆在中，将在左。"**邴夏曰："射其御者，君子也。"**元帅（国君）虽职旗鼓，然亦兼主射。杨伯峻："谓韩厥之仪态如君子，请齐侯射之。”**公曰：“谓之君子而射之，非礼也。”**杜预盖据宣二年《传》“戎，昭果毅以听之之谓礼”，因谓“齐侯不知戎礼”，不可信。**射其左，越于车下。**越，颠，坠也。**射其右，毙于车中。**毙，踣也，仆倒，非谓死也。**綦毋张丧车，从韩厥，曰：“请寓乘。”**杜预：“綦（qí）毋张，晋大夫。寓，寄也。”**从左右，**欲助韩厥而摄车左、车右。**皆肘之，**韩厥皆以肘抑阻之，不使从左右，因梦中父命之故。《传》言韩厥仁义，不欲使綦毋张复送死。**使立于后。韩厥俛，定其右。**杜预：“俛（miǎn），俯也。右被射，仆车中，故俯安稳之。”杨伯峻：“故齐顷公与逄丑父易位而不能见。”**逄丑父与公易位。**杨伯峻：“本是齐顷公居中，逄丑父居右。今逄丑父居中，齐顷公为车右。韩厥未曾见此两人，不能分辨其面貌。古代兵服，国君与将佐相同，僖五年《传》‘均服振振’是也。故易位即足以欺骗敌人。”**将及华泉，**杨伯峻：“华泉，华不注山下之泉。”**骖絓于木而止。**骖，左右两边之马曰骖马。絓同挂。木，树也。**丑父寝于轏中，**此插叙战前之事。杜预：“轏（zhàn），士车。”**蛇出于其下，以肱击之，伤而匿之，**击蛇而伤肱。此战若使人代己，惧或终失戎右之职，故隐匿其事。**故不能推车而及。**丑父为车右，推车固其职责。**韩厥执絷马前，**絷，累索也，绑缚罪人、俘虏之绳索。九年“晋侯观于军府，见钟仪。问之曰：‘南冠而絷者，谁也？’有司对曰：‘郑人所献楚囚也。’使税之（税，解其絷）”、襄二十五年：“子展执絷而见（陈侯）。”盖被俘者虽国君，战胜者亦不失执絷而见之礼。《诗·小雅·白驹》：“皎皎白驹，食我场苗。絷之维之（维之絷之），以永今朝。”《周颂·有客》：“言授之絷，以絷其马。”**再拜稽首，奉觞加璧以进，曰：“寡君使群臣为鲁、卫请，曰：‘无令舆师陷入君地。’**陷，沉陷，困也，即上文“淹于君地”也。不曰久战，反曰沉陷，此正话反说，外交辞令极善用之修辞手法。**下臣不幸，属当戎行，**杜预：“属，适。”**无所逃隐。**杨伯峻：“谓己身当军职，不能逃避服役。”**且惧**

奔辟而忝两君，忝，辱也。两君，晋君及齐君。古礼，临战逃遁者，不但不礼于其寡君，亦是对敌君之不尽礼，故能致死于敌者，亦是礼待于敌君。**臣辱戎士，**使戎士因己而蒙羞。承上“忝两君”，谓上辱两君，下辱戎士。**敢告不敏，**不敏，不才也。**摄官承乏。”**犹言代职顶阙。杨伯峻：“此固当时辞令，实际意为将执行任务，俘虏此假齐侯。”则杨伯峻认为韩厥此时已辨认出真假齐侯，未必一定。**丑父使公下，如华泉取饮。**丑父佯装齐侯，而命车右（齐侯）下车为己取饮。**郑周父御佐车，**杜预：“佐车，副车。”**宛伐为右，载齐侯以免。韩厥献丑父，郤献子将戮之。**之，丑父。以失齐侯故，郤克本欲亲辱齐侯。戮，刑也，此谓杀。**呼曰：“自今无有代其君任患者，**言今有代君任患者而被杀，后人将因是不再保于忠贞，将无复有代君任患者。自今，自今往后也。杨伯峻：“‘自今’二字于文不顺，自疑借为卒，卒，终也。”误。**有一于此，将为戮乎！”**今有一忠贞者在此，将被杀矣！**郤子曰：“人不难以死免其君，**难 nàn。不视舍命救君为祸难。**我戮之，不祥。赦之以劝事君者。”乃免之。**

齐侯免，求丑父，三入三出。杨伯峻：“三入三出，第一次入、出晋师，第二次入、出狄卒，第三次入、出卫师。”**每出，齐师以帅退。**齐师以将帅殿齐侯使退。**入于狄卒，**杨伯峻：“狄人无兵车，仅有徒兵，所以谓之‘狄卒’。”**狄卒皆抽戈楯冒之。**杨伯峻：“楯（shǔn）同盾。冒，覆也。狄卒皆抽戈与盾以护卫齐侯。”**以入于卫师，卫师免之。**杜预：“畏齐之强，故不敢害齐侯。”杨伯峻：“皆不肯加害齐侯，反保护之。”皆不确。春秋时礼，双方交战，有不伤辱国君及君子（贤人）之礼。成十六年鄢陵之战，“不可以再辱国君”，“伤国君有刑”。又昭二十六年：“谓之君子，何敢亢之？”郯之战：“鲍癸止之，曰：‘其左善射，其右有辞，君子也。’既免。”战中免敌国君子之例尤多，然若敌人非国君或君子，则当以致果毅精神为礼。此处与上文，齐侯曰“谓之君子而射之，非礼也”，正相印证。**遂自徐关入。**徐关，齐关卡名。

齐侯见保者，保者，城郭保守者。**曰："勉之！齐师败矣。"辟女子，**辟同避。女子当道，不去，故使之避让己车，即为己让路。杜预："使辟（避）君也。齐侯单还，故妇人不辟之。"**女子曰："君免乎？"曰："免矣。"曰："锐司徒免乎？"**杜预："锐司徒，主锐兵者。"**曰："免矣。"曰："苟君与吾父免矣，可若何？"**可若何，犹言不敢复多求。**乃奔。**杜预："走辟君。"**齐侯以为有礼，**杜预："先问君，后问父故也。"**既而问之，辟司徒之妻也。**杜预："辟司徒，主垒壁者。"**予之石窌。**之，辟司徒。石窌 liù，邑名。

晋师从齐师，入自丘舆，击马陉。杜预："丘舆、马陉，皆齐邑。"陉音刑。

齐侯使宾媚人赂以纪甗、玉磬与地。杜预："媚人，国佐也。"杨伯峻："甗，古代一种炊饪器。"纪甗 yǎn，故纪国宝器。磬 qìng，乐器。**不可，则听客之所为。宾媚人致赂，晋人不可，**不可，不受赂，亦即不许平。杨伯峻"晋人当是郤克。"**曰："必以萧同叔子为质，**萧，宋附庸国。杜预："同叔，萧君之字，齐侯外祖父。子，女也。难斥言其母，故远言之。"**而使齐之封内尽东其亩。"**杜预："使垄亩东西行。"**对曰："萧同叔子非他，寡君之母也。若以匹敌，则亦晋君之母也。吾子布大命于诸侯，而曰：'必质其母以为信。'其若王命何？**谓视王命为何如矣，亦即周王室未有如此之礼。**且是以不孝令也。《诗》曰：'孝子不匮，永锡尔类。'**孝子之心不匮竭，永赐予尔之同类。**若以不孝令于诸侯，其无乃非德类也乎！**无乃，乃也。**先王疆理天下，**杨伯峻据程瑶田谓："疆，画分经界。理，分其地理。"**物土之宜，**昭三十二年有"物土方"，杜预："物，相也。"杨伯峻主此义。物亦常训为"类"，归类，分类也。襄九年有"晋君类能而使之"。**而布其利。**杨伯峻："考察土地适应性而作有利于生产之布置。"**故《诗》曰：'我疆我理，南东其亩。'**杜预："或南或东，从其土宜。"**今吾子疆理诸侯，而曰'尽**

东其亩’而已，唯吾子戎车是利，无顾土宜，杨伯峻：“无顾即不顾。”**其无乃非先王之命也乎！反先王则不义，何以为盟主？其晋实有阙。**杜预：“阙，失。”**四王之王也，**杨伯峻：“四王当为舜、禹、汤、武。”可信。**树德而济同欲焉。**杜预：“济，成也。”**五伯之霸也，**杜预：“夏伯昆吾，商伯大彭、豕韦，周伯齐桓、晋文。”**勤而抚之，以役王命。**役，服役，服行也。**今吾子求合诸侯，以逞无疆之欲。**杨伯峻：“无疆，犹言无止境。”**《诗》曰‘布政优优，百禄是遒。’**杨伯峻：“优优，和缓貌。遒音求，聚也。”**子实不优，而弃百禄，诸侯何害焉？**诸侯何能害晋？此正话反说，言晋不修德将自败，非诸侯能败之。**不然，**言晋若不能省其阙，而必欲逞欲于齐。**寡君之命使臣则有辞矣，曰：‘子以君师辱于敝邑，不腆敝赋，以犒从者。**赋，军赋，军队及武备也。杜预：“战而曰犒，为孙（逊）辞。”**畏君之震，**震，威也。**师徒桡败。**《周易·大过》：“栋桡，凶。”桡 náo，曲也。**吾子惠徼齐国之福，不泯其社稷，**徼，求也。泯，灭也。**使继旧好，唯是先君之敝器、土地不敢爱。**爱，惜也。**子又不许，请收合余烬，**杜预：“烬，火余木。”此指残兵败将。**背城借一。**背城郭借求一战。**敝邑之幸，**幸指战胜，下同。**亦云从也。**言纵使战胜，亦当服晋。**况其不幸，敢不唯命是听？’”鲁、卫谏曰：**杜预：“谏郤克也。”**“齐疾我矣！**杨伯峻：“疾，怨恨。”**其死亡者，皆亲暱也。子若不许，雠我必甚。唯子则又何求？**杨伯峻：“此‘唯’字用法同‘虽’。句意谓，纵是你，亦无可求者。”**子得其国宝，我亦得地，**杜预：“齐归所侵。”**而纾于难，**纾，缓也。**其荣多矣！齐、晋亦唯天所授，**授，与也。**岂必晋？”晋人许之，对曰：“群臣帅赋舆以为鲁、卫请，**杜预：“赋舆，犹兵车。”**若苟有以藉口而复于寡君，**杨伯峻：“若苟，同义词连用，俱表假设。昭四年《传》‘君若苟无四方之虞’，与此同。”藉，借也，凭借。

复，复命。犹今曰“若有所凭借，以使做臣子的好回去交差”。杨伯峻：“若少有所得，即有辞以答复吾君之命。”**君之惠也。敢不唯命是听。”**

禽郑自师逆公。杨伯峻：“禽郑，鲁大夫。鲁成公从鲁国来与晋师相会，禽郑从军中往迎。”

秋七月，晋师及齐国佐盟于爰娄。使齐人归我汶阳之田。公会晋师于上鄍，赐三帅先路三命之服，杨伯峻：“古代天子、诸侯乘车曰路，卿大夫接受天子、诸侯所赐予之车亦曰路。路有三等：大路、先路及次路。卿大夫若非接受此种赏赐，而乘自己之车，虽身为上卿，亦不称路，故昭四年《传》有‘冢卿无路’之语。古代于卿大夫有‘三命’、‘再命’、‘一命’之别，命多则尊贵，车服亦随之华丽。”**司马、司空、舆帅、候正、亚旅，皆受一命之服。**

八月，宋文公卒。始厚葬，用蜃炭，杨伯峻：“杜注以为一物，即用蜃（shèn）烧成之灰。孔颖达引刘炫说，则以为‘用蜃后用炭’，‘蜃炭’为蜃与炭二物。‘蜃’即用蜃烧成之灰，即生石灰。”**益车马，**不以礼数。杜预：“多埋车马。”**始用殉。**用活人殉葬。始，此仅指宋国言。始者，谓宋国之先君未有用活人殉葬者。**重器备，**重 chóng，谓同样一种器物具备两件或两件以上。襄五年：“无藏金玉，无重器备。”哀六年：“器二不匮，君二多难。”**椁有四阿，**椁 guō。阿 ē。杨伯峻：“‘四阿’本古代天子宫室宗庙建筑形式，墓穴亦仿用此种形式，用之于椁上，故曰‘椁有四阿’。（其顶）四面呈坡形，有如房屋‘四阿’之制。”**棺有翰桧。**杨伯峻：“据杜注，翰是棺木旁装饰，桧是棺木上装饰，皆天子所用。”

君子谓：“华元、乐举，于是乎不臣。臣，治烦去惑者也，烦，拆字得火从页也。页者，自颈项以上部位。烦者，患在眉睫也，心不宁静也。据杨伯峻，烦为乱也，可信。**是以伏死而争。今二子者，君生则纵其惑，死又益其侈，是弃君于恶也。何臣之为？”**言无以为臣，即不臣。

九月，卫穆公卒，晋三子自役吊焉，三子，郤克、士燮、栾书。**哭于大门之外。**师还过卫，故因吊之。非受命致吊，故不以常礼吊。**卫人逆之，**杜预："逆，于门外设丧位。"**妇人哭于门内。**妇人为丧主，有迎客之礼，因春秋礼"妇人送迎不出门"，故哭于门内以迎客。**送亦如之。遂常以葬。**以后他国官员虽受命来吊丧者，亦皆于大门之外行礼为常，直至下葬。

楚之讨陈夏氏也，在宣十一年。**庄王欲纳夏姬，申公巫臣曰："不可。君召诸侯，以讨罪也。今纳夏姬，贪其色也。贪色为淫，淫为大罚。《周书》曰：'明德慎罚。'文王所以造周也。明德，务崇之之谓也；**前"之"，德也。**慎罚，务去之之谓也。**前"之"，罚也。**若兴诸侯，以取大罚，非慎之也。**之，罚也。**君其图之！"王乃止。子反欲取之，巫臣曰："是不祥人也。**是，此也，指夏姬。**是夭子蛮，**杨伯峻据昭二十八年《传》夏姬杀三夫，谓"蛮或是其最早之丈夫"，可信。古代男女结婚甚早（一般在十几岁），男子既行冠礼即可成婚，盖子蛮娶夏姬不久，即夭死，故曰夭子蛮。夭，凶短折曰夭。**杀御叔，**杨伯峻："御叔是夏姬之次夫，亦即夏征舒之父。子蛮、御叔或皆短命早死，巫臣因归罪于夏姬。"**弑灵侯，戮夏南，**夏南即夏征舒。**出孔、仪，**孔宁、仪行父。**丧陈国，**诸事参宣十、十一年《传》。**何不祥如是？人生实难，其有不获死乎！**不获死即不得好死。**天下多美妇人，何必是？"子反乃止。王以予连尹襄老。**楚子得夏姬在宣十一年，而宣十二年春，楚子围郑，遂有邲之役，襄老死于邲，则楚子以夏姬予襄老当在宣十一年。**襄老死于邲，不获其尸，其子黑要烝焉。**烝其父妻夏姬。黑要，襄老子。**巫臣使道焉，曰："归，吾聘女。"**杨伯峻："道通导。'使道焉'，使人示意于夏姬，令其回郑国母家，然后巫臣聘之为妻。"**又使自郑召之，**巫臣又设法使郑派使来召夏姬归。**曰："尸可得也，必来逆之。"**谓郑人恤其女，愿为之求夫（襄老）之尸。**姬以告王，王问诸屈巫。**屈巫即巫臣。

对曰：“其信。知罃之父，成公之嬖也，成公，晋景公之父。**而中行伯之季弟也，**杨伯峻：“知罃之父即荀首，中行伯即荀林父。邲之役知罃为楚所囚。”**新佐中军，而善郑皇戌，**与皇戌私交厚。**甚爱此子。**此子，知罃也。**其必因郑而归王子与襄老之尸以求之。**王子，公子縠臣。**郑人惧于邲之役而欲求媚于晋，其必许之。”王遣夏姬归。**许郑之召。**将行，谓送者曰：“不得尸，吾不反矣。”**夏姬愿听从巫臣，盖二人早已私通，故演双簧以欺王。**巫臣聘诸郑，**聘夏姬为妻。**郑伯许之。及共王即位，**楚共王即位在成元年。**将为阳桥之役，**阳桥，鲁地。役在今年冬。**使屈巫聘于齐，**巫臣欲娶夏姬，因请受命于王，王遂使巫臣聘齐。**且告师期。巫臣尽室以行。**杨伯峻：“尽室，尽带其家室与财产。”**申叔跪从其父将适郢，**杜预：“叔跪，申叔时之子。”此“从”非亲随，时其父已在郢。郢，楚国都。**遇之，曰：“异哉！夫子有三军之惧，**杨伯峻：“夫子，第三人称敬称代词（即此乃叔跪语于己从者之言，而非对巫臣言）。”巫臣负有军事使命，关系楚中、左、右三军，必当戒惧从事，故曰三军之惧。**而又有《桑中》之喜，**巫臣聘齐，宜取道于宋（宋道直），而非取道于郑（道回，郑乃楚聘晋之道）。道郑，必过申，故遇申叔跪。或巫臣聘夏姬之事已有传闻，今巫臣舍近道而取远道，故叔跪有此言。杜预：“《桑中》，《卫风》，淫奔之诗。”桑中，卫地名。**宜将窃妻以逃者也。”及郑，使介反币，**介，副使。此当是往聘途中之事。杨伯峻谓，此乃既聘齐，返过郑之事，币指齐所赠币，不从。**而以夏姬行。将奔齐，齐师新败，**夏有鞌之败。**曰：“吾不处不胜之国。”遂奔晋，而因郤至，**杜预：“郤克族子。”**以臣于晋。晋人使为邢大夫。**邢，晋邑。**子反请以重币锢之，**杜预：“禁锢勿令仕。”杨伯峻：“相当于近代之‘永不录用’。”**王曰：“止！其自为谋也，则过矣；其为吾先君谋也，则忠。忠，社稷之固也，所盖多矣。**杜预：“盖，覆也。”**且彼若能利国**

家，国家，此指晋。**虽重币，晋将可乎？**言晋虽得赂，亦不会禁锢之。**若无益于晋，晋将弃之，何劳锢焉？”**何劳我赂晋使锢之。

晋师归，鞌战归。**范文子后入。**文子，士燮。**武子曰：**武子，士会，士燮之父。**“无为吾望尔也乎！”**盖言先入可以耀宗，子不能先入，非为我所期望于尔也乎！**对曰：“师有功，国人喜以逆之，先入，必属耳目焉，**杨伯峻：“属音嘱，聚也，注也。属耳目，使众人耳目集中于我。”**是代帅受名也，故不敢。”武子曰：“吾知免矣。”**谓其谦让，己因可以免于祸戾。

郤伯见，郤伯，郤克。战胜而进见景公。**公曰：“子之力也夫！”对曰：“君之训也，二三子之力也，臣何力之有焉？”范叔见，**范叔，范文子士燮。**劳之如郤伯，对曰：“庚所命也，**庚，荀庚，荀林父之子。杨伯峻：“荀庚此时将上军，未出动，而士燮为上军佐，应受命于上军将。”**克之制也，**杨伯峻：“郤克为中军帅，上军受其节制。”**燮何力之有焉？”栾伯见，**栾伯，栾书。**公亦如之，对曰：“燮之诏也，**杜预：“诏，告也。”士燮为上军佐，栾书为下军将，下军受制于上军，故曰“燮之诏”。栾书不曰“克之诏”，而曰“燮之诏”，由此知春秋时自上而下乃层递从属之关系。**士用命也，书何力之有焉？”**

宣公使求好于楚。杜预：“在宣十八年。”**庄王卒，宣公薨，不克作好。**克，成也。**公即位，受盟于晋，**杜预：“元年盟赤棘。”**会晋伐齐。**即鞌之战。**卫人不行使于楚，**杜预：“不聘楚。”**而亦受盟于晋，从于伐齐。故楚令尹子重为阳桥之役以救齐。**子重，公子婴齐。**将起师，子重曰：“君弱，**杜预：“《传》曰：‘寡人生十年而丧先君。’共王即位，至是三年，盖年十二三矣。”**群臣不如先大夫，师众而后可。《诗》曰：‘济济多士，文王以宁。’**杨伯峻：“‘济济’，行止有威仪貌。亦可解为人才众多貌。宁，安也。”**夫文王犹用众，况吾侪乎？**杜预：“侪（chái），等。”且先君庄王属之曰：属同嘱，叮嘱也。‘无德以及远方，莫如惠恤其民而善用之。’”乃大户，杨伯峻：“清理户口。”已责，杨伯峻：“已，止也。责，同债。免除人民对国家之拖欠。”逮鳏，杜预：“施及老鳏。”救乏，乏，乏困。赦罪，悉师，楚师尽起。王卒尽行。杨伯峻：“楚王护卫军亦全部出动。”彭名御戎，蔡景公为左，许灵公为右。楚子不出，彭名非元帅（令尹子重为元帅），虽御楚子戎车，亦在中，不在车左。二君弱，皆强冠之。杨伯峻：“不到成年，却勉行冠礼。为车左、车右，必在行冠礼后。”

冬，楚师侵卫，遂侵我，师于蜀。使臧孙往，往求平。臧孙，臧宣叔臧孙许。辞曰：“楚远而久，言楚远道侵鲁，师久，锐气尽，不为鲁害。固将退矣。无功而受名，臣不敢。”杜预：“不敢虚受退楚名。”楚侵及阳桥，孟孙请往，赂之以执斫、执针、织纴，杜预：“执斫，匠人。执针，女工。织纴，织缯布者。”皆百人。公衡为质，公衡，盖宣公子。以请盟，楚人许平。

十一月，公及楚公子婴齐、蔡侯、许男、秦右大夫说、宋华元、陈公孙宁、卫孙良夫、郑公子去疾及齐国之大夫盟于蜀。卿不书，匮盟也。韦昭：“匮，乏也。”于是乎畏晋而窃与楚盟，窃者，非光明正大也。故曰匮盟。蔡侯、许男不书，乘楚车也，谓之失位。贵为国君，却役从楚之车左与车右，故曰失位。君子曰：“位其不可不慎也乎！蔡、许之君，一失其位，不得列于诸侯，况其下乎？《诗》曰：‘不解于位，民之攸塈。’解同懈。攸，所也。塈 jì，息也，其是之谓矣。”

楚师及宋，公衡逃归。臧宣叔曰：“衡父不忍数年之不宴，衡父即公衡。宴，安也。以弃鲁国。国将若之何？将若国何。言逃恶自保以弃国家，国家怎么办？谁居？居，守也。皆如衡父，则国家将由谁来保守？后之人必有任是夫！国弃矣。”杨伯峻：

"意谓公衡抛弃国家，其后人必有因此受祸者。"国弃即弃国。

是行也，晋辟楚，畏其众也。君子曰："众之不可以已也。已，据襄三十一年"辞之不可以已也如是"、昭二十八年"才之不可以已"、"言之不可以已也如是"，已，止也，止而不用也。**大夫为政，**大夫，此指令尹子重。**犹以众克，况明君而善用其众乎？《大誓》所谓商兆民离，周十人同者，众也。"**昭二十四年亦引《大誓》此语："纣有亿兆夷人，亦有离德；余有乱臣十人，同心同德。"杜预："万亿曰兆。民离则弱，合则成众。言殷以散亡，周以众兴。"

晋侯使巩朔献齐捷于周。杨伯峻："献捷，即献俘。"**王弗见，使单襄公辞焉，曰："蛮夷戎狄，不式王命，**式，法也。杜预："式，用也。"**淫湎毁常，**杨伯峻："淫谓淫于女色。湎谓沈湎于酒。毁常，败坏规矩法度。"**王命伐之，则有献捷。王亲受而劳之，所以惩不敬，劝有功也。**杨伯峻："伐即惩不敬；劳即劝有功。"**兄弟甥舅，**兄弟，同姓诸侯。甥舅，婚姻之国。**侵败王略，**杜预："略，经略法度。"**王命伐之，告事而已，不献其功，所以敬亲暱，禁淫慝也。**杨伯峻："命伐之即禁淫慝，告事而不献功即敬亲暱。"**今叔父克遂，**叔父指晋景公。克遂，同义词连用，皆成也。**有功于齐，而不使命卿镇抚王室，所使来抚余一人，**余一人，天子自称之名。**而巩伯实来，**杨伯峻：此"而"乃转折连词，不同"尔"。**未有职司于王室，**巩伯非命卿，故曰"未有职司于王室"。诸侯欲立正卿，必告请于王，示所立之卿经天子授权，即所谓命卿。如宣十六年："晋侯请于王，戊申，以黻冕命士会将中军。"又僖十二年："天子之二守国、高在。"**又奸先王之礼。**杨伯峻："不应献捷而献捷。"**余虽欲于巩伯，**于，在也，成全，成就。**其敢废旧典以忝叔父？**忝，辱也。言废常乃忝辱天下，故亦是对晋侯之侮辱。**夫齐，甥舅之国也，**杜预："齐世与周昏，故曰甥舅。"**而大师之后也，**大师，姜子牙吕尚。**宁不亦淫从其欲以怒叔父，抑岂不可谏诲？"**不亦，亦也。

宁不亦，宁也。抑，转折连词，然也。**士庄伯不能对。**庄伯，巩朔。**王使委于三吏，**若献捷之事，王亲受而劳之，今王即不视之为献捷，故委命于三吏，受巩朔“告”齐捷之事，己不亲受。**礼之如侯伯克敌使大夫告庆之礼，降于卿礼一等。**以巩朔非命卿。**王以巩伯宴，**杨伯峻：“以，与也。当时正式招待使者，先行享礼，礼终则宴。而于巩朔则宴而不享。”**而私贿之。使相告之曰：**杨伯峻：“相，去声，赞礼者。”**“非礼也，勿籍。”**杨伯峻：“谓此种接待不合于礼，嘱其不记载于史册。”

成公三年

【经】

三年春王正月，公会晋侯、宋公、卫侯、曹伯伐郑。杜预：“宋、卫未葬，而称爵以接邻国，非礼也。”

辛亥，二十八日。**葬卫穆公。**

二月，公至自伐郑。

甲子，十二日。**新宫灾。三日哭。**杜预：“三年丧毕，宣公神主新入庙，故谓之新宫。书三日哭，善得礼。”灾，天火曰灾。

乙亥，二十三日。**葬宋文公。**

夏，公如晋。

郑公子去疾帅师伐许。

公至自晋。

秋，叔孙侨如帅师围棘。侨如，叔孙庄叔得臣之子。杜预：“棘，汶阳田之邑。”

大雩。

晋郤克、卫孙良夫伐廧咎如。廧咎如，杜预："赤狄别种。"

冬十有一月，晋侯使荀庚来聘。荀庚，荀林父之子。

卫侯使孙良夫来聘。

丙午，二十八日。及荀庚盟。

丁未，二十九日。及孙良夫盟。

郑伐许。

【传】

三年春，诸侯伐郑，次于伯牛，杜预："伯牛，郑地。"讨邲之役也，邲之役在宣十二年。遂东侵郑。郑公子偃帅师御之，公子偃，子游也，穆公子。使东鄙覆诸鄤，败诸丘舆。杜预："覆，伏兵也。鄤、丘舆，皆郑地。"皇戌如楚献捷。

夏，公如晋，拜汶阳之田。鞌之战，晋使齐归还鲁汶阳之田，故往拜谢。

许恃楚而不事郑，郑子良伐许。子良，穆公子去疾。

晋人归公子穀臣与连尹襄老之尸于楚，以求知罃。交换人质。于是荀首佐中军矣，于是，于此时。荀首，知罃之父。故楚人许之。王送知罃，曰："子其怨我乎？"对曰："二国治戎，治戎，杨伯峻："实即交战之意。"臣不才，不胜其任，以为俘馘。执事不以衅鼓，杜预："以血涂鼓为衅鼓。"使归即戮，君之惠也。臣实不才，又谁敢怨？"王曰："然则德我乎？"德，此为恩德之德，恩也，非道德，德礼之德，下同。对曰："二国图其社稷，而求纾其民，各惩其忿以相宥也，纾，缓也。惩，戒也，犹言克制。宥，宽也，宽恕。两释累囚以成其好。二国有好，臣不与及，言晋、楚皆图其国家利益，两释累囚以结其好，非特欲施惠于我，故曰臣不与及。其谁敢德？"王曰："子归，何以报我？"

对曰：“臣不任受怨，君亦不任受德，任，当也。受，纳受也。德，恩也。无怨无德，言臣无怨于王，王亦无恩于我。不知所报。”王曰：“虽然，必告不穀。”对曰：“以君之灵，灵，福也。累臣得归骨于晋，寡君之以为戮，死且不朽。若从君之惠而免之，寡君，晋君。君，楚王。以赐君之外臣首；杨伯峻：“常时卿大夫对外国国君自称为外臣，此知罃于楚君亦直称其父之名。”首其请于寡君而以戮于宗，杨伯峻：“宗，宗庙。荀首不但是知罃之父，且是荀氏小宗宗子，于本族成员有杀戮之权，然先须得国君同意。”亦死且不朽。若不获命，杜预：“君不许戮。”而使嗣宗职，沈钦韩：“宗职犹言宗子之事。下‘次及于事’，乃是以次序而当晋之事。”则嗣宗职即嗣为荀氏之宗主。次及于事，而帅偏师以修封疆，偏师，逊辞。虽遇执事，其弗敢违。杜预：“违，辟（避）也。”其竭力致死，无有二心，以尽臣礼，所以报也。”王曰：“晋未可与争。”重为之礼而归之。

秋，叔孙侨如围棘，取汶阳之田。棘不服，故围之。

晋郤克、卫孙良夫伐廧咎如，讨赤狄之余焉。廧咎如溃，上失民也。上不得民，见伐而溃。

冬十一月，晋侯使荀庚来聘，且寻盟。寻元年赤棘盟。卫侯使孙良夫来聘，且寻盟。寻宣七年盟。公问诸臧宣叔曰：“中行伯之于晋也，其位在三。位在三，下卿也。荀庚为上军将，其上犹有中军将及中军佐。孙子之于卫也，位为上卿，将谁先？”对曰：“次国之上卿当大国之中，中，中卿。中当其下，下当其上大夫。杨伯峻：“次国之卿大夫较大国之卿大夫低一级。”小国之上卿当大国之下卿，中当其上大夫，下当其下大夫。杨伯峻：“小国之卿大夫较大国之卿大夫低二级。”上下如是，古之制也。卫在晋，不得为次国。杨伯峻：“不得为次国，则仅为小国。”杜预：“春秋时以强弱为大小，故卫虽侯爵，犹为小国。”晋为盟主，

其将先之。”杜预：“计等则二人位敌，以盟主故先晋。”**丙午，盟晋；丁未，盟卫，礼也。**

十二月甲戌，二十六日。**晋作六军。**天子六军，诸侯之大者三军可矣，故晋作六军非礼。**韩厥、赵括、巩朔、韩穿、荀骓、赵旃皆为卿，赏鞌之功也。**杜预：“韩厥为新中军，赵括佐之。巩朔为新上军，韩穿佐之。荀骓为新下军，赵旃佐之。”

齐侯朝于晋，将授玉。杜预：“行朝礼。”杨伯峻：“古代诸侯相朝见，有‘授玉’‘受玉’之礼。”**郤克趋进曰：“此行也，君为妇人之笑辱也，**言齐侯此行乃为妇人之笑辱而来，非真心朝晋。**寡君未之敢任。”**任，承，负，当也。杨伯峻：“郤克此语犹在发泄其被笑之怨。”

晋侯享齐侯。齐侯视韩厥，杨伯峻：“视，熟视。”**韩厥曰：“君知厥也乎？”**知，识也。今所谓“认识”，亦常省称“认”，古则谓“识”。**齐侯曰：“服改矣。”**杨伯峻：“当鞌之战，皆着戎服，今着朝服。”**韩厥登，举爵曰：“臣之不敢爱死，**爱，惜也。**为两君之在此堂也。”**

荀罃之在楚也，荀罃即知罃。**郑贾人有将寘诸褚中以出。**寘诸褚中者，藏之于褚中也。杨伯峻：“褚，音煮，装衣服所用之囊。”**既谋之，未行，而楚人归之。贾人如晋，荀罃善视之，**杨伯峻：“视，看待。”**如实出己，贾人曰：“吾无其功，敢有其实乎？吾小人，不可以厚诬君子。”**诬，欺也。**遂适齐。**

成公四年

【经】

四年春，宋公使华元来聘。

三月壬申，郑伯坚卒。

杞伯来朝。

夏四月甲寅，八日。**臧孙许卒。**臧宣叔也。

公如晋。

葬郑襄公。

秋，公至自晋。

冬，城郓。杜预："公欲叛晋，故城而为备。"

郑伯伐许。称"郑伯"，襄公既葬故。

【传】

四年春，宋华元来聘，通嗣君也。嗣君指宋共公，去年即位。

杞伯来朝，归叔姬故也。杜预："将出叔姬，先修礼朝鲁，言其故。"

夏，公如晋，晋侯见公，不敬。季文子曰："晋侯必不免。杜预："言将不能寿终也。后十年陷厕而死。"**《诗》曰：'敬之敬之！天惟显思，命不易哉！'**《诗》本意谓：上帝监明在下，保有其命不容易。**夫晋侯之命在诸侯矣，**命当指侯伯、霸主之命。言晋侯能否保有侯伯之命，在诸侯之向背。**可不敬乎？"**

秋，公至自晋，欲求成于楚而叛晋，季文子曰：“不可。晋虽无道，未可叛也。国大臣睦，而迩于我，诸侯听焉，未可以贰。史佚之《志》有之曰：‘非我族类，杨伯峻：“族类指种类。”其心必异。’楚虽大，非吾族也，其肯字我乎？”字，畜也。杜预：“爱也。”公乃止。

冬十一月，郑公孙申帅师疆许田，公孙申，叔申也。杜预：“前（去）年郑伐许侵其田，今正其界。”许人败诸展陂。展陂，许地。郑伯伐许，取鉏任、泠敦之田。

晋栾书将中军，代郤克也。栾书由下军将擢升为中军将。荀首佐之，士燮佐上军，以救许伐郑，取氾、祭。氾、祭，郑邑。

楚子反救郑，子反，公子侧。郑伯与许男讼焉。杨伯峻：“两人在子反前争是非曲直。”皇戌摄郑伯之辞，摄，代也。杜预：“代之对。”杨伯峻：“代郑悼公发言。”子反不能决也，决，裁断。曰：“君若辱在寡君，寡君与其二三臣共听两君之所欲，杜预：“欲使自屈在楚子前决之。”成其可知也。成，平讼也。不然，侧不足以知二国之成。知，知国，知政之知，治也，理也。

晋赵婴通于赵庄姬。赵婴，赵衰子，赵盾之异母弟。庄姬，赵盾子赵朔之妻，庄，赵朔之谥，贾逵、服虔谓庄姬为晋成公女。赵婴乃庄姬丈夫赵朔之叔，亦庄姬之叔也，时赵朔已死。

成公五年

【经】

五年春王正月，杞叔姬来归。来归，出也。

仲孙蔑如宋。蔑，孟献子。

夏，叔孙侨如会晋荀首于穀。穀，齐地。

梁山崩。崩，即今所谓山体滑坡、塌方之类。

秋，大水。书，灾也。

冬十有一月己酉，十二日。**天王崩。**

十有二月己丑，二十三日。**公会晋侯、齐侯、宋公、卫侯、郑伯、曹伯、邾子、杞伯同盟于虫牢。**虫牢，郑地。

【传】

五年春，原、屏放诸齐。接去年《传》。赵同、赵括放逐赵婴齐于齐国。同、括本婴齐之同母兄。**婴曰："我在，故栾氏不作。**作，作难，发难。谓作难于赵氏。据八年庄姬陷害赵同、赵括，栾、郤为之作证，知赵氏与栾、郤有怨。**我亡，吾二昆其忧哉！且人各有能有不能，**言人各有长处短处优点缺点，不可因恶而弃善。据之前数年《传》，赵婴亦非等闲之人，而赵同、赵括皆汰侈有勇无谋之辈。**舍我何害？"**舍，置也。**弗听。**

婴梦天使谓己："祭余，余福女。"使问诸士贞伯，士贞伯，士渥浊也。**贞伯曰："不识也。"**识，知也。**既而告其人曰：**"告其人"，《传》有数例，"其人"皆指己之从人。此谓贞伯自告己之从人。杨伯峻本沈钦韩，且引哀二十六年《传》“（子赣）对曰：‘臣不识也。’私于使者曰……”，谓此“其人”乃赵婴之使者，然哀二十六年《传》明言“私于使者”，称“私”，又称“使者”，与“告其人”之例明显不同，沈、杨皆误。**“神福仁而祸淫，淫而无罚，福也。祭，其得亡乎！”**杜预：“以得放遣为福。”是也。此奔亡虽曰“福”，其实亦是祸之也，即所谓以宽宥之手段惩罚之，故天使曰“福女”。杨伯峻：“杜注误。‘其得亡乎’犹言‘岂得无祸乎’，亡通无。”误。**祭之，之明日而亡**。后“之”，至也。

孟献子如宋，报华元也。报去年华元来聘。

夏，晋荀首如齐逆女，故宣伯餫诸穀。杜预：“野馈曰餫（yùn），运粮馈之，敬大国也。”

梁山崩，古人以山、川当配食之神主，因曰“国主山川”。山崩，则兆不祥。**晋侯以传召伯宗**。杨伯峻：“传，传车。传车为古代驿站专用车辆，每抵一中途站换车、换马、换御者，继续前行，取其快速。伯宗，晋大夫。”**伯宗辟重，曰：“辟传！”**二“辟”皆同避，前“辟”字为动词使动用法。重，重车也，运输资粮货物之车。伯宗之传车与重车迎面对驶相遇，道窄，不容两车通过，故伯宗避重车。辟重者，使重车避道（为己避让）也。辟传者，伯宗命令重人之言也，即命之曰“避让传车”。以传车事当大务，重车礼当趋避。**重人曰：**重人，重车押送者或御者。**“待我，不如捷之速也。”**待我，待我避也。杨伯峻：“捷，走捷径。”然两车狭路相遇，岂捷径恰在近前？重人意谓，若待重车避让，非一言片刻所能完成。杜预：“捷，邪出。”不详杜预之意。邪出者，盖使传车避让重车，即尊者避让卑者，以传车轻故，因违尊卑先后之正礼，故曰邪出。若如此，则是以传车避让重车为捷径。**问其所，**善其言得礼，因问其居所。**曰：“绛人也。”问绛事焉，**伯宗虽为晋侯所召，盖事涉机密，使者仅奉命召伯宗，故伯宗不知绛发生何事遽召己。此适遇绛人，因探问之。**曰：“梁山崩，将召伯宗谋之。”**重人乃下层人物，然此重人能知国之大事，实有心人也。**问："将若之何？"曰："山有朽壤而崩，可若何？**杨伯峻："古人不知地震山崩之理，但此人却能知梁山崩为自然现象，不作'鬼神祸福'之预言，足为一时有识者。"**国主山川。故山崩川竭，君为之不举、**杜预："去盛馔。"**降服、**杜预："损盛服。"盖降为素服。**乘缦、**杜预："车无文（纹）。"**彻乐、**彻，彻去。乐，音乐。杜预："息八音。"**出次，**杜预："舍于郊。"**祝币、**杜预："陈玉帛。"**史辞，**杜预："自罪责。"**以礼焉。**杜预："礼山川。"杨伯峻以"史辞以礼焉"为一读，非也，参昭十七年"祝用币，史用辞"。**其如此而已，虽伯宗若之何？"伯宗请见之，**欲以重人见晋侯，而举荐之。**不可。遂以告，**以重人之法告晋侯。**而从之。**

许灵公愬郑伯于楚。杜预："前比年郑伐许故。"**六月，郑悼公如楚讼，不胜。楚人执皇戌及子国。**子国，郑穆公子发，子产之父，后为郑之国氏。**故郑伯归，使公子偃请成于晋。**公子偃，子游，其后为游氏。**秋八月，郑伯及晋赵同盟于垂棘。**垂棘，晋地。

宋公子围龟为质于楚而还，杜预："围龟，文公子。"杨伯峻："字子灵。"**华元享之。请鼓噪以出，鼓噪以复入，**出、入，出入华元家。**曰："习攻华氏。"**此句可加字读为"请鼓噪以出，鼓噪以复入，（许之。以行，且）曰：'习攻华氏。'"习，练习，操练也。杜预："盖宣十五年宋、楚平后，华元使围龟代己为质，故怨而欲攻华氏。"**宋公杀之。**

冬，同盟于虫牢，郑服也。

诸侯谋复会，宋公使向为人辞以子灵之难。杜预："子灵，围龟也。宋公不欲会，以新诛子灵为辞，为明年侵宋传。"

十一月己酉，定王崩。

成公六年

【经】

六年春王正月，公至自会。

二月辛巳，十六日。**立武宫。**

取鄟。杜预：“附庸国也。”

卫孙良夫帅师侵宋。

夏六月，邾子来朝。

公孙婴齐如晋。婴齐，声伯也，文公孙，宣公母弟叔肸之子。

壬申，九日。**郑伯费卒。**

秋，仲孙蔑、叔孙侨如帅师侵宋。仲孙蔑，孟献子。侨如，庄叔得臣子，宣伯也。

楚公子婴齐帅师伐郑。公子婴齐，令尹子重也。

冬，季孙行父如晋。

晋栾书帅师救郑。

【传】

六年春，郑伯如晋拜成，谢去年垂棘与虫牢两盟。**子游相，**杨伯峻：“子游，公子偃字。古人名‘偃’多字‘游’。”**授玉于东楹之东。**杨伯峻：“古代堂上有东西两大柱，曰东楹、西楹。两楹之中曰‘中堂’。如宾主身份相当，授受玉应在两楹之间。如宾身份低于主人，授受玉在中堂与东楹之间，即在东楹之西。晋景公与郑悼公皆一国之君，依当时常礼，应授受玉于两楹之间。郑悼纵以为晋景为霸主，不敢行平等身份之礼，亦当在中堂与东楹之间。今晋景安详缓步，而郑悼则快步又过谦，竟至东楹之东授玉，尤见自卑。”**士贞伯曰：“郑伯其死乎！自弃也已。**弃其常位（授玉之本位）即是失位，故曰自弃。**视流而行速，**视流，目光游离不定。视流行速，心不安而怯懦也。**不安其位，宜不能久。”**

二月，季文子以鞌之功立武宫，非礼也。武宫，杨伯峻：“据下文‘立武由己’，不当解为武公之庙，当为表示武功之纪念建筑。”善。**听于人以救其难，**鞌之战虽为鲁故，然仍以晋师为主，鲁师则听晋调遣。**不可以立武。立武由己，非由人也。**杜预：“言请人救难，胜非己功。”

取鄟，言易也。

三月，晋伯宗、夏阳说、卫孙良夫、宁相、郑人、伊雒之戎、陆浑、蛮氏侵宋，杨伯峻：“夏阳说，晋国大夫。夏阳或为地名。”**以其辞会也。**去年辞虫牢之会盟。**师于鍼，**鍼，卫地。**卫人不保。**不保，城上不设守卫。卫人不保，一者，示信晋；二者，量晋以诸侯伐宋，大事未集，不至于自毁炉灶，而先袭联军之国，故不保。**说欲袭卫，曰：“虽不可入，多俘而归，有罪不及死。”伯宗曰：“不可。卫唯信晋，故师在其郊而不设备。若袭之，是弃信也。虽多卫俘，而晋无信，何以求诸侯？”乃止，师还，卫人登陴。**杨伯峻：“卫人仍未丧失警惕。”是也。杜预：“闻说谋故。”不可信。

晋人谋去故绛。杨伯峻：“晋从此后迁都新田，亦称新田为绛，因称故都绛为故绛。”**诸大夫皆曰：“必居郇、瑕氏之地，沃饶而近盬，**杜预：“盬（gǔ），盐也。”杨伯峻：“盬即盐池，今曰解池。”**国利君乐，不可失也。”韩献子将新中军，且为仆大夫。**杨伯峻：“仆大夫，掌管宫中之事。”**公揖而入。**杨伯峻：“公揖，揖群臣，非揖韩厥一人。”**献子从。**杨伯峻：“韩厥既兼仆大夫，群臣退后，大仆尚须引导君王退朝。故晋景公进入内朝，他臣皆退散，唯韩厥随入。”

公立于寝庭，杨伯峻："寝庭，路寝外庭院。"**谓献子曰："何如？"**言郇、瑕氏之地如何？**对曰："不可。郇、瑕氏土薄水浅，**土薄，犹今曰土薄石厚。水浅，此与下文"水深"，皆指地表水而言。土薄水浅，谓土壤贫瘠无地下水，故地表层水分稀少，气候干燥缺水。**其恶易觏。**杨伯峻："恶，污秽肮脏之物。"觏 gòu，见也，遇见，遇合。《诗·召南·草虫》"亦既见止，亦既觏止，我心则降"、《邶风·柏舟》"觏闵既多"、《小雅·裳裳者华》"我觏之子，我心写兮"、《车舝》"鲜我觏尔，我心写兮"，"觏尔新昏，以慰我心"、《大雅·公刘》"乃陟南冈，乃觏于京"、《抑》"无曰不显，莫予云觏"。**易觏则民愁，民愁则垫隘，**垫，沉滞也。隘，阻也。杜预："垫隘，羸困也。"杨伯峻："羸弱。"**于是乎有沈溺重膇之疾。**沈同沉。沈溺，盖消化系统疾病，如食道、胃、肠癌症之类，症状多见饮食受阻、滞溺。重膇 zhuì，盖碘缺乏病，即地方性甲状腺肿，又称大脖子病。二者皆地理疾病，多因常食死水、硬水所致。**不如新田，**新田，今侯马市。**土厚水深，**水深，指地表层水分大，空气湿润，不燥旱。**居之不疾，有汾、浍以流其恶，**杨伯峻："汾水流经新田西北。浍水流经新田，注入汾水。"所以沈溺重膇者，与饮水饮食关系甚大，古人不知，以为河流可以带走土壤中之恶物。**且民从教，**民安则思纯，乐于服从教化。**十世之利也。夫山、泽、林、盬，国之宝也。国饶，则民骄佚。**佚通逸。**近宝，公室乃贫，**古代桑农社会，重农轻商，不但民之衣食所出，即国之税赋亦以农税为支柱。近宝，民不务本，则税赋无源。**不可谓乐。"公说，从之。夏四月丁丑，**十三日。**晋迁于新田。**

六月，郑悼公卒。

子叔声伯如晋。命伐宋。命，受晋命。声伯，公孙婴齐。

秋，孟献子、叔孙宣伯侵宋，晋命也。献子，仲孙蔑。宣伯，侨如。

楚子重伐郑，郑从晋故也。子重，公子婴齐。

冬，季文子如晋，贺迁也。

晋栾书救郑，与楚师遇于绕角。楚师还，晋师遂侵蔡。楚公子申、公子成以申、息之师救蔡，御诸桑隧。赵同、赵括欲战，请于武子，武子，栾书。武子将许之。知庄子、范文子、韩献子谏曰：知庄子，荀首。范文子，士燮。韩献子，韩厥。“不可。吾来救郑，楚师去我，吾遂至于此，是迁戮也。本为救郑，今则侵蔡，故曰迁戮。戮而不已，又怒楚师，战必不克。虽克，不令。迁戮不令。不令，不善也。成师以出，杜预：“六军悉出，故曰成师。”成，大也。而败楚之二县，二县，申、息也。何荣之有焉？若不能败，为辱已甚，已，太也。不如还也。”乃遂还。

于是，军帅之欲战者众，或谓栾武子曰：“圣人与众同欲，是以济事。子盍从众？盍，何不也。子为大政，栾武子为中军帅，掌六军之大政。将酌于民者也。酌，斟酌民意。子之佐十一人，六军将佐，除己为十一人。其不欲战者，三人而已。三人，知、范、韩。欲战者可谓众矣。《商书》曰：‘三人占，从二人。’犹今曰“少数服从多数”。众故也。”武子曰：“善钧，从众。钧同均。言双方所谋善否均等，则从其众之一方；所谋不善，虽众不从。夫善，众之主也。三卿为主，可谓众矣。三卿谋善，善又为众之主，故曰“三卿为主，可谓众矣”。从之，不亦可乎？”

成公七年

【经】

七年春王正月，鼷鼠食郊牛角，改卜牛。鼷（xī）鼠，一种体型较小的老鼠，体长在九厘米以下。古代不治鼠害，鼷鼠泛滥时，出则成群，故能食郊牛角。杨伯峻：“备郊祭之牛被鼷鼠所伤，乃改用它牛卜其吉凶。郊祭未卜日，谓之牛；卜得日，改曰牲。”**鼷鼠又食其角，乃免牛。**不郊，故免牛。

吴伐郯。郯 tán。

夏五月，曹伯来朝。

不郊，犹三望。不郊，仍三望，皆非礼。郊不可废，三望乃郊之属，既不郊，则不宜三望。

秋，楚公子婴齐帅师伐郑。

公会晋侯、齐侯、宋公、卫侯、曹伯、莒子、邾子、杞伯救郑。

八月戊辰，十一日。**同盟于马陵。**杜预：“马陵，卫地。”

公至自会。

吴入州来。州来，盖为属楚之小国。

冬，大雩。

卫孙林父出奔晋。

【传】

七年春，吴伐郯，郯成。杨伯峻：“郯与吴和，实为郯服于吴。”

季文子曰："中国不振旅，杜预："振，整也。旅，众也。"宣十四年："示之以整，使谋而来。""振"与"整"皆取威震之用。旅亦可作师旅解。蛮夷入伐，而莫之或恤。无吊者也夫！杜预解"吊"为"愍恤"。杨伯峻："甲骨及金文'叔''吊'同是一字。叔，同淑，善也。'无吊者'，无善君也。善君指霸主。"《诗》曰：'不吊昊天，《尚书·多士》"弗吊旻天，大降丧于殷"，哀十六年又有"旻天不吊"，则"不吊昊天"亦可读为昊天不吊。乱靡有定。'乱无有定也。其此之谓乎！有上不吊，杜预："上谓霸主。"其谁不受乱？吾亡无日矣！"君子曰："知惧如是，斯不亡矣。"吴北伐至郯，郯又与鲁极近，故鲁惧。

郑子良相成公以如晋，见，今年乃郑成公元年，郑成初次朝见晋侯。且拜师。谢去年晋出师救郑。

夏，曹宣公来朝。

秋，楚子重伐郑，师于氾。氾，郑地。诸侯救郑。郑共仲、侯羽军楚师，军，名词作动词用，犹战也。囚郧公钟仪，献诸晋。

八月，同盟于马陵，寻虫牢之盟，虫牢盟在五年。且莒服故也。杜预："莒本属齐，齐服，故莒从之。"

晋人以钟仪归，囚诸军府。军府，军用府库，盖内有军事监狱。

楚围宋之役，在宣十四、十五年。师还，子重请取于申、吕以为赏田。申，故申国被楚灭为县者。吕，姜姓国，在河南南阳市西，亦早为楚灭。杜预："分申、吕以自赏。"王许之。申公巫臣曰："不可。此申、吕所以邑也，是以为赋，申、吕为公家所有，于是能具备军赋。以御北方。若取之，是无申、吕也，若赏与私人，是国无申、吕也，申、吕亦将不再为国家出军赋。晋、郑必至于汉。"晋、郑之师可直抵汉水。王乃止。子重是以怨巫臣。子反欲取夏姬，巫臣止之，遂取以行，事在二年。子反亦怨之。及共王即位，共王即位在成公元年。子重、子反杀巫臣之族子阎、子荡及清

尹弗忌及襄老之子黑要，杀者，必在成二年后。子阎、子荡、弗忌皆巫臣之族。**而分其室。子重取子阎之室，使沈尹与王子罢分子荡之室，子反取黑要与清尹之室。巫臣自晋遗二子书，**二子，子重、子反。**曰："尔以谗慝贪惏事君，**惏同婪。**而多杀不辜。余必使尔罢于奔命以死。"**

巫臣请使于吴，晋侯许之。吴子寿梦说之。寿梦，季札父。说同悦。**乃通吴于晋。以两之一卒适吴，**两之一卒即二分之一卒，亦即一偏，为兵车十五乘。隐元年有"参（三）之一，五之一，九之一"，与此"两之一"同。**舍偏——两之一焉。**舍，留置也。"舍偏"即舍两之一卒。"两之一焉"即二分之一卒，亦即一偏。"两之一"乃解"舍偏"之"偏"字，此《左传》笔法。总此句之义，即以一偏适吴，尽舍旃。**与其射御，**与，予也。射御，射者和御者。**教吴乘车，**乘车即乘车作战之法。**教之战陈，教之叛楚。**此当承上段读，盖为较早前事，非今年之事。**寘其子狐庸焉，使为行人于吴。吴始伐楚，伐巢，伐徐。**杜预："巢、徐，楚属国。"**子重奔命。**奔命，奔波君命救巢、徐。**马陵之会，**在秋八月。**吴入州来。子重自郑奔命。**就伐郑之役，径奔命救州来。**子重、子反于是乎一岁七奔命。蛮夷属于楚者，吴尽取之，是以始大，通吴于上国。**上国即中原诸国。

卫定公恶孙林父。孙林父，孙文子也，孙良夫之子。**冬，孙林父出奔晋。卫侯如晋，晋反戚焉。**戚本孙氏采邑，林父出奔，邑随属晋，今晋返之于卫。

成公八年

【经】

八年春，晋侯使韩穿来言汶阳之田，归之于齐。齐匹敌于晋，且素强于鲁，今齐服事晋，晋欲媚齐而使固事己，因来言汶阳田使归齐。

晋栾书帅师侵蔡。

公孙婴齐如莒。婴齐，声伯。

宋公使华元来聘。

夏，宋公使公孙寿来纳币。

晋杀其大夫赵同、赵括。

秋七月，天子使召伯来赐公命。赐成公命。

冬十月癸卯，二十三日。**杞叔姬卒。**杞叔姬来归在五年，既与杞绝，卒当书“子叔姬”，不当书“杞叔姬”；此所以书“杞”者，因明春杞伯来逆丧以归故，言叔姬终为杞鬼，故卒书“杞叔姬”。《传》解之在明年，曰“杞叔姬卒，为杞故也”。

晋侯使士燮来聘。

叔孙侨如会晋士燮、齐人、邾人伐郯。

卫人来媵。

【传】

八年春，晋侯使韩穿来言汶阳之田，归之于齐。季文子饯之，杜预：“送行饮酒。”**私焉，**杜预：“私与之言。”**曰：“大**

国制义以为盟主，是以诸侯怀德畏讨，无有贰心。谓汶阳之田，敝邑之旧也，而用师于齐，用师，鞌之战。使归诸敝邑。今有二命曰：‘归诸齐。’“有”不可作“又”。一命在二年，命齐归汶阳田于鲁；二命即此“归诸齐”。信以行义，义以成命，小国所望而怀也。信不可知，义无所立，四方诸侯，其谁不解体？解体，言离散而不事晋。《诗》曰：‘女也不爽，士贰其行。杨伯峻从王引之《诗述闻》谓“贰”当为“貣”误字，“貣”即“忒”字，爽、忒同义互文。实不可信，“贰”本与下句“二三”相呼应。士也罔极，二三其德。’杜预：“爽，差也。极，中也。”极，准则。七年之中，一与一夺，自二年“与”，至今年“夺”，首尾七年。二三孰甚焉？士之二三，犹丧妃耦，而况霸主？言霸主无信，所丧将不止妃耦。霸主将德是以，以，用，因也。而二三之，其何以长有诸侯乎？《诗》曰：‘犹之未远，是用大简。’杨伯峻：“今《诗》‘简’作‘谏’。犹（猶）同猷，谋也。意谓谋略无远见，故我极力来规劝。”行父惧晋之不远犹而失诸侯也，是以敢私言之。”

晋栾书侵蔡，杜预：“六年未得志故。”遂侵楚，获申骊。杜预：“申骊，楚大夫。”楚师之还也，杜预：“谓六年遇于绕角时。”晋侵沈，获沈子揖初，此从竹添光鸿，“揖初”为沈子之名，“初”不从下读。沈，当为楚与国或属国。从知、范、韩也。君子曰：“从善如流，宜哉！宜，以获沈子揖初为宜。杜预：“宜有功也。”《诗》曰：‘恺悌君子，恺，乐也。悌，宜也。遐不作人。’杜预：“遐，远也。作，用也。《诗·大雅》，言文王能远用善人。不，语助。”求善也夫！作人，斯有功绩矣。”

是行也，郑伯将会晋师，门于许东门，大获焉。杜预：“过许，见其无备，因攻之。”

声伯如莒，逆也。杜预：“自为逆妇。”

宋华元来聘，聘共姬也。杨伯峻："共姬为穆姜所生，成公姊妹。其夫为宋共公，以夫谥为谥，故称共姬。""聘"与下"纳币"皆古代婚礼之礼节。

夏，宋公使公孙寿来纳币，礼也。公孙寿，荡意诸之父。

晋赵庄姬为赵婴之亡故，庄姬乃景公之姊妹。赵婴亡在五年。**谮之于晋侯，**"之"指赵同、赵括。晋侯，景公。**曰："原、屏将为乱。"栾、郤为徵**。杨伯峻："栾氏、郤氏为庄姬之谮作证。"**六月，晋讨赵同、赵括。武从姬氏畜于公宫**。武，赵武，赵朔与庄姬之子。姬氏，庄姬。畜，养也。**以其田与祁奚**。其田，赵武袭父赵朔之田。杨伯峻："赵氏被灭，唯赵武匿公宫而免，故田收于公，公赏于他人。祁奚，为高梁伯之子，祁是晋邑。"**韩厥言于晋侯曰："成季之勋，宣孟之忠，**成季，赵衰。宣孟，赵盾。**而无后，**谓灭族。**为善者其惧矣**。为善不能庇身，人将不行善。**三代之令王，皆数百年保天之禄。夫岂无辟王，**辟同僻，邪僻无道。**赖前哲以免也**。赖先代之善得庇。**《周书》曰：'不敢侮鳏寡。'**此"鳏寡"借指赵武，赵武虽非鳏寡，然实为孤儿。**所以明德也。"乃立武，**立赵武为赵氏后。**而反其田焉**。

秋，召桓公来赐公命。杜预："召桓公，周卿士。"

晋侯使申公巫臣如吴，假道于莒。与渠丘公立于池上，杜预："渠丘公，莒子朱也。池，城池也。渠丘，邑名。"池即护城河。池上者，护城河有两岸，内岸实为城墙之基址，此不书"立于城上"而曰"立于池上"者，明立于护城河之外岸，两人正好面向城墙而立。**曰："城已恶！"**已，太也。**莒子曰："辟陋在夷，**辟同僻。**其孰以我为虞？"**虞，冀，图谋，算计也。杨伯峻："意谓无人觊觎此偏僻夷蛮之地。"**对曰："夫狡焉思启封疆以利社稷者，**狡，杜预："狡猾之人。"**何国蔑有？**言凡国必有图谋野心扩张者。**唯然，故多大国矣**。杨伯峻："正因为如此，故大国多。"**唯或思或纵也**。杨伯峻："大国侵伐小国以开拓封疆，小国或思虑而为备，以是得存；或放纵而不为备，以是而亡。”**勇夫重闭，**重有二读，于此皆可通。杨伯峻：“重闭，内外门户层层关闭。”**况国乎？”**

冬，杞叔姬卒。来归自杞，故书。此仅释《经》何故书叔姬之卒，未释何故称“杞”。

晋士燮来聘，言伐郯也，以其事吴故。事在七年。**公赂之，请缓师。文子不可，**文子，士燮。**曰：“君命无贰，失信不立。礼无加货，**加货，贿赂之变辞。**事无二成。**不能兼成晋、鲁二君之事，即拒绝鲁之缓师。**君后诸侯，是寡君不得事君也。**杜预：“欲与鲁绝。”**燮将复之。”**复之，复命晋侯。**季孙惧，使宣伯帅师会伐郯。**宣伯，叔孙侨如。

卫人来媵共姬，礼也。杨伯峻：“媵，遣女陪嫁。”春秋时，诸侯嫁女于诸侯，同姓国有遣女陪嫁之礼。**凡诸侯嫁女，同姓媵之，异姓则否。**以同姓媵为礼，异姓则不媵。

成公九年

【经】

九年春王正月，杞伯来逆叔姬之丧以归。

公会晋侯、齐侯、宋公、卫侯、郑伯、曹伯、莒子、杞伯，同盟于蒲。蒲，卫地。

公至自会。

二月，伯姬归于宋。

夏，季孙行父如宋致女。致女，女嫁而得宜于夫家，母家至婿家行致女之礼，示完成最后交托。据杜预，致女为女嫁三月所行之礼。

晋人来媵。媵伯姬也。

秋七月丙子，齐侯无野卒。

晋人执郑伯。

晋栾书帅师伐郑。

冬十有一月，葬齐顷公。

楚公子婴齐帅师伐莒。庚申，十七日。**莒溃。楚人入郓**。郓 yùn，莒邑。

秦人、白狄伐晋。

郑人围许。

城中城。

【传】

九年春，杞桓公来逆叔姬之丧，请之也。杜预："叔姬已绝于杞，鲁复强请杞，使还取葬。"**杞叔姬卒，为杞故也**。此解去年《经》何以书"杞"。杞叔姬既见出，则与杞绝，卒不当书"杞"，例参文十二年《经》"二月庚子，子叔姬卒"，其《传》曰"二月，叔姬卒，不言'杞'，绝也。书'叔姬'，言非女也"。为杞故也，言《经》所以书"杞"，因叔姬终为杞鬼故也。**逆叔姬，为我也**。逆叔姬，叔姬既见出，则与杞绝，复为鲁人，已非杞人，既为我鲁人，故以逆女之制书"逆叔姬"，不书"逆杞叔姬"。为我也，谓叔姬时为我鲁人故也。

为归汶阳之田故，事在去年。**诸侯贰于晋。晋人惧，会于蒲，以寻马陵之盟**。马陵盟在七年。**季文子谓范文子曰：**范文子，士燮。**"德则不竞，**则，法也，法则。杜预："竞，强也。"**寻盟何为？"范文子曰："勤以抚之，**杨伯峻："殷勤安抚。"**宽以待之，**杨伯峻："待之宽大。"**坚强以御之，**杨伯峻："坚强驾御。"**明神以要之，**要，约也。杨伯峻："诸'之'字均指诸侯。

明神要，指会盟。”**柔服而伐贰，德之次也。”**言虽不能德，能循是而行，亦次及于德矣。**是行也，将始会吴，吴人不至。**

二月，伯姬归于宋。

楚人以重赂求郑，郑伯会楚公子成于邓。

夏，季文子如宋致女，复命，公享之。赋《韩奕》之五章。《韩奕》，其五章意谓蹶父为女相所居，莫如韩土乐，蹶父嫁女于韩侯。文子喻鲁侯有蹶父之德，宋公如韩侯，宋国乐如韩土。**穆姜出于房，**房在正室两旁，谓东房、西房。两房以东房为上。室相当今之客厅，房相当今之内室，卧室。**再拜，曰：“大夫勤辱，**辱大夫勤劳公家。**不忘先君以及嗣君，**杨伯峻：“先君指宣公，即穆姜之夫，伯姬之母。嗣君指成公，伯姬之兄。”**施及未亡人。**杜预：“穆姜闻文子言宋乐，喜而出，谢其行劳。妇人夫死，自称未亡人。”**先君犹有望也。**先君，宣公。杜预：“言先君亦望文子之若此。”是也。**敢拜大夫之重勤。”**重 zhòng。**又赋《绿衣》之卒章。**又赋者，文子又赋也。文子又赋《绿衣》之卒章“我思古人，实获我心”，以谢夫人。**而入。**而后夫人入房。

晋人来媵，礼也。杜预：“同姓故。”

秋，郑伯如晋。晋人讨其贰于楚也，执诸铜鞮。铜鞮 dī，晋邑。

栾书伐郑，郑人使伯蠲行成，蠲 juān。**晋人杀之，非礼也。兵交，使在其间可也。**

楚子重侵陈以救郑。杜预：“陈与晋故。”

晋侯观于军府，见钟仪，钟仪被囚在七年。**问之曰：“南冠而絷者，谁也？”**杜预：“南冠，楚冠。絷，拘执。”**有司对曰：“郑人所献楚囚也。”使税之。**税同脱，解脱也。**召而吊之。**吊，吊慰。**再拜稽首。**钟仪再拜稽首晋侯。**问其族，**据杨伯峻，族为官族，即隐八年“官有世功，则有官族”之“官族”。**对曰：“泠人也。”**

泠人，乐官。**公曰："能乐乎？"对曰："先父之职官也，敢有二事？"**杜预："言不敢学他事。"**使与之琴，操南音。**杜预："南音，楚声。"**公曰："君王何如？"对曰："非小人之所得知也。"固问之，对曰："其为大子也，**共王十一岁即位，为大子在十岁以前。**师、保奉之，以朝于婴齐而夕于侧也。**朝，旦至食时之间；夕，日落之前为夕。朝访问于令尹子重，夕又访问于司马子反，言共王为太子时即贤。**不知其他。"公语范文子，文子曰："楚囚，君子也。言称先职，**称，崇举。**不背本也；乐操土风，不忘旧也；称大子，抑无私也；**无私谓钟仪无私。杨伯峻："晋景公问楚君，答以楚君为太子时之事，明楚君自幼而贤，以此表示其称赞楚君非出于阿谀之私。"**名其二卿，尊君也。**杨伯峻："礼，在君主前，他臣纵是己父，皆直呼其名。钟仪直呼子重、子反之名，乃是尊重晋君之表示。"**不背本，仁也；不忘旧，信也；无私，忠也；尊君，敏也。**敏，达也。**仁以接事，**接，接受之接。**信以守之，忠以成之，敏以行之。**"之"皆指"事"。**事虽大必济。君盍归之，使合晋、楚之成？"公从之，重为之礼，使归求成。**

冬十一月，楚子重自陈伐莒，围渠丘。渠丘城恶，众溃，奔莒。戊申，五日。**楚入渠丘。莒人囚楚公子平，楚人曰："勿杀，吾归而俘。"莒人杀之。楚师围莒。莒城亦恶，庚申，**十七日。**莒溃。楚遂入郓，莒无备故也。**

君子曰："恃陋而不备，杨伯峻："陋，应去年莒君'辟陋在夷'语。"**罪之大者也；备豫不虞，**不虞，不料，不测。**善之大者也。莒恃其陋，而不修城郭，浃辰之间，**杜预："浃辰，十二日也。"杨伯峻："浃即'汗流浃背'之浃，遍也。辰即从子到亥十二辰。此指由戊申到庚申，经历地支一遍，故浃辰亦即十二日。"**而楚克其三都，无备也夫！《诗》曰：'虽有丝、麻，无弃菅、蒯；**谓事物苟有利用价值，虽其下等者亦不可丢弃。**虽有姬、姜，无弃蕉萃。**

杨伯峻："姬、姜代美女，蕉萃即憔悴。此谓不能因有美妇，抛弃不美者。"杜预："姬、姜，大国之女。蕉萃，陋贱之人。"两说皆善。**凡百君子，莫不代匮。'**代，更也。匮，乏也。代匮，时缺此时缺彼。**言备之不可以已也。"**已，止也。

秦人、白狄伐晋，诸侯贰故也。

郑人围许，示晋不急君也。示不以晋执郑伯为急也。**是则公孙申谋之，**公孙申，叔申。**曰："我出师以围许，伪将改立君者，而纾晋使，**杜预："纾，缓也。勿亟遣使诣晋，示欲更立君。"**晋必归君。"**

城中城，书，时也。

十二月，楚子使公子辰如晋，报钟仪之使，请修好结成。

成公十年

【经】

十年春，卫侯之弟黑背帅师侵郑。

夏四月，五卜郊，不从，乃不郊。杜预："卜常祀、不郊，皆非礼，故书。"

五月，公会晋侯、齐侯、宋公、卫侯、曹伯伐郑。晋侯，晋厉公，太子州蒲也。景公病，未卒而立州蒲为君（此有违春秋礼制）。

齐人来媵。媵伯姬，异姓媵，非礼。

丙午，六月六日。**晋侯獳卒。**

秋七月，公如晋。

冬十月。

【传】

十年春，晋侯使籴茷如楚，报大宰子商之使也。杜预："籴茷，晋大夫。子商，楚公子辰。使在前（去）年。"

卫子叔黑背侵郑，晋命也。

郑公子班闻叔申之谋。叔申之谋见去年。**三月，子如立公子繻。**子如，公子班。杨伯峻据《郑世家》，公子繻为郑襄公子，成公庶兄。**夏四月，郑人杀繻，立髡顽。**杜预："髡顽，郑成公大子。"**子如奔许。栾武子曰：**武子，栾书。**"郑人立君，我执一人焉，**一人，一匹夫。**何益？不如伐郑而归其君，以求成焉。"晋侯有疾。五月，晋立大子州蒲以为君，而会诸侯伐郑。郑子罕赂以襄钟，**子罕，穆公子喜，其后为罕氏。襄钟，郑襄公庙之钟。**子然盟于修泽，**子然，穆公之子，其子获罪出奔，无后于郑。修泽，郑地。**子驷为质。**子驷，公子騑，穆公之子，其后为驷氏。**辛巳，**十一日。**郑伯归。**

晋侯梦大厉，厉，厉鬼，恶鬼。杨伯峻据昭七年《传》"鬼有所归，乃不为厉"，谓古人以为绝后之鬼常为厉。**被发及地，搏膺而踊，**被，同披。搏膺，捶胸也。而，且也。踊，顿足也。**曰："杀余孙，不义。**杨伯峻："杀余孙，当指八年晋侯杀赵同、赵括事。晋景公所梦见之恶鬼，应是赵氏祖先之幻影。此孙为广义，后代也。"**余得请于帝矣！"**杨伯峻："请求上帝，得其允许，可以报仇。"**坏大门及寝门而入。公惧，入于室。**杨伯峻："室在寝后，有户相通。"**又坏户。**户，屋内单扇门也。**公觉，**觉，惊醒。**召桑田巫。**桑田，晋邑。**巫言如梦。**巫言与公梦同。**公曰："何如？曰："不食新矣。"**杜预："言公不得及食新麦。"**公疾病，**病重、病危曰疾病。**求医于秦。秦伯使医缓为之。**缓，秦医之名。为，治也。**未至，公梦疾为二竖子，**竖子，年幼而执事者，犹童子。**曰："彼，良医也。惧伤我焉，逃之！"**逃之，谓逃离晋灵公身体。或读此为："惧伤我，焉逃之？"误。

据下文“若我何”，是谓“不必逃也”，若读为“焉逃之”，则是问当逃于其身体何处，问答不甚符。**其一曰：“居肓之上，膏之下，**杨伯峻：“肓音荒。古代医学以心尖脂肪曰膏，心脏与隔膜之间曰肓，在肓上膏下为药力与针灸所不及。”**若我何？”医至，曰：“疾不可为也。在肓之上，膏之下，攻之不可，达之不及，**杨伯峻：“攻指灸，达指针。”灸，火疗，艾灸也。**药不至焉，不可为也。”公曰：“良医也。”**杨伯峻：“与梦境符合。”**厚为之礼而归之。六月丙午，晋侯欲麦，**欲麦，欲尝新也。**使甸人献麦，**杜预：“甸人，主为公田者。”**馈人为之。**杨伯峻本程公说谓：“馈人，为诸侯主持饮食之官。”**召桑田巫，示而杀之。**杨伯峻：“示以所馈新麦，愤其预言‘不食新’。”**将食，张，**张同胀，杜预：“腹满也。”**如厕，陷而卒。**杨伯峻：“跌入粪坑而卒。”**小臣有晨梦负公以登天，**杨伯峻：“小臣，宦官。”**及日中，负晋侯出诸厕，遂以为殉。**杜预：“《传》言巫以明术见杀，小臣以言梦自祸。”

郑伯讨立君者，戊申，八日。**杀叔申、叔禽。**杜预：“叔禽，叔申弟。”**君子曰：“忠为令德，非其人犹不可，**杜预：“言叔申为忠，不得其人，还害身。”误。令德指义事，非指叔申改立君之事。非其人者，成二年“名以出信”，言人之身份地位必堪当所谋之事，然后始能行其事，诸侯不能干天子之职司，大夫亦不可干诸侯之职司。昭十四年“家臣而欲张公室，罪莫大焉”，昭二十九年“中行寅为下卿而干上令，擅作刑器”，故纵使公认之义事，人之身份地位不及，仍不可谋为其事。**况不令乎？”**君在，而叔申图谋改立君，非令德之事。《传》言叔申罪大。

秋，公如晋。杜预：“亲吊，非礼。”**晋人止公，使送葬。于是籴茷未反。**明年《传》曰：“晋人以公为贰于楚，故止公。”故使公送葬非止公之目的。晋、楚不和，而鲁又久有叛晋服楚之心，于是晋使籴茷如楚修好未返，晋、楚之成不得知，晋惧公归而通楚，且破坏晋、楚之成，故止公。

冬，葬晋景公。公送葬，诸侯莫在。鲁人辱之，辱之，以此为辱。**故不书，讳之也。**杨伯峻：“《经》不仅不书鲁成送葬，并依例应书‘葬晋景公’，亦不书。”

成公十一年

【经】

十有一年春王三月，公至自晋。杜预：“正月公在晋，不书，讳见止。”

晋侯使郤犨来聘，杨伯峻据孔颖达，谓郤犨与郤克为从祖兄弟。**己丑，**二十四日。**及郤犨盟。**

夏，季孙行父如晋。

秋，叔孙侨如如齐。侨如，宣伯。

冬十月。

【传】

十一年春，王三月，公至自晋。晋人以公为贰于楚，故止公。公请受盟，而后使归。杨伯峻：“鲁成自去年七月去晋，至此共历时九阅月。”

郤犨来聘，且莅盟。杜预：“公请受盟，故使大夫来临之。”

声伯之母不聘，声伯，文公之孙婴齐也，宣公母弟叔肸之子。不聘，言叔肸娶之未行媒聘之礼。**穆姜曰：**穆姜，宣公夫人，声伯之伯母，与声伯之母为亲妯娌关系。**“吾不以妾为姒。”**古时娶正妻，必行媒聘之礼，《礼记·内则》“聘则为妻”，若纳妾则不行此礼。声伯之母未聘而嫁叔肸，其婚姻不合法，不合法则名不正，故穆姜称之“妾”。

非独婚姻之礼，据《传》例，纵使国君、夫人之丧葬不以礼者，犹或不称君、不称夫人、不书薨、不书葬。故以礼而言，穆姜不承认声伯母为姒娣，亦是合理的。姒，姒娣也。姒娣有二义，一曰姊妹，一曰妯娌，于此文皆可通。姒者，古今异说颇多，窃以邵晋涵“《左传》之称姒者，不过称谓之间偶从其省”，最为可信。杨伯峻本《尔雅·释亲》及孔颖达谓：“虽是弟妻，年长于兄妻，兄妻称之为‘姒’。妯娌之间，年长者为姒，年幼者为娣。娣姒依妯娌本人年龄，不依其丈夫年龄。此说与‘姒娣’之为‘姊妹本义相合，甚有理。’”不从。姒即姒娣之省，例如“父兄”者，《传》数见，隐十一年：“寡人唯是一二父兄不能共亿。”父兄非父与兄也，实父兄弟之省，即兄弟也。《诗·邶风·泉水》：“问我诸姑，遂及伯姊。”伯者，伯叔之省；姊者，姊妹之省，伯姊即叔伯姊妹。昭十三年：“使五人齐（同斋），而长入拜。”“长”者，长幼之省也。昭二十八年，叔向妻生伯石，伯华妻（叔向嫂）走谒诸姑曰：“长叔姒生男。”嫂称弟媳为“姒”，亦姒娣之省，与此文同。**生声伯而出之，嫁于齐管于奚。生二子而寡，以归声伯。**生二子，而管于奚死，妇人率管氏二子投奔声伯。二子，据下文，为一子一女也，古代男子（孩）、女子（孩）统称子。**声伯以其外弟为大夫，**外弟，其母与管氏所生之男子。**而嫁其外妹于施孝叔。**杜预：“孝叔，鲁惠公五世孙。”**郤犨来聘，求妇于声伯。声伯夺施氏妇以与之。妇人曰：**妇人，孝叔妻，声伯外妹。**“鸟兽犹不失俪，子将若何？”**子，你也，指其丈夫施孝叔。杜预：“俪，耦也。”**曰：“吾不能死亡。”**不愿因妻室获罪，受死或逃亡。**妇人遂行，**从郤犨归。**生二子于郤氏。郤氏亡，**杨伯峻：“郤氏被灭在十七年，此乃探后终言之。”**晋人归之施氏，施氏逆诸河，沈其二子。**沈同沉。沉妇人与郤氏所生二子于黄河。**妇人怒曰：“己不能庇其伉俪而亡之，**杨伯峻：“己，自己，指孝叔，与下文‘人’字相对。”伉，匹也，敌也。**又不能字人之孤而杀之，**字，畜也。**将何以终？”遂誓施氏。**杜预：“约誓不复为之妇也。《传》言郤犨淫纵，所以亡也。”

夏，季文子如晋报聘，且莅盟也。

周公楚恶惠、襄之偪也，杨伯峻：“惠、襄指周惠王、周襄王之后裔族人。”**且与伯与争政，不胜，**杜预：“伯与，周卿士。”**怒而出。及阳樊，**阳樊，晋地。**王使刘子复之，盟于鄄而入。三日，复出奔晋。**杜预：“王既复之而复出，所以自绝于周。鄄（juàn），周邑。”

秋，宣伯聘于齐，以修前好。杜预：“窜以前之好。”

晋郤至与周争鄇田，鄇hòu，温别邑。**王命刘康公、单襄公讼诸晋。郤至曰：“温，吾故也，**杜预：“言温，郤氏旧邑。”**故不敢失。”**杨伯峻：“郤至以为温邑本为郤氏所有，鄇为温之别邑，自应归其所有。”**刘子、单子曰：“昔周克商，使诸侯抚封，**抚封，共抚周封。抚，恤也。《诗·小雅·北山》：“普天之下，莫非王土。率土之滨，莫非王臣。”又《传》曰“天子巡守”，言诸侯虽有土，然其土仍为周室所有，诸侯仅代为管理，此即所谓“抚封”，共抚周封也。犹卿大夫之采邑，本为诸侯所有，卿大夫奔亡，于礼不可以带走其采邑。诸侯为天子之守臣，守臣者，守土之臣也，故诸侯之封地，名义上仍为周室所有，故“抚”字仍取其本义，非“私有”之义。襄十四年“闻君不抚社稷”，“抚”亦抚恤也。杨伯峻本《礼记》郑玄注：“抚犹有也。”非。**苏忿生以温为司寇，与檀伯达封于河。**杜预：“苏忿生，周武王司寇苏公也，与檀伯达俱封于河内。”**苏氏即狄，又不能于狄而奔卫。**在僖十年。即，就也，从也。于，在也，犹融于。**襄王劳文公而赐之温，**在僖二十五年。**狐氏、阳氏先处之，**狐溱先受温邑，狐氏亡，晋又予阳处父，后阳处父被杀。**而后及子。若治其故，**治，犹理也。故，旧也。**则王官之邑也，子安得之？”晋侯使郤至勿敢争。**

宋华元善于令尹子重，又善于栾武子。此时栾书为晋国政。**闻楚人既许晋籴伐成，而使归复命矣。**事在去年。**冬，**

华元如楚，遂如晋，合晋、楚之成。

秦、晋为成，将会于令狐。令狐，晋邑。**晋侯先至焉，秦伯不肯涉河，次于王城，**王城，秦邑。**使史颗盟晋侯于河东。**杨伯峻：“史颗，秦大夫。令狐在黄河之东。”**晋郤犨盟秦伯于河西。**杨伯峻：“王城在黄河之西。”**范文子曰：**文子，士燮。**“是盟也何益？齐盟，所以质信也。**杨伯峻：“‘齐（齊）’同‘斋（齋）’。古人盟誓必先斋戒，故盟誓亦言‘斋盟’。”**会所，信之始也。**杨伯峻：“会所，约定盟会之处所。”**始之不从，**始指会所。**其可质乎？”**其，代词，指信。质，用作定信之物曰质，人和器物以及盟誓皆可用为“质”，故质可引申为“定”。春秋时多取人为质。其可质乎，言信可定乎。**秦伯归而背晋成。**

成公十二年

【经】

十有二年春，周公出奔晋。

夏，公会晋侯、卫侯于琐泽。杨伯峻谓琐泽当是晋地。

秋，晋人败狄于交刚。杨伯峻：“狄当是白狄。”

冬十月。

【传】

十二年春，王使以周公之难来告。书曰：“周公出奔晋。”周公奔晋在去年。**凡自周无出，周公自出故也。**杜预：“天子无外，故奔者不言出。周公为王所复而自绝于周，故书出以非之。”

宋华元克合晋、楚之成。夏五月，晋士燮会楚公子罢、

许偃。癸亥，四日。盟于宋西门之外，曰：“凡晋、楚无相加戎，好恶同之，同好同恶。同恤菑危，菑同灾。备救凶患。若有害楚，则晋伐之。在晋，楚亦如之。交贽往来，交，交互。贽，币也。杨伯峻：“交贽往来即使者往来。”道路无壅，谋其不协，而讨不庭。有仇怨或志不同道不合者自不愿同处一庭，杨伯峻：“此‘不庭’指背叛晋、楚之诸侯。”有渝此盟，明神殛之，渝，变也，犹违背。殛，诛也。俾队其师，俾，使也。队同坠。无克胙国。”胙，享胙也。郑伯如晋听成，杜预：“听，犹受也。晋、楚既成，郑往受命。”会于琐泽，杨伯峻：“据‘郑伯如晋’之文，琐泽当是晋地。”成故也。晋、楚成故。

狄人间宋之盟以侵晋，而不设备。秋，晋人败狄于交刚。

晋郤至如楚聘，且莅盟。楚子享之，子反相，为地室而县焉。地室，地下室。此地下室作于堂下。县同悬。于地下室内悬挂钟鼓。郤至将登，登，登堂。金奏作于下，杜预：“击钟而奏乐。”地下室在堂下，故曰作于下。惊而走出。走，跑也。子反曰：“日云莫矣，杨伯峻：“云字无义，为语中助词。莫，暮本字，但此非昏暮义，而是指日将正中。聘礼始于晨，然刚迎宾行礼，不能日将正中。‘日云莫矣’，仅表示时间已不早而已。”可信。寡君须矣，须，待也。吾子其入也！”宾曰：宾，郤至。“君不忘先君之好，施及下臣，贶之以大礼，重之以备乐。贶，赐也。重 zhòng。杨伯峻：“备乐指金奏。”如天之福，两君相见，如天之福，极致之福也。以两君为结好息民而相见是天大之福。何以代此？言当用何礼以代此礼。下臣不敢。”子反曰：“如天之福，两君相见，无亦唯是一矢以相加遗，无亦，亦也。焉用乐？谓两君非交战不相见，无非兵戈相加，何必礼乐？寡君须矣，吾子其入也！”宾曰：“若让之以一矢，之，指乐。言让“乐”之位于“一矢”，即以矢代乐，以兵替礼也。**祸之大者，其何福之为？世之治也，诸侯间于天子之事，则相朝也，**间，间暇。杜预："王事閒缺，则修私好。"**于是乎有享、宴之礼。享以训共俭，**杜预："享有体荐，设几而不倚，爵盈而不饮，肴干而不食，所以训共俭。"**宴以示慈惠。**杜预："宴则折俎，相与共食。"**共俭以行礼，而慈惠以布政。政以礼成，**以，因也。**民是以息。百官承事，朝而不夕，**杜预："不夕，言无事。"不从。《周易·乾》："终日乾乾，夕惕若。"成九年："朝于婴齐而夕于侧也。"襄二十六年："夙兴夜寐，朝夕临政。"昭元年："君子有四时：朝以听政……夕以修令。"昭二十九年："官修其方，朝夕思之。"《诗·小雅·北山》："偕偕士子，朝夕从事。"《雨无正》："三事大夫，莫肯夙夜；邦君诸侯，莫肯朝夕。"故朝而不夕者，谓朝夕勤事，不敢终日。**此公侯之所以扞城其民也。**扞即捍之古字，扞亦同"干"。**故《诗》曰：'赳赳武夫，公侯干城。'**杜预："赳赳，武貌。干，扞也。"**及其乱也，诸侯贪冒，侵欲不忌，**冒，贪也。杨伯峻："不忌，无所顾忌。"**争寻常以尽其民，**杜预："八尺曰寻，倍寻曰常。言争尺丈之地，以相攻伐。"尽其民者，耗尽民力也，昭八年所谓"民力彫尽"。**略其武夫，**杜预："略，取也。"**以为己腹心股肱爪牙。故《诗》曰：'赳赳武夫，公侯腹心。'**杨伯峻："郤至将'公侯干城'与'公侯腹心'分为两截，有正反不同之义，此古人'断章取义'，不必与《诗》原意相合。"**天下有道，则公侯能为民干城，而制其腹心。**制约其腹心，使行不失度。**乱则反之。**乱则纵其腹心以逞己私欲。**今吾子之言，乱之道也，不可以为法。然吾子，主也，至敢不从？"遂入，卒事。归，以语范文子。文子曰："无礼必食言，吾死无日矣夫！"**

冬，楚公子罢如晋聘，且莅盟。十二月，晋侯及楚公子罢盟于赤棘。

成公十三年

【经】

十有三年春，晋侯使郤锜来乞师。九年，秦、狄伐晋；十一年秦、晋为成，秦伯归而背成，故欲伐秦，来乞师。

三月，公如京师。杜预："伐秦，道过京师，因朝王。"据《传》"公及诸侯朝王"，盖诸侯朝王为晋之意志。

夏五月，公自京师，遂会晋侯、齐侯、宋公、卫侯、郑伯、曹伯、邾人、滕人伐秦。

曹伯卢卒于师。

秋七月，公至自伐秦。

冬，葬曹宣公。

【传】

十三年春，晋侯使郤锜来乞师，将事不敬。杜预："将事，致君命。"**孟献子曰："郤氏其亡乎！礼，身之干也；**干，体也，与肢对。**敬，身之基也。**基，本也。**郤子无基。且先君之嗣卿也，**郤锜，郤克子，嗣父得卿位，故曰嗣卿。先君，景公。**受命以求师，将社稷是卫，而惰，弃君命也，不亡，何为？"**为十七年晋灭郤氏传。

三月，公如京师。宣伯欲赐，请先使。度王闻鲁侯来朝，必喜而厚赐己，故请先。宣伯，叔孙侨如。**王以行人之礼礼焉。**行人即使者。**孟献子从。王以为介，**为介，为成公副介、副贰。杜预：

“介，辅相威仪者。”**而重贿之。**

公及诸侯朝王，遂从刘康公、成肃公会晋侯伐秦。杜预：“刘康公，王季子。刘、成二公不书，兵不加秦。”**成子受脤于社，**杜预：“脤，宜社之肉也。盛以脤器，故曰脤。宜，出兵祭社之名。”**不敬。刘子曰：“吾闻之，民受天地之中以生，**杨伯峻：“古人以为天地有中和之气，人得之而生。”**所谓命也。**杨伯峻：“命谓生命。”**是以有动作礼义威仪之则，以定命也。能者养以之福，**之，至也。**不能者败以取祸。**所养、所败者，动作礼义威仪之则也。**是故君子勤礼，小人尽力。勤礼莫如致敬，尽力莫如敦笃。**敦笃，敦厚笃实。**敬在养神，笃在守业。**养神在于敬，守业在于笃。**国之大事，在祀与戎。祀有执膰，**杨伯峻：“膰，祭祀宗庙之肉，祭毕，分与有关人员。”**戎有受脤，神之大节也。**言执膰、受脤皆事神之大节。**今成子惰，弃其命矣，其不反乎！”**

夏四月戊午，五日。**晋侯使吕相绝秦，**吕相，魏锜（吕锜）之子。**曰：**

> **昔逮我献公，**昔及我献公之时。逮，及也。**及穆公相好，戮力同心，**戮，拆字得羽、㐱、戈；㐱，有羽毛、毛发、枝条等过度浓密茂盛之义；戈者，取强制修平之义，故戮有“齐”之义，又引申为刑也，谓行为强戾不合法度者，以兵齐之，即所谓刑也。戮力，齐力也。**申之以盟誓，**申与重同义，唯所表之程度不同。**重之以昏姻。**重 zhòng。昏姻，指晋献公女伯姬嫁秦穆。**天祸晋国，文公如齐，惠公如秦。**指重耳（文公）、夷吾（惠公）避骊姬难流亡之事。**无禄，**禄，福也。杨伯峻：“无禄，今言不幸。”**献公即世，**“即”拆字得皀从卩，坐人而就食器也，《说文》：“即，就食也。”故即有就之义，进而引申为到达……之前，接触到目的地或终点之义。即世，就世，去世。**穆公不忘旧德，俾我惠公用能奉祀于晋。**秦纳惠公，事在僖九年。**又不能成大勋，**

而为韩之师。在僖十五年。**亦悔于厥心，用集我文公，**杜预："集，成也。"**是穆之成也**。成，成功也。**文公躬擐甲胄，跋履山川，**襄二十八年有"跋涉山川"。**逾越险阻，**《传》例有"逾垣"、"逾墙"，哀十一年又有"师不逾沟"。险阻，坎为险，艮为阻。**征东之诸侯，虞、夏、商、周之胤，而朝诸秦，则亦既报旧德矣。郑人怒君之疆埸，我文公帅诸侯及秦围郑**。杜预："晋自以郑贰于楚，故围之，郑非侵秦也，晋以此诬秦。事在僖三十年。"**秦大夫不询于我寡君，**询，征询。**擅及郑盟**。盟郑者实秦伯，此称"秦大夫"，外交辞令。**诸侯疾之，将致命于秦**。疾，犹恶也。致命于秦者，与秦拼命也。致命即致其性命。**文公恐惧，绥静诸侯，秦师克还无害，则是我有大造于西也**。大造，犹言建设性之功德。《大雅·思齐》："肆成人有德，小子有造。"造，犹功劳、成就。**无禄，文公即世，穆为不吊，**杜预："不见吊伤。"杨伯峻："不吊，不淑。"**蔑死我君，**蔑我死君也。**寡我襄公，**杜预："寡，弱也。"**迭我殽地，**杨伯峻："迭借为轶，即隐九年《传》'侵轶'、僖三十二年《传》'过轶'之轶。"其实僖三十二年"将有西师过轶我"，正指秦师过鄀地而言，杨注可信。**奸绝我好，**我好，指郑国。**伐我保城，**杨伯峻："保即堡，小城也。'保城'，同义词连用。"**殄灭我费滑，**殄，绝也。费，滑国国都。滑，晋同姓国，故曰'我费滑'。秦灭滑在僖三十三年。**散离我兄弟，**杨伯峻："郑、滑与晋同为姬姓，兄弟之国。"**挠乱我同盟，倾覆我国家。我襄公未忘君之旧勋，**杜预："纳文公之勋。"**而惧社稷之陨，是以有殽之师**。僖三十三年晋击秦师，在秦灭滑返国行及殽地时。**犹愿赦罪于穆公，**杜预："晋欲求解于秦。"**穆公弗听，而即楚谋我。天诱其衷，**见僖二十八年注。**成王殒命，**文元年，楚弑成王。**穆公是以不克逞志于我。**

穆、襄即世，康、灵即位。康公，我之自出，秦康公乃晋献公女伯姬（秦穆姬）所生，故曰我之自出。**又欲阙翦我公室，**阙翦，指纳公子雍而伐灵公之事，实晋之诬辞。**倾覆我社稷，帅我蝥贼，**杨伯峻："蝥为食苗根害虫，贼为食苗节害虫，此比喻危害国家之人。"**以来荡摇我边疆。**杨伯峻："蝥贼指公子雍，此指秦康公送公子雍于晋，实则为晋派人往迎。见文六、七年《传》。"**我是以有令狐之役。**在文七年。**康犹不悛，**悛 quān，悔改也。**入我河曲，伐我涑川，俘我王官，**王官，晋邑名。此谓俘虏王官之人民。**翦我羁马，我是以有河曲之战。**在文十二年。**东道之不通，则是康公绝我好也。**杨伯峻："晋在秦东，秦、晋不再友好往来，则是由于康公之绝。"

及君之嗣也，杨伯峻："秦桓公嗣共公而立。"**我君景公引领西望曰：**引，犹伸也。**'庶抚我乎！'**庶几抚恤我乎。**君亦不惠称盟，**称，举也，用也。**利吾有狄难，入我河县，**趁晋伐赤狄潞氏之空隙，事在宣十五年。**焚我箕、郜，芟夷我农功，**芟 shān 夷，收割且破坏。芟，割也。参隐六年注。**虔刘我边陲。**杜预："虔、刘，皆杀也。"《诗·商颂·殷武》："松柏丸丸，是断是迁，方斫是虔。"《商颂·长发》："武王载旆，有虔秉钺。"《尚书·吕刑》："鸱义奸宄，夺攘矫虔。"则"虔"字实有贬义。《尚书·顾命》："一人冕，执刘，立于东堂。"则"刘"乃兵器名。《盘庚》："重我民，无尽刘。"《君奭》："咸刘厥敌。"《诗·周颂·武》："胜殷遏刘。"遏刘，遏止刘杀也。或虔、刘皆兵器名。**我是以有辅氏之聚。**辅氏之聚即辅氏之战，在宣十五年。**君亦悔祸之延，**延，蔓延。**而欲徼福于先君献、穆，**徼，求也。献、穆，晋献、秦穆。**使伯车来，**伯车，秦桓公庶长子。杨伯峻谓伯车即秦后子鍼，误。**命我景公曰："吾与女同好弃恶，复修旧德，以追念前勋。"言誓未就，景公

即世，我寡君是以有令狐之会。则令狐之会，实晋厉公继父之志与秦桓盟会。令狐盟在前年冬。**君又不祥，背弃盟誓。**不祥即指背弃盟誓。令狐之盟“秦伯归而背晋成”，元年《传》例曰“背盟不祥”，盟誓必昭明于神，故背盟即欺神，欺神不祥。杜预：“祥，善也。”杨伯峻：“不祥与上文‘不吊’意义相同。”皆非。**白狄及君同州，君之仇雠，而我之昏姻也。君来赐命曰：‘吾与女伐狄。’寡君不敢顾昏姻，畏君之威，而受命于吏。**吏，谓秦伯之吏。此乃外交辞令，不斥言秦伯，因曰受命于秦吏。杨伯峻：“‘受’当读为‘授’。”且以“命于吏”为授命于晋吏，准备共秦伐狄，甚误。**君有二心于狄，**杨伯峻：“有同又。”不从。**曰：‘晋将伐女。’狄应且憎，**且应且憎也。**是用告我。楚人恶君之二三其德也，亦来告我曰：“秦背令狐之盟，而来求盟于我：‘昭告昊天上帝、秦三公、楚三王，曰：**杜预：“三公：穆、康、共。三王：成、穆、庄。”**“余虽与晋出入，**杨伯峻：“出入，往来也。”**余唯利是视。”**杨伯峻：“此秦对楚之语，楚转述于晋。”**不穀恶其无成德，是用宣之，以惩不壹。”’**杨伯峻：“此时晋、楚已和解，故楚用以告晋。”**诸侯备闻此言，斯是用痛心疾首，**疾，疾病之疾。**暱就寡人。寡人帅以听命，唯好是求。君若惠顾诸侯，矜哀寡人，**矜，怜也。**而赐之盟，则寡人之愿也。其承宁诸侯以退，**承，承盟好也。**岂敢徼乱？**徼，求也。**君若不施大惠，寡人不佞，**不佞，不才也。**其不能以诸侯退矣。敢尽布之执事，俾执事实图利之。**

秦桓公既与晋厉公为令狐之盟，而又召狄与楚，欲道以伐晋，道同导（導）。**诸侯是以睦于晋。晋栾书将中军，荀庚佐之。**荀庚代荀首。**士燮将上军，**代荀庚。**郤锜佐之。**代士燮。

韩厥将下军，代郤锜。**荀罃佐之。**代赵同。**赵旃将新军，**代韩厥。**郤至佐之。**代赵括。**郤毅御戎，栾鍼为右。**杜预："郤毅，郤至弟。栾鍼，栾书子。"**孟献子曰："晋帅乘和，**杜预："帅，军帅。乘，车士。"**师必有大功。"五月丁亥，**四日。**晋师以诸侯之师及秦师战于麻隧。秦师败绩，获秦成差及不更女父。**女音汝。杜预："不更，秦爵。"**曹宣公卒于师。师遂济泾，及侯丽而还。迓晋侯于新楚。**杜预："迓（yà），迎也。既战，晋侯止新楚，故师还过迎之。麻隧、侯丽、新楚，皆秦地。"

成肃公卒于瑕。瑕，晋地。

六月丁卯夜，十五日。**郑公子班自訾求入于大宫，**公子班，子如也，成十年奔许。訾，郑地。大宫，郑祖庙。**不能，杀子印、子羽，**子印、子羽皆穆公子。子印之后代为印氏。**反军于市。己巳，**十七日。**子驷帅国人盟于大宫，**子驷，公子騑，穆公子。**遂从而尽焚之，杀子如、子駹、孙叔、孙知。**杜预："子如，公子班。子駹，班弟。孙叔，子如子。孙知，子駹子。"

曹人使公子负刍守，使公子欣时逆曹伯之丧。杜预："二子，皆曹宣公庶子。"**秋，负刍杀其大子而自立也。**大子，曹宣公太子。**诸侯乃请讨之，**古礼，于篡弑者，礼当致讨。**晋人以其役之劳，**其役，今年伐秦之役。**请俟他年。冬，葬曹宣公。既葬，子臧将亡，**子臧，公子欣时之字。**国人皆将从之。成公乃惧，**成公，负刍。**告罪，且请焉，**请舍子臧。**乃反，而致其邑。**致其邑于成公，不食其禄也。

成公十四年

【经】

十有四年春王正月，莒子朱卒。莒子朱，渠丘公。

夏，卫孙林父自晋归于卫。杜预：“晋纳之，故曰归。”

秋，叔孙侨如如齐逆女。侨如，宣伯。为成公逆夫人。

郑公子喜帅师伐许。喜，穆公子，字子罕。

九月，侨如以夫人妇姜氏至自齐。称妇，姑（婆婆穆姜）尚在也。时穆姜为国夫人，故称“妇”以别之。

冬十月庚寅，十六日。**卫侯臧卒**。

秦伯卒。

【传】

十四年春，卫侯如晋，晋侯强见孙林父焉，卫侯恶林父，固不欲见之，晋侯则强使卫侯见孙林父。杜预：“林父以七年奔晋。强见，欲归之。”**定公不可**。不可，固不见也，今曰坚决不见。**夏，卫侯既归，晋侯使郤犨送孙林父而见之**。之，卫侯。**卫侯欲辞，定姜曰**：杜预：“定姜，定公夫人。”**“不可。是先君宗卿之嗣也**，杨伯峻：“先君指定公之父卫穆公，宗卿指孙林父之父孙良夫。先君宗卿为一词，义即先君之宗卿。据孔《疏》引《世本》，孙氏出于卫武公，与卫君同宗，孙良夫又是当时卫国执政大臣，故曰‘先君宗卿。’”**大国又以为请，不许，将亡**。若不许，恐怒晋见伐。亡，逃亡，出奔。**虽恶之，不犹愈于亡乎？君其忍之！安民而宥宗卿，不亦可乎？”**

卫侯见而复之。杜预："复林父位。"

卫侯飨苦成叔，苦成叔，郤犨也。苦，晋邑。成，郤犨谥。**甯惠子相。**杜预："相，佐礼。惠子，甯殖。"**苦成叔傲。甯子曰："苦成家其亡乎！古之为享食也，**为，设也，置也。**以观威仪、省祸福也。**观威仪即示威仪，同时人之行为威仪又可以省察其祸福。**《诗》曰：'兕觥其觩，**兕觥gōng，犀牛角制成之饮酒器。觩qiú，弯曲貌。《诗·鲁颂·泮水》："角弓其觩。"觩又写作"捄"，《周颂·良耜》"杀时犉牡，有捄其角"、《小雅·四月》"有捄棘匕（匙）"，"有捄天毕"。**旨酒思柔，**旨，美也。思，语中助词，无义。**彼交匪傲，**《小雅·桑扈》"交交桑扈"、《秦风·黄鸟》"交交黄鸟，止于棘"，"交交黄鸟，止于桑"，"交交黄鸟，止于楚"，交交者，鸟得意之鸣叫声也。此文"交"字，若引申为"得意"，则正应兕觥其觩之觩字，觩者得意之象也。交亦可借为骄，彼交匪傲者，虽骄不傲也，亦可应"觩"字之义，然定十三年"骄而不亡者，未之有也"，则不可以解此。杨伯峻据臧琳、胡承珙，谓："'彼交匪傲'即襄二十七年《传》之'匪交匪傲'，彼、匪古得通假。交疑为骄之假借。"则与"觩"字之义不相应。**万福来求。'今夫子傲，取祸之道也。"**杜预："为十七年郤氏亡传。"

秋，宣伯如齐逆女。称族，族，指叔孙。**尊君命也。**

八月，郑子罕伐许，败焉。杜预："为许所败。"**戊戌，**二十三日。**郑伯复伐许。庚子，**二十五日。**入其郛。**杜预："郛，郭也。"**许人平以叔申之封。**许人以成四年郑叔申疆定之郑、许边界向郑求和。叔申即九年谋改立君者，十年已被杀。

九月，侨如以夫人妇姜氏至自齐。舍族，书"侨如"，不复书"叔孙侨如"。**尊夫人也。故君子曰："《春秋》之称，**杨伯峻："称，言也，说也。此谓《春秋》之用词造句。"**微而显，**杜预："辞微而义显。"**志而晦，**志，记也。杨伯峻："记载史实而意义幽深。"**婉而成章，**言辞委婉而成篇章。杜预："曲屈其辞，有所辟讳，以示大顺，而成篇章。”**尽而不污，**杜预：“直言其事，尽其事实，无所污曲。”**惩恶而劝善。**杜预：“善名必书，恶名不灭，所以为惩劝。”**非圣人，谁能修之？”**

卫侯有疾，使孔成子、甯惠子立敬姒之子衎以为大子。衎 kàn。杨伯峻：“孔成子，孔达之子孔烝鉏。敬姒，卫定公妾。衎即卫献公。”**冬十月，卫定公卒。夫人姜氏既哭而息，见大子之不哀也，不内酌饮。**不内，夫人不内，不入房也。**叹曰：“是夫也，将不唯卫国之败，其必始于未亡人。**未亡人，姜氏自谓。谓衎将不止祸败卫国，其多行无礼必从暴虐己始，终至败卫国。衎虽非姜氏所生，然姜氏实衎之嫡母。**乌呼！天祸卫国也夫！吾不获鱄也使主社稷。”**鱄音专，衎之母弟。**大夫闻之，无不耸惧。孙文子自是不敢舍其重器于卫，尽寘诸戚，**重器，宝器。寘，置也。戚，孙氏邑。**而甚善晋大夫。**杜预：“备乱起，欲以为援。”

成公十五年

【经】

十有五年春王二月，葬卫定公。

三月乙巳，三日。**仲婴齐卒。**杜预：“襄仲子，公孙归父弟。宣十八年逐东门氏，既而又使婴齐绍其后，曰仲氏。”

癸丑，十一日。**公会晋侯、卫侯、郑伯、曹伯、宋世子成、齐国佐、邾人同盟于戚。**戚，卫邑。**晋侯执曹伯，归于京师。**称“晋侯执”，不称“晋人执”或“晋执”，杜预“曹伯罪不及民”。

公至自会。

夏六月，宋公固卒。

楚子伐郑。

秋八月庚辰，十日。**葬宋共公**。三月葬。

宋华元出奔晋。

宋华元自晋归于宋。杜预："华元欲挟晋以自重，故以外纳告。"

宋杀其大夫山。称名，罪之。

宋鱼石出奔楚。杜预："公子目夷之曾孙。"

冬十有一月，叔孙侨如会晋士燮、齐高无咎、宋华元、卫孙林父、郑公子鳝、邾人会吴于钟离。鳝 qiū。钟离，时盖吴之属国。

许迁于叶。杜预："许畏郑，南依楚，故以自迁为文。"叶，楚邑。

【传】

十五年春，会于戚，讨曹成公也。杜预："讨其杀大子而自立，事在十三年。"**执而归诸京师。书曰："晋侯执曹伯。"不及其民也**。曹成公虽有杀太子篡立之罪，然未暴虐于百姓。杜预："恶不及民。"**凡君不道于其民，诸侯讨而执之，则曰某人执某侯**。杜预："称人，示众所欲执。"**不然，则否**。如此文，曹成公非暴虐于百姓，故称"晋侯执"，不称"晋人执"。

诸侯将见子臧于王而立之，子臧，曹宣公庶子，公子欣时。**子臧辞曰："《前志》有之曰：'圣达节，**圣人率性自然。**次守节，**贤人努力保守节制。**下失节。'**小人侵欲而干犯节制。**为君，非吾节也**。古礼，若无嫡子，则立庶长子，而非立庶子之贤者。昭二十七年："王后无适，则择立长。年钧以德，德钧以卜。"子臧盖为庶子之幼小者，远于被立之资格，故曰"非吾节也"。**虽不能圣，敢失守乎？"遂逃，奔宋**。

夏六月，宋共公卒。

楚将北师。杜预："侵郑、卫。"**子囊曰：**子囊，楚庄王子，共王弟公子贞。**"新与晋盟而背之，**十二年，晋、楚盟于宋西门之外。**无乃不可乎！"子反曰："敌利则进，**敌情于我有利。**何盟之有？"申叔时老矣，**老，今谓退休。**闻之，曰："子反必不免。信以守礼，**以，用也，下同。**礼以庇身，信礼之亡，欲免得乎？"**

楚子侵郑，及暴隧。遂侵卫，及首止。郑子罕侵楚，取新石。新石，楚邑。**栾武子欲报楚，**武子，中军帅栾书。报，报复。**韩献子曰："无庸，使重其罪，民将叛之。**背弃盟誓，而役使民人犯不义之事，故欲放任之，使养成其恶，民必叛之。**无民，孰战？"**

秋八月，葬宋共公。于是华元为右师，鱼石为左师，荡泽为司马，杜预："公孙寿之孙。"**华喜为司徒，**杜预："华父督之玄孙。"**公孙师为司城，**杜预："庄公孙。"**向为人为大司寇，鳞朱为少司寇，**杜预："鳞矔孙。"**向带为大宰，鱼府为少宰。荡泽弱公室，杀公子肥。**杨伯峻："荡泽欲削弱公室，杀公子肥。"据杜预，公子肥为文公之子，《宋世家》则以"公子肥"为"太子肥"，不可信。**华元曰："我为右师，君臣之训，师所司也。今公室卑而不能正，**杜预："不能讨荡泽。"**吾罪大矣。不能治官，**杨伯峻："不能治官，今言不能尽职。"**敢赖宠乎？"乃出奔晋。**

二华，戴族也；华元、华喜皆宋戴公之后。**司城，庄族也；六官者，皆桓族也。**杜预："鱼石、荡泽、向为人、鳞朱、向带、鱼府，皆出桓公。"**鱼石将止华元，**止之不使出奔。**鱼府曰："右师反，必讨，是无桓氏也。"**杜预："恐华元还讨荡泽，并及六族。"**鱼石曰："右师苟获反，虽许之讨，必不敢。**杜预："言畏桓族强。"**且多大功，**华元多建大功于国。**国人与之。不反，惧桓氏之无祀于宋也。**杨伯峻："不使华元回国，恐国人群起而攻以致消灭桓族。”**右师讨，犹有戌在，**戌，向戌，桓公曾孙。杜预："言其贤，华元必不讨。”杨伯峻谓，向戌或为华元党羽，故华元必不讨。**桓氏虽亡，必偏。”**杨伯峻："偏，一部分。”杜预："偏，不尽。”**鱼石自止华元于河上。请讨，**华元请求讨伐荡泽。**许之，**鱼石同意。**乃反。使华喜、公孙师帅国人攻荡氏，杀子山。**子山，荡泽。**书曰："宋杀其大夫山。”言背其族也。**杜预："荡氏，宋公族。还害公室，故去族以示其罪。”

鱼石、向为人、鳞朱、向带、鱼府出舍于睢上。示将出奔，意在请罪于国，欲待国人悯恤而得宥，并非真心出亡。五人所以出舍睢上者，与定十年“子为君礼，不过出竟，君必止子”用意同。**华元使止之，不可。冬十月，华元自止之，不可。**盖欲待国人盟己。**乃反。**杨伯峻："五人不肯返，华元独归。”**鱼府曰："今不从，不得入矣。**杨伯峻："今不听从华元，以后难入宋都矣。”**右师视速而言疾，**成六年有“视流而行速”，文十二年有“使者目动而言肆”。视速者，目光不专注也，言心虚。疾，汰也，劲猛也，言其语气强硬，此“疾”不可作“速”解。“言疾”者，用掩饰其心虚也。**有异志焉。**杨伯峻："谓并非真心挽留。”**若不我纳，今将驰矣。”登丘而望之，则驰。**杨伯峻："五人登丘而望华元，华元疾驱车返，其并不欢迎五人返国之意被证实。”**骋而从之，**五人亦驰驱追赶华元。**则决睢澨，闭门登陴矣。**杨伯峻："睢澨，睢水堤防。华元使人决开其口，用水阻止对方。闭门登陴，亦防御五人以武力进攻。”**左师、二司寇、二宰遂出奔楚。华元使向戌为左师，老佐为司马，**杜预："老佐，戴公五世孙。”**乐裔为司寇，以靖国人。**

晋三郤害伯宗，三郤，郤锜、郤犨、郤至。害，惧，患也，即害怕之害，非伤害之害。伯宗盖屡次直言揭露三郤之阙，故三郤患之。**谮而杀之，及栾弗忌。**杜预："栾弗忌，晋贤大夫。”盖党于伯宗。**伯州犁奔楚。**伯州犁，伯宗子。**韩献子曰："郤氏其不免乎！**

善人，天地之纪也，纪，纲纪，犹经纬也。**而骤绝之，**骤，骤然。**不亡何待？”**《传》言三郤无道。

初，伯宗每朝，其妻必戒之曰：“‘盗憎主人，民恶其上。’为盗者憎恨主人，为民者徼恶于官司，必及于难。句尾省“必及于难”四字，而总结之于下句。杨伯峻：“谓盗不能憎恨主人，百姓不能厌恶统治者。”**子好直言，必及于难。”**三郤虽汰侈，然位爵晋卿；伯宗忠直，然卑为大夫。伯宗在三郤，下臣也，为臣民而屡直言犯三郤，此所谓“民恶其上”，故及于难。

十一月，会吴于钟离，钟离本是属楚之小国，吴之始兴，于今不及十年，然屡伐楚及其属国与国，成七年《传》曰“蛮夷属于楚者，吴尽取之”，盖钟离由初之属楚改为今属吴。**始通吴也。**

许灵公畏偪于郑，请迁于楚。辛丑，三日。**楚公子申迁许于叶。**杨伯峻：“许自迁徙后，其本土为郑所有，郑人称之为‘旧许’。此后，许为楚附庸，晋会盟侵伐，许皆不从；楚有事，许则无役不从。”

成公十六年

【经】

十有六年春王正月，雨木冰。旧以“雨”与“木冰”分读，误。雨即“雨霖”、“雨雪”、“雨雹”、“雨螽”之雨，雨木冰者，下木冰也。木冰即今所谓之雾凇。

夏四月辛未，五日。**滕子卒。**

郑公子喜帅师侵宋。喜，穆公子子罕。

六月丙寅朔，日有食之。

晋侯使栾黡来乞师。栾黡 yǎn，栾书子。

甲午晦，二十九日。晋侯及楚子、郑伯战于鄢陵。鄢陵，郑地。楚子、郑师败绩。

楚杀其大夫公子侧。侧，司马子反。

秋，公会晋侯、齐侯、卫侯、宋华元、邾人于沙随，沙随，宋地。不见公。

公至自会。

公会尹子、晋侯、齐国佐、邾人伐郑。杜预："尹子，王卿士。子，爵。"

曹伯归自京师。

九月，晋人执季孙行父，舍之于苕丘。苕 tiáo 丘，晋地。

冬十月乙亥，十二日。叔孙侨如出奔齐。

十有二月乙丑，季孙行父及晋郤犨盟于扈。扈，郑地。

公至自会。

乙酉，二十三日。刺公子偃。杜预："鲁杀大夫皆言刺。"

【传】

十六年春，楚子自武城使公子成以汝阴之田求成于郑。武城，楚地。汝阴，汝水南岸。郑叛晋，子驷从楚子盟于武城。

夏四月，滕文公卒。

郑子罕伐宋，宋将鉏、乐惧败诸汋陂。败子罕于汋（què）陂。退，宋师退。舍于夫渠，不儆，恃胜不儆备。郑人覆之，以伏兵袭击之。败诸汋陵，获将鉏、乐惧。宋恃胜也。杜预："汋陂、夫渠、汋陵，皆宋地。"

卫侯伐郑，至于鸣雁，为晋故也。郑叛晋，故卫为晋伐之。

晋侯将伐郑，范文子曰：文子，士燮。"若逞吾愿，诸

侯皆叛，晋可以逞。若唯郑叛，晋国之忧，可立俟也。”言纵使诸侯皆叛，不为惧，晋或能因之而戒惧修德，则国之福也；若唯郑叛，无非亢晋以速祸。文子非谓晋不能战，谓晋君骄侈，诸臣不佞，内忧当前，当以靖内、惧思修德为务，不主伐郑。**栾武子曰：“不可以当吾世而失诸侯，必伐郑。”乃兴师。栾书将中军，士燮佐之。**代荀庚。**郤锜将上军，**代士燮。**荀偃佐之。**杜预：“代郤锜，偃，荀庚子。”**韩厥将下军，郤至佐新军，荀罃居守。**荀罃，下军佐。**郤犨如卫，遂如齐，皆乞师焉。栾黡来乞师，孟献子曰：“晋有胜矣。”戊寅，**十二日。**晋师起。**

郑人闻有晋师，使告于楚，姚句耳与往。杜预：“句（gōu）耳，郑大夫。与往，非使也。”**楚子救郑，司马将中军，**司马，公子侧子反。**令尹将左，**令尹，公子婴齐子重。**右尹子辛将右。**子辛，公子壬夫。**过申，子反入见申叔时，曰：“师其何如？”**师，言救郑御晋。**对曰：“德、刑、详、义、礼、信，战之器也。**详，犹周也，实也，当与昭二十年之“矫诬”义相对，下文“渎齐盟”即是不详。器，工具也。**德以施惠，刑以正邪，详以事神，义以建利，礼以顺时，信以守物。**“以”皆可作“用”解。**民生厚而德正，**民生厚，言有德。德以施惠，能施，故民生厚。德正，言有刑。有刑则民不邪，故曰德正。**用利而事节，**用利，言有义。事节，事神有节，言有详。**时顺而物成。**时顺，言有礼，礼以顺时。物成，言有信。能以信守，故物成。**上下和睦，周旋不逆，**不逆，谓事顺而不违己愿。**求无不具，**杜预：“下应上。”**各知其极。**杜预：“无二心。”杨伯峻：“所求无不具备，人人皆知准则。”**故《诗》曰：‘立我烝民，莫匪尔极。’**烝，众也。杨伯峻：“意谓周祖先后稷，安置众民，无人不合其准则。”**是以神降之福，时无灾害，民生敦厖，**敦，厚也。厖 páng，庞，大也。**和同以听，**和，阴阳相济曰和。同，人之思想、物之性质等无差异曰同。另参昭二十年晏子论“和同”。**莫不尽力以**

从上命，致死以补其阙。杜预："阙，战死者。"**此战之所由克也。今楚内弃其民**，杨伯峻："不施惠，无德。"**而外绝其好**，十二年晋、楚有盟好，今救郑，则是用师于晋也，故曰绝好。上文曰"刑以正邪"，又宣十二年"伐叛，刑也"，故此用师非刑。**渎齐盟**，不详。渎，亵渎。齐同斋。**而食话言**，不信。**奸时以动**，礼以顺时，故"奸时"非礼。**而疲民以逞**。非建利之举，不义。**民不知信，进退罪也**。谓上无常。**人恤所厎**，恤，顾也。杜预："厎，至也。"所厎，犹所在，所处。谓民之举动唯求迎合上意之所在而趋就之。**其谁致死**？言进退无所适，逡巡以冀免，无有致死之心。**子其勉之！吾不复见子矣。"**杜预："言其必败不反。"**姚句耳先归，子驷问焉，对曰："其行速，过险而不整**。不整，行列不整齐。**速则失志**，杨伯峻："动作太速，则考虑不周。"**不整丧列**。不整则无行列。**志失列丧，将何以战？楚惧不可用也。"**

五月，晋师济河。闻楚师将至，范文子欲反，曰："我伪逃楚，晋非不能抗楚，"伪逃楚"者，欲儆将士使惧思也。**可以纾忧**。晋时有内忧。纾，缓也。**夫合诸侯，非吾所能也，以遗能者。我若群臣辑睦以事君，多矣。"武子曰："不可。"**

六月，晋、楚遇于鄢陵。范文子不欲战，郤至曰："韩之战，惠公不振旅；韩战在僖十五年，秦囚惠公以归。杨伯峻："不振旅即失败。"**箕之役，先轸不反命**；箕役在僖三十三年。先轸为中军帅，死于师，故不能面复君命。**邲之师，荀伯不复从**。邲师在宣十二年，荀林父为中军将，晋军一触即溃，不复整旅再从楚师。**皆晋之耻也。子亦见先君之事矣**。先君之事指先君之武功。**今我辟楚，又益耻也。"文子曰："吾先君之亟战也**，亟，屡也。**有故。秦、狄、齐、楚皆强，不尽力，子孙将弱。今三强服矣，敌楚而已。唯圣人能外内无患，自非圣人**，自，自己之自，文子自谓己及晋诸卿也。杨伯峻："自，假设连词，若也。自非，假若不是。”非。**外宁必有内忧。盍释楚以为外惧乎？”**

甲午晦，楚晨压晋军而陈。压，掩偪，侵迫也。陈，布阵也。**军吏患之。范匄趋进，**范匄gài，范文子士燮之子，士会之孙。**曰：“塞井夷灶，**塞，填塞。夷，平也，犹毁坏也。**陈于军中，**毁锅灶，陈于军中以示众。**而疏行首。**疏，疏阔也。疏行首，谓列阵也。列阵必疏行列，自行首始。**晋、楚唯天所授，何患焉？”文子执戈逐之，曰：“国之存亡，天也，童子何知焉？”栾书曰：**栾书，中军帅。**“楚师轻窕，**杨伯峻：“轻窕即轻佻，坚韧之反。”**固垒而待之，三日必退。退而击之，必获胜焉。”郤至曰：“楚有六间，**间，间隙，空隙。**不可失也。其二卿相恶，**司马子反、令尹子重二人相怨恶。**王卒以旧，**竹添光弘：“以，用也。旧，旧家也。”**郑陈而不整，**杨伯峻：“郑军虽有阵势，却不整齐严肃。”**蛮军而不陈，**虽有军队，然不成阵列。**陈不违晦，**杜预：“晦，月终，阴之尽，故兵家以为忌。”杨伯峻：“此日为月终，古代迷信，月终不宜布阵作战。”**在陈而嚣，**嚣，拆字得四口围页，喧哗，吵闹也。**合而加嚣，**杜预：“陈合宜静，而益有声。”**各顾其后，莫有斗心。**杨伯峻：“互相观望依赖，而无斗志。”**旧不必良，**不必，未必。杨伯峻：“王卒皆旧家子弟，未必为强兵。”**以犯天忌，**晦日用兵。**我必克之。”**

楚子登巢车以望晋军，巢车，兵车之甚高者，用以瞭望敌情。盖取法鸟巢，故名巢车。**子重使大宰伯州犁侍于王后。**伯州犁，晋大夫伯宗之子，时为楚太宰。伯州犁奔楚在去年。**王曰：“骋而左右，何也？”**行列中分，一半骋而向左，一半骋而向右，腾出中间空地。以下凡“曰”者，皆伯州犁之言；凡直陈者，皆楚王之言。**曰：“召军吏也。”“皆聚于中军矣。”**杨伯峻：“晋国军吏皆聚集于中军，何为？”**曰：“合谋也。”**杨伯峻：“共同谋议。”**“张幕矣。”**有帐幕张开，又何为？**曰：“虔卜于先君也。”**虔，诚，敬也。杨伯峻：“古代行军，必将先代君王主位载于车上同行。”**“彻幕矣。”**

帐幕又彻去，何为？**曰："将发命也。""甚嚣，且尘上矣。"曰："将塞井夷灶而为行也。""皆乘矣，左右执兵而下矣。"**皆已上车，车左、车右又执兵器下车。**曰："听誓也。"**杨伯峻："对军队宣布号令亦称誓。"**"战乎？"曰："未可知也。""乘而左右皆下矣。"**上文言"执兵而下"，此下则不执兵。**曰："战祷也。"**战前祷告于鬼神。**伯州犁以公卒告王。**公卒，晋侯亲兵。**苗贲皇在晋侯之侧，亦以王卒告。**以楚王亲兵告晋侯。贲fén皇，楚斗椒子，宣四年奔晋。**皆曰：**"皆"指晋军吏。**"国士在，且厚，**国士，伯州犁也，本晋之国士，而今事楚。厚，众也。**不可当也。"苗贲皇言于晋侯曰："楚之良，在其中军王族而已。请分良以击其左右，**左右，左师、右师。**而三军萃于王卒，**萃，聚，集也。**必大败之。"公筮之，史曰："吉。其卦遇《复》☷☳，**杜预："《震》下《坤》上，《复》。无变。"**曰：**杨伯峻："繇辞曰。"**'南国蹙，**杜预："《复》，阳长之卦，阳气起子，南行推阴，故曰南国蹙也。"杨伯峻："蹙（cù），局迫也。"**射其元王，中厥目。'**元王，楚王。**国蹙、王伤，不败何待？"公从之。**

有淖于前，淖nào，泥沼也。杨伯峻："晋军营垒前有泥沼。"**乃皆左右相违于淖。**军列皆或左或右避开泥淖而行。**步毅御晋厉公，栾鍼为右。**步毅即郤毅。栾鍼，栾书之子。**彭名御楚共王，潘党为右。石首御郑成公，唐苟为右。栾、范以其族夹公行，陷于淖。**公戎车被夹于行列之中，不能左右避，故陷淖。**栾书将载晋侯，鍼曰："书退！**杨伯峻："在国君前，群臣之间，皆直呼其名，栾鍼于其父亦直呼其名。"**国有大任，焉得专之？**大任，师出，任命将帅百官，所谓大任。杜预独谓栾书任元帅之职，似颇狭义。杨伯峻："大任，大事也。"不从。鍼谓栾书不可专制诸司之职。**且侵官，冒也；**侵犯他人官职是贪冒也。冒，贪也。**失官，慢也；**失己之官守，是怠慢也。**离局，奸也。**局，布局，今曰岗位。离其布局，是奸君之大事。

有三罪焉，不可犯也。”乃掀公以出于淖。杨伯峻：“文曰‘掀公’，实是将晋厉公戎车掀起，离开泥沼。”是也。栾鍼为厉公车右，推车出陷固其本职。

癸巳，杨伯峻：“癸巳为甲午前一天。”**潘尫之党与养由基蹲甲而射之，**潘尫之党与上文之车右潘党非一人，此潘党为潘尫之子。杜预：“蹲，聚也。”杨伯峻：“蹲甲，以甲置于物上。”二说不知信否。蹲，曲蹲也，引申有折叠之义。**彻七札焉。**彻，穿透也。杨伯峻：“七札，革甲内外厚薄复叠七层。”**以示王，曰：“君有二臣如此，何忧于战？”**杜预：“二人以射夸（自夸于）王。”**王怒曰：“大辱国。**杨伯峻：“若以两人能射透革甲为大辱国，则不可通，此处只是责备两人因此夸口而已。”**诘朝，尔射，死艺。”**禁之私射，私射将赐之死。因射而死是死其艺也。以上为补叙交战前一天之事。**吕锜梦射月，**吕锜，晋之魏锜。**中之，退入于泥。占之，曰：“姬姓，日也；**国君当日。**异姓，月也，**此又以外姓国君当月。**必楚王也。射而中之，退入于泥，亦必死矣。”及战，射共王中目。王召养由基，与之两矢，使射吕锜，中项，伏弢。**杨伯峻：“弢音叨，弓套。吕锜被射中颈项，伏于弓套而死。”**以一矢复命。**

郤至三遇楚子之卒，见楚子，必下，免胄而趋风。免胄，免冠礼。胄，头盔也。趋，臣在君前不敢正步，必趋步而行。风，走失也，此引申为“行避”。趋风，示不敢当君也。**楚子使工尹襄问之以弓，**问，问候。问候必致礼物，此以弓为礼物问候郤至。**曰：“方事之殷也，**事指战事。殷，战酣也。**有韎韦之跗注，君子也。**杨伯峻：“韎音妹，赤黄色。韦，柔牛皮。跗音肤，脚背。注，属也。据杜注，跗注是当时军服，若今之裤，长至脚背。”**识见不穀而趋，无乃伤乎！”**识，认出也。**郤至见客，**客，工尹襄。**免胄承命，**免胄，脱下头盔。承，受也。**曰：“君之外臣至，从寡君之戎事，以君之灵，间蒙甲胄，**间，间厕之间。**不敢拜命。**于楚君问候之命，不敢行拜谢之礼。杜预：“介者不拜。”**敢告不宁，**不宁乃不伤之侧面回答。此“不宁”与僖二十八年“以君之灵，不有宁也”义同。**君命之辱。**辱君之命也。不言“敢拜”者，礼，在介者不拜。**为事之故，**事，军事，戎事。**敢肃使者。”**肃非正拜之礼。杨伯峻：“肃，即肃拜。站立，身略俯折，两手合拢，当心而稍下移。”**三肃使者而退。**

晋韩厥从郑伯，杜预：“从，逐也。”**其御杜溷罗曰：“速从之！其御屡顾，不在马，可及也。”**溷 hūn。屡顾，惧追及。不在马，意不在御。**韩厥曰：“不可以再辱国君。”**杜预：“二年鞌战，韩厥已辱齐侯。”阮芝生：“再辱国君止就一战而言。楚王丧目，是已辱也，故不可再辱郑伯。”两说皆有理，不知孰是。**乃止。郤至从郑伯，其右茀翰胡曰：“谍辂之，余从之乘而俘以下。”**茀 fú。杜预：“欲遣轻兵军进以距郑伯车前，而自后登其车以执之。”**郤至曰：“伤国君有刑。”亦止。石首曰：“卫懿公唯不去其旗，是以败于荧。”**荧战在闵二年。**乃内旌于弢中。唐苟谓石首曰：“子在君侧，败者壹大。**壹，专一。大，以保君为大。**我不如子，子以君免，我请止。”乃死。**杜预：“首当御君以退，己当死战。”

楚师薄于险，薄，迫也。为晋军所迫。**叔山冉谓养由基曰：“虽君有命，为国故，子必射！”**王有射则死艺之命。**乃射。再发，尽殪。**射两发，死两人。**叔山冉搏人以投，**俘晋人以投击晋车。**中车，折轼。晋师乃止。囚楚公子茷。**

栾鍼见子重之旌，请曰：请于晋侯。栾鍼为厉公车右，与厉公并肩作战，故能请于晋侯。**“楚人谓夫旌，子重之麾也，**麾，旗也，用于指挥之军旗。**彼其子重也！日臣之使于楚也，**日，往日。**子重问晋国之勇。臣对曰：‘好以众整。’曰：‘又何如？’臣对曰：‘好以暇。’**暇，谓闲习军事，虽事冗繁，亦能从容处之，悠然闲暇。**今两国治戎，行人不使，不可谓整。**

因戎事而废使，是疲于应对，忙乱不整之象。**临事而食言，不可谓暇。**杨伯峻："临战事而不履行昔日之言，不可谓从容间暇。"**请摄饮焉。"**杨伯峻据俞樾谓："摄，代也。栾鍼为晋厉公车右，不能离开，故请求派人代为进酒子重。"**公许之。使行人执榼承饮，**杨伯峻："榼音磕，盛酒之器，承，奉也。"榼或为托盘之类。**造于子重，**杨伯峻："造，至也。"**曰："寡君乏使，使鍼御持矛。**御，司也，司御。持矛，车右持矛，持矛即为车右。**是以不得犒从者，使某摄饮。"**某，使者卑，自称"某"。**子重曰："夫子尝与吾言于楚，**夫子指栾鍼。**必是故也，不亦识乎？"**识，知也。**受而饮之。免使者而复鼓。**

旦而战，见星未已。子反命军吏察夷伤，杜预："夷亦伤也。"**补卒乘，**杜预："补死亡。"**缮甲兵，展车马，**展，陈也。**鸡鸣而食，唯命是听。**杜预："复欲战。"**晋人患之。苗贲皇徇曰："蒐乘补卒，**蒐，检阅。**秣马利兵，修陈固列，蓐食申祷，**蓐 rǔ 食，厚食，饱食也。申，与重（zhòng）义近同。**明日复战。"乃逸楚囚。**杨伯峻："故意放松楚囚使之逃逸，传闻于楚。"**王闻之，召子反谋。榖阳竖献饮于子反，子反醉而不能见。王曰："天败楚也夫！余不可以待。"乃宵遁。**

晋入楚军，三日谷。食楚军所弃军粮三日。**范文子立于戎马之前，**戎马，厉公戎车之马。**曰："君幼，诸臣不佞，何以及此？君其戒之！**谓此役乃侥幸有功，非力敌楚师，且晋有阙，功不可狃也。**《周书》曰'唯命不于常'，有德之谓。"**天命不会长久地眷顾某一人，唯垂青于有德者。有德则赞之，失德则弃之，此所谓天命无常。

楚师还，及瑕，王使谓子反曰："先大夫之覆师徒者，君不在。杨伯峻："先大夫指成得臣（子玉），晋、楚城濮之役，楚军大败，当时楚成王不在军中。"**子无以为过，不穀之罪也。"**

子反再拜稽首曰："君赐臣死，死且不朽。杜预："王引过，亦所以责子反。"臣之卒实奔，臣之罪也。"子重使谓子反曰："初陨师徒者，而亦闻之矣。指子玉败师自杀之事。而同尔。盍图之？"子重闻王致子反之命，惧子反不自杀，复以此言要之。对曰："虽微先大夫有之，谓纵无先大夫子玉谢罪自杀之事。大夫命侧，侧，子反之名。侧敢不义？谓败师者不以死谢罪，是不义也。杜预："言以义命己，不敢不受。"侧亡君师，敢忘其死。"王使止之，弗及而卒。

战之日，齐国佐、高无咎至于师。杜预："无咎，高固子。"卫侯出于卫，公出于坏隤。杜预："坏隤（tuí），鲁邑。齐、卫皆后，非独鲁，明晋以侨如故不见公。"宣伯通于穆姜，宣伯，叔孙侨如。穆姜，成公母。欲去季、孟而取其室。季，季文子。孟，孟献子。将行，穆姜送公，而使逐二子。公以晋难告，晋难谓晋使鲁出师会伐郑，不敢不从。曰："请反而听命。"杨伯峻："推托之辞。"姜怒，公子偃、公子鉏趋过，二人，公庶弟。指之曰："女不可，是皆君也。"杨伯峻："谓可废鲁成公改立此两人。"公待于坏隤，申宫、儆备、申，犹儆，戒也。宣十二年："申儆之于胜之不可保。"设守，设守备。而后行，是以后。使孟献子守于公宫。

秋，会于沙随，谋伐郑也。杜预："郑犹未服。"宣伯使告郤犫曰："鲁侯待于坏隤以待胜者。"杜预："观晋、楚之胜负。"郤犫将新军，且为公族大夫，以主东诸侯。杨伯峻："主持东方诸侯如齐、鲁之属招待接洽事务。"取货于宣伯而诉公于晋侯，杜预："诉，谮也。"《传》亦兼言郤犫贪而不义。晋侯不见公。

曹人请于晋曰："自我先君宣公即世，在十三年。国人曰：'若之何忧犹未弭？'忧指宣公死后，太子被杀，既葬宣公，国人又将从子臧出亡之事。弭，止也，息也。而又讨我寡君，去年晋执曹成公。**以亡曹国社稷之镇公子，**谓子臧逃奔宋，事亦在去年。镇公子指子臧。杨伯峻："镇，重也。"**是大泯曹也。**泯，灭也。**先君无乃有罪乎！**先君，曹宣公。**若有罪，则君列诸会矣。**诸，之于也，此指曹成公。会，十五年戚之会。晋讨曹成公，乃讨其篡立，并非其父宣公有罪而及于成公。曹人意谓：先君无乃有罪乎！故讨我寡君，若先君宣公有罪，则君不当列寡君于会，君既列寡君于会矣，则先君其无罪乎！此皆外交辞令有意为成公篡立开脱。且言"先君"者，意在明其伐秦之功（卒于师），欲借其功使晋恤曹返君。**君唯不遗德刑，**遗，失也。**以伯诸侯。岂独遗诸敝邑？敢私布之。"**

七月，公会尹武公及诸侯伐郑。将行，姜又命公如初。杜预："复欲使公逐季、孟。"**公又申守而行。诸侯之师次于郑西。我师次于督扬，**杜预："督扬，郑东地。"**不敢过郑。子叔声伯使叔孙豹请逆于晋师。**子叔声伯，文公之孙婴齐也，宣公母弟叔肸之子。叔孙豹，叔孙庄叔得臣之子，叔孙侨如之弟。杜预："侨如于是遂作乱，豹因奔齐。"是也。杨伯峻谓"叔孙豹久已在齐，此时或随国佐在齐军中"，误。**为食于郑郊。**为食，准备饭食，今曰"做饭"。**师逆以至。**晋逆鲁之师至督扬。**声伯四日不食以待之，食使者而后食。**杨伯峻："使者当是晋君使者。"

诸侯迁于制田。诸侯之师迁于制田。**知武子佐下军，**知武子，荀罃。**以诸侯之师侵陈，至于鸣鹿。**诸侯之师分属于晋诸军，非尽属知武子之下军。所属知武子者唯诸侯师之一部分。**遂侵蔡。未反，**晋下军及从下军之诸侯侵蔡未反。**诸侯迁于颍上。**颍上，颍水畔。**戊午，**二十四日。**郑子罕宵军之，宋、齐、卫皆失军。**杨伯峻："失军意犹不复成军。"

曹人复请于晋，晋侯谓子臧："反，吾归而君。"子臧时在宋。**子臧反，曹伯归。子臧尽致其邑与卿而不出。**杜预："不出仕。"

宣伯使告郤犨曰：宣伯，叔孙侨如。“鲁之有季、孟，犹晋之有栾、范也，政令于是乎成。今其谋曰：‘晋政多门，杨伯峻：“晋国政令出自各大卿族，不能统一。”不可从也。宁事齐、楚，有亡而已，蔑从晋矣。’蔑，无也。若欲得志于鲁，请止行父而杀之，行父，季文子。行父时在诸侯之师。我毙蔑也而事晋，蔑，孟献子仲孙蔑，时留守公宫。蔑有贰矣。蔑，无也。鲁不贰，小国必睦。不然，归必叛矣。”杨伯峻：“若不杀季孙行父，返鲁必叛晋。”

九月，晋人执季文子于苕丘。公还，待于郓。杜预：“郓，鲁西邑。”使子叔声伯请季孙于晋，郤犨曰：“苟去仲孙蔑而止季孙行父，吾与子国，国，鲁国政。言可向鲁施压，使鲁任命声伯为鲁国国政。亲于公室。”杨伯峻：“亲声伯甚于（亲）鲁公室。”是也。对曰：“侨如之情，情指侨如通穆姜，且欲夺季、孟室之事。子必闻之矣。若去蔑与行父，是大弃鲁国而罪寡君也。若犹不弃，不弃鲁国。而惠徼周公之福，使寡君得事晋君。则夫二人者，鲁国社稷之臣也。若朝亡之，鲁必夕亡。以鲁之密迩仇雠，密，无间也。迩，近也。密迩仅指土地边界言。仇雠指齐、楚。亡而为雠，治之何及？”杜预：“言鲁属齐、楚，则还为晋雠。”郤犨曰：“吾为子请邑。”对曰：“婴齐，鲁之常隶也，杜预：“隶，贱官。”敢介大国以求厚焉？介，附也，依附，附恃。杨伯峻：“厚，厚禄，指邑。”承寡君之命以请，若得所请，吾子之赐多矣。又何求？”

范文子谓栾武子曰：“季孙于鲁，相二君矣。二君，宣公、成公。妾不衣帛，马不食粟，可不谓忠乎？信谗慝而弃忠良，若诸侯何？子叔婴齐奉君命无私，不贪郤犨请国政之职，亦不受请邑。谋国家不贰，不为贿赂卖国。图其身不忘其君。杜预：“辞邑、不食，皆先君而后身。”若虚其请，是弃善人也。

子其图之！”乃许鲁平，赦季孙。

冬十月，出叔孙侨如而盟之，鲁卿大夫以侨如之罪自盟戒。侨如奔齐。十二月，季孙及郤犨盟于扈。归，刺公子偃。杜预：“偃与鉏俱为姜所指，而独杀偃，偃与谋。”召叔孙豹于齐而立之。杜预：“近此七月，声伯使豹请逆于晋，闻鲁人将讨侨如，豹乃辟其难，先奔齐，生二子，而鲁乃召之，故襄二年豹始见《经》《传》，于此因言其终。”叔孙豹于此年奔齐，出于庚宗，与庚宗妇人宿。豹在齐五年，至襄二年归鲁时，竖牛四岁。

齐声孟子通侨如，声孟子，齐灵公之母，宋女。使立于高、国之间。言与高、国同位。侨如曰：“不可以再罪。”奔卫，亦间于卿。间，间厕之间。此皆探后之言。

晋侯使郤至献楚捷于周，与单襄公语，骤称其伐。伐，功也。杨伯峻：“屡夸己功。”单子语诸大夫曰：诸，之于也。“温季其亡乎！位于七人之下，杜预：“佐新军，位在八。”而求掩其上。掩盖其上之功劳。掩，盖也。怨之所聚，乱之本也。多怨而阶乱，杜预：“怨为乱阶。”阶，阶梯也。何以在位？《夏书》曰：‘怨岂在明？不见是图。’明，显也。见同现。谓不可待怨忿显明时始予图谋，应在其未显现时即采取措施。将慎其细也。细，小也，微也，即“不见（现）”。今而明之，掩上之功，是自求怨于人，故曰“明之”。其可乎？”

成公十七年

【经】

十有七年春，卫北宫括帅师侵郑。杜预："括，成公曾孙。"

夏，公会尹子、单子、晋侯、齐侯、宋公、卫侯、曹伯、邾人伐郑。

六月乙酉，二十六日。同盟于柯陵。杜预："郑西地。"

秋，公至自会。

齐高无咎出奔莒。

九月辛丑，十三日。用郊。

晋侯使荀罃来乞师。杜预："为将伐郑。"

冬，公会单子、晋侯、宋公、卫侯、曹伯、齐人、邾人伐郑。杜预："郑犹未服故。"

十有一月，公至自伐郑。

壬申，公孙婴齐卒于貍脤。貍脤 líshèn。

十有二月丁巳朔，日有食之。

邾子貜且卒。

晋杀其大夫郤锜、郤犨、郤至。

楚人灭舒庸。

【传】

十七年春，王正月，郑子驷侵晋虚、滑。卫北宫括救晋，侵郑，至于高氏。

夏五月，郑大子髡顽、侯獳为质于楚，杜预："侯獳，郑大夫。"**楚公子成、公子寅戍郑。**

公会尹武公、单襄公及诸侯伐郑，自戏童至于曲洧。洧 wěi。

晋范文子反自鄢陵，去年鄢陵战还。**使其祝宗祈死，**杜预："祝宗，主祭祀祈祷者。"此为范氏之祝宗。**曰："君骄侈而克敌，是天益其疾也，难将作矣。爱我者唯祝我，使我速死，无及于难，范氏之福也。"**以自死为福，愈于及难而死，故曰"祝我（死）"。襄十七年："宋国区区，而有诅有祝。"昭二十年："民人苦病，夫妇皆诅，虽其善祝，岂能胜亿兆人之诅。"杨伯峻拘泥于死不可曰"祝"，因谓"祝"即"诅咒"，非。**六月戊辰，**九日。**士燮卒。**杜预谓："因祷自裁。"刘炫、孔颖达、沈钦韩、焦循、杨伯峻皆以为非自杀。

乙酉，同盟于柯陵，寻戚之盟也。戚盟在十五年。

楚子重救郑，师于首止。诸侯还。杜预："畏楚强。"

齐庆克通于声孟子，杜预："庆克，庆封父。"声孟子，齐灵公母。**与妇人蒙衣乘辇而入于闳。**妇人，美妇人，非声孟子，下文称声孟子为夫人，可证此。杨伯峻："蒙衣为当时妇女外出之习俗。庆克亦男扮女装，与一妇人同蒙衣而乘。"杜预："蒙衣为妇人服。"蒙衣者可透过蒙衣外视，而外人不可视见蒙衣者之面。哀十五年有"二人蒙衣而乘"。闳，巷门。**鲍牵见之，**杜预："鲍牵，鲍叔牙曾孙。"**以告国武子，武子召庆克而谓之。**谓之，说此事，意在责之。**庆克久不出，**杜预："惭卧于家，夫人所以怪之。"**而告夫人曰：**夫人，声孟子。**"国子谪我！"**杜预："谪，谴责也。"**夫人怒。**

国子相灵公以会，杜预："会伐郑。"**高、鲍处守。**高无咎、鲍牵。**及还，将至，闭门而索客。**闭门，关闭城门。索客，搜索国中旅客。杜预："蒐索，备奸人。"此本防御安保措施，夫人则因以谮之。**孟子诉之曰："高、鲍将不纳君，而立公子角，**杜预："角，顷公子。”**国子知之。**”知，与知之知，参与，插手也。**秋七月壬寅，**十三日。**刖鲍牵而逐高无咎。无咎奔莒，高弱以卢叛。**杜预：“弱，无咎子。卢，高氏邑。”**齐人来召鲍国而立之。**杜预：“国，牵之弟文子。”

初，鲍国去鲍氏而来为施孝叔臣。施氏卜宰，杜预：“卜立家宰。”杨伯峻：“家宰为卿大夫家总管。”**匡句须吉。施氏之宰有百室之邑。与匡句须邑，使为宰。以让鲍国，而致邑焉。**杨伯峻：“不受宰与邑，让于鲍国。”**施孝叔曰：“子实吉。”对曰：“能与忠良，吉孰大焉？”鲍国相施氏忠，故齐人取以为鲍氏后。**

仲尼曰：“鲍庄子之知不如葵，鲍庄子即鲍牵。**葵犹能卫其足。”**葵非向日葵，杨伯峻谓向日葵传入中国甚晚，此葵或是金钱紫花葵或秋葵。古代以葵为野菜，《诗·豳风·七月》“亨葵及菽”可为证。葵之茎叶再生能力极强，又因其食用价值，故古人采其叶而不伤其根，欲其再生。此所以古人谓葵能卫其根，葵则因此又引申有藩卫、藩屏之义。《小雅·采菽》：“乐之君子，天子葵之。”“天子葵之”即天子之葵，藩卫也。其上章曰：“乐之君子，殿天子之邦。”由“殿”字可证“葵”字之义。《大雅·板》：“民之方殿屎（呻吟，屎音西），则莫我敢葵。”则“葵”固有潘卫之义，故孔子引之以为比。

冬，诸侯伐郑。十月庚午，十二日。**围郑。楚公子申救郑，师于汝上。**汝上，汝水边。**十一月，诸侯还。**

初，三年前。**声伯梦涉洹，**杨伯峻：“洹（huán）水即今之安阳河。”**或与己琼瑰，**据李贻德，琼瑰是次于玉之美石所制之珠，琼瑰与《诗经》“琼琚”、“琼瑶”、“琼玖”相同，当为一物。**食之，**杜预：“食珠玉，含象。”古以含珠玉为死兆，故不祥。**泣而为琼瑰盈其怀。**食珠而泣，泪化为琼瑰盈怀。**从而歌之曰：“济洹之水，赠我以琼瑰。归乎！归乎！琼瑰盈吾怀乎！”**杜预：“从，就也。梦中为此歌。”

惧不敢占也。梦不祥故。**还自郑，壬申，至于貍脤而占之，曰："余恐死，故不敢占也。今众繁而从余三年矣，无伤也。"** 杨伯峻据陶鸿庆谓："声伯最初以为凶梦，今则从属既多，且相随三年，琼瑰满怀，可能应验在此，又以认为吉梦，因敢于占卜而又云无伤。"**言之，之莫而卒**。之莫，至暮也。莫同暮。

齐侯使崔杼为大夫，使庆克佐之，帅师围卢。高弱以卢叛，因讨之。**国佐从诸侯围郑，以难请而归**。杨伯峻："以齐国之难请于诸侯而返国。"**遂如卢师，** 杨伯峻："至围卢之师中。"**杀庆克，以縠叛。齐侯与之盟于徐关而复之。十二月，卢降。使国胜告难于晋，待命于清**。待命，待晋命也。杜预："胜，国佐子，使以高氏难告晋。齐欲讨国佐，故留其子于外。"

晋厉公侈，多外嬖。杜预："外嬖，爱幸大夫。"杨伯峻："即下文胥童、夷羊五、长鱼娇等人。"**反自鄢陵，欲尽去群大夫，而立其左右**。杨伯峻："左右即外嬖。"**胥童以胥克之废也，** 郤缺废胥克在宣八年。**怨郤氏，而嬖于厉公。郤锜夺夷阳五田，五亦嬖于厉公。郤犨与长鱼娇争田，执而梏之，与其父母妻子同一辕**。同缚于一车辕。**既，娇亦嬖于厉公。栾书怨郤至，以其不从己而败楚师也，** 事在去年鄢陵之战。**欲废之。使楚公子伐告公曰：** 去年鄢陵之战，晋囚楚公子伐以归，栾书因借公子伐诬陷郤至。**"此战也，郤至实召寡君。以东师之未至也，** 杜预："齐、鲁、卫之师。"**与军帅之不具也，** 杜预："荀罃佐下军居守，郤犨将新军乞师，故言不具。"**曰：'此必败！吾因奉孙周以事君。'"** 此皆诬陷郤至之言，谓郤至召来楚师以伐厉公，事成将奉孙周为晋君以服事楚。杜预："孙周，晋襄公曾孙悼公。君，楚王也。"**公告栾书，书曰："其有焉！不然，岂其死之不恤，** 恤，顾也。**而受敌使乎？** 杜预："谓鄢陵战时楚子问郤至以弓。"**君盍尝使诸周而察之？"** 杜预："尝，试也。"杨伯峻："周指周王室。

时孙周在周事单襄公。”察，察其虚实。**郤至聘于周，**杨伯峻谓此即去年厉公使郤至如周献鄢陵捷之事。**栾书使孙周见之。公使觇之，**杜预：“觇（chān），伺也。”杨伯峻：“觇，窥视。”**信。**郤至果与孙周有“勾结”。信非相信之信。**遂怨郤至。**

厉公田，与妇人先杀而饮酒，此“妇人”盖为美妇人，嬖妾也。**后使大夫杀。**杨伯峻：“杀指猎射禽兽。田猎时诸侯发矢杀禽兽后，应即有大夫猎射，妇人不应参与，僖二十二年‘戎事不迩女器’亦可以为证。”**郤至奉豕，**将致公。**寺人孟张夺之，**孟张，厉公近身阉臣。**郤至射而杀之。公曰：“季子欺余。”**公方怨郤至，郤至又杀公寺人，所谓打狗还须看主人。阉人欺卿，卿杀公寺人，两者皆嫌汰戾。

厉公将作难，胥童曰：“必先三郤，杨伯峻：“必先从郤锜、郤犨、郤至三人开刀。”**族大，多怨。**郤氏结怨甚多。**去大族不偪，**杜预：“不偪公室。”**敌多怨有庸。”**杜预：“讨多怨者，易有功。”**公曰：“然。”郤氏闻之，郤锜欲攻公，曰：“虽死，君必危。”**君必危，必危君也。**郤至曰：“人所以立，信、知、勇也。信不叛君，知不害民，勇不作乱。失兹三者，其谁与我？**与，从也。**死而多怨，将安用之？**杜预：“言俱（是）死，无用多其怨咎。”**君实有臣而杀之，其谓君何？**古代，臣为君之私有财产，君实制臣短长之命。**我之有罪，吾死后矣。**后，晚也。定十四年：“人谁不死，吾死莫矣。”“后”与“莫（暮）”同义。襄二十八年“先事后贿”，“后”又有次要之义。此文取前者之义。**若杀不辜，将失其民，欲安，得乎？**杜预：“言不得安君位。”**待命而已。受君之禄，是以聚党。有党而争命，**争命，校命也。**罪孰大焉？”**

壬午，二十六日。**胥童、夷羊五帅甲八百，将攻郤氏。长鱼矫请无用众，公使清沸魋助之，**杜预：“沸魋（tuí），亦嬖人。”**抽戈结衽，**结衽，两人衣襟之际相结，示不能自解，争讼之象。

而伪讼者。伪欲使三郤为解。**三郤将谋于榭**。谋，盖谋平二者讼。杨伯峻：“榭，建于台上之房屋。”**矫以戈杀驹伯、苦成叔于其位**。杜预：“位，所坐处也。驹伯，郤锜。苦成叔，郤犨。”**温季曰：“逃威也！”遂趋**。“逃威”者，甚费解，《传》例曰“群臣无所逃命（逃避君命）”，窃以“逃”可作“违”、“避”解，亦即“不”、“不用”也。则逃威即不威，谓君不以威命来讨，而使贼来杀，是不威也。若以威命来讨，则臣当就死，今既使贼来杀，故敢趋避。郤至意与昭十三年，季孙必欲受命于诸侯而后归类似，言欲得大命而死，惧无故而被杀。杜预：“郤至本意欲禀君命而死，今矫等不以君命而来，故欲逃凶贼为害，故曰威，言可畏也。”杨伯峻据沈钦韩谓：“威读为畏。畏，无罪被杀害也。郤至云吾欲逃于无罪而被杀。”**矫及诸其车，以戈杀之，皆尸诸朝**。陈三人尸于朝。

胥童以甲劫栾书、中行偃于朝。中行偃，荀偃。**矫曰：“不杀二子，忧必及君。”**言二人将害公。**公曰：“一朝而尸三卿，余不忍益也。”**不忍心再杀。**对曰：“人将忍君**。杜预：“人谓书与偃。”**臣闻乱在外为奸，在内为轨**。杨伯峻：“轨借为宄。”是也。**御奸以德，御轨以刑。不施而杀，不可谓德。臣偪而不讨，不可谓刑**。杨伯峻：“以数语观之，‘乱在外为奸’之‘外’，非国外，而是朝庭之外。其意若云：百姓造乱谓之‘奸’，朝庭之臣造乱谓之‘宄’。”可信。**德、刑不立，奸、轨并至。臣请行。”**行，亡也。**遂出奔狄。公使辞于二子**，杜预：“辞谢书与偃。”**曰：“寡人有讨于郤氏，郤氏既伏其辜矣。大夫无辱**，杜预：“胥童劫而执之，故云辱也。”**其复职位。”皆再拜稽首曰：“君讨有罪，而免臣于死，君之惠也。二臣虽死，敢忘君德。”乃皆归。公使胥童为卿**。

公游于匠丽氏，《晋世家·集解》引贾逵谓：“匠丽氏，晋外嬖大夫在翼者。”**栾书、中行偃遂执公焉。召士匄**，士匄 gài，范文子士燮之子。**士匄辞。召韩厥，韩厥辞，曰：“昔吾畜于赵氏，**韩厥小时曾畜养于赵家。**孟姬之谗，吾能违兵。**杨伯峻：“孟姬谗杀赵同、赵括事见八年《传》。当时晋侯、栾氏、郤氏皆攻灭赵氏，韩厥云独我不肯以兵攻赵氏。违兵，不用兵也。”**古人有言曰：‘杀老牛莫之敢尸。’**杜预：“尸，主也。”尸若以陈尸解亦通，谓老牛有成劳，虽杀之莫有敢露陈其尸者，必于暗中杀之。**而况君乎？**栾书、中行偃欲召众弑公，是公开弑君也。**二三子不能事君，**恶言“欲弑君”，更之谓“不能事君”。**焉用厥也？”**揭露二子欲召众分罪之用心。

舒庸人以楚师之败也，鄢陵之败。**道吴人围巢，伐驾，围厘、虺，**杜预：“巢、驾、厘、虺（huī），楚四邑。”**遂恃吴而不设备。楚公子橐师袭舒庸，灭之。**

闰月乙卯晦，杨伯峻：“月小，乙卯，二十九日。”**栾书、中行偃杀胥童。民不与郤氏，胥童道君为乱，故皆书曰：“晋杀其大夫。”**

成公十八年

【经】

十有八年春王正月，晋杀其大夫胥童。

庚申，五日。**晋弑其君州蒲。**凡弑君称君，君无道也。

齐杀其大夫国佐。杜预：“国武子也。”

公如晋。

夏，楚子、郑伯伐宋。宋鱼石复入于彭城。鱼石等出奔楚在十五年。彭城，宋邑。

公至自晋。

晋侯使士匄来聘。

秋，杞伯来朝。

八月，邾子来朝。

筑鹿囿。

己丑，七日。**公薨于路寝。**

冬，楚人、郑人侵宋。

晋侯使士鲂来乞师。为救宋。士鲂 fáng，士会子。

十有二月，仲孙蔑会晋侯、宋公、卫侯、邾子、齐崔杼同盟于虚朾。虚朾 tīng，盖宋地。

丁未，二十六日。**葬我君成公。**

【传】

十八年春，王正月庚申，晋栾书、中行偃使程滑弑厉公，程滑，晋大夫。**葬之于翼东门之外，以车一乘。**以一乘葬国君，自非君葬之礼。杜预“诸侯葬车七乘”，不知信否。葬于翼者，春秋礼，凶死不入兆域。**使荀罃、士鲂逆周子于京师而立之，**周子即去年《传》之孙周。**生十四年矣。大夫逆于清原，周子曰：“孤始愿不及此，虽及此，**今虽及此。**岂非天乎？**杜预：“言有命。”杨伯峻：“归之于天，示非群臣推戴之力。”**抑人之求君，**抑，且，况且，表示更进一层之连词。**使出命也，立而不从，将安用君？二三子用我今日，否亦今日，**杨伯峻：“十六年《传》云‘晋政多门’，悼公未即位，即表示将收回政权。”**共而从君，神之所福也。”**杜预：“《传》言其少有才，所以能自固。”**对曰：“群臣之愿也，敢不唯命是听。”庚午，**十五日。**盟而入，**与诸大夫盟。**馆于伯子同氏。**杜预：“晋大夫家。馆，舍也。”**辛巳，**二十六日。**朝于武宫，**武宫，曲沃武公之庙。**逐不臣者七人。**不臣即不守臣道，臣而不臣者。杨伯峻又谓：“厉公死党，不臣属新君者。”

不从。古礼，凡忠于故主，不臣服新君，宁死不叛者，不可谓不臣，《传》例甚多，尚且为左氏所表彰。故“不臣”即去年《传》所谓“道君为乱”者，杜预“夷羊五之属也”。**周子有兄而无慧，**慧，拆字得彗、心也。彗即扫帚，清洁，清扫之义。耳听聪，目视明，心灵曰慧。**不能辨菽麦，故不可立。**杜预：“菽，大豆也。豆、麦殊形易别，故以为痴者之候。不慧，盖世所谓白痴。”

齐为庆氏之难故，去年国佐杀庆克。**甲申晦，齐侯使士华免以戈杀国佐于内宫之朝。**士华免，齐大夫。杨伯峻疑此内宫为齐侯燕居之宫。**师逃于夫人之宫。**杨伯峻：“师，众也，当指其时在内宫之朝其他人。诸人纷纷逃散，而进入夫人之宫。”善。“师”固有“众”义，如《尚书·尧典》“师锡帝曰”、《舜典》“震惊朕师”。杜预解师为军队，不从。**书曰：“齐杀其大夫国佐。”弃命、专杀、以穀叛故也。**弃命指弃会师伐郑之命，私请于晋而归。三事皆在去年。**使清人杀国胜。**胜，国佐子，国胜自去年即待命于清。**国弱来奔。**弱，胜之弟。**王湫奔莱。**杜预：“湫（jiǎo），国佐党。”**庆封为大夫，庆佐为司寇。**杜预：“封、佐皆庆克子。”**既，齐侯反国弱，使嗣国氏，礼也。**

二月乙酉朔，晋悼公即位于朝。始命百官，命，任命。**施舍、**杜预：“施恩惠，舍劳役。”以“舍”为“免”之义，不从。施者，施与财物等。舍，置，建置也，助人以力，授人以方，予人劝勉教诲，使所受者得立。**已责，**责同债。已责，免除百姓所欠国家之债务。**逮鳏寡，**惠及于鳏寡。**振废滞，**振，犹张也。杨伯峻：“起用被废黜或淹滞之旧日贵族。”**匡乏困，**杜预：“匡亦救也。”**救灾患，禁淫慝，薄赋敛，宥罪戾，**宥，宽也。**节器用，**杜预：“节，省也。”**时用民，**杜预：“使民以时。”**欲无犯时。**杨伯峻：“不因私欲侵占农时。”**使魏相、士鲂、魏颉、赵武为卿。**杜预：“相，魏锜子。鲂，士会子。颉，魏颗子。武，赵朔子。此四人其父祖皆有劳于晋国。”**荀家、**

荀会、栾黡、韩无忌为公族大夫，无忌，韩厥子。**使训卿之子弟共俭孝弟。使士渥浊为大傅，**士渥浊，士贞伯。**使修范武子之法。**杨伯峻："范武子即士会，以中军帅兼大傅，见宣十六年。"**右行辛为司空，使修士蔿之法。**杜预："辛将右行，因以为氏。士蔿，献公司空也。"**弁纠御戎，**杜预："弁（biàn）纠，栾纠也。"御戎，国君戎车之御，亦全军车御之长。**校正属焉，**校正，调驯乘马之官，校人之长。襄九年"使校正出马"，哀三年"校人（出具）乘马"。驯马官必与御者协调一致，故使校正从属于"戎御"。**使训诸御知义。**诸御，一般兵车之司机。**荀宾为右，**右，戎右，国君戎车之车右。**司士属焉，**司士，培训、教练武士之官。士，特指勇力之士。车右必勇士担当，且选拔于勇士之列，故使司士从属于戎右。**使训勇力之士时使。**养兵千日用兵一时，故曰时使。**卿无共御，**共同供。共御即专职车御。杨伯峻："盖以前各军将佐之御者都有定员定人。"**立军尉以摄之。**立军尉以兼代（兼职）卿之车御，诸卿不再有专职车御。**祁奚为中军尉，羊舌职佐之，**羊舌职，羊舌赤（伯华）、羊舌肸（叔向）、羊舌鲋（叔鱼）、羊舌虎（叔虎）四人之父。**魏绛为司马，**魏绛，魏犨之子。**张老为候奄。铎遏寇为上军尉，籍偃为之司马，**偃，籍谈之父。**使训卒、乘亲以听命。**杨伯峻："卒，步兵；乘，车兵。"**程郑为乘马御，**杜预："程郑，荀氏别族。"乘马御，饲牧乘马之总官，主乘马之培育、择选、罢老更代。《传》曰"国之大事在祀与戎"，春秋时以车战为主，乘马之战略意义不仅事关战局，亦国之兴废，故乘马御亦非寻常官属。**六驺属焉，**杜预："六驺（zōu），六闲之驺。"闲，马厩也。说文："驺，厩御也（御，司御，执掌也。厩御即主管饲牧马厩中马匹者）。"乘马御专职乘马之事，乘马又择选自马厩；六驺则职司一般马匹，两者职务相似，故使六驺从属于乘马御。**使训群驺知礼。**礼，养马之正义。杜预"乘车尚礼容"，则是仪也，不可谓礼。**凡六官之长，皆民誉也。**民誉，享誉于民也。**举不失职，**杨伯峻："所提拔者俱称其职务。"

官不易方，所官者不违背治理之方。**爵不逾德，**杜预："量德授爵。"**师不陵正，旅不偪师，**杜预："正，军将命卿也。言上下有礼，不相陵偪。"杨伯峻则谓："正盖各军各部门之长。"杜注善。**民无谤言，所以复霸也。**杜预："以上通言悼公所行，未必皆在即位之年。"

公如晋，朝嗣君也。嗣君，晋悼公。

夏六月，郑伯侵宋，及曹门外。杜预："曹门，宋城门也。"杨伯峻："宋之西北门。"**遂会楚子伐宋，取朝郏。楚子辛、郑皇辰侵城郜，**子辛，公子壬夫。**取幽丘，**杜预："朝郏、城郜、幽丘皆宋邑。"**同伐彭城，**郑成、楚共所率军队与子辛、皇辰所率之军队，共伐彭城。**纳宋鱼石、向为人、鳞朱、向带、鱼府焉，以三百乘戍之而还。书曰"复入"，凡去其国，国逆而立之，曰"入"；复其位，曰"复归"；诸侯纳之，曰"归"；以恶曰"复入"。宋人患之。西鉏吾曰："何也？**何为患之。**若楚人与吾同恶，**杜预："恶谓鱼石。"**以德于我，吾固事之也，不敢贰矣。大国无厌，鄙我犹憾。**杜预："言己事之，则以我为鄙邑，犹恨不足，此吾患也。"**不然，而收吾憎，使赞其政，**杜预："谓不同恶鱼石，而用之使佐政。"**以间吾衅，亦吾患也。**杨伯峻："言鱼石将受其利用，乘我间隙，亦我之患。"**今将崇诸侯之奸，而披其地，**崇，崇举。杜预："披，犹分也。"崇奸指崇举鱼石诸人，披地指取宋彭城以封鱼石。**以塞夷庚。**杜预："夷庚，吴、晋往来之要道。楚封鱼石于彭城，欲以绝吴、晋之道。"杨伯峻本洪亮吉谓："夷，平也；庚与远通，道也。夷庚，车马往来之平道。"**逞奸而携服，**使奸人得逞，使服者携离。**毒诸侯而惧吴、晋。**惧，动词使动用法。毒害诸侯而使吴、晋恐惧。**吾庸多矣，非吾忧也。且事晋何为？晋必恤之。"**言所以事晋，即欲得其庇护。

公至自晋。晋范宣子来聘，且拜朝也。杨伯峻："答谢鲁成之朝晋悼。"**君子谓："晋于是乎有礼。"**

秋，杞桓公来朝，劳公，劳公朝晋之行。**且问晋故。**故，事也。**公以晋君语之。**杜预："语其德政。"**杞伯于是骤朝于晋而请为昏。**骤，急也。

七月，宋老佐、华喜围彭城，老佐卒焉。杜预："言所以不克彭城。"

八月，邾宣公来朝，即位而来见也。

筑鹿囿，书，不时也。八月非土功之时。

己丑，公薨于路寝，言道也。杜预："在路寝，得君薨之道。"

冬十一月，楚子重救彭城，伐宋，宋华元如晋告急。韩献子为政，代栾书。**曰："欲求得人，必先勤之，**勤劳其事，指救其忧患。**成霸、安强，**成霸，成霸业。安强，巩固晋强国之地位。杨伯峻读"安强"为"按强"，按，按压；强指楚国，误。**自宋始矣。"晋侯师于台谷以救宋，遇楚师于靡角之谷。楚师还。**杜预："畏晋强也。靡角，宋地。"

晋士鲂来乞师。将救宋。**季文子问师数于臧武仲，**杨伯峻："臧武仲即臧孙纥，即藏宣叔藏叔许之子。问出多少军队。"**对曰："伐郑之役，知伯实来，**事在去年。知伯，荀罃。**下军之佐也。今彘季亦佐下军，**彘季，士鲂。**如伐郑可也。**如去年伐郑所予之师数。**事大国，无失班爵而加敬焉，礼也。"**盖不少于、亦不浮于去年所予之师数，且于礼节上加敬士鲂。若少于予知伯之师数，则士鲂将谓鲁轻己而生怨；若多于予知伯之师数，则知伯怨。**从之。**

十二月，孟献子会于虚朾，谋救宋也。宋人辞诸侯而请师以围彭城。杜预："不敢烦诸侯，故但请其师。"**孟献子请于诸侯，而先归会葬。**

丁未，葬我君成公，书，顺也。顺，顺利也，未因君薨而更生枝节。

襄公

襄公名午，成公子，母定姒。

襄公元年

【经】

元年春王正月，公即位。杜预：“于是公年四岁。”

仲孙蔑会晋栾黡、宋华元、卫甯殖、曹人、莒人、邾人、滕人、薛人围宋彭城。仲孙蔑，孟献子。栾黡，栾书之子。

夏，晋韩厥帅师伐郑，仲孙蔑会齐崔杼、曹人、邾人、杞人次于鄫。杜预：“鄫，郑地。书次，兵不加郑，次鄫以待晋师。”

秋，楚公子壬夫帅师侵宋。壬夫，子辛。

九月辛酉，十五日。天王崩。

邾子来朝。邾子，邾宣公。

冬，卫侯使公孙剽来聘。杜预：“剽，子叔黑背子。”晋侯使荀罃来聘。罃 yīng。

【传】

元年春己亥，围宋彭城。非宋地，追书也。去年郑、楚同伐宋彭城，以封鱼石，故此时彭城已非宋有。《经》例，于地名前一般不冠国号，此《经》特书“宋彭城”者，因宋志在取彭城，故追书系之宋。此与襄十年《经》“戍郑虎牢”例同，其《传》曰“书曰‘戍郑虎牢’，非郑地也，言将归焉”。**于是为宋讨鱼石，故称宋，且不登叛人也，**此《经》反常例，特书“‘宋’彭城”，而不直书“彭城”，为《春秋》者不承认彭城为鱼石所有也，此所谓“不登叛人”。杜预：“登，成也。”**谓之宋志。**杨伯峻：“隐元年《传》云‘谓之郑志’，此云‘谓之宋志’，皆是探讨某些人之本心而言之。”

彭城降晋，晋人以宋五大夫在彭城者归，寘诸瓠丘。五大夫，鱼石、向为人、鳞朱、向带、鱼府。瓠 hù 丘，晋地。二十六年《传》复述此事曰：“晋降彭城而归诸宋，以鱼石归。”**齐人不会彭城，晋人以为讨。二月，齐大子光为质于晋。**杜预：“光，齐灵公大子。”

夏五月，晋韩厥、荀偃帅诸侯之师伐郑，入其郛，杜预：“荀偃不书，非元帅。”郛 fú，郭也。**败其徒兵于洧上。**徒兵，步兵。洧 wěi，水名。**于是东诸侯之师次于鄫，**东诸侯，齐、鲁、曹、邾、杞。**以待晋师。晋师自郑以鄫之师侵楚焦、夷及陈。晋侯、卫侯次于戚，**戚，卫邑。**以为之援。**杜预：“为韩厥援。”

秋，楚子辛救郑，子辛，公子壬夫。**侵宋吕、留。郑子然侵宋，取犬丘。**

九月，邾子来朝，礼也。

冬，卫子叔、晋知武子来聘，知武子，荀罃。**礼也。凡诸侯即位，小国朝之，**“小国”在此文指邾（邾宣公来朝）。**大国聘焉，**杨伯峻：“卫虽非大国，比于鲁，亦可匹敌。”**以继好结信，谋事补阙，**阙，阙漏过失。**礼之大者也。**

襄公二年

【经】

二年春王正月，葬简王。五月而葬。

郑师伐宋。

夏五月庚寅，十八日。**夫人姜氏薨。**成公夫人齐姜。

六月庚辰，郑伯睔卒。睔 kūn，郑成公。

晋师、宋师、卫甯殖侵郑。杜预：“宋虽非卿，师重，故叙卫上。”

秋七月，仲孙蔑会晋荀罃、宋华元、卫孙林父、曹人、邾人于戚。戚，卫邑。

己丑，十八日。**葬我小君齐姜。**杜预：“齐，谥也。三月而葬，速。”

叔孙豹如宋。豹谥穆，称穆叔，叔孙庄叔得臣之子，叔孙侨如之弟。杜预：“豹于此始自齐还为卿。”

冬，仲孙蔑会晋荀罃、齐崔杼、宋华元、卫孙林父、曹人、邾人、滕人、薛人、小邾人于戚，遂城虎牢。虎牢本郑邑，此时盖属晋。

楚杀其大夫公子申。

【传】

二年春，郑师侵宋，楚令也。杜预：“以彭城故。”

齐侯伐莱，莱人使正舆子赂夙沙卫以索马牛，杨伯峻：

“正舆子，莱之贤大夫。”杜预：“夙沙卫，齐寺人（阉臣）。索，简择（拣择）好者。”**皆百匹，**索马、索牛各百匹。**齐师乃还。君子是以知齐灵公之为“灵”也。**杜预：“《谥法》：乱而不损曰灵。言谥应其行。”灵本褒义字，亦兼有“过于灵”之贬义，谥号之“灵”即为贬义。文元年“谥之曰‘灵’，不瞑；曰‘成’，乃瞑”，襄十三年楚共王自愧寡德，请死后谥己为“灵”或“厉”，可为证。

夏，齐姜薨。初，穆姜使择美槚，穆姜，成公母，齐姜之姑（婆婆），此时尚在。槚 jiǎ，树种名，盖为棺木及颂琴之上等材料。择美槚者，备死葬之用。**以自为榇与颂琴。**榇 chèn，亲身之棺，古代贵族之棺有外棺及内棺，榇即内棺。颂琴当亦死葬之用。**季文子取以葬。**取穆姜所择美槚，用作齐姜之棺。齐姜本穆姜之儿媳，夫成公。穆姜于成十六年要挟成公，使出季、孟，因图谋失败，今已失势，盖季文子因此以报复之。**君子曰：“非礼也。礼无所逆。**逆，违，违背，与顺对。**妇，养姑者也。**妇指儿媳；姑，今谓婆婆。**亏姑以成妇，**以婆婆（穆姜）之棺木葬儿媳（齐姜），是亏姑以成妇也。**逆莫大焉。《诗》曰：‘其惟哲人，告之话言，顺德之行。’**杜预：“哲，知（智）也。话，善也。言知者行事无不顺。”**季孙于是为不哲矣。**杜预：“言逆德。”**且姜氏，君之妣也。**姜氏，穆姜，为襄公之祖母。君指襄公。妣 bǐ，祖母。**《诗》曰：‘为酒为醴，烝畀祖妣。以洽百礼，降福孔偕。’”**杨伯峻：“酒、醴同类物，一夜酿成曰醴，甜酒亦曰醴。”杜预：“烝，进也。”不从。烝，烝祭也。此诗本《周颂·丰年》之句，实谓烝祭之事。杨伯峻：“畀，与也。洽，协也，合也。百礼，意谓所有礼仪。孔，甚也，今言很。”偕，同也。庄七年：“与雨偕也。”《诗·郑风·女曰鸡鸣》：“与子偕老。”《秦风·无衣》：“与子偕行。”杜预：“偕，遍也。”可通，然古人不曰“遍福”，而曰“同福”。襄十一年“同福禄”、昭十二年“同福之不受”、《小雅·蓼萧》“和鸾雝雝，万福攸同”、《采菽》“乐之君子，万福攸同”、《瞻彼洛矣》“福禄既同”，可证。

齐侯使诸姜、宗妇来送葬。据杨伯峻，诸姜为齐国姜姓之女嫁于齐外姓大夫者。杜预："宗妇，同姓大夫之妇。妇人越疆送葬非礼。"或谓诸姜为"诸姜姓国"，故下文"召莱子"，以莱为姜姓国，未必信。孔颖达谓"齐侯召莱子者，不为其姓姜也。以其比邻小国，意陵蔑之，故召之，欲使从送诸姜宗妇来向鲁耳。莱子以其轻侮，故不肯会。"**召莱子，莱子不会，故晏弱城东阳以偪之。**晏弱，晏桓子，晏婴之父。

郑成公疾，子驷请息肩于晋。子驷，公子騑。息，歇也。肩，负担也。楚多求于郑，故请改事晋以避楚之征发。杜预："欲辟楚役，以负担喻。"**公曰："楚君以郑故，亲集矢于其目，**集，中也。成十六年鄢陵之战，吕锜射楚王，中其目。**非异人任，寡人也。**非异人任，非任异人也。任，任负也。异人，他人。鄢陵之战为楚子救郑，故曰楚子所任负者非异人。**若背之，是弃力与言，**弃力，弃楚救郑之力。言，郑、楚盟誓之言。**其谁暱我？免寡人，**免寡人于不义。**唯二三子！"**

秋七月庚辰，郑伯睔卒。于是子罕当国，子驷为政，子国为司马。据十九年《传》，"郑人使子展当国，子西听政，立子产为卿"，"当国"盖即当国政，亦即"为国政"也。"为政"当即"听政"。子国，子产之父。**晋师侵郑，诸大夫欲从晋。子驷曰："官命未改。"**杜预："成公未葬，嗣君未免丧，故言未改。不欲违先君意。"杨伯峻："春秋之制，旧君死，新君于第二年始改元。且此时成公虽死，尚未下葬，嗣君不得发布新令，故曰'官命未改'。"若此时背楚，仍相当于郑成公背楚。

会于戚，谋郑故也。诸侯比年伐郑，郑不服，故为会而谋之。**孟献子曰："请城虎牢以偪郑。"**杨伯峻："虎牢即北制，本属郑，为郑西北国境之险要。此时或已为晋所夺取，故能为之筑城而戍守，藉以迫郑屈服。"**知武子曰：**武子，荀罃。**"善。鄫之会，吾子闻崔子之言，今不来矣。**闻，动词使动用法。谓孟献子使晋闻崔子之言，今齐果不来矣。鄫之会在元年，仲孙蔑会齐崔杼、曹人、邾人、杞人次于鄫以待晋韩厥；盖于韩厥未至之时，崔杼有不满于晋之言，而仲孙蔑告知晋。**滕、薛、小邾之不至，皆齐故也。**三国远晋而偪于齐，故因齐而皆不来。**寡君之忧不唯郑。**杨伯峻："忧郑之外更忧齐。若齐、郑、楚相联盟，则晋难以称霸。故此时不能以全力使郑屈服，因而赞同仲孙蔑之计。"**罃将复于寡君，而请于齐。**杜预："以城事白晋君而请齐会之，欲以观齐志。"**得请而告，**请，请齐城虎牢。若齐人应命，再告诸侯共城虎牢。**吾子之功也。若不得请，**杨伯峻："齐不肯城虎牢。"**事将在齐。**杜预："将伐齐。"**吾子之请，诸侯之福也，**杜预："城虎牢足以服郑，息征伐。"**岂唯寡君赖之？"**

穆叔聘于宋，通嗣君也。杨伯峻："穆叔即叔孙豹，穆是其谥。嗣君指鲁襄公。"

冬，复会于戚，齐崔武子及滕、薛、小邾之大夫皆会，知武子之言故也。杜预："武子言事将在齐，齐人惧，帅小国而会之。"**遂城虎牢，郑人乃成。**杜预："如孟献子之谋。"

楚公子申为右司马，多受小国之赂，以偪子重、子辛，杜预："偪夺其权势。"子重，楚令尹，公子婴齐也。子辛，公子壬夫，盖此时代子反为司马。**楚人杀之。故书曰："楚杀其大夫公子申。"**杜预："言所以致国讨之文。"

襄公三年

【经】

三年春，楚公子婴齐帅师伐吴。

公如晋。

夏四月壬戌，二十五日。公及晋侯盟于长樗。樗chū。杨伯峻："此时襄公仅六、七岁，公卿挟之以与晋盟。长樗，疑是晋都郊区地名。"

公至自晋。

六月，公会单子、晋侯、宋公、卫侯、郑伯、莒子、邾子、齐世子光。己未，二十三日。同盟于鸡泽。

陈侯使袁侨如会。杜预："陈疾楚政而来属晋，本非召会而自来，故言如会。"

戊寅，叔孙豹及诸侯之大夫及陈袁侨盟。杜预："诸侯既盟，袁侨乃至，故使大夫别与之盟。言诸侯之大夫，则在鸡泽之诸侯也。"

秋，公至自会。

冬，晋荀罃帅师伐许。

【传】

三年春，楚子重伐吴，为简之师，杜预："简，选练。"克鸠兹，至于衡山。鸠兹、衡山皆吴地。使邓廖帅组甲三百、被练三千以侵吴。组甲，贾逵、服虔以为以组缀甲，车士服之。甲由无数甲片组成，甲片与甲片由组带穿缀而成之甲衣，谓之组甲，比绳索穿缀成之甲衣更牢固。被练，贾逵以为以帛缀甲，步卒服之。杨伯峻：

"练是煮熟之生丝，柔软洁白，用以穿甲片成甲衣，自较以组穿甲为容易，但不如组带之坚牢。"**吴人要而击之，**要同腰，击邓廖所率师之腰部。**获邓廖。其能免者，**杨伯峻："免，免于死及俘。"**组甲八十、被练三百而已。**

子重归，既饮至，饮至为庆贺之礼，出师有功则行饮至之礼，若出师不利，则不行此礼。楚师虽有邓廖之败且被获，然计功仍大于过，故饮至。**三日，**过饮至三日。**吴人伐楚，取驾。驾，良邑也。邓廖，亦楚之良也。君子谓："子重于是役也，所获不如所亡。"**楚又失良邑，则子重功不抵过。**楚人以是咎子重。**咎，罪也。**子重病之，遂遇心疾而卒。**杜预："忧恚故成心疾。"此心疾为心理疾病，非心脏病。

公如晋，始朝也。公即位首次朝霸主。**夏，盟于长樗。孟献子相，公稽首。知武子曰：**武子，荀罃。**"天子在，**言有天子在上。**而君辱稽首，寡君惧矣。"**稽首，臣事君之礼。诸侯于天子行稽首礼，卿大夫于国君行稽首礼。惧，惧获罪。**孟献子曰："以敝邑介在东表，密迩仇雠，**介，附也。仇雠，齐、楚。**寡君将君是望，**望晋之抚恤庇佑。**敢不稽首？"**

晋为郑服故，郑服在去年。**且欲修吴好，**吴渐强大，不可以视之不见，故欲修好。**将合诸侯。使士匄告于齐曰：**士匄，士燮之子，士会之孙。**"寡君使匄，以岁之不易，**杜预："不易，多难也。"**不虞之不戒，**不虞，不测。不能事先预料，故无从戒备。**寡君愿与一二兄弟相见，**杜预："列国之君相谓兄弟。"**以谋不协，**杨伯峻："不协实暗指齐国。"**请君临之，使匄乞盟。"齐侯欲勿许，而难为不协，乃盟于耏外。**难，患也。杜预："与士匄盟。耏(ér)，水名。"

祁奚请老，老，告老致士，今曰退休。**晋侯问嗣焉。**问嗣，问堪继祁奚职位之人。祁奚此时为中军尉。**称解狐，其雠也，**解狐与祁奚有私仇。**将立之而卒。**晋将立解狐为中军尉，而解狐去世。杨伯峻："立同位。"不从。**又问焉，对曰："午也可。"**杜预："午，祁奚子。"**于是羊舌职死矣，**据成十八年"祁奚为中军尉，羊舌职佐之"，则羊舌职本祁奚之佐。**晋侯曰："孰可以代之？"对曰："赤也可。"**赤，羊舌职长子伯华，叔向之兄。**于是使祁午为中军尉，羊舌赤佐之。**杜预："各代其父。"

君子谓："祁奚于是能举善矣。称其雠，不为谄；非为谄谀于国人。称，举也。**立其子，不为比；**非为亲比于己之故。**举其偏，不为党。**非为朋结私党。偏，佐也。**《商书》曰：'无偏无党，王道荡荡。'**杜预："荡荡，平正无私。"**其祁奚之谓矣！解狐得举，**杜预："未得位，故曰得举。"**祁午得位，伯华得官，建一官而三物成，**杜预："一官，军尉。物，事也。"**能举善也。夫唯善，故能举其类。**《周易》之《泰》、《否》所谓"拔茅出汇"者，言拔举善人可以带来善人，举用不善者亦可带来不善者。**《诗》云：'惟其有之，是以似之。'祁奚有焉。"**谚所谓，"有其君必有其臣，有其父必有其子"。杜预："言唯有德之人能举似己者。"

六月，公会单顷公及诸侯。己未，同盟于鸡泽。

晋侯使荀会逆吴子于淮上，吴子不至。吴子，寿梦。

楚子辛为令尹，子重卒，子辛代之。**侵欲于小国。陈成公使袁侨如会求成，**杜预："患楚侵欲。袁侨，涛涂四世孙。"**晋侯使和组父告于诸侯。**杜预："告陈服。"**秋，叔孙豹及诸侯之大夫及陈袁侨盟，陈请服也。**

晋侯之弟扬干乱行于曲梁，行，行列之行。杜预："行，陈次。"杨伯峻："军行。"**魏绛戮其仆。**仆，御，司机也。**晋侯怒，谓羊舌赤曰："合诸侯以为荣也。**合诸侯为荣耀之事。**扬干为戮，何辱如之？**戮扬干之仆等于戮扬干，戮扬干等于辱晋侯。何辱如之，言何等之侮辱比得上如此之侮辱。**必杀魏绛，无失也！"**无失，勿失之也，即无使逃逸也。下文“有罪不逃刑”，即对此言。**对曰：“绛无贰志，**壹以事君。**事君不辟难，**谋君事，不逃避祸难。**有罪不逃刑，其将来辞，**杨伯峻：“辞，有所言说也。”**何辱命焉？”**杨伯峻：“言不必晋侯遣杀之。”**言终，魏绛至，授仆人书，**仆人与上文“戮其仆”之仆不同，杜预：“仆人，晋侯御仆。”据杨伯峻，御仆为侍于君前主管接受官吏之紧急奏事之官属。**将伏剑。**伏剑，自杀也。伏即“伏罪”、“伏辜”之伏，疑即“中项伏弢”之伏，仆倒也。**士鲂、张老止之。公读其书曰：“日君乏使，**杨伯峻：“缺乏使唤者。”**使臣斯司马。**斯，此也，是也。**臣闻师众以顺为武，**杨伯峻：“师众犹言师旅，顺谓服从军纪军令。”**军事有死无犯为敬。**杜预：“守官行法，虽死不敢有违。”**君合诸侯，臣敢不敬？君师不武，**谓扬干乱行。行列不整即是不武。**执事不敬，**莅官行法，不能尽职整肃军旅则是不敬。**罪莫大焉。臣惧其死，**执事不敬有死罪。**以及扬干，**言“戮其仆”。**无所逃罪。**戮之有辱君之罪，舍之有不武不敬之罪，故曰“无所逃罪”。**不能致训，**不能致训于师众。盖扬干乖戾不顺，魏绛引以自责，非不能致训也。**至于用钺。**言不得已。**臣之罪重，敢有不从，**杨伯峻：“不从，谓不从刑戮。”**以怒君心，请归死于司寇。”**司寇，刑官，主刑戮。**公跣而出，**跣 xiǎn，光脚也，古人在室不穿鞋。杨伯峻：“晋悼恐魏绛自杀，赤足而出。”**曰：“寡人之言，**谓（说）羊舌赤之言。**亲爱也；**亲，亲戚之亲，指扬干。亲爱，同义词连用，犹言亲亲也。春秋之礼，亲亲为大。**吾子之讨，军礼也。**言公私不相及。**寡人有弟，弗能教训，使干大命，**干，犯也。**寡人之过也。子无重寡人之过，**重 chóng。若听魏绛死，是再犯过。**敢以为请。”**杜预：“请使无死。”

晋侯以魏绛为能以刑佐民矣，反役，自鸡泽返。**与之礼食，使佐新军。张老为中军司马，**代魏绛。**士富为候奄。**杜预：“代张老。士富，士会别族。”

楚司马公子何忌侵陈，陈叛故也。

许灵公事楚，不会于鸡泽。冬，晋知武子帅师伐许。

襄公四年

【经】

四年春王三月己酉，陈侯午卒。

夏，叔孙豹如晋。豹，穆叔。

秋七月戊子，二十八日。**夫人姒氏薨。**杜预："成公妾，襄公母。"

葬陈成公。

八月辛亥，二十二日。**葬我小君定姒。**杜预："定，谥也。赴同祔姑，反哭成丧，皆以正夫人之礼，母以子贵。逾月而葬，速。"

冬，公如晋。

陈人围顿。

【传】

四年春，楚师为陈叛故，犹在繁阳。杜预："前（去）年何忌之师侵陈，今犹未还。繁阳，楚地。"**韩献子患之，言于朝曰："文王帅殷之叛国以事纣，唯知时也。**杜预："知时未可争。"**今我易之，难哉！"**杜预："晋力未能服楚，受陈为非时。"

三月，陈成公卒。楚人将伐陈，闻丧乃止。杜预："军礼不伐丧。"**陈人不听命。**杜预："不听楚命。"**臧武仲闻之，**武仲，臧宣叔之子臧纥。**曰："陈不服于楚，必亡。大国行礼焉，**

而不服，在大犹有咎，而况小乎？”咎，殃也。

夏，楚彭名侵陈，陈无礼故也。

穆叔如晋，穆叔，叔孙豹。**报知武子之聘也，**荀罃聘鲁在元年。**晋侯享之。金奏《肆夏》之三，不拜。**杨伯峻：“金奏，以钟镈奏之，以鼓节之。”《肆夏》，乐曲名。据《鲁语下》，《肆夏》之三为《肆夏》、《樊遏》、《渠》。不拜，穆叔不拜谢。**工歌《文王》之三，又不拜。**杜预：“工，乐人也。《文王》之三，《文王》、《大明》、《绵》。”杨伯峻：“歌非徒歌，亦有音乐。”**歌《鹿鸣》之三，三拜。**杜预：“《小雅》之首《鹿鸣》、《四牡》、《皇皇者华》。”三拜者，每歌一曲，拜谢一次。**韩献子使行人子员问之，**杜预：“行人，通使之官。”**曰：“子以君命，辱于敝邑。先君之礼，藉之以乐，**《周易·大过》“藉用白茅”，藉，铺垫，承托也，在此文可引申为抚，慰也。**以辱吾子。吾子舍其大，**大指《肆夏》之三及《文王》之三。**而重拜其细，**重chóng，重拜在此为三拜之义。下文又有两“重拜”，一为再拜，一为三拜。则两次（再）及两次以上皆可曰“重”。细指《鹿鸣》之三。**敢问何礼也？”对曰：“三《夏》，天子所以享元侯也，**元侯，侯伯，霸主。杜预：“元侯，牧伯。”**使臣弗敢与闻。《文王》，两君相见之乐也，使臣不敢及。《鹿鸣》，君所以嘉寡君也，敢不拜嘉？**杨伯峻：“拜谢晋君之嘉好鲁君。”《鹿鸣》，义取“我有嘉宾”之句，叔孙奉命而来，嘉叔孙是嘉鲁君也。**《四牡》，君所以劳使臣也，敢不重拜？**杜预：“《诗》言使臣乘四牡，騑騑然行不止，勤劳也。晋以叔孙来聘，故以此劳之。”**《皇皇者华》，君教使臣曰：‘必谘于周。’**“谘”今《诗》作“咨”。杜预：“当谘于忠信，以补己不及。忠信为周。”《皇皇者华》有“周爰咨周”、“周爰咨谋”、“周爰咨度”、“周爰咨询”之句，故有下文之言。**臣闻之：‘访问于善为咨，**善，善人。**咨亲为询，**杜预：“问亲戚之义。”是也。春秋有五教之礼，政之大节也。**咨礼为度，**礼，百事之善道曰礼，礼非仪也。**咨事为诹，**诹 zōu。杜预："问政事。"**咨难为谋。'**杜预："问患难。"**臣获五善，敢不重拜？"**

秋，定姒薨。不殡于庙，无榇，不虞。礼，唯国君及夫人殡于庙，妾则不然，定姒实成公之妾。杜预："榇，亲身棺。季孙以定姒本贱，既无器备，议其丧制，欲殡不过庙，又不反哭。"杨伯峻："虞，祭礼。死者葬后，生者返殡宫祭祀而安死者之灵，谓之虞礼。虞礼必哭，又曰反哭。"**匠庆谓季文子曰：**杜预："匠庆，鲁大匠。"杨伯峻："古代匠多是木工。"是也。此匠庆乃鲁公室之木匠，庆是匠之名。**"子为正卿，而小君之丧不成，不终君也。**杨伯峻："母以子贵，定姒为襄公生母，故匠谓之为'小君'，并请以夫人之丧成之。终为送终。不终君者，谓不使鲁襄公终其生母之丧也。"文十五年"丧，亲之终也。虽不能始，善终可也"，故尽其丧礼为善终之。**君长，谁受其咎？"**杜预："言襄公长将责季孙。"

初，季孙为己树六檟于蒲圃东门之外。杜预："蒲圃，场圃名。季文子树檟，欲自为榇。"**匠庆请木，**木，为定姒做榇之木料。**季孙曰："略。"**杜预："不以道取为略。"**匠庆用蒲圃之檟，季孙不御。**御，阻止也。杜预："《传》言遂得成礼，故《经》无异文。"**君子曰："《志》所谓'多行无礼，必自及也'，其是之谓乎！"**此责季孙之言。

冬，公如晋听政，杜预："受贡赋多少之政。"是也。**晋侯享公。公请属鄫，**请使鄫属己为附庸国，欲使之助己出贡赋。**晋侯不许。孟献子曰："以寡君之密迩于仇雠，**仇雠，齐、楚。**而愿固事君，**固，坚也。**无失官命。**不失晋官于鲁征发之命。杨伯峻："官命，晋君之令。晋有征发，供应无缺。"**鄫无赋于司马，**鄫不向晋献贡赋（盖鄫微小故），故鲁欲因之助己出致晋之贡赋。杜预："晋司马又掌诸侯之赋。"**为执事朝夕之命敝邑，**言晋多求于诸侯。**敝邑褊小，**《说文》"褊，衣小也"，此引为小。**阙而为罪，**阙，不供也。**寡君是以愿借助焉。"**

杨伯峻："大国剥削小国，小国又剥削更小之国。"**晋侯许之。**

楚人使顿间陈而侵伐之，顿，近陈之小国。杜预："间，伺间缺。"**故陈人围顿。**

无终子嘉父使孟乐如晋，杜预："无终，山戎国名。孟乐，其使臣。"**因魏庄子纳虎豹之皮，以请和诸戎。**据杨伯峻，嘉父或为山戎诸国之魁首，故能代表诸戎。魏庄子，魏绛。**晋侯曰："戎狄无亲而贪，**无亲，不亲亲。**不如伐之。"魏绛曰："诸侯新服，陈新来和，将观于我。**观德于我。**我德则睦，**睦于我。**否则携贰。**携贰，背离我。**劳师于戎，而楚伐陈，必弗能救，是弃陈也，诸华必叛。**诸华，中国。**戎，禽兽也，获戎失华，无乃不可乎！《夏训》有之曰：'有穷后羿——'"**杨伯峻据日本中井积德谓："魏绛之语未竟，下文是晋悼突然插问。"是也。杨伯峻："有穷，部落名。后，君也。即当时酋长。"杜预："有穷，国名。羿，有穷君之号。"或言"部落"，或言"国"，皆不误。**公曰："后羿何如？"对曰："昔有夏之方衰也，后羿自鉏迁于穷石，因夏民以代夏政。**因，凭借，依靠。代，取代。杜预："禹孙大康淫放失国，夏人立其弟仲康。仲康亦微弱。仲康卒，子相立，羿遂代相，号曰有穷。"**恃其射也，不修民事，**射，善射。民事，政事。**而淫于原兽。**言淫溺于田猎。淫，百事过度皆曰淫，今则专指淫于色。原，田原，原野。**弃武罗、伯困、熊髡、龙圉，**杜预："四子皆羿之贤臣。"**而用寒浞。寒浞，伯明氏之谗子弟也。伯明后寒弃之，**杜预、杨伯峻皆以寒为国（部落）名，伯明为寒君之名，窃疑伯明氏为部落名，寒为其君名。**夷羿收之，**杨伯峻："夷乃种族名。"夷羿即后羿。**信而使之，**使，任使。**以为己相。浞行媚于内，**杜预："内，宫人。"杨伯峻亦主此义，且谓浞早与羿妻妾相通。**而施赂于外，愚弄其民，而虞羿于田，**虞，掌管山泽鸟兽之官隶，亦兼佐助国君田猎。《周易·屯》"即（逐）鹿无虞"是也。虞本名词，此作动词用，助……田猎之义。杨伯峻："虞同娱。"古人盖误解《周易·中孚》"虞吉。有它不燕"之"虞"为"娱"，后"虞"遂有"娱"之义，然此解未必信。《中孚》之九二曰"鸣鹤在阴，其子和之。我有好爵，吾与尔靡之"，言有佐伴（虞）也。其六三曰"得敌，或鼓或罢，或泣或歌"，有众之谓。其六四曰"月几望，马匹亡，无咎"，言圆聚也。失马，则不能去，得遂久聚。其九五曰"有孚挛如"，诚信团结也。其上九"翰音登于天"，离孤之象也。诸句皆谓得人与失人，不能证成"虞"为"娱"之义。**树之诈慝，以取其国家，外内咸服。羿犹不悛，**杜预："悛，改也。"杨伯峻："《小尔雅》：悛，觉也。"**将归自田，**自田猎返归国都。**家众杀而亨之，**杨伯峻："家众即原为弈之家众而被浞收买者。"亨同烹，煮也。**以食其子。**使其子食其父（后弈）之肉。**其子不忍食诸，**杨伯峻："'诸'作'之'用。"**死于穷门。**杜预："杀之于国门。"**靡奔有鬲氏。**杜预："夏遗臣事羿者。有鬲，国名。"**浞因羿室，**杜预："就其妃妾。"室，妻妾也。**生浇及豷，**豷 yì。**恃其谗慝诈伪，而不德于民。使浇用师，灭斟灌及斟寻氏。**杜预："二国，夏同姓诸侯，仲康之子后相所依。"**处浇于过，处豷于戈。**杜预："过、戈，皆国名。"**靡自有鬲氏，收二国之烬，**杜预："烬，遗民。"**以灭浞而立少康。**杜预："少康，夏后相子。"**少康灭浇于过，后杼灭豷于戈。**杜预："后杼，少康子。"**有穷由是遂亡，**杜预："浞因弈室，故不改有穷之号。"**失人故也。昔周辛甲之为大史也，命百官，官箴王阙。**杜预："辛甲，周武王大史。"杨伯峻："箴（zhēn）乃诫谏之义。阙，过失也。"**于《虞人之箴》曰：**虞人，见上文。**'芒芒禹迹，画为九州，**芒芒，广大浩荡貌。画、为皆动词，画，划也；为，犹言建、制也，不可解作"成"。**经启九道。**杨伯峻："《周礼·遂人》郑注：'经，制分界也。'经启，经略而开通。九道，九言其多。"**民有寝庙，**杜预："人、神各有所归。"杨伯峻："生有寝，死有庙。"**兽有茂草，各有攸处，**攸，所也。**德用不扰。**杨伯峻："用，因也。扰，乱也。"**在帝夷羿，**

冒于原兽，忘其国恤，而思其麀牡。冒，贪也。恤，忧也。杨伯峻："麀音忧，牝鹿。牡，公兽。麀牡泛指禽兽。"**武不可重，**杜预："重，犹数也。"杨伯峻："田猎亦可谓武。重，谓多、累次。"是也。**用不恢于夏家。**恢，弘也，大也。**兽臣司原，敢告仆夫。'**杜预："兽臣，虞人。告仆夫，不敢斥尊。"杨伯峻："仆夫疑（即）三年《传》文之仆人。"可信。**《虞箴》如是，可不惩乎？"**惩，惩戒。**于是晋侯好田，故魏绛及之。**杜预："及后羿事。"

公曰："然则莫如和戎乎？"对曰："和戎有五利焉：戎狄荐居，杨伯峻："荐，同薦，草也。当时所谓戎狄，基本上以游牧为生。"**贵货易土，**杨伯峻："重视财货，轻视土地。"**土可贾焉，一也。**杨伯峻："其土地可以买来。"**边鄙不耸，民狎其野，穑人成功，二也。**耸，惧也。狎，昵就也。穑，稼穑之穑。**戎狄事晋，四邻振动，诸侯威怀，三也。**威怀，畏威怀德。**以德绥戎，师徒不勤，甲兵不顿，四也。**绥，安抚。勤，劳也。顿与锐相对，刀剑、士气等锋利曰锐，否曰顿。**鉴于后羿，而用德度，**杨伯峻："德度，道德法则。"**远至迩安，五也。君其图之！"公说，使魏绛盟诸戎，修民事，田以时。**田，猎也。以时，不违时。

冬十月，邾人、莒人伐鄫。鄫将为附庸于鲁，盖二国反对鲁属鄫，故伐鄫。**臧纥救鄫，侵邾，败于狐骀。**臧纥，武仲也。狐骀 tái，邾地。**国人逆丧者皆髽。**杜预："髽（zhuā），麻发合结也。遭丧者多，故不能备凶服，髽而已。"**鲁于是乎始髽，国人诵之曰："臧之狐裘，**杜预："臧纥时服狐裘。"然戎事固有戎服，于礼臧纥不宜服狐裘，杜不可信。且杨伯峻又谓，周十月（今公历九月），非穿狐裘之时。或臧纥好着狐裘，国人皆知，今败于狐骀，因有此谓。**败我于狐骀。我君小子，**杜预："襄公幼弱，故曰小子。"可信。杨伯峻："时襄公有生母定姒之丧，古人可称君为小子。"然定姒非国之大君，于小君之丧，嗣君无"在丧称子"之礼。此时襄公即位已四年，且定姒既葬于八月，春秋之礼，既葬称爵，杨说误。**朱儒是使**。朱儒，今作侏儒。杜预：“臧纥短小，故曰朱儒。”古之“短”即今之“矮”，古人谓“高矮”为“长短”。**朱儒！朱儒！使我败于邾。”**

襄公五年

【经】

五年春，公至自晋。

夏，郑伯使公子发来聘。公子发，字子国，子产之父。

叔孙豹、鄫世子巫如晋。为属鄫之事。

仲孙蔑、卫孙林父会吴于善道。

秋，大雩。

楚杀其大夫公子壬夫。壬夫，子辛。

公会晋侯、宋公、陈侯、卫侯、郑伯、曹伯、莒子、邾子、滕子、薛伯、齐世子光、吴人、鄫人于戚。

公至自会。

冬，戍陈。杜预：“诸侯在戚会，皆受命戍陈，各还国遣戍，不复有告命，故独书鲁戍。”

楚公子贞帅师伐陈。杨伯峻：“贞，庄王子子囊。”

公会晋侯、宋公、卫侯、郑伯、曹伯、莒子、邾子、滕子、薛伯、齐世子光救陈。

十有二月，公至自救陈。

辛未，二十日。**季孙行父卒。**

【传】

五年春，公至自晋。

王使王叔陈生愬戎于晋，愬sù，诉也。杜预："王叔，周卿士也。戎陵虣周室，故告愬于盟主。"**晋人执之。士鲂如京师，言王叔之贰于戎也。**杜预："王叔反有二心于戎，失奉使之义，故晋执之。"

夏，郑子国来聘，通嗣君也。嗣君谓郑僖公，襄三年即位。

穆叔觌鄫大子于晋，以成属鄫。杜预："觌（dí），见也。前（去）年请属鄫，故将鄫大子巫如晋以成之。"**书曰："叔孙豹、鄫大子巫如晋。"言比诸鲁大夫也。**鄫大子与叔孙豹并列书之，故言比之如鲁大夫。

吴子使寿越如晋，寿越，吴大夫。**辞不会于鸡泽之故，**杜预："三年会鸡泽，实不至，今来谢之。"**且请听诸侯之好。**杜预："更请会。"听，受也。**晋人将为之合诸侯，使鲁、卫先会吴，且告会期。**杜预："以其道远，故使鲁、卫先告期。"**故孟献子、孙文子会吴于善道。**杜预："二子受晋命而行。"

秋，大雩，旱也。杜预："雩，夏祭，所以祈甘雨，若旱则又修其礼，故虽秋雩，非书过也。"是。

楚人讨陈叛故，杜预："讨，治也。"**曰："由令尹子辛实侵欲焉。"**子辛侵欲于陈，陈不堪其负担，遂叛楚。**乃杀之。书曰："楚杀其大夫公子壬夫。"贪也。君子谓："楚共王于是不刑。《诗》曰：'周道挺挺，**杨伯峻："周道，大路。挺挺，言其笔直。"**我心扃扃。**杜预："扃扃，明察也。"**讲事不令，集人来定。'**杜预："讲，谋也。言谋事不善，当聚致贤人以定之。"**己则无信，而杀人以逞，不亦难乎？《夏书》曰：'成允成功。'"**杜预："允，信也。言信成然后有成功。"

九月丙午，二十三日。**盟于戚，会吴，且命戍陈也。**

穆叔以属鄫为不利，盖因属鄫而招至邾、莒之怨，弊大于利，故曰不利。**使鄫大夫听命于会。**使鄫大夫以独立国之身份与会，此又欲摆脱鄫之属鲁，故鄫见于戚之会。

楚子囊为令尹。范宣子曰：宣子，士匄，士燮之子。**“我丧陈矣！**言将不能保有陈。**楚人讨贰而立子囊，**杨伯峻：“讨贰即上章讨陈叛故。”**必改行，**杜预：“改子辛所行。”**而疾讨陈。**疾，猛烈也。**陈近于楚，民朝夕急，能无往乎？**往谓服楚。**有陈，非吾事也，无之而后可。”**强有之，非事之宜。

冬，诸侯戍陈。子囊伐陈。十一月甲午，十二日。**会于城棣以救之。**

季文子卒。大夫入敛，公在位。宰庀家器为葬备。宰，季氏家宰。庀 pǐ，具也，陈也。言具家器为陪葬之物。**无衣帛之妾，无食粟之马，无藏金玉，无重器备。**杨伯峻：“器备，一切用具。无重，仅一具，无双份。”重者，谓两件或两件以上。**君子是以知季文子之忠于公室也。相三君矣，**三君：宣、成、襄。**而无私积，可不谓忠乎？**

襄公六年

【经】

六年春王三月，壬午，二日。**杞伯姑容卒。**

夏，宋华弱来奔。来奔，来奔鲁。杜预：“华椒孙。”

秋，葬杞桓公。

滕子来朝。

莒人灭鄫。

冬，叔孙豹如邾。

季孙宿如晋。季孙宿，行父之子，嗣父为卿。

十有二月，齐侯灭莱。

【传】

六年春，杞桓公卒，始赴以名，同盟故也。杜预：“杞入《春秋》，未尝书名，桓公三与成同盟，故赴以名。”

宋华弱与乐辔少相狎，狎，违背尊卑亲疏之礼节，过度亲昵曰狎。**长相优，**因相狎致相轻侮。优，俳（pái）优之优，调戏、戏弄也。**又相谤也**。谤，诽谤，毁谤。**子荡怒，**杜预：“子荡，乐辔也。”**以弓梏华弱于朝**。以弓套入华弱之颈项，若桎梏然。**平公见之，曰：“司武而梏于朝，难以胜矣！”**司武即司马之变辞，华弱时为司马，司马主军法，因谓之司武。主管武事而被梏于朝，是不堪其任也，故曰难以胜敌。**遂逐之。夏，宋华弱来奔。司城子罕曰：**司城即司空。杨伯峻：“据《檀弓下》孔《疏》引《世本》，子罕为戴公六世孙。此时当国。”**“同罪异罚，非刑也。专戮于朝，**戮，刑也。言子荡私用刑于朝。**罪孰大焉？”亦逐子荡。子荡射子罕之门，曰：“几日而不我从！”**杜预：“言我射女门，女亦当以不胜任见逐。”杨伯峻：“谓不久我亦将使汝被逐出国。”**子罕善之如初**。

秋，滕成公来朝，始朝公也。

莒人灭鄫，鄫恃赂也。此有二说，杜预谓“鄫有贡赋之赂在鲁，恃之而慢莒，故灭之”，赂谓赂鲁。另据四年冬，邾、莒伐鄫，邾师为主，鲁师救鄫大败，鲁既不能救鄫，鄫必当赂邾以求免（或者并赂及莒或者莒未得赂），鄫因恃赂，莒遂灭之。

冬，穆叔如邾，聘，且修平。四年鲁败师于邾，今因莒灭鄫故，鲁、邾复修好。鲁、邾、莒皆觊觎得鄫之利，今鄫竟为莒灭，故鲁、邾修好，今所谓“没有永远的敌人，只有永恒的利益”。

晋人以鄫故来讨，曰："何故亡鄫？"鄫尚未脱离鲁，即为莒所灭。**季武子如晋见，且听命。**杜预："始代父为卿，见大国，且谢亡鄫。听命，受罪。"

十一月，齐侯灭莱，莱恃谋也。杜预："赂夙沙卫之谋也。事在二年。"**于郑子国之来聘也，**子国聘鲁在去年。**四月，晏弱城东阳，而遂围莱。甲寅，堙之环城，傅于堞。**杜预："堞，女墙也。堙（yīn），土山也。周城为土山，及女墙。"**及杞桓公卒之月，**今年三月。**乙未，**十五日。**王湫帅师及正舆子、棠人军齐师，**杜预："王湫（jiǎo），故齐人，成十八年奔莱。正舆子，莱大夫。棠，莱邑也。三人帅别邑兵来解围。"**齐师大败之。丁未，**二十七日。**入莱。莱共公浮柔奔棠。正舆子、王湫奔莒，莒人杀之。四月，陈无宇献莱宗器于襄宫。**杜预："无宇，桓子，陈完玄孙。襄宫，齐襄公庙。"**晏弱围棠，十一月丙辰，而灭之。**杨伯峻："棠仅莱之一邑，《传》郑重举其月日而言'灭之'，自是因莱君在此，莱君为之死。"**迁莱于郳。**杨伯峻："迁莱民于郳，非迁莱君。"郳当为齐地。**高厚、崔杼定其田。**莱灭则土地尽归齐，故勘定其疆土。杜预："高厚，高固子。"

襄公七年

【经】

七年春，郯子来朝。

夏四月，三卜郊，不从，乃免牲。杜预："称牲，既卜日也。卜郊，又非礼也。"

小邾子来朝。

城费。

秋，季孙宿如卫。

八月，螽。

冬十月，卫侯使孙林父来聘。壬戌，二十一日。**及孙林父盟。**

楚公子贞帅师围陈。

十有二月，公会晋侯、宋公、陈侯、卫侯、曹伯、莒子、邾子于鄬。杜预：“谋救陈，陈侯逃归，不成救，故不书救也。鄬，郑地。”**郑伯髡顽如会，未见诸侯，丙戌，**十六日。**卒于鄵。**杜预：“实为子驷所弑，以疟疾告，故不书弑。如会，会于鄬也。未见诸侯，未至会所而死。鄵（cào），郑地。”

陈侯逃归。

【传】

七年春，郯子来朝，始朝公也。即位初次来朝。

夏四月，三卜郊，不从，乃免牲。孟献子曰：孟献子，仲孙蔑。**“吾乃今而后知有卜、筮。夫郊，祀后稷以祈农事也。**杜预：“郊，祀后稷以配天。后稷，周始祖，能播殖者。”**是故启蛰而郊，**启蛰谓蛰虫启户之时节，相当于后世之惊蛰，于是近春耕之时。**郊而后耕。今既耕而卜郊，宜其不从也。”**杨伯峻：“卜用龟。孟献子此语盖赞美龟壳有神灵，卜郊过时，龟壳自然三次不同意。”

南遗为费宰。费，季氏采邑。**叔仲昭伯为隧正，**杜预：“隧正，主役徒。昭伯，叔仲惠伯之孙。”**欲善季氏，**季氏强故。**而求媚于南遗，谓遗：“请城费，吾多与而役。”**此实为求媚于季氏也。与，予也。役，筑城之役徒。**故季氏城费。**

小邾穆公来朝，亦始朝公也。

秋，季武子如卫，武子，季孙宿，季文子（行父）之子。**报子叔之聘，**卫子叔来聘在襄元年，至今七年始报之。**且辞缓报，非贰也。**

冬十月，晋韩献子告老。告老致仕。献子，韩厥。**公族穆子有废疾，**穆子，韩无忌之谥。杜预："穆子，韩厥长子，成十八年为公族大夫。"废疾者，或谓不治之疾，或谓残废。**将立之。**使嗣韩厥为卿。**辞曰："《诗》曰：'岂不夙夜？谓行多露。'**谓，云也，言也。行 háng，道路也。自忖不胜早夜之露，故不行早夜。喻己有废疾，自量不胜任，恐堕公事。**又曰：'弗躬弗亲，庶民弗信。'**言莅官行法，不能亲力亲为，则不能取信于民。此仍指己有废疾，不能躬亲大政。**无忌不才，让，其可乎？请立起也！**杜预："无忌，穆子名。起，无忌弟宣子也。"**与田苏游，而曰'好仁'。**杜预："田苏，晋贤人。苏言起好仁。"**《诗》曰：'靖共尔位，好是正直。神之听之，介尔景福。'**介，介甲之介，引为"被"也。杜预："介，助也。景，大也。"**恤民为德，正直为正，**（前）正，动词，校正。直，形容词。（后）正，形容词。正直者，如立板杆，板杆必直，始能为用，然立之又必使正，不使倾斜，此所谓正直使正也。直者未必正，是故正之，人亦如物。**正曲为直，**正，矫正。**参和为仁。**参同三。杜预："德、正、直三者备，乃为仁。"**如是，则神听之，介福降之。**杨伯峻："介，大也。与《诗·小雅·楚茨》'报以介福'之介同义。"**立之，不亦可乎？"**

庚戌，九日。**使宣子朝，**朝，莅职也。**遂老。**韩厥退休。**晋侯谓韩无忌仁，使掌公族大夫。**为公族大夫之长。

卫孙文子来聘，且拜武子之言，杜预："缓报非贰之言。"**而寻孙桓子之盟。**杨伯峻："桓子，即孙良夫，文子之父。其聘鲁且盟在成三年。"**公登亦登。**登，登阶也。言与鲁襄并登。杜预："礼，登阶，臣后君一等。"**叔孙穆子相，趋进曰："诸**

侯之会，寡君未尝后卫君。言鲁侯不在卫侯之下。杜预："敌体并登（体位匹敌始能并登）。"**今吾子不后寡君，**孙文子为大夫而与鲁襄并登。**寡君未知所过。吾子其少安！"**少读稍。安，候也。欲使稍候鲁君先登。**孙子无辞，**无辞，不辞谢。**亦无悛容。**悛 quān，悔改也。

穆叔曰："孙子必亡。为臣而君，杨伯峻："与君相并行，若己亦是国君然。"**过而不悛，亡之本也。《诗》曰：'退食自公，委蛇委蛇。'**退食自公即自公退食。委蛇 yí，舒放不约束貌。杨伯峻："从容自得貌。"此文取《诗》反面之义，谓在公则不敢委蛇，故曰"谓从者也"。**谓从者也。**从，顺从。**衡而委蛇，必折。"**衡，横也。横，不顺也。杜预："横不顺道，必毁折。"

楚子囊围陈，会于鄬以救之。杜预："晋会诸侯。"

郑僖公之为大子也，于成之十六年与子罕适晋，成，鲁成公。**不礼焉。**不礼子罕，非不礼于晋。**又与子丰适楚，亦不礼焉。**不礼子丰。杨伯峻："子罕、子丰皆郑穆公子，较僖公长二辈。"**及其元年朝于晋。**郑僖即位于襄三年。**子丰欲愬诸晋而废之，子罕止之。及将会于鄬，子驷相，又不礼焉。**又不礼子驷。**侍者谏，不听；又谏，杀之。**杀进谏之侍者。**及鄵，子驷使贼夜弑僖公，而以疟疾赴于诸侯。**杜预："《传》言《经》所以不书弑。"**简公生五年，**杜预："僖公子。"**奉而立之。**

陈人患楚。杜预："楚围陈故。"**庆虎、庆寅谓楚人曰："吾使公子黄往而执之。"**杜预："二庆，陈执政大夫。公子黄，哀公弟。"**楚人从之。**杨伯峻："执公子黄。"**二庆使告陈侯于会，**杜预："鄬之会。"**曰："楚人执公子黄矣！君若不来，群臣不忍社稷宗庙，**杨伯峻："谓不忍国家之亡。"**惧有二图。"**杨伯峻："谓将改立从楚之君。"**陈侯逃归。**杜预："鄬会所以不书救。"

襄公八年

【经】

八年春王正月，公如晋。

夏，葬郑僖公。

郑人侵蔡，获蔡公子燮。

季孙宿会晋侯、郑伯、齐人、宋人、卫人、邾人于邢丘。

公至自晋。

莒人伐我东鄙。

秋九月，大雩。

冬，楚公子贞帅师伐郑。

晋侯使士匄来聘。

【传】

八年春，公如晋，朝，且听朝聘之数。杨伯峻本杜预，谓朝聘之数指朝聘所用贡献财币之数，是也。

郑群公子以僖公之死也，谋子驷。杨伯峻："谋杀子驷。"子驷先之。杨伯峻："先下手。"夏四月庚辰，十二日。辟杀子狐、子熙、子侯、子丁。杜预："辟，罪也，加罪以戮之。"孙击、孙恶出奔卫。

庚寅，二十二日。郑子国、子耳侵蔡，杜预："子耳，子良之子。"获蔡司马公子燮。郑人皆喜，唯子产不顺，子产，公孙侨，子国之子。不顺，不从，违也。曰："小国无文德，而有

武功，祸莫大焉。楚人来讨，杨伯峻：“蔡，楚之与国。侵蔡即向楚挑衅。”**能勿从乎？**从，屈从楚。**从之，**之，楚也。**晋师必至。晋、楚伐郑，自今郑国不四五年，弗得宁矣。”子国怒之曰：“尔何知？国有大命，**杜预：“大命，起师行军之命。”**而有正卿。童子言焉，将为戮矣。”**

五月甲辰，七日。**会于邢丘，以命朝聘之数，**朝聘之数，见上文。庄二十三年：“会以训上下之则，制财用之节。”财用指贡赋。节，制也。**使诸侯之大夫听命。季孙宿、齐高厚、宋向戌、卫甯殖、邾大夫会之。郑伯献捷于会，**杜预：“献蔡捷也。”**故亲听命。大夫不书，尊晋侯也。**杜预：“晋悼复文、襄之业，制朝聘之节，俭而有礼，德义可尊，故退诸侯大夫以崇之。”

莒人伐我东鄙，以疆鄫田。杜预：“莒既灭鄫，鲁侵其西界，故伐鲁东鄙，以正其封疆。”

秋九月，大雩，旱也。

冬，楚子囊伐郑，讨其侵蔡也。

子驷、子国、子耳欲从楚，子孔、子蟜、子展欲待晋。子孔，穆公子，十九年获罪被杀。子蟜，子游之子公孙虿。子展，子罕之子公孙舍之。待晋，待晋来救。**子驷曰：“《周诗》有之曰：‘俟河之清，**河，黄河。黄河自古浑浊。**人寿几何？兆云询多，**云，多也。《郑风·出其东门》：“出其东门，有女如云。”《齐风·敝笱》：“齐子归止，其从如云。”卜问之果曰兆，访问之果曰询。此“兆询”与哀二年“谋协，以故兆询可也”之“兆询”同义。《尚书·大禹谟》“询谋佥同”，询谋亦指咨询与谋议之结果而言。**职竞作罗。’**杜预：“言既卜且谋多，则竞作罗网之难，无成功。”《小雅·十月之交》有“职竞由人”，《大雅·桑柔》有“职竞用力”。职竞，盖犹汲汲、竞相、争相之义。哀二十三年“使肥与有职竞焉”之职竞，当为职竞之本义，即职务繁剧，而在此文，则为其引申义。**谋之多族，民之多违，**言与谋之人越多，意见越分歧。杜预："族，家也。"**事滋无成。**言事愈难成。滋，益也。**民急矣，**言不能待。此针对上文"欲待晋"之言。**姑从楚以纾吾民。**纾，缓也。**晋师至，吾又从之。敬共币帛，**共同供。**以待来者，小国之道也。牺牲玉帛，待于二竟，**竟同境。杨伯峻："二境，楚来及晋来之郑边境。"**以待强者而庇民焉。寇不为害，**言虽寇而不为害。兵自外来曰寇。**民不罢病，**罢pí，疲也。**不亦可乎？"**

子展曰："小所以事大，信也。小国无信，兵乱日至，日至，不日而至。**亡无日矣。五会之信，**杜预："谓三年会鸡泽，五年会戚，又会城棣，七年会鄬，八年会邢丘。"**今将背之，虽楚救我，将安用之？**言失信得楚，无所用。**亲我无成，鄙我是欲，**杨伯峻："成，终也。楚之亲我将无好结果，反欲以我为其边鄙县邑。"**不可从也。不如待晋。晋君方明，四军无阙，**杨伯峻："四军，晋有中、上、下、新四军。无阙谓乘卒甲兵完备。"**八卿和睦，**每军二卿。**必不弃郑。楚师辽远，**辽，远也。**粮食将尽，必将速归，何患焉？舍之闻之：**舍之，子展名。**'杖莫如信。'**所杖莫如杖信，言唯信可以杖恃。**完守以老楚，杖信以待晋，不亦可乎？"子驷曰："《诗》云：'谋夫孔多，是用不集。**孔，甚也。集，成也，中也。**发言盈庭，谁敢执其咎？**言莫敢任其祸患。**如匪行迈谋，是用不得于道。'**匪，非也，不与也。行háng，道路也。迈，行（xíng）也，行人。《小雅·小宛》"我日斯迈，尔月斯征"、《鲁颂·泮水》"无小无大，从公于迈"、《唐风·蟋蟀》"今我不乐，日月其迈"、《尚书·秦誓》"日月逾迈"。行迈，路行（xíng）人也。谋，问也，此特指问路。言若不与道上人问路，将不能得己欲行之道路。行迈谋，谓所问得其人也。《诗》又"筑室与道谋"，筑室而谋问于过路人，则是所问非人也。**请从楚，騑也受其咎。"乃及楚平。**

使王子伯骈告于晋，杜预："伯骈，郑大夫。"**曰："君命敝邑：'修而车赋，儆而师徒，**杨伯峻："车赋犹言车乘。"儆，戒也。**以讨乱略。’**成二年“侵败王略”，略，经略法度也。**蔡人不从，敝邑之人不敢宁处，悉索敝赋，**悉，尽也。索，搜索，犹今收罗也。赋，军队及武备也。**以讨于蔡，获司马燮，献于邢丘。今楚来讨曰：‘女何故称兵于蔡？’**称，举也。**焚我郊保，**杨伯峻：“保，今作堡。郊保，郊外之小城堡。”**冯陵我城郭。**冯 píng，亦陵也。杜预：“冯，迫也。”**敝邑之众，夫妇男女，不遑启处，**遑，暇也。杜预：“启，跪也。”杨伯峻：“小跪曰启，古人坐即席地而跪。”处，盖即今之坐也。襄二十一年“食其肉而寝处其皮矣”。**以相救也。翦焉倾覆，**杨伯峻：“翦焉，状语，倾覆沈陷貌。”**无所控告。**杜预：“控，引也。”**民死亡者，非其父兄，即其子弟。夫人愁痛，不知所庇。**夫人，其人，那些人，此指民人之死父兄子弟者。夫人仍指民人。**民知穷困，而受盟于楚，孤也与其二三臣不能禁止。不敢不告。”**郑欲归其叛楚之罪于民以向晋解说，故下段晋驳之曰：“君之所欲也，谁敢违君。”

知武子使行人子员对之曰：武子，中军帅荀罃。**“君有楚命，**杜预：“见讨之命。”**亦不使一个行李告于寡君，**杜预：“一个，独使也。行李，行人也。”**而即安于楚。**即安，就安也，言行为轻率不慎重，就己之便也。僖三十三年：“薨于小寝，即安也。”昭二十八年“有求于人而即其安”、“即安于甥舅”。定四年：“下臣何敢即安。”**君之所欲也，谁敢违君？寡君将帅诸侯以见于城下，唯君图之！”**

晋范宣子来聘，宣子，士匄。**且拜公之辱，**拜谢襄公今春之朝晋。**告将用师于郑。**

公享之，宣子赋《摽有梅》。摽 biào，击也。哀十二年“长木之毙，无不摽也”、《邶风·柏舟》“静言思之，寤辟有摽”。《摽有梅》，诗言行人摇击其树使梅落，梅喻女子，谓众士人追求己当及时，莫待己老谢。此则望鲁能及时出兵共伐郑。**季武子曰：“谁敢哉？**杨伯峻：“谁敢不及时。”**今譬于草木，**杨伯峻：“宣子赋《摽有梅》，故季武子以草木为喻。”**寡君在君，**在，于也，相对于。君指晋君。**君之臭味也。**杨伯峻：“臭音嗅。臭味，气味也。意谓鲁君对于晋君，晋君为花与果实，鲁君只是其臭味，既以尊晋，又喻两国情同一体。”**欢以承命，何时之有？”**何迟速之有。**武子赋《角弓》。**义取其‘兄弟昏姻，无胥远矣’。**宾将出，武子赋《彤弓》。**宾，士匄也。杜预：“《彤弓》，天子赐有功诸侯之诗。欲使晋君继文（晋文公）之业。”**宣子曰：“城濮之役，**在僖二十八年。**我先君文公献功于衡雍，受彤弓于襄王，以为子孙藏。匄也，先君守官之嗣也，**先君守官指其父祖。**敢不承命？”**言己嗣父祖为卿，不敢废命，欲匡晋君。**君子以为知礼。**

襄公九年

【经】

九年春，宋灾。天火曰灾。

夏，季孙宿如晋。

五月辛酉，二十九日。**夫人姜氏薨。**姜氏，穆姜，成公母。

秋八月癸未，二十三日。**葬我小君穆姜。**四月而葬。

冬，公会晋侯、宋公、卫侯、曹伯、莒子、邾子、滕子、薛伯、杞伯、小邾子、齐世子光伐郑。十有二月己亥，同盟于戏。杜预：“伐郑而书同盟，则郑受盟可知。戏，郑地。”

楚子伐郑。

【传】

九年春，宋灾。乐喜为司城以为政。乐喜，子罕。司城即司空。为政，知国政。**使伯氏司里，**杨伯峻："此文凡言'使'，皆子罕使之。杜注：'伯氏，宋大夫。'司里非官名。里即里巷，城内居民点。司里者，管辖城内街巷。"**火所未至，彻小屋，涂大屋；**杨伯峻："大屋不易彻，且彻之损失大，故以泥土涂之，可使火不易燃。"**陈畚挶，**杨伯峻："挶即梮，音菊，舁（抬）土之器。梮或是以二木为之，贯穿畚之两耳，二人抬之以运土。陈，列也。将二物列成行，便于取用。"**具绠缶，**杜预："绠，汲索也。缶，汲器。"**备水器；**杨伯峻："水器，盛水之器，如盆、甕、罃之类。"**量轻重，**杜预："计人力所任。"**蓄水潦，**杨伯峻："蓄为储备。潦音劳，积水。蓄水潦者，备汲取也。"**积土涂；**涂，泥也。**巡丈城，**杨伯峻："丈城为一词，即城郭四周。"可信。**缮守备，**修治防守之备，惧或因灾而启内乱外寇。**表火道。**立物为表，以标示火之路径及趋向，使人趋避标示区域。以上皆国都内火所采取之防御应对措施，由伯氏主管。**使华臣具正徒，**杜预："华臣，华元子，为司徒。正徒，役徒也，司徒之所主也。"**令隧正纳郊保，**杨伯峻："此文凡言'令'，是华臣等大官令其所属。保为隧内之小城堡。纳郊保者，调集郊堡之徒卒送之于国都。"隧正，主役徒之官。七年"叔仲昭伯为隧正"。**奔火所。**奔国都救火。**使华阅讨右官，**杜预："亦华元子，代元为右师。讨，治也。"**官庀其司。**杨伯峻："庀音痞，治也，具也。句谓子罕使华阅督促其官属，各尽其责。"**向戌讨左，亦如之。**亦子罕使向戌讨左官，官庀其司。**使乐遄庀刑器，亦如之。**杨伯峻："乐遄为司寇，是刑官。具备刑具，于大火中有为非犯禁之人，所以刑之。亦如之，各尽其职责。"**使皇郧命校正出马，**杜预："皇郧，皇父充石之后。"校正，主调驯乘马之总官。**工正出车，**工正，百工之长。车，战车。战车属工事，为工正所管辖。**备甲兵，庀武守。**备敌寇。**使西鉏吾庀府守。**杜预："鉏吾，太宰也。"杨伯峻："庀同庇，保护。"不从。府，杜预"六官之典”；孔颖达引刘炫说，则以为府库之守藏。府与库之所藏不同，且不论，府之所藏自然包括典籍与宝器等珍贵之物，哀三年鲁之火灾，救府者再言出其典籍，未言及宝器，盖府者又有专藏典籍之府。**令司宫、巷伯儆宫**。杜预：“司宫，奄臣。巷伯，寺人。皆掌宫内之事。”儆，戒也。**二师令四乡正敬享，**二师，左师、右师。杨伯峻：“盖宋都有四乡，每乡一乡正，即乡大夫。敬享，享，祀也。此敬享自是祭祀群神。”**祝、宗用马于四墉，**杜预：“祝，大祝。宗，宗人。墉，城也。用马祭于四城以禳火，城积阴之气，故祀之。”**祀盘庚于西门之外**。杨伯峻：“殷商十世之君，宋或以之为远祖。盘庚迁都于今河南安阳市安阳河两岸之殷墟，宋都今商丘市，殷墟在其西北，故祀于西门之外。”

晋侯问于士弱曰：“吾闻之，宋灾于是乎知有天道。杨伯峻引俞樾谓：“句意谓宋因灾而知天道，非谓宋知天道而预知火灾。”是也。人道师乎天道，天道即大自然之规律法则。**何故？”对曰：“古之火正，或食于心，或食于咮，以出内火**。食，配食。咮 zhòu，星名，柳宿。内，纳也。**是故咮为鹑火，心为大火**。鹑火，柳、星、张三宿；大火，大火星，即心宿二。大火星非太阳系之火星。杜预：“谓火正之官配食于火星。建辰之月（农历三月），鹑火星昏，在南方，则令民放火。建戌之月（农历九月），大火星伏在日下，夜不得见，则令民内火，禁放火。”据《礼记·郊特牲》“季春出火，为焚也”，焚，盖为春耕而烧荒也。**陶唐氏之火正阏伯居商丘，**杜预：“陶唐，尧有天下号。”杨伯峻：“阏（è）伯相传为高辛氏之苗裔。”阏伯又见昭元年《传》。**祀大火，**祭大火星。**而火纪时焉**。杨伯峻：“以大火星为辰，视其移动之迹而定时节。”**相土因之，**杜预：“相土，契孙，商之祖也。始代阏伯之后居商丘，祀大火。”**故商主大火**。杨伯峻：“殷商以大火为祭祀主星。”**商人阅其祸败之衅，**《说文》：“阅，察也。”衅，发端，端倪，苗头。**必始于火，是以日知其有天道也。”**杨伯峻：“日，往日。句意谓殷商仅是总结其祸败多缘于火，因而过去自认已掌握自然规律（天道）。”**公曰：“可必乎？”**杨伯峻：“晋悼公又问，此种历史经验总结可肯定乎。”**对曰：“在道。**杨伯峻：“意谓不可一定，而在乎国家治乱之道。”**国乱无象，不可知也。”**杨伯峻：“谓国政紊乱，上天不示预兆，亦不可认识。”

夏，季武子如晋，报宣子之聘也。晋士匄来聘在八年。

穆姜薨于东宫。穆姜，成公之母，襄公祖母，成十六年欲废成公而败，被迁至东宫。**始往而筮之，**始往，始往东宫。**遇《艮》䷳之八。**《艮》下《艮》上为《艮》卦。“之八”，尚不得解，前人之说无可信者，姑置之。**史曰：“是谓《艮》之《随》䷐。**《震》下《兑》上为《随》卦。《艮》之《随》者，五爻皆变，唯六二不变。**《随》，其出也。**《随》为从随之卦，故史以为有随出之象。杜预：“史谓《随》非闭固之卦。”**君必速出。”**劝其从《随》而行（谋出）。**姜曰：“亡。**杜预：“亡犹无也。”**是于《周易》曰：‘《随》，元、亨、利、贞，无咎。’元，体之长也；**元，在《周易》，《坤》与《复》之交接点为天道之元，即《六十四卦图》之冬至点。元是天道的元本位，天道周期的起始点与归宿点。人首曰元，万物之首皆可曰元，故曰元为体之长。**亨，嘉之会也；**天道归元而复，复则阳生而聚，阳为新生的积极力量，以之为嘉类，故曰亨嘉之会也。疑“亨”可读作“烹”，烹引申有聚贤举义之象。万事首开元，元立乾坤定，元既立，嗣则为开工举事，盖《易》以“烹”比万事之开工，故“烹”是食材（工料、人才）嘉之会。**利，义之和也；**利以平民，事以利为归，利以义为规。昭十年“义，利之本也”、成二年“义以生利”、成十六年“义以建利”，则利乃义之果，义和则利成，故不义之所得不可曰利。**贞，事之干也。**贞，正也，坚正。僖九年“送往事居，耦俱无猜，贞也”。盖元、亨、利、贞乃“阳气”之发展所必须奉从之根本要素，故四者皆是对“阳气”而言。干，体也，与“支”对，又引为“本”也。**体仁足以长人，**体能奉仁，则可为人之长。**嘉德足以合礼，利物足以和义，贞固足以干事。**干，犹主也。**然，**然，是也。“然”

是穆姜对上文所言之肯定。**故不可诬也，**诬，欺也。**是以虽《随》无咎。**言有四德者，遇《随》而行始能无咎。**今我妇人而与于乱。**与，从也。乱指通侨如，谋出季、孟，欲废成公诸事。**固在下位而有不仁，**妇人卑于丈夫，故曰固在下位。不仁仍指乱国之事。**不可谓元。不靖国家，不可谓亨。**靖，安也。言乱国违背亨德。**作而害身，不可谓利。弃位而姣，**杨伯峻："穆姜私通宣伯，修饰为美色，故曰弃位而姣。姣，美也，好也。"**不可谓贞。有四德者，《随》而无咎。**言有四德者，从《随》之兆而行无咎。**我皆无之，岂《随》也哉？我则取恶，能无咎乎？必死于此，弗得出矣。"**

秦景公使士雃乞师于楚，雃 qiān。**将以伐晋，楚子许之。子囊曰："不可。当今吾不能与晋争。晋君类能而使之，**类，分类。人各有能，有不能，视其所擅长而用之相关领域。襄三十一年"子产之从政也，择能而使之：冯简子能断大事；子大叔美秀而文；公孙挥能知四国之为；裨谌能谋……"可为此证。**举不失选，官不易方。**举，所举者；官，所官者。选，良选，择选。昭五年："韩起之下，赵成、中行吴、魏舒、范鞅、知盈……皆诸侯之选也。"官不易方，所官者不违治理之方。**其卿让于善，其大夫不失守，**不失职守。**其士竞于教，**竞，务也，力争也。**其庶人力于农穑。商、工、皂、隶不知迁业。**各安其业。**韩厥老矣，**老，退休。**知罃禀焉以为政。**禀，奉，承也。闵二年："禀命则不威，专命则不孝。"昭二十六年："先王所禀于天地以为其民也。"《尚书·说命》："王言惟作命，不言，臣下罔攸禀令。"**范匄少于中行偃而上之，**中行偃使范匄居己上。匄 gài。**使佐中军。**杜预："使匄佐中军，偃将上军。"**韩起少于栾黡，而栾黡、士鲂上之，**杨伯峻："栾黡宜为上军佐，栾黡让，又使士鲂；士鲂亦让，乃使韩起为之。"**使佐上军。魏绛多功，以赵武为贤，而为之佐。**让赵武为新军将，己为其佐。**君明臣忠，上让下竞。当是时也，晋不可敌，事之而后可。君其图之！"王曰：**

“吾既许之矣。许之，许秦。**虽不及晋，必将出师。”**

秋，楚子师于武城以为秦援。武城，楚地。**秦人侵晋，晋饥，弗能报也。**

冬十月，诸侯伐郑。杜预：“郑从楚也。”**庚午，**十一日。**季武子、齐崔杼、宋皇郧从荀罃、士匄门于鄟门。**鲁、齐、宋从晋中军。高士齐谓，鄟门为郑东门。**卫北宫括、曹人、邾人从荀偃、韩起门于师之梁，**卫、曹、邾从晋上军。杨伯峻：“《地名攷略》谓师之梁为郑西门。”**滕人、薛人从栾黡、士鲂门于北门。**二国从晋下军。**杞人、郳人从赵武、魏绛斩行栗。**杜预：“二国从新军。行栗，表道树。”**甲戌，**十五日。**师于氾，**杜预：“众军还聚氾。氾，郑地，东氾。”**令于诸侯曰：“修器备，**杜预：“兵器、战备。”**盛餱粮，**杨伯峻：“盛音成。餱粮，干粮。”**归老幼，居疾于虎牢，**疾，伤疾者。**肆眚，围郑。”**肆，赦也。杜预：“肆，缓也。”眚，过也。

郑人恐，乃行成。行成，求和。**中行献子曰：“遂围之，**杨伯峻：“上文只命令围郑，荀偃欲竟围郑。”**以待楚人之救也而与之战。**与楚战。**不然，无成。”**不败楚，郑仍将叛。**知武子曰：**武子，中军帅荀罃。**“许之盟而还师，以敝楚人。**敝，疲敝也。郑与晋盟，楚必伐郑。晋、郑毗邻，晋能骤来讨郑，楚则不能，欲以此战略疲敝楚师。**吾三分四军，**杜预：“分四军为三部。”**与诸侯之锐以逆来者，**诸侯之锐，诸侯助晋之师。来者，楚师。**于我未病，楚不能矣，**杜预：“晋各一动而楚三来，故曰不能。”**犹愈于战。**胜于与楚决战。**暴骨以逞，不可以争。**决战伤亡大，故曰暴骨。杨伯峻：“暴今作曝，曝露白骨。言争胜不在于力战，而在于智谋。”**大劳未艾。**杨伯峻：“艾，止息也。言将有大劳在后，此刻仍须蓄力。”**君子劳心，小人劳力，先王之制也。”诸侯皆不欲战，乃许郑成。十一月己亥，**十日。**同盟于戏，郑服也。**

将盟，郑六卿公子騑、子驷。公子发、子国。公子嘉、子孔。公孙辄、子耳。公孙虿、子蟜。公孙舍之及其大夫、门子皆从郑伯。舍之，子展。杜预："门子，卿之適子。"晋士庄子为载书，庄子，士弱，士渥浊之子。为，撰写。杜预："载书，盟书。"曰："自今日既盟之后，郑国而不唯晋命是听，而或有异志者，有如此盟。"公子騑趋进曰："天祸郑国，使介居二大国之间。介，附也。二大国，晋、楚。大国不加德音，而乱以要之，乱，兵乱。要，约也，约盟。使其鬼神不获歆其禋祀，杨伯峻："《说文》：'歆（xīn），神食气也。'禋（yīn），《说文》：'洁祀也。'"其民人不获享其土利，夫妇辛苦垫隘，杨伯峻："垫隘犹委顿，羸弱之极也。"无所厎告。厎，致也。自今日既盟之后，郑国而不唯有礼与强可以庇民者是从，而敢有异志者，亦如之。"杜预："亦如此盟。"荀偃曰："改载书。"告神之言必载于盟书，晋恶子驷之盟辞，欲使郑改之。公孙舍之曰："昭大神，昭，明也，示也。昭十三年："昭明于神。"要言焉。要，约也。要言，盟誓。若可改也，大国亦可叛也。"谓既告于神，则不可更改。知武子谓献子曰："我实不德，而要人以盟，杨伯峻："要，要挟。"岂礼也哉？非礼，何以主盟？姑盟而退，修德息师而来，息师，将息、休整军队。终必获郑，何必今日？我之不德，民将弃我，岂唯郑？若能休和，远人将至，何恃于郑？"言纵不有郑，亦可固霸主之位。乃盟而还。

晋人不得志于郑，以诸侯复伐之。十二月癸亥，五日。门其三门。闰月戊寅，济于阴阪，侵郑。阪 fǎn。次于阴口而还。阴口，郑地。子孔曰："晋师可击也，师老而劳，且有归志，必大克之。"子展曰："不可。"

公送晋侯。晋侯以公宴于河上，问公年，河上，黄河边。

年，年龄，岁也。**季武子对曰：“会于沙随之岁，寡君以生。”**沙随之会在成十六年。**晋侯曰：“十二年矣！**十二岁矣。**是谓一终，一星终也。**星，木星也，古谓岁星。一终谓木星绕太阳运行一周。木星的公转周期是11.86年，春秋时则以为岁星十二年行一周天，且用之纪年，十二年为一纪。一星终谓木星的一个周期完成。**国君十五而生子。冠而生子，礼也。**冠，冠礼，古之成人礼。杜预：“冠，成人之服，故必冠而后生子。”**君可以冠矣！大夫盍为冠具？”**盍，何不。杨伯峻：“冠具指行冠礼之用具。”**武子对曰：“君冠，必以祼享之礼行之，**杨伯峻：“祼（guàn），以配合香料煮成之酒倒之于地，使受祭者或宾客嗅到香气。享亦作飨。祼享即具有祼之仪式之飨礼。”**以金石之乐节之，**金石，钟磬也。节，节其礼仪。**以先君之祧处之。**祧 tiāo，庙也。**今寡君在行，未可具也。请及兄弟之国而假备焉。”**假通借，下同。**晋侯曰：“诺。”公还，及卫，冠于成公之庙，**成公，卫成公。**假钟磬焉，礼也。**

楚子伐郑，杜预：“与晋成故。”**子驷将及楚平。子孔、子蟜曰：“与大国盟，口血未干而背之，可乎？”**盟必歃血，歃血即以口微饮牲血。口血未干谓唇上所沾之歃血未干，极言时间短。**子驷、子展曰：“吾盟固云：‘唯强是从。’今楚师至，晋不我救，则楚强矣。盟誓之言，岂敢背之？且要盟无质，**质，信也。杨伯峻：“要挟之盟，固无诚信可言。”**神弗临也，**神不监临。**所临唯信。**神临者唯诚信之盟。**信者，言之瑞也，**杜预：“瑞，符也。”瑞、符，徵信之物，人所佩也。文以“信”借为“言”之佩饰。**善之主也，是故临之。明神不蠲要盟，**蠲 juān，洁也。**背之可也。”乃及楚平。公子罢戎入盟，同盟于中分。**杜预：“中分，郑城中里名。罢戎，楚大夫。”

楚庄夫人卒，庄夫人，共王之母。**王未能定郑而归。**定，训定。

晋侯归，谋所以息民。魏绛请施舍，输积聚以贷。

杨伯峻："输，委输，今言转运。"积聚，财货粮食之聚积不流通者。**自公以下，苟有积者，尽出之。国无滞积，**杜预："散在民。"**亦无困人。**杜预："不匮乏。"**公无禁利，**禁利，垄断之利。杨伯峻："川泽山林之利与民共。"**亦无贪民。**杜预："礼让行。"**祈以币更，**杨伯峻："祈祷不用牺牲，以皮币代之。"**宾以特牲，**杨伯峻："款待贵宾，只用一种牲畜。一牲曰特。"是也。**器用不作，**杨伯峻："不作新器，只用旧物。"**车服从给。**够用，足用曰给。从给，不求多余。**行之期年，**期年，一周年。**国乃有节。**言百事有节制、有度也。**三驾而楚不能与争。**驾，套车马也。杜预："三驾，三兴师。谓十年师于牛首，十一年师于向，其秋观兵于郑东门。自是郑遂服。"

襄公十年

【经】

十年春，公会晋侯、宋公、卫侯、曹伯、莒子、邾子、滕子、薛伯、杞伯、小邾子、齐世子光会吴于柤。柤 zhā。

夏，五月甲午，八日。**遂灭偪阳。**杜预："偪阳，妘姓国。因柤会而灭之，故曰遂。"

公至自会。

楚公子贞、郑公孙辄帅师伐宋。

晋师伐秦。报去年秦侵晋。

秋，莒人伐我东鄙。

公会晋侯、宋公、卫侯、曹伯、莒子、邾子、齐世子光、滕子、薛伯、杞伯、小邾子伐郑。杜预："齐世子光先至于师，为盟主所尊，故在滕上。”

冬，盗杀郑公子騑、公子发、公孙辄。騑，子驷，子西之父。发，子国，子产之父。辄，子耳，子良（公子去疾）之子。

戍郑虎牢。

楚公子贞帅师救郑。

公至自伐郑。

【传】

十年春，会于柤，会吴子寿梦也。杜预：“寿梦，吴子乘。”**三月癸丑，**二十六日。**齐高厚相大子光以先会诸侯于钟离，不敬。士庄子曰：“高子相大子以会诸侯，将社稷是卫，而皆不敬，**杜预：“厚与光俱不敬。”**弃社稷也，其将不免乎！”**

夏四月戊午，初一。**会于柤。**

晋荀偃、士匄请伐偪阳，而封宋向戌焉。宋事晋殷，向戌或于去年伐郑有功，故欲灭偪阳赐向戌。**荀罃曰：“城小而固，胜之不武，弗胜为笑。”固请。丙寅，**九日。**围之，弗克。孟氏之臣秦堇父辇重如役。**杜预：“堇（jǐn）父，孟献子家臣。步挽重车以从师。”**偪阳人启门，诸侯之士门焉。**杜预：“见门开，故攻之。”**县门发，**县同悬，悬门不曰开闭，而曰启发。“发”本“放”之义。**郰人纥抉之以出门者。**郰 zōu。纥 gē。杜预：“纥，郰邑大夫，仲尼父叔梁纥也。”抉，在悬门降至较低高度时，纥以两手臂下垂，反掌向上托悬门之下缘以制之使勿下，攻入门内者因得从其下钻出。襄十七年“以杙抉其伤而死”，哀十六年“抉豫章以杀人而后死”。**狄虒弥建大车之轮，**狄虒 sī 弥，鲁人。建，造也。建者，比其式样而不以其制，故所建之轮当大于大车之轮。**而蒙之以甲，**以甲蒙覆此车轮。**以为橹，**杜预：“橹，大盾。”**左执之，右拔戟，**拔犹执也、捉也。

以成一队。士卒从狄虒弥之橹，列一纵队前进。一队者，或谓五十人，较可信，或谓百人，更有谓两百人者，不可信。**孟献子曰："《诗》所谓'有力如虎'者也。"主人县布，**主人，偪阳人。县同悬。杜预："偪阳人县布以试外勇者。"**堇父登之，及堞而绝之。**杨伯峻："堇父缘布登城，守城者俟堇父及墙垛，断布而使堇父坠地。"**队，**队同坠。**则又县之，**守城者又悬布。**苏而复上者三。**堇父坠地有短暂昏厥，苏缓复缘布登三次，主人皆绝其布。**主人辞焉，**杨伯峻："守城者服其勇，向堇父辞谢。"**乃退，带其断以徇于军三日。**杜预："带其断布以示勇。"

诸侯之师久于偪阳，荀偃、士匄请于荀罃曰："水潦将降，惧不能归，请班师。"班，还也。杨伯峻又谓"旋也"，非，旋谓得胜而归。**知伯怒，**知伯，荀罃。**投之以机，**"机"同"几"，昭元年"围布几筵"、昭五年"设机而不倚"。杨伯峻谓几大，未必可投，不可信，《传》"投盖于稷门"，又"搏人以投"，岂不更大于几？**出于其间，**出偃、匄之间。**曰："女成二事而后告余。**杜预："二事，伐偪阳、封向戌。"**余恐乱命，**乱命，在上愎谏自专，在下违忤不顺，弗和弗同，乱命所由生。**以不女违。女既勤君而兴诸侯，**杨伯峻："勤君，使晋君勤劳。"是也。**牵帅老夫以至于此，既无武守，**杨伯峻："武守犹言坚守武攻。"**而又欲易余罪，**杨伯峻："易，施也，延也。易余罪犹言归罪于我。"**曰：'是实班师，不然克矣。'**此知罃假定二人将嫁罪于己之言。**余羸老也，可重任乎？**杨伯峻："邲之战被楚所俘，此为主帅又战而不胜，故曰重任。任，任罪。"**七日不克，必尔乎取之！"**杜预："言当取女以谢不克之罪。"谓将杀二子。**五月庚寅，**四日。**荀偃、士匄帅卒攻偪阳，亲受矢石。**杜预："躬在矢石间。"石，取乱石纳于城上，用击攻城者。**甲午，**八日。**灭之。书曰"遂灭偪阳"，言自会也。**

以与向戌，向戌辞曰："君若犹辱镇抚宋国，而以

偪阳光启寡君，群臣安矣，其何贶如之？言无有大于此贶者。**若专赐臣，是臣兴诸侯以自封也，其何罪大焉？**言罪无有大于是者。**敢以死请。”乃予宋公。**

宋公享晋侯于楚丘，请以《桑林》。杨伯峻：“殷有《桑林》之乐，此天子之乐，而宋沿用之。此宋请以《桑林》之乐舞于飨晋悼时用之。”**荀罃辞。**杨伯峻：“荀罃辞让，不敢当此。”**荀偃、士匄曰：“诸侯宋、鲁，于是观礼。**杜预：“宋，王者后；鲁以周公故，皆用天子礼乐，故可观。”杨伯峻：“诸侯之中，鲁用周天子之禘礼，宋用殷商之王礼，故他国人往观之。”**鲁有禘乐，宾祭用之。**杨伯峻：“鲁用周王之禘乐，于享大宾及大祭时用之。”**宋以《桑林》享君，不亦可乎？”**杨伯峻：“宾能观鲁之禘乐，则晋侯亦能享宋之《桑林》。”**舞，**杨伯峻：“舞《桑林》也。”**帅题以旌夏。**杨伯峻：“师为乐队之帅，率乐队以入。旌夏，旌旗之一种，以雉羽缀于杆首，羽又染以五色。句谓乐帅举旌夏引乐人以入。乐帅为行首，犹人之初见额，题，额也，故云‘题以’云云。”题者，犹文章之先见标题、文体演出等大型活动先有开幕式，师为乐队之首，又举旌夏于己前自幕后出，旌夏乃观众第一眼所见到者，故谓旌夏为演出之“题”。**晋侯惧而退入于房。**杜预：“旌夏非常，卒见之，人心偶有所畏。”**去旌，卒享而还。**杨伯峻：“仍受《桑林》之乐舞，但去其太甚之旌夏。”**及著雍，疾。**杜预：“晋侯疾也。著雍，晋地。”**卜，桑林见。**卜晋侯之疾，兆现桑林之神。**荀偃、士匄欲奔请祷焉。**欲还奔宋祷于桑林之神。**荀罃不可，曰：“我辞礼矣，彼则以之。**杨伯峻：“以，用也。我辞不用桑林，宋仍用之。”**犹有鬼神，于彼加之。”**犹，仍也。杨伯峻：“犹，假如。知罃似不信有鬼神，但亦不正面反驳。于彼加之，谓加祸殃于宋。”**晋侯有间，**杨伯峻：“不祷而愈。”**以偪阳子归，献于武宫，**武宫，晋武公庙。**谓之夷俘。偪阳，妘姓也。使周内史选其族嗣，纳诸霍人，礼也。**杜预：“霍，晋邑。内史，掌爵禄废置者。使选偪阳宗族贤者，令居霍，奉妘姓之祀。善不灭姓，故曰礼也。使周史者，示有王命。”

师归，孟献子以秦堇父为右。杜预：“嘉其勇力。”**生秦丕兹，事仲尼。**

六月，楚子囊、郑子耳伐宋，师于訾毋。訾 zī 毋，宋地。**庚午，**十四日。**围宋，门于桐门。**

晋荀罃伐秦，报其侵也。

卫侯救宋，师于襄牛。襄牛，卫地。**郑子展曰：“必伐卫，不然，是不与楚也。得罪于晋，又得罪于楚，国将若之何？”子驷曰：“国病矣！”**杜预：“师数出，疲病也。”**子展曰：“得罪于二大国，必亡。病不犹愈于亡乎？”诸大夫皆以为然。故郑皇耳帅师侵卫，**杜预：“皇耳，皇戌子。”**楚令也。**言奉楚命侵卫。

孙文子卜追之，之，郑师。文子，林父。**献兆于定姜。**杨伯峻：“定姜，卫定公妻，献公之母。”**姜氏问繇。**繇 zhòu，所卜得之兆辞。杨伯峻：“兆只是灼龟壳之裂纹，其兆各有繇辞。”**曰：“兆如山陵，有夫出征，而丧其雄。”**雄，首领也。**姜氏曰：“征者丧雄，御寇之利也。大夫图之！”卫人追之，孙蒯获郑皇耳于犬丘。**孙蒯 kuài，林父之子。

秋七月，楚子囊、郑子耳伐我西鄙。还，围萧，杜预：“萧，宋邑。”**八月丙寅，**十一日。**克之。九月，子耳侵宋北鄙。**

孟献子曰：“郑其有灾乎！师竞已甚。竞，强也，强戾。已，太也。**周犹不堪竞，况郑乎？**杜预：“周，谓天王。”**有灾，其执政之三士乎！”**杜预：“郑简公幼少，子驷、子国、子耳秉政，故知三士任其祸也。”

莒人间诸侯之有事也，事，讨郑之事。**故伐我东鄙。**

诸侯伐郑。齐崔杼使大子光先至于师，故长于滕。己酉，二十五日。**师于牛首。**牛首，郑地。

初，子驷与尉止有争，将御诸侯之师而黜其车。杜预：

"御牛首师也。黜，减损。"**尉止获，**杜预："获囚俘。"**又与之争。子驷抑尉止曰："尔车非礼也。"**抑，压制。杜预："言女车犹多，过制。"或子驷既黜尉止之车，故尉止之车不合礼制，尉止之车不合礼制本因子驷之黜，子驷反又责其车非礼，故阻止其献，此明欺之也。《传》言子驷思旧怨。**遂弗使献。初，子驷为田洫，司氏、堵氏、侯氏、子师氏皆丧田焉，**田洫，政令之名。杜预："洫，田畔沟也。子驷为田洫以正封疆，而侵四族田。"堵氏当即洩氏；子师氏当即子人氏。**故五族聚群不逞之人，因公子之徒以作乱。**不逞，不得志。杨伯峻："公子之徒指八年子驷所辟杀子狐、子熙、子侯、子丁之族党。因，凭藉。"

于是子驷当国，杜预："当国谓专大政。"**子国为司马，子耳为司空，子孔为司徒。冬十月戊辰，**十四日。**尉止、司臣、侯晋、堵女父、子师仆帅贼以入，晨攻执政于西宫之朝，杀子驷、子国、子耳，**子耳，子良之子。**劫郑伯以如北宫。子孔知之，**子孔，公子嘉。**故不死。书曰"盗"，言无大夫焉。**杜预："尉止等五人皆士也。大夫谓卿。"

子西闻盗，不儆而出，子西，公孙夏，子驷之子。儆，申戒其家。**尸而追盗。**尸，动词。收其父尸，然后追盗。**盗入于北宫，乃归授甲。**归，返家。**臣妾多逃，**杨伯峻："臣妾即其家之男女奴隶。"**器用多丧。子产闻盗，**子产，公孙侨，子国之子。**为门者，**置守门者。**庀群司，**杜预："具众官。"**闭府库，慎闭藏，完守备，成列而后出，**杨伯峻："以其私族之兵列队而出。"**兵车十七乘，尸而攻盗于北宫。**先收其父之尸，然后攻盗。**子蟜帅国人助之，**子蟜，公孙虿，子游之子。**杀尉止、子师仆，盗众尽死。侯晋奔晋，堵女父、司臣、尉翩、司齐奔宋。**杜预："尉翩，尉止子。司齐，司臣子。"

子孔当国，杜预："代子驷。"**为载书，以位序，听政辟。**

辟，法也。杜预：“自群卿诸司各守其职位，以受执政之法，不得与朝政。”**大夫、诸司、门子弗顺，**杨伯峻：“大夫谓诸卿，诸司谓各主管部门，门子谓卿之適子。”**将诛之。**杜预：“子孔欲诛不顺者。”**子产止之，请为之焚书。**杜预：“既止子孔，又劝令烧除载书。”**子孔不可，曰：“为书以定国，众怒而焚之，是众为政也，国不亦难乎？”**杜预：“难以至治。”**子产曰：“众怒难犯，专欲难成，合二难以安国，**难皆音男。二难，众怒、专欲。**危之道也。不如焚书以安众，子得所欲，**杨伯峻：“当国政。”**众亦得安，不亦可乎？专欲无成，犯众兴祸，子必从之。”**言必当焚书。**乃焚书于仓门之外，众而后定。**杜预：“不于朝内烧，欲使远近见所烧。”

诸侯之师城虎牢而戍之。晋师城梧及制，杜预：“欲以偪郑也。”**士鲂、魏绛戍之。书曰“戍郑虎牢”，非郑地也，言将归焉。**杜预：“二年晋城虎牢而居之，今郑复叛，故修其城而置戍，郑服则欲以还郑，故夫子追书系之于郑，以见晋志。”**郑及晋平。**

楚子囊救郑。十一月，诸侯之师还郑而南，杜预：“还，绕也。”杨伯峻：“还同环，围绕而行。”**至于阳陵，**阳陵，郑地。**楚师不退。知武子欲退，**武子，知罃，中军帅。**曰：“今我逃楚，楚必骄，骄则可与战矣。”栾黡曰：**栾黡，下军帅，栾书之子。**“逃楚，晋之耻也。合诸侯以益耻，不如死。我将独进。”师遂进。**大军遂进。**己亥，**十六日。**与楚师夹颍而军。**颍，水名。

子蟜曰：“诸侯既有成行，郑及晋平，诸侯此行之目的达成，故曰成行。**必不战矣。**诸侯必不与楚战。**从之将退，**之，诸侯。**不从亦退。**不从，叛也。言叛诸侯，诸侯亦将退。**退，**诸侯退。**楚必围我。犹将退也。**楚围我，诸侯仍将退。此固知武子之谋，详九年《传》。**不如从楚，**求成于楚。**亦以退之。”宵涉颍，与楚人盟。**杜预：“夜渡，畏晋知之。”**栾黡欲伐郑师，荀罃不可，曰：“我实不能御楚，又不能庇郑，郑何罪？不如致怨焉而还。**杜预：

“致怨，为后伐之资。”是也。致怨犹约仇也。**今伐其师，楚必救之，战而不克，为诸侯笑。克不可命，**不可命，不可定也，不能训定之。**不如还也！”丁未，**二十四日。**诸侯之师还，侵郑北鄙而归。**致怨于郑。**楚人亦还。**

王叔陈生与伯舆争政。杜预：“二子，王卿士。”争政，争周朝之政权，即争周相也。**王右伯舆，**右，助也。**王叔陈生怒而出奔。及河，王复之，杀史狡以说焉。**盖史狡与王叔相恶，故杀之以取悦王叔。**不入，遂处之。**处叔河上。**晋侯使士匄平王室，**平，调解也。**王叔与伯舆讼焉。**杜预：“争曲直。”**王叔之宰与伯舆之大夫瑕禽坐狱于王庭，**杨伯峻：“宰，家臣之长。大夫，伯舆所属之大夫。坐狱，两造对讼。”杜预：“周礼，命夫命妇不躬坐狱讼，故使宰与属大夫对争曲直。”**士匄听之。王叔之宰曰：“筚门闺窦之人而皆陵其上，**杜预：“筚门，柴门。闺窦，小户，穿壁为户，上锐下方，状如圭也。言伯舆微贱之家。”陵，加也，驾陵。**其难为上矣！”**言在上者难以居其位矣。文六年“今纵无法以遗后嗣，而又收其良以死，难以在上矣”，可为此证。**瑕禽曰：“昔平王东迁，吾七姓从王，牲用备具。王赖之，而赐之骍旄之盟，**杜预：“平王徙时，大臣从者有七姓，伯舆之祖皆在其中，主为王备牺牲，共祭祀。王恃其用，故与之盟，使世守其职。骍旄，赤牛也。举骍旄者，言得重盟，不以犬鸡。”**曰：‘世世无失职。’若筚门闺窦，其能来东底乎？**杨伯峻：“此谓伯舆亦世家，非‘筚门闺窦’之人。”底，止也。《小雅·祈父》“靡所止居”、“靡所底止”。**且王何赖焉？**杜预：“言我若贫贱，何能东来，使王恃其用而与之盟邪？”**今自王叔之相也，**言王叔之相周也。**政以贿成，**杜预：“随财（贿）制政。杨伯峻：“贿赂公行。”**而刑放于宠。**刑，刑法，法也，非刑罚。杨伯峻：“《淮南子兵略注》：‘放，寄也。’”杜预：“宠臣专（专制）刑，不任法。”**官之师旅，**杨伯峻据王引之，此“师旅”乃群有司之名。

不胜其富，杜预：“师旅之长皆受赂。”**吾能无筚门闺窦乎？**杨伯峻：“此又以其贫困归于王叔为政之贪污。”**唯大国图之！**杨伯峻：“大国指晋，士匄乃代表晋国。”**下而无直，则何谓正矣？”**伯舆外姓也，论尊卑自不可与王叔比，古礼亲亲为大，在下位者不可以犯上，《传》曰“直钧，幼贱有罪”是也，王叔因以尊卑之礼自固，认为下不可犯上。故伯舆借大义以要之，谓若在上位者有曲污，在下位者因尊卑故不能直陈其过，则什么算是正呢？下而无直，言以尊卑评价曲直。**范宣子曰：“天子所右，寡君亦右之。所左，亦左之。”**杜预：“宣子知伯舆直，不欲自专，故推之于王。”**使王叔氏与伯舆合要，**杜预：“合要辞。”杨伯峻：“合要，谓前此两方相争之罪状、证辞等取而合之。”**王叔氏不能举其契。**杜预：“要契之辞。”杨伯峻：“盖两方相争，周灵王助伯舆，其要辞亦必以王叔为曲，王叔氏因不能举出。”**王叔奔晋。不书，不告也。单靖公为卿士以相王室。**杜预：“代王叔。”

襄公十一年

【经】

十有一年春王正月，作三军。

夏四月，四卜郊，不从，乃不郊。

郑公孙舍之帅师侵宋。舍之，子展也，公子喜子罕之子。

公会晋侯、宋公、卫侯、曹伯、齐世子光、莒子、邾子、滕子、薛伯、杞伯、小邾子伐郑。

秋七月己未，十日。**同盟于亳城北。**杜预：“亳城，郑地。”

公至自伐郑。

楚子、郑伯伐宋。

公会晋侯、宋公、卫侯、曹伯、齐世子光、莒子、邾子、滕子、薛伯、杞伯、小邾子伐郑，会于萧鱼。杜预："郑服而诸侯会。萧鱼，郑地。"

公至自会。

楚执郑行人良霄。良霄，伯有也，公孙辄子耳之子，公子去疾子良之孙。

冬，秦人伐晋。

【传】

十一年春，季武子将作三军，杜预："鲁本无中军，唯上、下二军，皆属于公；有事，三卿更帅以征伐。季氏欲专其民人，故假立中军，因以改作。"杨伯峻："此谓'作三军'，明非仅增加一军而已，乃改组并重新编制，组成三军。"**告叔孙穆子曰："请为三军，各征其军。"**据杨伯峻，季武子欲作三军，不向鲁襄请示，而告叔孙，虽有鲁襄年少之故，实因三桓专政，公室微弱之故。鲁自宣公篡立，即失政权，政在三家，于襄公，三君矣。而叔孙氏世为司马，掌军政，不能不告之。杜预："征，赋税也。"**穆子曰："政将及子，子必不能。"**杨伯峻："此时季武子尚少，叔孙豹穆子为政，叔孙意谓不久政权将及于尔。盖季文子以五年死，死且六年，叔孙亦老矣。季氏世为鲁之上卿，叔孙不能不让位于季氏。子必不能，叔孙恐季孙一人专政权、军权，不能团结三家。"是也。杜预："政者，霸国之政令。鲁次国而为大国之制，贡赋必重，故忧不能堪。"非也。据下文穆子请盟，《传》例曰"不协而盟"，则穆子所惧者乃三家不协之故；且霸国之政令，实与鲁大夫盟誓无关。**武子固请之，穆子曰："然则盟诸！"**杜预："穆子知季氏将复变易，故盟之。"**乃盟诸僖闳，**杜预："僖宫（僖公庙）之门。"**诅诸五父之衢。**诅，诅咒也，诅咒背盟者。杜预："五父衢，道名，在鲁国东南。"

正月，作三军，三分公室而各有其一。杜预："三分国民众。"是也。**三子各毁其乘。**其乘，三分公室所得之卒乘（公乘）也。三分公室自然包括鲁之公乘（国军）在内，因公乘本征于国民，落实于国民之每家每户。杨伯峻谓"其乘"为三家之私家军，非也。三家之私家军本各出于己之私邑，其私邑之民无向公家纳赋税之义务，此其一；其二，其私家军固己之奴隶，不须复约制之。故"其乘"者，三分公室所得之卒乘，之前为公家所有，今初分与三家，故三家各毁其旧制，重新编制。如此则涉及所得三分之一国民之赋税问题，其亦由之前公家征稽，而易为三家主管征稽。**季氏使其乘之人，以其役邑入者，无征；**其役邑即其采邑，卿大夫之采邑有纳赋税于卿大夫之义务，故曰役邑。其采邑人民入纳赋税于季氏固有制度，今季氏命其新得公乘之人，若按照己私邑之军赋制度为季氏服兵役者，则免其家之税收。**不入者，倍征。**若不愿以己私邑之军赋制度为季氏服兵役者，则令双倍其家之税收，然后季氏取此税收之若干贡公。赋者，兵役也；税者，一般指农税而言。昭五年舍中军时亦载此事："初，作中军，三分公室各有其一。季氏尽征之，叔孙氏臣其子弟，孟氏取其半焉。及其舍之也，四分公室，季氏择二，二子各一，皆尽征之，而贡于公。"可与此文相参照。**孟氏使半为臣，若子若弟。**杜预："取其子弟之半也。四分其乘之人，以三归公而取其一。"公乘与国民紧相关联，因公乘本征于国民之每家每户，今孟氏取其所得公乘之人之一半为己之奴隶，即以其所得公乘之年长年老者归公，但须出其子或其弟归己；其所得公乘有子弟同服兵役者，可免其一，并其在家之父兄归公。孟氏所得之半不向公家交税。**叔孙氏使尽为臣，**杜预："尽取子弟，以其父兄归公。"叔孙氏使其所得公乘之人尽为臣隶，且以其年长年老者（其父兄）归公，但必须出其子及其弟归己；其所得公乘之年壮者不作变易，但以其在家之父兄归公。叔孙氏亦不以其所得向公家交税。至昭五年舍中军之后，三家乃尽征公民之赋税于己，然后取己所得税收之一部分贡献于公。**不然，不舍。**杜预："不如是则三家不舍其故而改作也。"杨伯峻："'不然不舍’仅就叔孙言之，谓不如此不改置。”

郑人患晋、楚之故，晋、楚更迭伐郑。**诸大夫曰：“不从晋，国几亡。**几，近也，几乎。**楚弱于晋，晋不吾疾也。**杜预：“疾，急也。”**晋疾，楚将辟之。何为而使晋师致死于我，**杜预：“言当作何计。”致死于我，致死力攻我。**楚弗敢敌，而后可固与也。”**杜预：“固与晋也。”**子展曰：“与宋为恶，诸侯必至，吾从之盟。楚师至，吾又从之，**之，楚。**则晋怒甚矣。晋能骤来，楚将不能，吾乃固与晋。”大夫说之，使疆埸之司恶于宋。**杜预：“使守疆埸之吏侵犯宋。”**宋向戌侵郑，大获。子展曰：“师而伐宋可矣。若我伐宋，诸侯之伐我必疾，**杨伯峻：“疾，攻击奋勇也。”**吾乃听命焉，且告于楚。楚师至，吾又与之盟，而重赂晋师，乃免矣。”**言必使楚不敢与晋争，己乃能得免。**夏，郑子展侵宋。**杜预：“欲以致诸侯。”

四月，诸侯伐郑。己亥，十九日。**齐大子光、宋向戌先至于郑，门于东门。**杨伯峻：“齐在郑之东北，宋在郑之东。”**其莫，**莫，暮本字。**晋荀罃至于西郊，**杨伯峻：“晋从郑西方来，故先至西郊。”**东侵旧许。**杜预：“许之旧国，郑新邑。”**卫孙林父侵其北鄙。**杨伯峻：“卫在郑之北。”**六月，诸侯会于北林，师于向。**向，郑地。**右还，次于琐，**诸侯南向，右还者西北环行。杨伯峻：“诸侯之师从向又西北行，逼近郑国都也。琐，郑地，在新郑县北仅十余里。”**围郑。观兵于南门，**观兵，示威也。**西济于济隧。**济隧，水名。**郑人惧，乃行成。**

秋七月，同盟于亳。范宣子曰：“不慎，必失诸侯。杜预：“慎，敬威仪，谨辞令。”杨伯峻引姚鼐：“此有监于戏之盟，载书不慎，为郑所侮故也。”**诸侯道敝而无成，**杜预：“数伐郑，皆罢于道路。”无成，郑不服。**能无贰乎？”**劳而无功，将生悖心。**乃盟，载书曰：“凡我同盟，毋蕴年，**杜预：“蕴积年谷而不分灾。”**毋壅利，**杜预：“专山川之利。”**毋保奸，**杜预：“藏罪人。”**毋留慝，**杜预：“速去恶。”谓邪恶者速去之。**救灾患，**杨伯峻：“自然灾害。”**恤祸乱，**杨伯峻：“权利斗争。”**同好恶，**言与诸侯保持一致，同好同恶，无有异志。**奖王室。**奖，成也。**或间兹命，**间，犯也。**司慎、司盟，**杜预：“二司，天神。”**名山、名川，**杨伯峻：“大山大川之神。”**群神、群祀，**杜预：“群祀，在祀典者。”**先王、先公，**杜预：“先王，诸侯之大祖，宋祖帝乙、郑祖厉王之比也。先公，始封君。”**七姓十二国之祖，**“十二国”有二说，一说谓郑不与盟，盟者凡十二国；又杜预曰：“七姓：晋、鲁、卫、郑、曹、滕，姬姓。邾、小邾，曹姓。宋，子姓。齐，姜姓。莒，己姓。杞，姒姓。薛，任姓。实十三国，言十二，误也。”谓郑与盟。前说善。**明神殛之，**杜预：“殛，诛也。”**俾失其民，队命亡氏，踣其国家。”**队命，坠其祚国之命。踣，毙也。

楚子囊乞旅于秦，乞旅犹乞师也。**秦右大夫詹帅师从楚子，将以伐郑。**杨伯峻：“将，去声，率领。”不从，“将”仍当读平声。将者，未遂之辞也。**郑伯逆之。丙子，**二十七日。**伐宋。**郑逆楚师且示服，遂奉楚伐宋。

九月，诸侯悉师以复伐郑。杜预：“此夏（之）诸侯皆复来，故曰悉师。”**郑人使良霄、大宰石臭如楚，**良霄，伯有。臭chuò。**告将服于晋，曰：“孤以社稷之故，不能怀君。**怀，怀恋也。**君若能以玉帛绥晋，**绥，安靖也。欲使楚求晋，不使伐郑。**不然则武震以摄威之，**摄同慑。**孤之愿也。”楚人执之，书曰“行人”，言使人也。**杜预：“书行人，言非使人之罪。”

诸侯之师观兵于郑东门，郑人使王子伯骈行成。甲戌，二十六日。**晋赵武入盟郑伯。冬十月丁亥，**九日。**郑子展出盟晋侯。十二月戊寅，**初一。**会于萧鱼。庚辰，**三日。**赦郑囚，皆礼而归之。纳斥候，**杜预：“不相备也。”杨伯峻：“斥候即侦察兵与巡逻兵。纳，收回。”**禁侵掠。晋侯使叔肸告于诸侯。**叔肸 xī，叔向，羊舌职之次子，羊舌赤伯华之弟。**公使臧孙纥对曰：**纥，武仲，臧叔许（宣叔）之子。**“凡我同盟，小国有罪，大国致讨，苟有以藉手，**藉手与成二年“若苟有以藉口而复于寡君”之“藉口”同义。**鲜不赦宥。寡君闻命矣。”**

郑人赂晋侯以师悝、师触、师蠲，杨伯峻：“三人皆乐师，古代乐师各专一艺。”杜预：“悝（kuī）、触、蠲皆乐师名（人名）。”**广车、軘车淳十五乘，**杜预：“广车、軘车，皆兵车名。淳，耦也。”一辆广车与一辆軘车相匹配为一淳。**甲兵备，凡兵车百乘，**杜预：“他兵车及广、軘共百乘。”**歌钟二肆，**歌钟即悬挂之编钟。杨伯峻考证大量出土文物，得出结论，谓：“音调音阶完备能演奏而成乐曲者始得为一肆。”**及其镈、磬，**镈磬 bóqìng。杨伯峻：“其用为配歌钟。”**女乐二八。**杨伯峻：“女乐谓能歌舞之美女。古乐舞八人为一列，谓之佾。二八即二佾。”

晋侯以乐之半赐魏绛，半，女乐一八，歌钟一肆。**曰：“子教寡人和诸戎狄，以正诸华。**在四年。**八年之中，九合诸侯，**五年会戚，又会城棣；七年会鄬；八年会邢丘；九年盟于戏；十年会柤，又戍郑虎牢；十一年盟亳城北，又会萧鱼。**如乐之和，**乐 yuè。**无所不谐。请与子乐之。”**乐 luò；lè。**辞曰：“夫和戎狄，国之福也。八年之中，九合诸侯，诸侯无慝，**杨伯峻：“无慝谓皆顺从。”**君之灵也，**杨伯峻：“灵，威也。”**二三子之劳也，**二三子，诸卿也。**臣何力之有焉？抑臣愿君安其乐而思其终也。**杨伯峻：“抑，转折连词，然也。此时晋悼复霸之局已定，魏绛恐其骄怠，因作此言。”**《诗》曰：‘乐只君子，殿天子之邦。乐只君子，福禄攸同。**殿，镇也，镇守。攸，所也。**便蕃左右，亦是帅从。’**便蕃盖即下文之“远人”，为藩屏者。杜预：“言远人相帅来服从，便蕃然在左右。”**夫乐以安德，**乐 yuè。**义以处之，**处，居处之处，犹定也。**礼以行之，信以守之，仁以厉之，**杨伯峻：“厉同励，勉也。”哀十一年“宗子阳与闾丘明相厉也”。“之”皆指“德”。**而后可以殿邦国，同**

福禄，来远人，所谓乐也。乐 lè。**《书》曰：‘居安思危。’思则有备，有备无患，敢以此规。”**规，规正。**公曰：“子之教，敢不承命。抑微子，**抑，然也。**寡人无以待戎，**杜预：“待遇接纳。”**不能济河。**杜预：“渡河，南服郑。”**夫赏，国之典也，藏在盟府，**杜预：“司盟之府，有赏功之制。”**不可废也，子其受之！”魏绛于是乎始有金石之乐，礼也。**

秦庶长鲍、庶长武帅师伐晋以救郑。庶长，秦爵名。**鲍先入晋地，士鲂御之，少秦师而弗设备。**以秦之兵力少。**壬午，**五日。**武济自辅氏，与鲍交伐晋师。己丑，**十二日。**秦、晋战于栎，晋师败绩，易秦故也。**栎，晋地。易，轻视也。

襄公十二年

【经】

十有二年春王二月，莒人伐我东鄙，围台。台，鲁边邑。

季孙宿帅师救台，遂入郓。郓，莒邑。

夏，晋侯使士鲂来聘。

秋九月，吴子乘卒。乘，寿梦也。

冬，楚公子贞帅师侵宋。

公如晋。

【传】

十二年春，莒人伐我东鄙，围台。季武子救台，遂入郓，取其钟以为公盘。以郓钟铸为鲁公之盘。

夏，晋士鲂来聘，且拜师。杜预：“谢前（去）年伐郑师。”

秋，吴子寿梦卒。吴为大伯、仲雍之后。古公亶父生大伯、仲雍、王季，而欲立王季（文王父）为嗣，大伯、仲雍遂出在荆蛮，后为吴国。**临于周庙，礼也。**杜预："周庙，文王庙也。周公出文王，故鲁立其庙。吴始通，故曰礼。"杨伯峻："《礼记·檀弓》郑注：'丧哭曰临。'"**凡诸侯之丧，**诸侯，通使友好之国。**异姓临于外，**杜预："于城外向其国。"**同姓于宗庙，**杜预："所出王之庙。"杨伯峻："宗庙即周庙。"**同宗于祖庙，**杜预："始封君之庙。"**同族于祢庙。**杜预："父庙也。同族，谓高祖以下。"**是故鲁为诸姬，临于周庙。为邢、凡、蒋、茅、胙、祭临于周公之庙。**杜预："即祖庙也。六国皆周公之支子，别封为国，共祖周公。"

冬，楚子囊、秦庶长无地伐宋，师于扬梁，以报晋之取郑也。

灵王求后于齐。齐侯问对于晏桓子，对，应对之辞。**桓子对曰："先王之礼辞有之，天子求后于诸侯，诸侯对曰：'夫妇所生若而人，**夫妇所生，谓己及嫡配所生。杨伯峻本阮芝生："若而人犹云若干人也。"**妾妇之子若而人。'**妾妇之子，己与妾所生。**无女而有姊妹及姑姊妹，**杨伯峻："姊妹，同父所生。《尔雅·释亲》：'父之姊妹为姑。'其长于父者为姑姊，少于父者为姑妹，犹今之言大姑、小姑。"古时贵族所娶妻妾较多，且又以老夫少妻为合礼，故其所生子女之年岁相差悬殊，过三四十岁亦不足为奇，若姑小于侄者亦极正常，故能择其当年者归王。**则曰：'先守某公之遗女若而人。'"**先守，诸侯于天子为守臣，其即世者，故曰先守。**齐侯许昏，王使阴里结之。**杜预："阴里，周大夫。结，成也。"

公如晋，朝，且拜士鲂之辱，礼也。士鲂来在今夏。

秦嬴归于楚。杜预："秦景公妹，为楚共王夫人。"归于楚，谓如秦宁母，事毕返归也。**楚司马子庚聘于秦，为夫人宁，**为夫人宁母之事复致聘。杜预："子庚，庄王子午也。"**礼也。**

襄公十三年

【经】

十有三年春，公至自晋。

夏，取邿。杨伯峻："据《说文》，为附庸国。"

秋九月庚辰，十四日。**楚子审卒。**杜预："共王也。"

冬，城防。

【传】

十三年春，公至自晋，孟献子书劳于庙，礼也。孟献子，仲孙蔑。杨伯峻："书劳即桓二年《传》之策勋。"

夏，邿乱，分为三。杨伯峻："分裂为三。"**师救邿，**鲁师救邿。**遂取之。**因救而取之。**凡书取，言易也。用大师焉曰灭。弗地曰入。**杜预："谓胜其国邑，不有其地。"

荀罃、士鲂卒。荀罃，中军帅。士鲂，下军佐。**晋侯蒐于绵上以治兵，使士匄将中军，**士匄时为中军佐。**辞曰："伯游长。**伯游，荀偃。**昔臣习于知伯，是以佐之，非能贤也。**杨伯峻："习于知伯犹言与知罃互相了解，能密切合作，因此荀罃为帅，我佐之。'能贤'即'贤能'。"**请从伯游。"荀偃将中军，**荀偃，中行献子也，中行桓子荀林父之孙，荀庚之子，实荀罃之堂侄。荀罃之父荀首与荀林父为同父兄弟，荀罃与荀庚为叔伯兄弟。**士匄佐之。**士匄，范宣子，士会之孙，士燮之子。**使韩起将上军，**韩起，韩宣子，韩厥之子。**辞以赵武。**赵武，赵文子，赵盾之孙，赵朔之子。**又使栾黡，**栾黡，栾桓子，栾书之子。**辞曰：“臣不如韩起。韩起愿上赵武，君其听之！”使赵武将上军，韩起佐之。栾黡将下军，魏绛佐之。**魏绛，魏庄子。**新军无帅，晋侯难其人，使其什吏，**杨伯峻据竹添光鸿，谓此什吏之吏即襄二十五年“六正、五吏、三十帅”之“吏”。五吏者，军尉、司马、司空、舆尉、候奄也。每军皆有此五吏，五吏又各有佐（副手），故此云什吏。什吏即十吏。**率其卒乘官属，以从于下军，礼也。晋国之民，是以大和，诸侯遂睦。**杨伯峻：“遂睦者，因此皆服于晋也。”

君子曰：“让，礼之主也。范宣子让，其下皆让。栾黡为汏，杨伯峻：“栾黡专横。”**弗敢违也。**杨伯峻：“栾黡亦让。”**晋国以平，**平，和也。**数世赖之。刑善也夫！**刑，法也。**一人刑善，百姓休和，可不务乎？**力行某事曰务。**《书》曰：‘一人有庆，**杨伯峻：“庆，善也。”**兆民赖之，其宁惟永。’**杜预：“一人，天子也。宁，安也。永，长也。”《诗·国风·汉广》“汉之广矣”，“江之永矣”，“广”对“永”，广，宽也；永，长也。**其是之谓乎！周之兴也，其《诗》曰：‘仪刑文王，万邦作孚。’**杨伯峻：“仪刑，同义动词连用，犹言效法。孚，信也。”**言刑善也。及其衰也，其《诗》曰：‘大夫不均，我从事独贤。’**杨伯峻：“此句本意是讽刺周幽王役使不平，自己所作独多。贤，多也。但引此《诗》者则读贤为贤能，解《诗》意为自夸而不相让。”**言不让也。世之治也，君子尚能而让其下，**尚能，崇尚贤能。**小人农力以事其上，**农力，犹言勤力，然程度更深，农事辛苦，故取其引申义。**是以上下有礼，而谗慝黜远，由不争也，谓之懿德。**杨伯峻：“懿，美也。”**及其乱也，君子称其功以加小人，**称，举也，旌也。杜预：“加，陵也。君子，在位者。”**小人伐其技以冯君子，**伐，功也。杨伯峻：“冯即凭（憑），与加同义。”**是以上下无礼，乱虐并生，由争善也，**杜预：“争自善也。”**谓之昏德。国家之敝，**敝，衰败。**恒必由之。”**

楚子疾，告大夫曰：“不穀不德，少主社稷，十岁立为君。少，年少也。**生十年而丧先君，未及习师保之教训，而应受多福。**杨伯峻本朱彬：“应读为膺。”多福，指天禄，即君王之位。**是以不德，而亡师于鄢，**鄢陵之战在成十六年。**以辱社稷，为大夫忧，其弘多矣。**杜预：“弘，大也。”襄二十九年“圣人之弘也”、襄三十一年“谗慝弘多”、《小雅·节南山》：“丧乱弘多”、《大雅·民劳》“而式弘大”、《尚书·顾命》“弘璧”。**若以大夫之灵，获保首领以殁于地，**保首领言不被弑。领，颈项也。殁于地，得善终。**唯是春秋窀穸之事，所以从先君于祢庙者，**窀穸 zhūnxī。杨伯峻：“春秋指祭祀，窀穸指安葬。死后其主入庙谓之考庙，亦谓之祢庙。如楚共王在位，其父庄王之庙为祢庙。共王死，其子康王即位，楚共王之庙便为祢庙，庄王之庙便为王考庙，此即是‘从先君于祢庙’。”**请为‘灵’若‘厉’。**若，或也。自愧不德有辱国家，故请为己恶谥。“灵”与“厉”皆恶谥。**大夫择焉。”**择其一以为己谥。**莫对。及五命，乃许。**大夫始许之。

秋，楚共王卒。子囊谋谥。子囊，楚令尹公子贞。**大夫曰：“君有命矣。”子囊曰：“君命以共，若之何毁之？**言君制命以共。子囊欲谥君为“共”，故作此变通之言。**赫赫楚国，而君临之，抚有蛮夷，奄征南海，**《诗·商颂·玄鸟》：“方命厥后，奄有九有。”《大雅·皇矣》：“奄有四方。”《毛诗传》训“奄”为“大”，姑录之。《尚书·大禹谟》：“奄有四海。”**以属诸夏，而知其过，可不谓共乎？请谥之‘共’。”大夫从之。**

吴侵楚，养由基奔命，奔命，奔王命御吴师。**子庚以师继之。**子庚，楚司马公子午。**养叔曰：**养叔，养由基。**“吴乘我丧，谓我不能师也，**乘丧者，一因新旧权力交接之际，为祸乱之高发期，且政令不通；二因居哀丧必损折军国之意志，故乘之。**必易我而不戒。**易，轻视，轻易。不戒，不设备。**子为三覆以待我，**设三处伏兵。**我请诱之。”**诱敌入伏击区。**子庚从之。战于庸浦，**庸浦，楚地。**大败吴师，获公子党。君子以吴为不吊。**杨伯峻："吊与淑字古本一字，淑，善也；吊亦善也。"**《诗》曰："不吊昊天，乱靡有定。"**不吊昊天亦可读为昊天不吊。杨伯峻："上天不以汝为善，因之国家祸乱无有安定。"

冬，城防。书事，《经》书城防之事。**时也。于是将早城，臧武仲请俟毕农事，礼也。**事时为礼。

郑良霄、大宰石臭犹在楚。二人于十一年使楚被执。**石臭言于子囊曰：**石臭乃奉良霄之意与子囊言。**"先王卜征五年，**杜预据郑玄谓："先征五年而卜吉凶也。征谓巡守征行。"杨伯峻据郑众，征为征伐之征，且谓郑玄非。窃以为郑玄有理，若征伐先五年而卜吉凶者，恐不合情理。据《舜典》，天子"五载一巡守"，故得先五年卜之。大宰石臭所引典故，"征"盖本巡守征行之义，而石臭引之则取双关义。**而岁习其祥，**《说文》："习（習），数飞也。"谓小鸟反复试飞也，故"习"有重复之义。杨伯峻："岁习其祥，谓五年之中每年卜征都吉。"**祥习则行。**祥习，每年卜问重复为吉兆。**不习，**杨伯峻："有一年卜征不吉，即不习。"**则增修德而改卜。**杨伯峻："改卜，重新起卜。"**今楚实不竞，**不竞于晋。**行人何罪？止郑一卿，**杜预："一卿谓良霄。"**以除其偪，**杨伯峻："良霄为人刚愎，足以偪郑君臣。楚留之，是除其偪。"**使睦而疾楚，以固于晋，**杨伯峻："使郑国内和穆而怨恨楚，则服晋之心坚固。"**焉用之？**言止己于楚无用。**使归而废其使，**据此，良霄认为己与郑君臣不相得，故郑有意命己使楚，意在使楚执己。而楚果然执己，是正中郑国之意愿。若使己归，以己之身份，郑不得不归己职位，则可废其使己之目的。杜预："行而见执于楚，郑又遂坚事晋。（归己）是郑废本见使之意。"**怨其君以疾其大夫，**襄二十七年，于郑伯享赵孟之宴上，良霄公然赋《鹑之奔奔》，以丑恶郑伯，只是"怨其君"之一事。**而相牵引也，**言与其君大夫相掣肘。**不犹愈乎？"**言胜于止己不使归。**楚人归之。**杨伯峻："其后良霄果为郑国之患。"

襄公十四年

【经】

十有四年春王正月，季孙宿、叔老会晋士匄、齐人、宋人、卫人、郑公孙虿、曹人、莒人、邾人、滕人、薛人、杞人、小邾人会吴于向。杜预："叔老，声伯（公孙婴齐）子也。鲁使二卿会晋，敬事霸国，晋自是轻鲁币而益敬其使，故叔老虽介，亦列于会也。齐崔杼、宋华阅、卫北宫括在会惰慢不摄，故贬称人。吴来在向，诸侯会之，故曰会吴。向，郑地。"

二月乙未朔，日有食之。

夏四月，叔孙豹会晋荀偃、齐人、宋人、卫北宫括、郑公孙虿、曹人、莒人、邾人、滕人、薛人、杞人、小邾人伐秦。

己未，二十六日。卫侯出奔齐。

莒人侵我东鄙。杜预："报入郓。"

秋，楚公子贞帅师伐吴。贞，令尹子囊。

冬，季孙宿会晋士匄、宋华阅、卫孙林父、郑公孙虿、莒人、邾人于戚。戚，卫邑。

【传】

十四年春，吴告败于晋。去年侵楚为楚所败。会于向，为吴谋楚故也。杜预："谋为吴伐楚。"范宣子数吴之不德也，杨伯峻："此言会向共谋之结果。或诸侯多不欲伐楚，或晋亦以吴侵楚为无理，因以拒绝吴人。”据文十八年《传》，功与罪皆可曰数。数犹言列举，杨伯峻“数，责也”，不从。**以退吴人。**

执莒公子务娄，以其通楚使也。杜预：“莒贰于楚，故比年伐鲁。”

将执戎子驹支。杜预：“驹支，戎子名。”**范宣子亲数诸朝，**杜预：“行之所在，亦设朝位。”宣子，士匄，时为中军佐。数，数其罪状。**曰：“来！姜戎氏！昔秦人迫逐乃祖吾离于瓜州，**杜预：“瓜州在今敦煌。”**乃祖吾离被苫盖、蒙荆棘，以来归我先君。**杨伯峻：“苫音山，苫盖是同义词，此处义为白茅所编遮身物。被同披。蒙，冒也。蒙荆棘义为头戴用荆棘所织之物。”**我先君惠公有不腆之田，**腆，厚也。杨伯峻：“腆，多也。”**与女剖分而食之。今诸侯之事我寡君不如昔者，盖言语漏泄，则职女之由。**杜预：“职，主也。”杨伯峻：“职，当也。”**诘朝之事，尔无与焉！与，将执女！”对曰：“昔秦人负恃其众，贪于土地，逐我诸戎。惠公蠲其大德，**蠲，明也。**谓我诸戎，是四岳之裔胄也，**杜预：“四岳，尧时方伯，姜姓也。”杨伯峻：“裔胄为同义词。”**毋是翦弃。赐我南鄙之田，狐狸所居，豺狼所嗥。**嗥 háo，咆哮也。**我诸戎除翦其荆棘，驱其狐狸豺狼，以为先君不侵不叛之臣，至于今不贰。昔文公与秦伐郑，秦人窃与郑盟而舍戍焉，**舍，置也。事在僖三十年。**于是乎有殽之师。**在僖三十三年。**晋御其上，戎亢其下，**亢同抗。**秦师不复，**不复，被尽歼故也。**我诸戎实然。**言诸戎助晋使然。**譬如捕鹿，晋人角之，诸戎掎之，**杨伯峻据焦循谓：“角谓执其角。掎音羁，或羁上声，谓拖其后足。引申之，凡当面迎击曰角，从后牵引曰掎。”**与晋踣之，**踣 bó，仆也，仆倒。**戎何以不免？**杨伯峻：“免，免于罪责。”**自是以来，**杨伯峻：“是指殽之役。”**晋之百役，与我诸戎相继于时，**相继，军队相互接继。于时言及时也。言晋之百役，戎及时与之相接继，或晋在前，戎继之；或戎在前，晋继之。**以从执政，犹殽志也**。杨伯峻：“言与支援殽之战其心如一。”**岂敢离逖？**逖 tì，远也。**今官之师旅，无乃实有所阙，**杨伯峻：“官谓晋之执政。官之师旅，即晋执政。不斥言，外交辞令。”**以携诸侯，**使诸侯携贰于晋。**而罪我诸戎！我诸戎饮食衣服，不与华同，贽币不通，**与诸侯无通使往来。**言语不达，**杨伯峻：“达亦通也。”言语盖亦指通使言令而言。**何恶之能为？不与于会，亦无瞢焉！”**杨伯峻：“瞢音梦，闷也，愧也。”**赋《青蝇》而退**。杜预：“取其‘恺悌君子，无信谗言’。”**宣子辞焉，**杨伯峻：“辞，谢也，今言道歉。”**使即事于会，成恺悌也**。即，就也。杜预：“成恺悌，不信谗也。不书者，戎为晋属，不得特达。”杨伯峻：“特达即独立与会。”

于是，子叔齐子为季武子介以会，自是晋人轻鲁币，币指贡赋。子叔齐子即《经》之叔老，老为名，子叔为氏，齐子为其谥。**而益敬其使。**

吴子诸樊既除丧，杜预：“诸樊，吴子乘之长子也。乘卒至此春十七月，既葬而除丧。”**将立季札**。杜预：“札，诸樊少弟。”**季札辞曰：“曹宣公之卒也，诸侯与曹人不义曹君，**曹君，曹成公负刍也，杀太子而自立。事皆在成十三年。**将立子臧**。**子臧去之，**去之，出奔宋。**遂弗为也，以成曹君**。成，成全，成就也。**君子曰：‘能守节。’**节，制也，制度。**君，义嗣也**。君以嗣立为义。**谁敢奸君？**奸，犯也。君，君位。**有国，非吾节也**。言于礼制，己不当立。**札虽不才，愿附于子臧，以无失节。”固立之。弃其室而耕。乃舍之。**杜预：“《传》言季札之让，且明吴兄弟相传。”

夏，诸侯之大夫从晋侯伐秦，以报栎之役也。栎役在十一年。**晋侯待于竟，使六卿帅诸侯之师以进**。竟同境。杜预：“言《经》所以不称晋侯。”**及泾，不济**。杜预：“诸侯之师不肯渡也。”泾，水名。**叔向见叔孙穆子**。叔向，羊舌肸。穆子，叔孙豹。

穆子赋《匏有苦叶》。叔向退而具舟，匏 páo。杜预取其“深则厉，浅则揭”之句，言己志在于必济。杨伯峻据《鲁语》载此事，曰“夫苦匏不材于人，共济而已”，匏即今用作制瓢之葫芦，不能食用，然渡河时可用作浮囊，取其“共济”之意。则《鲁语》非用其诗句之意，故未必信。**鲁人、莒人先济。郑子蟜见卫北宫懿子曰：“与人而不固，取恶莫甚焉，若社稷何？”**子蟜，子游之子。懿子，北宫括。与，从也。**懿子说。**说同悦。**二子见诸侯之师而劝之济，**杨伯峻：“鲁、莒已先济，郑、卫亦必济，则诸侯之师乃齐、宋、曹、邾、滕、薛、杞及小邾。”**济泾而次。秦人毒泾上流，师人多死。**杜预：“饮毒水故。”**郑司马子蟜帅郑师以进，师皆从之，至于棫林，**杜预：“棫（yù）林，秦地。”**不获成焉。**杜预：“秦不服。”**荀偃令曰：**荀偃，中军帅。**“鸡鸣而驾，塞井夷灶，**杜预：“示不反。”**唯余马首是瞻！”**杜预：“言进退从己。”**栾黡曰：**黡，下军帅。**“晋国之命，未是有也。**杨伯峻：“言晋国从来无此种命令。”**余马首欲东。”**杨伯峻：“秦兵在西，东则归矣。”**乃归。下军从之。左史谓魏庄子曰：“不待中行伯乎？”**庄子，魏绛，下军佐。中行伯，荀偃。**庄子曰：“夫子命从帅。**夫子指荀偃。**栾伯，吾帅也，吾将从之。从帅，所以待夫子也。”**杨伯峻：“左史之问‘不待中行伯’，待谓等待，意谓中军帅无退军之令，擅自撤军为不宜。此‘所以待’，待谓对待。”**伯游曰：**伯游，荀偃。**“吾令实过，悔之何及，多遗秦禽。”**杜预：“军帅不和，恐多为秦所禽获。”**乃命大还。**杨伯峻：“全军撤回。”**晋人谓之迁延之役。**杨伯峻：“初者诸侯之师不济泾，嗣则郑师进而后进，至棫林因将帅不和而大撤退。迁延者，因循拖拉而无成就也。”

栾鍼曰：“此役也，报栎之败也。役又无功，晋之耻也。吾有二位于戎路，杨伯峻：“栾鍼（zhēn），栾黡弟，时为戎右。戎路，将帅所乘之兵车，位次御者，故云在戎路之上，我居二位。”杜预：“二位谓黡将下军，鍼为戎右。”敢不耻乎？”与士鞅驰秦师，死焉。士鞅，士匄之子。士鞅反，栾黡谓士匄曰：“余弟不欲往，而子召之。而同尔，下同。余弟死，而子来，是而子杀余之弟也。弗逐，余亦将杀之。”士鞅奔秦。杜预：“栾黡汰侈，诬逐士鞅。”

于是，齐崔杼、宋华阅、仲江会伐秦，不书，惰也。杜预：“临事惰慢不修也。仲江，宋公孙师之子。”向之会亦如之。卫北宫括不书于向，杜预：“亦惰。”书于伐秦，摄也。杜预：“能自摄整，从郑子蟜俱济泾。”杨伯峻：“摄有整顿之义。”

秦伯问于士鞅曰：“晋大夫其谁先亡？”对曰：“其栾氏乎！”秦伯曰：“以其汰乎？”汏同汰。对曰：“然。栾黡汰虐已甚，杨伯峻：“已甚，太甚。”犹可以免。其在盈乎！”盈，栾黡之子。秦伯曰：“何故？”对曰：“武子之德在民，如周人之思召公焉，爱其甘棠，况其子乎？杜预：“武子，栾书，黡之父也。召公奭听讼，舍于甘棠之下，周人思之，不害其树，而作勿伐之诗，在《召南》。”栾黡死，盈之善未能及人，武子所施没矣，而黡之怨实章，章，彰显。将于是乎在。”杨伯峻：“其亡将在于此。”秦伯以为知言，为之请于晋而复之。

卫献公戒孙文子、甯惠子食，戒，戒期也。杨伯峻：“戒食，约期与之共食。”皆服而朝。杜预：“服朝服待命于朝。”日旰不召，旰 gàn，日晚也。而射鸿于囿。二子从之，杜预：“从公于囿。”不释皮冠而与之言。不去冠，非礼，于二子为轻侮。盖于正朝之礼不释冠，私见则当释冠。昭十二年楚右尹子革见灵王，灵王去冠、被，舍鞭与之语，可为证。二子怒。怒公无礼。孙文子如戚，卿大夫常住国都，孙文子因事自国都如戚。戚，孙氏采邑。孙蒯入使。蒯 kuài，孙文子之子。自戚入使国都。公饮之酒，使大师歌《巧言》之卒章。大同太。大师，乐官之长。《巧言》之卒章云：“彼何人斯，居河之麋。无拳无勇，职为乱阶。既微且尰，尔勇伊何？为犹（谋）将多，尔居徒几何？”杜预：“戚，卫河上邑。公欲以喻文子居河上而为乱。”**大师辞，师曹请为之。**杜预：“辞，以为不可。师曹，乐人。”**初，公有嬖妾，使师曹诲之琴，**诲，教也。**师曹鞭之。公怒，鞭师曹三百。故师曹欲歌之，以怒孙子以报公。**欲激怒孙子使报复公，亦即报己受鞭之恨。**公使歌之，遂诵之。**言“遂”者，谓既歌又复诵之。其卒章之言不多，故能歌而复诵。杜预："恐孙蒯不解故。”杨伯峻：“歌与诵不同，歌必依乐谱，诵仅有抑扬顿挫而已。”

蒯惧，告文子。文子曰：“君忌我矣，弗先，必死。”言不先下手，必被公害。**并帑于戚而入，**迁其国都家中之妻妾子女于戚，率私卒入国，将为乱。**见蘧伯玉，**伯玉，蘧 qú 瑗。**曰：“君之暴虐，子所知也。大惧社稷之倾覆，将若之何？”**盖欲说服伯玉共逐献公。**对曰：“君制其国，臣敢奸之？**制，节制。奸，犯也。**虽奸之，庸知愈乎？”**杨伯峻：“谓纵使废旧君，立新君，岂知新君胜于旧君乎？”**遂行，从近关出。**惧及乱，欲速出境，亦示不为孙氏党。

公使子蟜、子伯、子皮与孙子盟于丘宫，杨伯峻：“子蟜三人皆卫之群公子。孙氏之兵已迫临公宫，故公不得不与孙氏求和解。”**孙子皆杀之。四月己未，子展奔齐。**杜预：“子展，卫献公弟。”杨伯峻：“盖献公欲奔齐，子展为之先行。”**公如鄄，**鄄 juàn，卫邑。**使子行请于孙子，**杜预：“使往请和也。子行，群公子。”**孙子又杀之。公出奔齐，孙氏追之，败公徒于河泽。鄄人执之。**杜预：“公徒因败散还，故为公执之。”

初，尹公佗学射于庾公差，庾公差学射于公孙丁。二子追公，奉孙氏命追公。二子，佗与差，孙氏之臣。**公孙丁御公。**御，为公御车。**子鱼曰：“射为背师，**礼不射师。子鱼，庾 yǔ 公差。**不射为戮，**违命将受刑戮。**射为礼乎！”**杨伯峻：“言在射与不射二者，射合于礼。”**射两軥而还。**軥 gòu。杨伯峻：“古代车驾四马，当中两马谓之两服，辕端有横木曰衡，另有曲木缚于衡下，叉住两服之颈曰軥。”**尹公佗曰：“子为师，我则远矣。”**言公孙丁于子为师，故子不射中；于我则关系已远矣，不可以违命。**乃反之。**回车再追献公。**公孙丁授公辔而射之，贯臂。**使公暂御，己脱手以射尹公佗，矢贯佗臂。

子鲜从公，子鲜，献公母弟鱄。**及竟，公使祝宗告亡，且告无罪。**竟同境。公亡，祝宗必从，公欲筑坛使祝宗告神。**定姜曰：**定姜为献公嫡母，自当同行避难。**“无神何告？若有，不可诬也。**边境无宗庙，故曰“无神”，纵为坛而神临，亦不可矫诬告神。**有罪，若何告无？舍大臣而与小臣谋，一罪也。先君有冢卿以为师保，**冢卿指孙林父、甯殖。**而蔑之，二罪也。余以巾栉事先君，而暴妾使余，**栉 zhì。杨伯峻：“定姜为定公嫡夫人，则为献公嫡母。虽非生母（献公为敬姒所生），亦当敬养。暴妾使余者，待余甚暴若婢妾也。”**三罪也。告亡而已，无告无罪。”**

公使厚成叔吊于卫，鲁有郈氏，杨伯峻谓“厚”即“郈”。**曰：“寡君使瘠，闻君不抚社稷，而越在他竟，**瘠，厚成叔之名。抚，恤也，此外交婉转辞令。越，犹窜也，昭二十六年“窜在荆蛮”。**若之何不吊？**吊，吊恤，吊慰。**以同盟之故，使瘠敢私于执事，**杜预：“执事，卫诸大夫。”**曰：‘有君不吊，**杨伯峻：“吊同淑，善也。”**有臣不敏，**杜预：“敏，达也。”杨伯峻：“有君不善良，有臣不达于事。”**君不赦宥，臣亦不帅职，**杨伯峻：“君对臣不宽恕，臣亦不尽为臣之职责。”**增淫发泄，**增，增益，犹积累。淫，过度，指卫君臣之行为而言。发，放也。发泄，《传》本作“发泄”，盖因《唐石经》避李世民讳改。**其若之何？’”卫人使大叔仪对曰：**大叔仪，大叔文子。**“群臣不佞，**佞，才也。**得罪于寡君。寡君不以即刑，**杨伯峻：“不以群臣就刑。”**而悼弃之，**悼，忧痛之深也，非悼丧之悼。

《诗·鄘风·氓》“静言思之，躬自悼矣”，《桧风·羔裘》“岂不尔思，中心是悼”，皆此“悼”。**以为君忧。君不忘先君之好，**君，鲁君。**辱吊群臣，**杨伯峻：“吊群臣之失君。”**又重恤之。**重 zhòng。杜预：“重恤，谓愍其不达也。”**敢拜君命之辱，**辱君之命敢拜。**重拜大贶。”**重 chóng。再拜重（zhòng）恤之赐。**厚孙归，复命，语臧武仲曰：“卫君其必归乎！有大叔仪以守，**守，守国。**有母弟鱄以出，**鱄，子鲜，从献公出亡。**或抚其内，或营其外，**杨伯峻：“国内有大叔仪为之安抚，国外有子鲜为之经营。”**能无归乎？”**

齐人以郲寄卫侯。寄，寓也。**及其复也，以郲粮归。**杜预：“言其贪。”杨伯峻：“卫献公返国复位在十二年之后，此探后言之。”

右宰穀从而逃归，卫人将杀之。杜预：“穀，卫大夫也。以其从君故，欲杀之。”**辞曰：“余不说初矣，**杜预：“言初从君，非说（悦）之，不获已耳。”**余狐裘而羔袖。”**狐皮良于羔皮，两者喻善与恶。杜预：“言一身尽善，唯少有恶。喻己虽从君出，其罪不多。”**乃赦之。**

卫人立公孙剽，“卫人立”者，言众人之意志。杜预：“剽，穆公孙。”**孙林父、甯殖相之，以听命于诸侯。**杜预：“听盟会之命。”

卫侯在郲，臧纥如齐唁卫侯。纥，臧武仲。《说文》：“唁，吊生也。”**与之言，虐。退而告其人曰：**其人，己之从者。**“卫侯其不得入矣！其言粪土也，**杨伯峻：“以粪土比喻‘虐’。”**亡而不变，**变，改变。**何以复国？”子展、子鲜闻之，见臧纥，与之言，道。**言辞顺于道义。**臧孙说，**说同悦。**谓其人曰：“卫君必入。夫二子者，或輓之，或推之，**杨伯峻：“在前牵引曰輓，在后推进曰推。”**欲无入，得乎？”**

师归自伐秦，晋侯舍新军，礼也。舍，废也。**成国不过半天子之军，**杜预：“成国，大国。”**周为六军，诸侯之大者，三军可也。**

于是知朔生盈而死，朔，知罃之子。盈，朔之子。**盈生六年而武子卒，**武子，知罃。杨伯峻："知罃当政之末年，知朔已死，未及为卿。"**彘裘亦幼，**彘裘，士鲂子。**皆未可立也。新军无帅，故舍之。**

师旷侍于晋侯。杜预："师旷，晋乐大师子野。"**晋侯曰："卫人出其君，不亦甚乎？"对曰："或者其君实甚。**甚，过度，今谓过分。**良君将赏善而刑淫，养民如子，盖之如天，容之如地。民奉其君，**奉，戴也。**爱之如父母，仰之如日月，敬之如神明，畏之如雷霆，其可出乎？夫君，神之主而民之望也。若困民之主，**"困民之主"与上文"良君"相对。此"民之主"与"神之主"不相冲突，不可拘泥。文十七年："齐君之语偷，臧文仲有言曰：'民主偷必死。'"是国君为"民主"之证。君无道则民困，困民之主犹言无道之君。**匮神乏祀，**杨伯峻："意即鬼神失主祀者。"是也。此应上文"神之主"，君为神之主，鬼神乏主，故致祭祀匮乏。**百姓绝望，**应上文"民之望"。**社稷无主，**弃神人无以为社稷主，故曰社稷无主。**将安用之？**杨伯峻："何必用君。"**弗去何为？天生民而立之君，使司牧之，**之，民也。**勿使失性。**昭二十五年："哀有哭泣，乐有歌舞，喜有施舍，怒有战斗，喜生于好，怒生于恶……哀乐不失，乃能协于天地之性。"**有君而为之贰，**杜预："贰，卿佐。"**使师保之，勿使过度。是故天子有公，诸侯有卿，卿置侧室，**杜预："侧室，支子之官。"**大夫有贰宗，**杜预："宗子之副贰者。"**士有朋友，**杨伯峻："桓二年《传》云'士有隶子弟'，似此'朋友'即指'隶子弟'。朋友一词，非今朋友之义。或其同宗，或其同出师门。"**庶人、工、商、皂、隶、牧、圉皆有亲暱，以相辅佐也。善则赏之，**赏，盖谓奖劝。杜预："赏谓宣扬。"**过则匡之，**匡，正也。**患则救之，失则革之。**革，替也。**自王以下，各有父兄子弟，以补察其政。**杜预："补其愆过，察其得失。"**史为书，**

杜预："谓大史君举则书。"**瞽为诗，**杜预："瞽（gǔ），盲者，为诗以风刺。"**工诵箴谏，**杜预："工，乐人也，诵箴谏之辞。"**大夫规诲，**杜预："规正谏诲其君。"**士传言，**杜预："士卑不得径达，闻君过失，传告大夫。"**庶人谤，**杜预："庶人不与政，闻君过则诽谤。"**商旅于市，**杜预："旅，陈也。陈其货物，以示时所贵尚。"是也。旅即庭实旅百之旅。杨伯峻解"商旅"为商人旅客，误。据上文，自天子至于皂隶牧圉，旅（宾旅，旅客）不在其列。又据昭七年"人有十等（王、公、大夫、士、皂、舆、隶、僚、仆、台，十等之下又有牧、圉）"，"旅"亦不在君臣之列。商旅于市者，言市场陈列之货物亦体现政治得失，如晏子所谓"屦贱踊贵"者。**百工献艺。**杜预："献其技艺，以喻政事。"**故《夏书》曰：'遒人以木铎徇于路，**杜预："遒人，行令之官也。木铎，木舌金铃。徇于路，求歌谣之言。"古有金铎、木铎。杨伯峻："金铎用于武事，木铎用于文教。"**官师相规，**杨伯峻据王应麟、王引之谓："官师，一官之长，其位不甚高。"**工执艺事以谏。'**杜预："所谓献艺。"**正月孟春，于是乎有之，**杜预："有遒人徇路之事。"**谏失常也。天之爱民甚矣，岂其使一人肆于民上，以从其淫，**杨伯峻："肆，放恣。从同纵。"**而弃天地之性？必不然矣。"**

秋，楚子为庸浦之役故，庸浦役在去年。**子囊师于棠以伐吴，吴不出而还。子囊殿，**殿，殿后。**以吴为不能而弗儆。吴人自皋舟之隘要而击之，**杜预："皋舟，吴险阨之道。"杨伯峻："要，腰本字，此作动词，截断其腰。"**楚人不能相救。吴人败之，获楚公子宜穀。**

王使刘定公赐齐侯命，杜预："将昏于齐故也。定公，刘夏。"**曰："昔伯舅大公，右我先王，**大公，吕尚，即姜子牙。右，佑助。**股肱周室，师保万民，世胙大师，以表东海。**杜预："胙，报也。"杨伯峻："表，表率之意。意谓为东海诸国之表率也。"**王室之不坏，繄伯舅是赖。**杨伯峻："繄，发声词，无义。"**今**

余命女环，环，齐灵公名。**兹率舅氏之典，**兹，此也，言于此地。**纂乃祖考，无忝乃旧。**纂 zuǎn，继也。忝 tiǎn，辱也。旧，指祖考、先人。**敬之哉，无废朕命！”**杜预：“因昏（婚）而加褒显。《传》言王室不能命有功。”

晋侯问卫故于中行献子，故，事也。杜预：“问卫逐君当讨否。献子，荀偃。”**对曰：“不如因而定之。卫有君矣，**杜预：“谓剽已立。”**伐之，未可以得志，**剽为国人所立，若讨之，卫必抵抗。**而勤诸侯。**勤，劳也，劳动。**史佚有言曰：‘因重而抚之。’**杜预：“重不可移，就抚安之。”**仲虺有言曰：‘亡者侮之，乱者取之，推亡固存，国之道也。’**杜预：“仲虺（huī），汤左相。”**君其定卫以待时乎！”**杜预：“待其昏乱之时乃伐之。”

冬，会于戚，谋定卫也。

范宣子假羽毛于齐而弗归，齐人始贰。杨伯峻：“羽，鸟羽；毛又作旄，旄牛尾。”

楚子囊还自伐吴，卒。将死，遗言谓子庚：“必城郢。”子庚，公子午。城郢（yǐng）者，盖更城之也。**君子谓：“子囊忠。君薨不忘增其名，**说服诸大夫，谥君为共。**将死不忘卫社稷，可不谓忠乎？忠，民之望也。《诗》曰：‘行归于周，万民所望。’忠也。”**杜预：“忠信为周。言德行归于忠信，即为万民所瞻望。”

襄公十五年

【经】

十有五年春，宋公使向戌来聘。二月己亥，十一日。**及向戌盟于刘。**

刘夏逆王后于齐。

夏，齐侯伐我北鄙，围成。成，鲁邑。**公救成，至遇。**遇，鲁地。

季孙宿、叔孙豹帅师城成郛。杨伯峻："郛，外城也。"

秋八月丁巳，日有食之。

邾人伐我南鄙。

冬十有一月癸亥，九日。**晋侯周卒。**

【传】

十五年春，宋向戌来聘，且寻盟。杜预："报二年豹之聘，寻十一年亳之盟。"**见孟献子，尤其室，**尤，愆尤之尤，杜预"尤，责过也"。**曰："子有令闻，**杨伯峻："令闻，今言好名声。"**而美其室，非所望也！"对曰："我在晋，吾兄为之，毁之重劳，**重 chóng。言兄既筑之，己若毁之是重劳也。**且不敢间。"**间，犯也，干犯。襄十一年"或间兹命"、昭二十六年"以间先王"，"王室其有间王位"、定四年"惎间王室"、哀二十年"吴犯间上国多矣"，皆此间。不敢间，不敢间吾兄也。若毁其室，等于否定干犯其兄。

官师从单靖公逆王后于齐。卿不行，非礼也。官师，刘夏也，非卿；单靖公，公侯也，故曰卿不行。

楚公子午为令尹，代子囊。**公子罢戎为右尹，蒍子冯为大司马，**杜预：“子冯，叔敖从子。”**公子橐师为右司马，公子成为左司马，屈到为莫敖，**杜预：“屈到，屈荡子。”**公子追舒为箴尹，**杜预：“追舒，庄王子子南。”箴尹，谏官。**屈荡为连尹，养由基为宫厩尹，以靖国人。**

君子谓：“楚于是乎能官人。官人，国之急也。急，轻重缓急之急，犹言要务也。**能官人，则民无觎心。**杨伯峻：“不存非分之心。”**《诗》云：‘嗟我怀人，寘彼周行。’**杨伯峻：“原本为妇女思念丈夫远出之诗，谓卷耳之菜，采之又采，仍不满一邪筐，盖心叹所思之人，无心再采，于是将筐置于大道。《左传》作者以己意解此诗。”**能官人也。**杜预：“诗人嗟叹，言我思得贤人，置之遍于列位。是后妃之志以官人为急。”**王及公、侯、伯、子、男、甸、采、卫、大夫，各居其列，所谓周行也。”**杜预：“言自王以下诸侯大夫各任其职，则是诗人周行之志也。甸、采、卫，五服之名也。天子所居千里曰圻，其外曰侯服，次曰甸服，次曰男服，次曰采服，次曰卫服。五百里为一服。不言侯、男，略举也。”

郑尉氏、司氏之乱，其余盗在宋。乱在十年。**郑人以子西、伯有、子产之故，纳贿于宋，**子西之父子驷、伯有之父子耳、子产之父子国皆尉氏、司氏等所杀。**以马四十乘与师茷、师慧。**四十乘，马一百六十匹。师伐、师慧，乐师；茷、慧，其人名。**三月，公孙黑为质焉。**公孙黑，子晳也，子驷之子。**司城子罕以堵女父、尉翩、司齐与之。良司臣而逸之，**杜预：“贤而放之。”**托诸季武子，**托付之于季武子。**武子寘诸卞。**卞，鲁公邑。**郑人醢之三人也。**剁三人为肉酱。三人，女父、翩、齐。

师慧过宋朝，宋朝，宋国朝廷。**将私焉。**私，小便。**其相曰：“朝也。”**古多以盲人任乐师，杨伯峻：“盲人之扶持者亦曰相。”**慧曰：“无**

人焉。”相曰：“朝也，何故无人？”师慧所言之“人”特指大人、贤人；其相所言之“人”，凡人皆可谓人。前后二“人”字，例同《郑风·叔于田》，“叔于田，巷无居人。岂无居人？不如叔也”。**慧曰：“必无人焉。**人，仍指贤人，下同。**若犹有人，岂其以千乘之相易淫乐之矇？**千乘之相指子罕。宋，千乘之国也，而子罕为其相。句谓子罕以千乘国国相之身份，与郑交易淫乐之矇。淫乐即郑乐，郑声淫，故曰“淫乐”。矇即瞽矇，乐师也。乐人常以瞽矇担任，故曰矇。**必无人焉故也。”子罕闻之，固请而归之。**杨伯峻：“固请于宋公。”

夏，齐侯围成，贰于晋故也。杨伯峻：“齐以范宣子借羽旄而不归还之故，贰于晋，因而侵犯鲁邑。”**于是乎城成郛。**杜预：“郛，郭也。”

秋，邾人伐我南鄙。杜预：“亦贰于晋故。”**使告于晋，晋将为会以讨邾、莒。**杜预：“十二年、十四年莒人伐鲁，未之讨也。”**晋侯有疾，乃止。冬，晋悼公卒，遂不克会。**杜预：“为明年会溴梁传。”

郑公孙夏如晋奔丧，夏，子驷之子子西也。奔丧即吊丧，初丧所行之礼。**子蟜送葬。**子蟜，子游之子公孙虿。二人皆郑卿。送葬，埋葬时送柩至墓地。

宋人或得玉，或，表不肯定之副词。宋人所得只是一块璞石而已，因“玉人以为宝”，然毕竟是宝与否，未可必信，故曰“或”。**献诸子罕。子罕弗受。献玉者曰：“以示玉人，**玉人，玉师，玉匠。**玉人以为宝也，故敢献之。”子罕曰：“我以不贪为宝，尔以玉为宝，若以与我，皆丧宝也。不若人有其宝。”稽首而告曰：“小人怀璧，不可以越乡。**璧为君子之器，非小人之器。献玉者意谓，小人没有路费盘缠，怀藏之不可以作为资财用度，故无以过越乡里。杜预：“言必为盗所害。”不可信。璧藏人怀，岂必为盗害？则宋不堪为国矣，且子罕为宋相，若言为盗所害，则是对子罕治国之否定。

欲求人而先敝之，故杜不可信。**纳此以请死也。”**献玉者无力承负攻玉之资，故欲卖其璞玉于子罕，否则不必献之子罕，自可请人攻之。“请死”者，虽有玉人之言，然璞玉未经加工，不可必知其信为宝与否，万一非宝，则是欺诬君子，诬君子死罪，故曰冒死以纳之。**子罕寘诸其里，**子罕所居之里。**使玉人为之攻之，**“为”、“攻”同义，皆治也。**富而后使复其所。**富，人以有财及财之多少为富，玉以有材及材之大小为富。句谓玉经加工为宝之后，使复其原主（献玉者），非谓卖玉得富后送之（献玉者）回乡里。

十二月，郑人夺堵狗之妻，而归诸范氏。杜预：“堵狗，堵女父之族。狗娶于晋范氏。郑人既诛女父，畏狗因范氏而作乱，故夺其妻归范氏，先绝之。”

襄公十六年

【经】

十有六年春王正月，葬晋悼公。杜预：“逾月而葬，速也。”

三月，公会晋侯、宋公、卫侯、郑伯、曹伯、莒子、邾子、薛伯、杞伯、小邾子于湨梁。杨伯峻：“湨（jú）梁，湨水之堤梁。”**戊寅，**二十六日。**大夫盟。**

晋人执莒子、邾子以归。

齐侯伐我北鄙。

夏，公至自会。

五月甲子，十三日。**地震。**

叔老会郑伯、晋荀偃、卫甯殖、宋人伐许。叔老，子叔齐子，公孙婴齐之子。

秋，齐侯伐我北鄙，围成。

大雩。

冬，叔孙豹如晋。

【传】

十六年春，葬晋悼公。平公即位，羊舌肸为傅，杜预：“平公，悼公子彪。肸，叔向也，代士渥浊。”**张君臣为中军司马，**杜预：“张老子，代其父。”**祁奚、韩襄、栾盈、士鞅为公族大夫，**祁奚于襄三年已告老，因公族大夫为闲官，不任大事，故今又为公族大夫。韩襄，韩无忌之子。栾盈，栾黡之子。士鞅，士匄之子。**虞丘书为乘马御。**代程郑。**改服修官，烝于曲沃。**杜预：“既葬，改丧服。修官，选贤能。曲沃，晋祖庙。烝，冬祭也。诸侯五月而葬，既葬，卒哭，作主，然后烝尝于庙。今晋逾月葬，作主而烝祭。《传》言晋将有溴梁之会，故速葬。”**警守而下，**杨伯峻：“警守，于国都布置守备。下，沿黄河而下。”**会于溴梁。命归侵田。**杜预：“诸侯相侵取之田。”**以我故，执邾宣公、莒犁比公，**以我故，以邾、莒侵我之故。犁比，莒子号。**且曰：“通齐、楚之使。”**言二国与齐、楚通使。

晋侯与诸侯宴于温，使诸大夫舞，曰：“歌诗必类！”类，物同为类，此言志同。谓所舞歌诗必倡和诸侯（晋）之意志。**齐高厚之诗不类。**不与诸侯同志。**荀偃怒，且曰：“诸侯有异志矣！”使诸大夫盟高厚，高厚逃归。于是，叔孙豹、晋荀偃、宋向戌、卫甯殖、郑公孙虿、小邾之大夫盟曰：“同讨不庭。”**不庭，指背叛诸侯（晋国）者。

许男请迁于晋。杜预：“许欲叛楚。”许已于成十五年迁于楚叶地。**诸侯遂迁许，许大夫不可。晋人归诸侯。**使诸侯国君各自返国，唯留其师从晋师伐许。

郑子蟜闻将伐许，郑、许世仇，故闻伐许而如其志。**遂相郑伯以从诸侯之师。穆叔从公。**从公返鲁。**齐子帅师会晋荀偃。**齐子，叔老。**书曰："会郑伯。"为夷故也。**杜预："夷，平也。"此师实以晋为兵主，然《经》不书"会晋荀偃"，而书"会郑伯"，为叔老与晋荀偃同等皆为大夫故也。郑虽非兵主，然郑伯与师，以诸侯故，礼当尊之，故书"会郑伯"。"为夷故也"乃解释《经》何以不书"会晋荀偃"，若用直接解释"会郑伯"，则不易理解。故于此可改"书曰'会郑伯'"之句为"不书'会晋荀偃'"则易理解。谓所以不书"会晋荀偃"者，因叔老与荀偃平等，且有诸侯在师，与大夫不匹敌，故不书"会晋荀偃"，而书"会郑伯"。

夏六月，次于棫林。庚寅，九日。**伐许，次于函氏。**杜预："棫林、函氏，皆许地。"

晋荀偃、栾黡帅师伐楚，以报宋扬梁之役。杜预："晋师独进。扬梁役在十二年。"**楚公子格帅师及晋师战于湛阪，楚师败绩。晋师遂侵方城之外，复伐许而还。**

秋，齐侯围成，成，孟氏采邑。**孟孺子速徼之。**杜预："孟献子之子庄子速也。徼，要也。"徼，要也，求也，盖即约战，请战。齐侯虽以师围成，孟孺子仍使请战于齐侯，欲择地交战。**齐侯曰："是好勇，去之以为之名。"**是，是人，此人，指孟孺子。杨伯峻："谓撤围以成孟速勇猛名。据十八年《传》，晏婴谓齐灵公'固无勇'，则实胆怯而逃。"**速遂塞海陉而还。**杜预："鲁隘道。"

冬，穆叔如晋聘，且言齐故。杜预："言齐再伐鲁。"**晋人曰："以寡君之未禘祀，**杜预："禘祀，三年丧毕之吉祭。"**与民之未息。**杜预："新伐许及楚。"**不然，不敢忘。"穆叔曰："以齐人之朝夕释憾于敝邑之地，是以大请！敝邑之急，朝不及夕，引领西望曰：'庶几乎！'**杜预："庶几晋来救。"**比执事之间，**杨伯峻："比，及也，等待也。"间，间暇也。**恐无及也！"见中**

行献子，赋《圻父》。献子，中军帅。杜预："诗人责圻父为王爪牙，不修其职，使百姓受困苦之忧，而无所止居。"**献子曰："偃知罪矣！敢不从执事以同恤社稷，而使鲁及此。"见范宣子，赋《鸿雁》之卒章。**宣子，中军佐。杜预："《鸿雁》卒章曰：'鸿雁于飞，哀鸣嗸嗸。唯此哲人，谓我劬劳。'言鲁忧困，嗸嗸然若鸿雁之失所。大曰鸿，小曰雁。"**宣子曰："匄在此，敢使鲁无鸠乎？"**鸠，集也，安集。

襄公十七年

【经】

十有七年春王二月庚午，二十三日。**邾子牼卒。**牼kēng。

宋人伐陈。

夏，卫石买帅师伐曹。杜预："买，石稷子。"

秋，齐侯伐我北鄙，围桃。高厚帅师伐我北鄙，围防。防，臧氏邑。

九月，大雩。

宋华臣出奔陈。

冬，邾人伐我南鄙。

【传】

十七年春，宋庄朝伐陈，获司徒卬，卑宋也。杜预："司徒卬（áng），陈大夫。"杨伯峻："卑宋，陈轻视宋，故败。"

卫孙蒯田于曹隧，杜预："越竟而猎。孙蒯（kuài），林父之子。"

饮马于重丘，重丘，故国名，时为曹邑。**毁其瓶。**坏重丘人之汲瓶。瓶，于井中汲水用之陶罐。**重丘人闭门而訽之，**杨伯峻：“訽同诟，音构，詈骂也。”**曰：“亲逐而君，**卫献虽为林父所逐，孙蒯实参与其事，故曰亲逐。**尔父为厉。**杨伯峻本洪亮吉：“厉，恶也。”**是之不忧，而何以田为？”**

夏，卫石买、孙蒯伐曹，取重丘。曹人愬于晋。

齐人以其未得志于我故，杜预：“前（去）年围成，辟孟孺子。”**秋，齐侯伐我北鄙，围桃。高厚围臧纥于防。师自阳关逆臧孙，至于旅松。**杜预：“旅松，近防地也。”至旅松者，盖其地利，进可攻，退可守。**郰叔纥、臧畴、臧贾帅甲三百，宵犯齐师，送之而复。**郰叔纥，孔丘之父叔梁纥也。杜预：“臧畴、臧贾，臧纥之昆弟也。三子与臧纥共在防，故夜送臧纥于旅松，而复还守防。”**齐师去之。**杜预：“失臧纥故。”

齐人获臧坚。杜预：“坚，臧纥之族。”**齐侯使夙沙卫唁之，**夙沙卫，齐阉臣。**且曰：“无死！”**使无自杀。**坚稽首曰：“拜命之辱！抑君赐不终，**抑，然也。盖臧坚有意曲解“无死”为“不得死”，即不得好死，故曰“君赐不终”。**姑又使其刑臣礼于士。”**姑，且也。自古及今，于外交、会盟、谈判等场合，尤重与事双方之身份对等，齐使阉臣唁臧坚，是比臧坚如阉臣也。古礼奉身为大，若阉臣，虽老死不可曰终。齐盖本无此心，然臧坚欲自杀，故意曲解其意，谓齐比己如阉臣即是赐己不终也。**以杙抉其伤而死。**杨伯峻：“杙（yì），小木桩，一端锐而斜者。抉音决，挖也，剔也。伤，伤口，创口。”抉，剜也，剔也，劐也。

冬，邾人伐我南鄙，为齐故也。杜预：“齐未得志于鲁，故邾助之。”

宋华阅卒。华臣弱皋比之室，杜预：“臣，阅之弟。皋比，阅之子。弱，侵易之。”弱，削弱之以侵其势力。**使贼杀其宰华吴。**华臣使贼杀皋比之家宰华吴。**贼六人以铍杀诸卢门合左师之后。**

左师，向戌。杜预："卢门，宋城门。合，向戌邑。后，屋后。"**左师惧曰："老夫无罪。"**贼杀华吴于向戌家后，故向戌惧无辜而被牵连。**贼曰："皋比私有讨于吴。"**贼谎称奉皋比命，自讨家臣。言己非贼，乃受命致讨。**遂幽其妻，**幽，囚禁。其妻，皋比家宰华吴之妻。**曰："畀余而大璧！"**畀，与，予也。**宋公闻之，曰："臣也，不唯其宗室是暴，大乱宋国之政，必逐之！"左师曰："臣也，亦卿也。大臣不顺，国之耻也。不如盖之。"**盖，掩盖。华吴实被杀于向戌家后，向戌惧若讨华臣，己恐被牵连，故欲盖其事。**乃舍之。**不讨华臣。**左师为己短策，**策与鞭皆驱使马之工具，策仅为（竹制）短棍，无鞭绳。**苟过华臣之门，必骋。**骋，疾驰也。策仅可击马之臀部，以策击马，动作幅度不大，不易为路人见，此所以向戌不用鞭之故，不欲使人知己意。向戌惧过华臣之门前，若迟缓或停留，恐使国人生猜心，谓其与华臣为党。《传》谓向戌能避嫌远害。

十一月甲午，国人逐瘈狗，瘈 jì 狗，疯狗，狂犬也。**瘈狗入于华臣氏，国人从之。华臣惧，遂奔陈。**杜预："华臣心不自安，见逐狗而惊走。"

宋皇国父为大宰，为平公筑台，妨于农功。杜预："周十一月，今九月，收敛时。"今本多改"功"为"收"，其实不必改，种、收皆可曰农功。**子罕请俟农功之毕，公弗许。筑者讴曰：**《说文》："讴，齐歌也。"**"泽门之皙，实兴我役。**杜预："泽门，宋东城南门也。皇国父白皙而居近泽门。"**邑中之黔，实慰我心。"**杜预："子罕黑色（肤色黑）而居邑中。"**子罕闻之，亲执扑，**扑，杖也。**以行筑者，**杨伯峻："行，巡行督察。"**而抶其不勉者，**抶 chì，笞击也。**曰："吾侪小人，皆有阖庐以辟燥湿寒暑。**杨伯峻："阖本义为木板门扇，此阖庐为一词，意即屋宇、房舍。辟同避。"**今君为一台而不速成，何以为役？"**为役，供役。言不堪任事。**讴者乃止。或问其故，**人美誉己，己反抶之之故。**子罕曰："宋**

国区区，区区，小貌。**而有诅有祝，祸之本也。”**言失尊卑贵贱之等威。

齐晏桓子卒。桓子，晏弱，晏婴之父。**晏婴粗缞斩，**杜预：“斩，不缉之也（衣之边不缝）。缞，在胸前。粗，三升布。”**苴绖、带、杖，**杨伯峻：“苴绖、苴带、苴杖。绖音垤，指首绖，即服丧时戴于头上用牝麻所织之物。苴带，系在腰上，象大带。苴杖，竹杖。”**菅屦，**杨伯峻：“菅音奸，多年生草本植物。菅屦即丧服着之草鞋。”**食鬻，**鬻，粥也。**居倚庐，**杨伯峻：“居丧时，临时所搭草棚。”**寝苫、枕草。**寝，躺卧也。杨伯峻：“苫音山，编禾秆为席，孝子卧其上。以草为枕。”杜预：“此礼与《士丧礼》略同，其异唯枕草耳。”**其老曰：**老，家宰。**“非大夫之礼也。”**言晏子身为大夫，不当用士之丧礼。**曰：“唯卿为大夫。”**大夫有广狭之义，就常例而言，广义之大夫包括卿与大夫，狭义之大夫不包括卿。然《经》书大夫之例，皆特指卿，《传》称“大夫”者，有时指卿，如襄十年“书曰‘盗’，言无大夫焉”；有时则指一般之大夫，襄二十六年“其大夫则贤，皆卿材也”。晏子“唯卿为大夫”者，乃有意曲解变通之言，言己非卿，故不可称大夫，所以用士丧礼也。

襄公十八年

【经】

十有八年春，白狄来。杜预：“不言朝，不能行朝礼。”

夏，晋人执卫行人石买。杜预：“石买即是伐曹者，宜即惩治本罪，而晋因其为行人之使执之，故书行人以罪晋。”

秋，齐师伐我北鄙。

冬十月，公会晋侯、宋公、卫侯、郑伯、曹伯、莒子、

邾子、滕子、薛伯、杞伯、小邾子同围齐。杜预："齐数行不义，诸侯同心俱围之。"

曹伯负刍卒于师。

楚公子午帅师伐郑。公子午，令尹子庚。

【传】

十八年春，白狄始来。

夏，晋人执卫行人石买于长子，执孙蒯于纯留，为曹故也。去年石买、孙蒯伐曹，曹人愬于晋之故。

秋，齐侯伐我北鄙。中行献子将伐齐，将为鲁伐齐。**梦与厉公讼，弗胜。**杨伯峻："荀偃杀晋厉公，见成十七、十八年。"**公以戈击之，首队于前，**队同坠。**跪而戴之，奉之以走，**戴头于颈上，两手捧持之，防其再坠。走，跑也。**见梗阳之巫皋。**此亦梦境事。梗阳，晋邑。皋，巫之名。**他日，见诸道，**道遇巫皋。**与之言，同。**以所梦告皋，皋亦做此梦。**巫曰："今兹主必死，**今兹，今年。主，主人，指荀偃。**若有事于东方，**言伐齐。齐在晋东，且晋本欲伐齐。**则可以逞。"**逞，得志。杨伯峻："荀偃虽死明年二月，乃是周正，晋用夏正，周正之明年二月，实夏正当年之十二月，仍合'今兹主必死'之言。"**献子许诺。**

晋侯伐齐，将济河。献子以朱丝系玉二瑴，瑴 jué，双玉也。**而祷曰："齐环怙恃其险，负其众庶，**杨伯峻："负，仗恃。众庶谓人多。"**弃好背盟，陵虐神主。**杜预："神主，民也。"**曾臣彪将率诸侯以讨焉，**彪，晋平公名。杨伯峻："曾臣犹陪臣。天子于神称臣，诸侯为天子之臣，故于神称曾臣。诸侯于天子称臣，诸侯之臣于天子则称陪臣。其取义相同。"**其官臣偃实先后之。苟捷有功，无作神羞，**不使神因己蒙羞。**官臣偃无敢复济。**杨伯峻："荀偃信巫皋之言，知必死，故云无敢复济。”**唯尔有神裁之！”**杨伯峻：“有，词头，无义。”**沈玉而济。**沈同沉。

冬十月，会于鲁济，杨伯峻：“济水在鲁者曰鲁济。”**寻溴梁之言，同伐齐。**杜预：“溴梁在十六年，盟曰同讨不庭。”**齐侯御诸平阴，堑防门而守之，广里。**杜预：“平阴城南有防，防有门，于门外作堑，横行广一里。”善。广本为“宽”之义，即长宽之宽。此实以所挖沟堑之长度为“广”，故杜注“横行广一里”。**夙沙卫曰：“不能战，莫如守险。”**杜预：“谓防门不足为险。”**弗听。诸侯之士门焉，**门，攻防门。**齐人多死。范宣子告析文子曰：**杜预：“析文子，齐大夫子家。”**“吾知子，**知，谓彼此相善，相知。**敢匿情乎？鲁人、莒人皆请以车千乘自其乡入，**乡同向。**既许之矣。若入，**杨伯峻：“二千乘之兵力攻入齐都。”**君必失国。子盍图之？”子家以告公，公恐。晏婴闻之曰：“君固无勇，而又闻是，弗能久矣。”**杜预：“不能久敌晋。”杨伯峻：“疑宴婴本意谓齐侯命不久于世。”杨是，杜误。**齐侯登巫山以望晋师。晋人使司马斥山泽之险，**杜预：“斥，候也（探察，侦察）。”杨伯峻：“斥，开拓，排除。”杜注是，杨误。**虽所不至，必旆而疏陈之。**虽人车不至之处，亦疏插旌旗以为阵。**使乘车者左实右伪，以旆先，**杜预：“伪以衣服为人形也。建旆以先驱。”**舆曳柴而从之。**使扬尘。**齐侯见之，畏其众也，乃脱归。**杜预：“脱，不张旗帜。”杨伯峻：“离开齐军脱身而归。”**丙寅晦，齐师夜遁。**杨伯峻：“十月小，晦，二十九日。言晦者，乘无月光而逃。”**师旷告晋侯曰：“鸟乌之声乐，齐师其遁。”**杜预：“鸟乌得空营，故乐也。”不从。鸟乌于夜则栖居于树上，盖齐大师夜遁，惊起之宿鸟多且鸣叫不止，故曰鸟乌之声乐。**邢伯告中行伯曰：**杜预：“邢伯，晋大夫邢侯也。中行伯，献子。”**“有班马之声，齐师其遁。”**杨伯峻用惠栋及冯登府谓：“班还二字古通，班马即还马。”是也。**叔向告晋侯曰：“城上有**

乌，齐师其遁。”乌集城上，则城必为空，故谓其遁。

十一月丁卯朔，入平阴，遂从齐师。夙沙卫连大车以塞隧而殿。连，横曰连，纵曰接。此谓以两辆或两辆以上大车并排相连以塞道。隧，道也。杨伯峻：“隧，山中小路。”殿，殿后。**殖绰、郭最曰：“子殿国师，齐之辱也。**杜预：“奄（阉）人殿师，故以为辱。”**子姑先乎！”乃代之殿。卫杀马于隘以塞道。**杜预：“恨二子，故塞其道，欲使晋得之。”**晋州绰及之，**之，殖绰、郭最。**射殖绰，中肩，两矢夹脰，**杜预：“脰（dòu），颈也。”杨伯峻：“州绰两射，一中左肩，一中右肩，均近颈项，故云夹脰。”**曰：“止，将为三军获。不止，将取其衷。”**衷，中也。其衷，两矢之中，即脰也。**顾曰：“为私誓。”**殖绰惧被杀，故请与州绰私为誓。顾，转头后视。**州绰曰：“有如日！”**约日为誓也。**乃弛弓而自后缚之。**弛与张对。**其右具丙亦舍兵而缚郭最，**具丙，州绰之车右。**皆衿甲面缚，**杜预：“衿甲，不解甲。”**坐于中军之鼓下。**

晋人欲逐归者，鲁、卫请攻险。杜预：“险，固城守者。”**己卯，**十三日。**荀偃、士匄以中军克京兹。**杨伯峻：“京兹、邿、卢皆在泰山山脉，此攻险也。”**乙酉，**十九日。**魏绛、栾盈以下军克邿。赵武、韩起以上军围卢，弗克。十二月戊戌，**二日。**及秦周，**师至秦周。秦周，地名，杜预谓鲁大夫，不从。**伐雍门之萩。**雍门，齐城门。萩 qiū，树种名。**范鞅门于雍门，其御追喜以戈杀犬于门中。孟庄子斩其橁以为公琴。**孟庄子，孟孺子速也，孟献子仲孙蔑之子。杜预：“橁（xún），木名。”**己亥，**三日。**焚雍门及西郭、南郭。刘难、士弱率诸侯之师焚申池之竹木。**杨伯峻：“刘难、士弱，晋大夫。申池，在申门外。”**壬寅，**六日。**焚东郭、北郭。范鞅门于扬门。州绰门于东闾，**杜预：“齐东门。”**左骖迫，**杨伯峻：“迫，窘也，促也。谓由于兵车拥挤，道路不宽，左旁之马被迫不能前。”**还于门中，**杨伯峻：“州绰之车在东门中盘旋。”

以枚数阖。二十一年《传》，州绰言此事曰“东闾之役，臣左骖迫，还于门中，识其枚数”。以枚数阖盖即以数阖枚。枚，今曰门钉，钉头较大，半球形，在城门上为固定门板之用，今则仅作装饰之用。阖，门扇也。

齐侯驾，将走邮棠。大子与郭荣扣马，大子，光也。郭荣，齐大夫。扣，盖以手制其马络头也。**曰：“师速而疾，略也。**杨伯峻：“速者，诸侯之师行走快捷也。疾者，攻击奋勇也。略谓夺取物资。”**将退矣，君何惧焉？且社稷之主，不可以轻，**轻，轻率。**轻则失众。君必待之。”将犯之，**杨伯峻：“齐灵公将凌突甚至践踏二人而前。”**大子抽剑断鞅，**鞅，马颈之革。**乃止。甲辰，**八日。**东侵及潍，南及沂。**

郑子孔欲去诸大夫，杜预：“欲专权。”**将叛晋而起楚师以去之。使告子庚，**子庚，楚令尹公子午。**子庚弗许。楚子闻之，使杨豚尹宜告子庚曰：“国人谓不穀主社稷，而不出师，死不从礼。**杜预：“不能承先君之业，死将不得从先君之礼。”**不穀即位，于今五年，师徒不出，人其以不穀为自逸而忘先君之业矣。**杜预：“谓己未尝统师自出。”**大夫图之！其若之何？”子庚叹曰：“君王其谓午怀安乎！吾以利社稷也。”见使者，**此盖是子庚引郑使者见王。**稽首而对曰：“诸侯方睦于晋，臣请尝之。**杜预：“尝，试其难易也。”**若可，君而继之。不可，收师而退，可以无害，君亦无辱。”**杨伯峻：“君不自出，故无辱。”

子庚帅师治兵于汾。于是子蟜、伯有、子张从郑伯伐齐，于是，于此时。子蟜，子游之子公孙虿。伯有，良霄，公子去疾子良之孙，公孙辄子耳之子。子张，公孙黑肱，穆公子子印之子。**子孔、子展、子西守。**子孔，穆公子嘉。子展，子罕之子公孙舍之。子西，子驷之子公孙夏。守，守国。**二子知子孔之谋，**二子，子展、子西。谋，召楚师伐郑以去诸大夫之谋。**完守入保。**杜预：“完城郭，内保守。”

子孔不敢会楚师。杨伯峻："因国内有备故。"

楚师伐郑，次于鱼陵。杜预："鱼陵，鱼齿山也，郑地。"**右师城上棘，遂涉颍，次于旃然。**杜预："将涉颍，故于水边权筑小城，以为进退之备。"**蔿子冯、公子格率锐师侵费滑、胥靡、献于、雍梁，**杜预："胥靡、献于、雍梁，皆郑邑。"**右回梅山，侵郑东北，至于虫牢而反。子庚门于纯门，信于城下而还，**信，再宿为信，在外某地宿两日曰信。**涉于鱼齿之下。**杜预："鱼齿山之下有滍水，故言涉。"**甚雨及之，**甚雨，冬日寒杀之雨，其雨苦寒，故曰甚雨。杨伯峻谓甚雨为大雨，不从。**楚师多冻，役徒几尽。**几，几乎。

晋人闻有楚师，师旷曰："不害。吾骤歌北风，又歌南风。楚乂歌南风。杨伯峻："骤，数也，屡也。风指曲调，《诗》有国风，即各国之乐曲。北风南风犹今云北曲南曲。"**南风不竞，**杜预："歌者吹律以咏八风，南风音微，故曰不竞也。师旷唯歌南北风者，听晋、楚之强弱。"**多死声。楚必无功。"**杨伯峻："古人迷信，多以乐律卜出兵之吉凶。"**董叔曰："天道多在西北，南师不时，必无功。"**杨伯峻："天道为木星所行之道。此年木星在黄道带经过娵訾，于十二支中为亥，故云天道在西北，又云南师出征不合天时，而必无功。"**叔向曰："在其君之德也。"**杜预："言天时地利不如人和。"

襄公十九年

【经】

十有九年春王正月，诸侯盟于祝柯。诸侯，去年围齐之诸侯。**晋人执邾子。**

公至自伐齐。

取邾田，自漷水。杜预："取邾田以漷水为界也。"

季孙宿如晋。

葬曹成公。

夏，卫孙林父帅师伐齐。

秋七月辛卯，二十八日。**齐侯环卒。**

晋士匄帅师侵齐，至穀，闻齐侯卒，乃还。杜预："详录所至及还者，善得礼。"

八月丙辰，二十三日。**仲孙蔑卒。**蔑，孟献子。桓公子庆父（共仲）生公孙敖（穆伯），敖生文伯穀，穀生仲孙蔑。

齐杀其大夫高厚。

郑杀其大夫公子嘉。嘉，子孔。

冬，葬齐灵公。

城西郛。杜预："鲁西郛。"

叔孙豹会晋士匄于柯。

城武城。

【传】

十九年春，诸侯还自沂上，盟于督扬，杜预："督扬即祝柯。"**曰："大毋侵小。"**

执邾悼公，以其伐我故。杜预："伐鲁在十七年。"**遂次于泗上，**泗上，泗水边。**疆我田。**杜预："正邾、鲁之界也。"**取邾田，自漷水归之于我。**杜预："邾田在漷水北，今更以漷为界，故曰取邾田。"杨伯峻谓邾田在漷水西。

晋侯先归。公享晋六卿于蒲圃，杜预："六卿过鲁。"**赐之三命之服；军尉、司马、司空、舆尉、候奄，皆受一命之服；贿荀偃束锦、加璧、乘马，**杨伯峻："锦，有彩色花纹之丝织品。一束十端，二端为一匹。束锦，则锦五匹。以璧加于锦，故云加璧。乘马，马四匹。"**先吴寿梦之鼎。**古人献礼，常以轻者为引，重者在后。"先"者，指锦、璧、乘马而言。杨伯峻："先吴寿梦之鼎者，先于吴寿梦之鼎也。"即以锦、璧、乘马为先，鼎在后。

荀偃瘅疽，生疡于头。杨伯峻："瘅音旦。瘅疽，疑即今之对口疽。发于枕骨下，与口相对。疡音阳，即指脑之痈疽。"**济河，及著雍，病，目出。**病情恶化曰病。目出，因疾病而眼眶塌陷，于是眼球明显突出。**大夫先归者皆反。士匄请见，弗内。**士匄为荀偃之佐，请入幄幕见荀偃，荀偃不使入。**请后，**请于荀偃，问立谁为中行氏之继承人。此请当由荀偃之侍人内外传达。**曰："郑甥可。"**郑甥，荀吴也。荀吴为荀偃娶郑女所生，为郑之外甥，故曰郑甥。**二月甲寅，**十九日。**卒，而视，不可含。**目不瞑口不闭。古代人死有含玉之礼，即以珠玉纳于死者之口曰含。荀偃口不闭，故不可含。**宣子盥而抚之，**杨伯峻："士匄自己盥洗然后抚尸。"**曰："事吴，敢不如事主！"**吴，荀吴。**犹视。栾怀子曰：**怀子，栾盈。**"其为未卒事于齐故也乎！"**杨伯峻："伐齐之事未竟全功。"**乃复抚之曰："主苟终，所不嗣事于齐者，有如河！"**杨伯峻："嗣事，继续从事。"**乃瞑，**

受含。或谓士匄抚尸早，故不可含，尸冷自然目瞑口闭，杨伯峻驳之，谓此论固近情理，然未合《传》意，《传》则好言鬼神怪异之事。**宣子出，曰："吾浅之为丈夫也。"**之，荀偃。杜预："自恨以私待人。"杨伯峻："谓小视荀偃，未视之为大丈夫。"

晋栾鲂帅师从卫孙文子伐齐。杜预："为怀子之言故也。栾鲂，栾氏族。"

季武子如晋拜师，杜预："谢讨齐。"**晋侯享之。范宣子为政，**代荀偃。**赋《黍苗》。**义取"芃芃黍苗，阴雨膏之"之句。黍苗喻鲁，阴雨喻晋。**季武子兴，**杨伯峻："兴，从坐中起。"**再拜稽首曰：**稽首晋侯。**"小国之仰大国也，如百谷之仰膏雨焉！若常膏之，其天下辑睦，岂唯敝邑？"赋《六月》。**杜预："《六月》，尹吉甫佐天子征伐之诗。以晋侯比吉甫出征，以匡王国。"

季武子以所得于齐之兵，作林钟而铭鲁功焉。作，铸也。铭，铸铭文于林钟之上。**臧武仲谓季孙曰："非礼也。夫铭，天子令德，**令，美也，此作动词用，犹言旌。杜预："天子铭德不铭功。"**诸侯言时计功，**杜预："举得时，动有功，则可铭也。"**大夫称伐。**称，举也，称举。伐，谓征伐之功劳。**今称伐则下等也；**称伐为大夫之铭功方式，非诸侯所用，故曰下等。**计功则借人也；**杜预："借晋力也。"**言时则妨民多矣，何以为铭？且夫大伐小，取其所得以作彝器，**《说文》："彝（yí），宗庙常器也。"**铭其功烈，以示子孙，昭明德而惩无礼也。今将借人之力以救其死，若之何铭之？小国幸于大国，**杨伯峻："幸者，侥幸战而获胜。"**而昭所获焉以怒之，**以获于齐之兵铸钟铭功，势必激怒齐。**亡之道也。"**

齐侯娶于鲁，曰颜懿姬，无子。其侄鬷声姬，生光，以为大子。鬷 zōng。杜预："颜、鬷皆二姬母姓，因以为号。懿、声皆谥。"杨伯峻："兄弟之子女曰侄。古代上层人物娶妇，除妇为嫡妻外，妇家又以其妹或侄女陪嫁，曰媵。”**诸子仲子、戎子，**诸子之“子”，指嬖妾。仲子、戎子之“子”为宋国之姓。**戎子嬖。仲子生牙，属诸戎子。**戎子得宠而无子，故仲子以其子托戎子，欲宠其子。**戎子请以为大子，**请齐侯更立牙为太子。**许之。仲子曰：“不可。废常，不祥；**常，常法旧制，此指嗣立之常。**间诸侯，难。**杨伯峻：“间，触犯。难，难成功。”**光之立也，列于诸侯矣。**太子光数从诸侯会同征伐，是以准诸侯之身份位列诸侯矣。**今无故而废之，是专黜诸侯，**专，专擅之专，犹今曰“存心”也。废光相当于黜诸侯。**而以难犯不祥也。**杨伯峻：“以难成之事触犯废常之不祥。”**君必悔之。”公曰：“在我而已。”**杨伯峻：“废立由我，不顾诸侯。”**遂东大子光。**杜预：“废而徙之东鄙。”**使高厚傅牙，以为大子，夙沙卫为少傅。**

齐侯疾，崔杼微逆光。《说文》：“微，隐行也。”**疾病，而立之。**杨伯峻：“齐侯病危，崔杼复立光为太子。”是。**光杀戎子，尸诸朝，**陈戎子之尸于朝。**非礼也。妇人无刑。**杜预：“无黥刖之刑。”**虽有刑，不在朝市。**杜预：“谓犯死刑者犹不暴尸。”

夏五月壬辰晦，二十九日。**齐灵公卒。庄公即位，**庄公即太子光。**执公子牙于句渎之丘。以夙沙卫易己，**易，改易也。杜预：“光谓卫教公易己。”文六年“改蒐于董，易中军”，即此“易”。**卫奔高唐以叛。**

晋士匄侵齐，及穀，闻丧而还，礼也。杜预：“礼之常，不必待君命。”

于四月丁未，十三日。**郑公孙虿卒，**公孙虿，子游之子子蟜。**赴于晋大夫。范宣子言于晋侯，以其善于伐秦也。**杜预：“十四年晋伐秦，子蟜见诸侯师而劝之济泾。”**六月，晋侯请于王，王追赐之大路，使以行，礼也。**杜预：“大路，天子所赐车之总名。以行葬礼。”“以行”者，以所赐大路载柩行葬，大路亦陪葬。

秋八月，齐崔杼杀高厚于洒蓝而兼其室。洒蓝，齐地。

书曰："齐杀其大夫。"从君于昏也。杜预："《传》解《经》不言崔杼杀而为国讨文。"

郑子孔之为政也专。杜预："专权。"**国人患之，乃讨西宫之难，**西宫之难在十年，子孔知而不言。**与纯门之师。**去年，楚师伐郑至纯门，为子孔所召。**子孔当罪，**罪当子孔也。当，应对，当对。《传》例曰"罪无所归"，此言子孔为其罪所冲之对象。**以其甲及子革、子良氏之甲守。**杜预："以自守也。"**甲辰，**十一日。**子展、子西率国人伐之，杀子孔而分其室。书曰："郑杀其大夫。"专也。**言子孔有专权之罪。

子然、子孔，宋子之子也；士子孔，圭妫之子也。子然、子孔、士子孔皆郑穆公子。宋子、圭妫皆郑穆公妾。**圭妫之班亚宋子，**班，班次，位序。杜预："亚，次也。"**而相亲也，二子孔亦相亲也。**言宋子、圭妫相亲，故其子亦相亲善。二子孔，宋子之子子孔与圭妫之子士子孔。**僖之四年，子然卒。**郑僖四年当鲁襄六年。**简之元年，士子孔卒。**郑简元年当鲁襄八年。**司徒孔实相子革、子良之室，**子革，子然之子。子良，士子孔之子（郑穆公子去疾亦字子良，公子去疾与士子孔为兄弟）。司徒孔即子孔。子然、士子孔死后，子孔相子革、子良之室，其时子孔任司徒之职。襄十年郑西宫之难时，"子驷当国，子国为司马，子耳为司空，子孔为司徒"，故此曰"司徒孔"。**三室如一，**如一，亲如一家。**故及于难。**子革、子良以甲助子孔，并及其难。**子革、子良出奔楚，子革为右尹。**子革即郑丹，又称然丹，奔楚后任右尹之官。杨伯峻："称郑丹者，称其本国也；称然丹者，以其父之字为氏也。"**郑人使子展当国，**当国即为国政。**子西听政，立子产为卿。**

齐庆封围高唐，夙沙卫奔高唐以叛在五月。**弗克。冬十一月，齐侯围之，见卫在城上，号之，**号，呼号。**乃下。**夙沙卫下城。**问守备焉，以无备告。**庄公问高唐之守备，卫答以无守备。**揖之，乃登。**杜预："齐侯以卫告诚，揖而礼之，欲生之也。卫志于战死，故不顺齐侯之揖，而还登城。”杨伯峻：“卫虽下城与齐侯语，盖隔护城河，故不畏。”**闻师将傅，**杨伯峻：“卫闻齐师将缘城进攻。”**食高唐人。**欲用之，故食之。**殖绰、工偻会夜缒纳师，**杨伯峻：“乘夜以绳垂下而使齐师入城。”是也。缒，缘绳登城或出城皆可曰缒，此文为缘绳登城。**醢卫于军。**醢 hǎi，肉酱，此作动词用，剁为肉酱。

城西郛，惧齐也。

齐及晋平，盟于大隧。故穆叔会范宣子于柯。杜预：“齐、晋平，鲁惧齐，故为柯会以自固。”**穆叔见叔向，**穆叔，叔孙豹。叔向，羊舌肸。**赋《载驰》之四章。**杜预：“四章曰：‘控于大邦，谁因谁极？’控，引也。取其欲引大国以自救助。”**叔向曰：“肸敢不承命？”**杜预：“叔向度齐未肯以盟服，故许救鲁。”**穆叔归，曰：“齐犹未也，不可以不惧。”乃城武城。**

卫石共子卒，共子，石买。**悼子不哀。**悼子，买之子石恶。**孔成子曰：“是谓蹷其本，**杜预：“蹷犹拔也。”杨伯峻据昭二十三年“推而蹷之”，谓蹷为“仆”也。**必不有其宗。”**杨伯峻：“有，保有。”

襄公二十年

【经】

二十年春王正月辛亥，二十一日。**仲孙速会莒人盟于向。**速，孟庄子，孟献子仲孙蔑之子。向，莒邑。

夏六月庚申，三日。**公会晋侯、齐侯、宋公、卫侯、郑伯、曹伯、莒子、邾子、滕子、薛伯、杞伯、小邾子盟于澶渊。**

秋，公至自会。

仲孙速帅师伐邾。

蔡杀其大夫公子燮。燮，蔡文公子。杜预谓燮为蔡庄公子，不可信。蔡庄公卒于文十五年，至今已六十年，据《传》，燮又有母弟（即《经》之公子履），若以燮为庄公子，则此时燮之年龄远在六十岁以上，未必能堪大事，故燮当为蔡文公子，则较合理。**蔡公子履出奔楚。**履，燮之母弟。

陈侯之弟黄出奔楚。弟，母弟。《经》凡书“弟”，皆母弟。

叔老如齐。叔老，子叔齐子，公孙婴齐（声伯）之子。

冬十月丙辰朔，日有食之。

季孙宿如宋。宿，武子。

【传】

二十年春，及莒平。孟庄子会莒人盟于向，督扬之盟故也。督扬盟在去年。为督扬之盟故，莒、鲁又自结盟好，杨伯峻“自此后十五年不交兵”。

夏，盟于澶渊，齐成故也。齐与晋平，故诸侯有澶渊之盟。

邾人骤至，骤至，屡来伐。**以诸侯之事，弗能报也。**杨伯峻：“鲁因连年从事于参与诸侯之征伐盟会，不能报复。”**秋，孟庄子伐邾以报之。**

蔡公子燮欲以蔡之晋，杜预：“背楚。”**蔡人杀之。公子履，其母弟也，故出奔楚。**杨伯峻：“恐因兄弟之故受嫌受祸，故往楚以免嫌。”

陈庆虎、庆寅畏公子黄之偪，杜预：“二庆，陈卿。恐黄偪夺其政。”**愬诸楚曰：“与蔡司马同谋。”**杜预：“同欲之晋。”**楚人以为讨。**杜预：“讨，责陈。”**公子黄出奔楚。**杜预：“奔楚自理。”

初，蔡文侯欲事晋，曰："先君与于践土之盟，杜预："先君，文侯父庄侯甲午也。践土盟在僖二十八年。"**晋不可弃，且兄弟也。"畏楚，不能行而卒。**蔡文侯卒于宣十七年。**楚人使蔡无常，**杜预："征发无准。"**公子燮求从先君以利蔡，**先君，蔡文侯。**不能而死。书曰："蔡杀其大夫公子燮。"言不与民同欲也；**杜预："罪其违众。"**"陈侯之弟黄出奔楚"，言非其罪也。**杜预："称弟，罪陈侯及二庆。"杨伯峻："故昭元年《传》亦云：'书曰秦伯之弟鍼出奔晋，罪秦伯也。'"**公子黄将出奔，呼于国曰："庆氏无道，求专陈国，暴蔑其君，而去其亲，**己为陈侯母弟，故曰"亲"。**五年不灭，是无天也。"**

齐子初聘于齐，礼也。齐子，叔老。杨伯峻："此年庄公新即位，故曰初聘。"是也。去怨修好故曰礼。

冬，季武子如宋，报向戌之聘也。向戌来聘在十五年。**褚师段逆之以受享，**杨伯峻："褚师，官名，此以官为氏。段字子石。武子受宋公之享。"**赋《常棣》之七章以卒。**杜预："武子赋也。七章以卒，尽八章。取其'妻子好合，如鼓瑟琴'，'宜尔家室，乐尔妻帑'，言二国好合，宜其室家，相亲如兄弟。"**宋人重贿之。**善其敏。**归，复命，公享之。赋《鱼丽》之卒章。**杜预："卒章曰'物其有矣，维其时矣'，喻聘宋得其时。"**公赋《南山有台》。**杜预："取其'乐之君子，邦家之基，邦家之光'，喻武子奉使，能为国光晖。"**武子去所，曰："臣不堪也。"**杜预："去所，辟席。"

卫甯惠子疾，召悼子曰：悼子，甯喜。**"吾得罪于君，悔而无及也。名藏在诸侯之策，曰：'孙林父、甯殖出其君。'君入则掩之。**杜预："掩恶名。"**若能掩之，则吾子也。**杨伯峻："谓汝能掩盖此事，始为我之子。"**若不能，犹有鬼神，**言仍有鬼神。鬼神特指甯氏之鬼神，谓甯氏若不因罪而亡族绝祀，其鬼神仍能来受祭祀，故曰犹有鬼神；若亡族绝祀，则是无鬼神矣。"犹有鬼神"另见襄十年、昭二十七年。**吾有馁而已，不来食矣。”**言纵使甯氏不亡族绝祀，我亦将独不来食矣。馁，饥也。杨伯峻：“不来受祭，即不认其为子。”

悼子许诺，惠子遂卒。

襄公二十一年

【经】

二十有一年春王正月，公如晋。

邾庶其以漆、闾丘来奔。漆、闾丘，皆邾邑。

夏，公至自晋。

秋，晋栾盈出奔楚。

九月庚戌朔，日有食之。

冬十月庚辰朔，日有食之。

曹伯来朝。

公会晋侯、齐侯、宋公、卫侯、郑伯、曹伯、莒子、邾子于商任。

【传】

二十一年春，公如晋，拜师及取邾田也。杜预：“谢十八年伐齐之师、漷水之田。”

邾庶其以漆、闾丘来奔。杜预：“庶其，邾大夫。”**季武子以公姑姊妻之，**公，襄公。襄公姑姊即其父成公之姊，为宣公之女。宣公卒至今已三十九年，其女最小亦当在三十八岁以上，故杜预以为“寡者”。**皆有赐于其从者。**

于是鲁多盗。季孙谓臧武仲曰：“子盍诘盗？”季孙，季武子。武仲，臧纥。盍，何不。诘，盘诘，治也。**武仲曰：“不可诘也，纥又不能。”**据下文，此句当解为“治不了，且我又不能这样做”。**季孙曰：“我有四封，**四封，四境。**而诘其盗，何故不可？**既有边境，为何不能出盗。**子为司寇，将盗是务去，若之何不能？”**言去盗固汝之本职，为何说“不能这样做”。**武仲曰：“子召外盗而大礼焉，**外盗，邾庶其。**何以止吾盗？**我何以止吾盗。吾盗，国内之盗。**子为正卿，而来外盗，使纥去之，**之，仍指国内之盗。**将何以能？庶其窃邑于邾以来，子以姬氏妻之，而与之邑，**杨伯峻：“另与他邑。”盖除漆、闾丘外另与他邑。**其从者皆有赐焉。若大盗礼焉以君之姑姊与其大邑，其次皂牧舆马，其小者衣裳剑带，**其次、其小，言中盗、小盗，皆庶其之从者。其中盗赐与皂牧舆马，其小盗赐与衣裳剑带。杨伯峻：“其次、其小者谓与庶其之礼物之次者与小者。”非。**是赏盗也。赏而去之，其或难焉。纥也闻之，在上位者，洒濯其心，**洗涤其心。**壹以待人，**待人专一。壹，专一。**轨度其信，**杨伯峻：“轨度作动词，纳之于轨范也。”**可明徵也，**行为信而有度，可明证于人。杜预：“徵，验也。”**而后可以治人。夫上之所为，民之归也。**言统治者为民之师，民象之以行。**上所不为而民或为之，是以加刑罚焉，而莫敢不惩。**惩，惩戒。**若上之所为而民亦为之，乃其所也，**言在上者之所作所为，固当为民之模法。**又可禁乎？《夏书》曰：‘念兹在兹，**“念”指意念意志，“在”指举动行为。念在兹行在兹也。心念于此，则行为亦当在于此（践行意念），所谓志行合一，表里如一。**释兹在兹，**心欲释去者，行为亦当摒去之。**名言兹在兹，**名可作名位之名，有其名，则当行其信。有君之名则行君之信，有臣之名则行臣之信。言可作言令之言，言令出于此，行亦当在于此，犹说到做到。**允出兹在兹，**允，信也。允与信可通用，此“允”借作“名以出信”之信。信者，犹言权力范围。诸句之意皆谓季武子心念去盗，行为却在召盗。

惟帝念功。' 念功在功，功可竟。**将谓由己壹也。信由己壹，而后功可念也。"** 杜预："言非但意念而已，当须信己诚至。"

庶其非卿也，以地来，虽贱必书，重地也。 重，贵也。

齐侯使庆佐为大夫， 杜预："庆佐，崔杼党。"**复讨公子牙之党，执公子买于句渎之丘。公子鉏来奔。叔孙还奔燕。** 买、鉏、还，皆群公子。二十八年《传》述此事曰"崔氏之乱，丧群公子，故鉏在鲁，叔孙还在燕，贾在句渎之丘"，故此"叔孙"非鲁之"叔孙"。

夏，楚子庚卒， 子庚，令尹公子午。**楚子使薳子冯为令尹。访于申叔豫，** 薳子冯访于申叔豫。**叔豫曰："国多宠而王弱，国不可为也。"** 为，治也。国既不能治，而受令尹之职，是取祸之道也。**遂以疾辞。方暑，阙地，下冰而床焉。** 挖地下室，下冰于其中，又置床。古代贵族有藏冰之礼，故薳子冯能于暑季得冰。**重茧，衣裘，** 重 chóng。杜预："茧，绵衣。"杨伯峻："两层绵袍，又着皮裘。"**鲜食而寝。** 鲜，少也。**楚子使医视之，复曰："瘠则甚矣，而血气未动。"** 杜预："言无疾。"瘠，瘦也。**乃使子南为令尹。** 子南，公子追舒。

栾桓子娶于范宣子，生怀子。 桓子，栾黡。宣子，士匄。栾黡娶士匄之女，生怀子。怀子，栾盈。士匄为栾盈之外祖父。**范鞅以其亡也，怨栾氏，** 范鞅，士匄子，栾盈之舅。襄十四年，范鞅为栾黡所逐而奔秦。**故与栾盈为公族大夫而不相能。** 范鞅与栾盈皆公族大夫。范鞅怨栾黡遂及栾盈，故与栾盈不相得。**桓子卒，栾祁与其老州宾通，** 杜预："栾祁，桓子妻，范宣子女，盈之母也。范氏，尧后，祁姓。"古代妇女常有以丈夫之姓、谥冠于己名号之上者，例如雍纠之妻雍姬、卢蒲癸之妻卢蒲姜、齐棠公之妻棠姜等，栾祁亦此例。老，家宰。**几亡室矣。** 杜预："言乱甚。"**怀子患之。祁惧其讨也，愬诸宣子曰："盈将为乱，** 栾祁本栾盈之生母，反谮陷之于己父。**以范氏为死桓主而专政矣，** 桓主，桓氏宗主，指栾黡。杨伯峻："祁诬栾盈，谓盈以栾黡之死系出范氏毒手。”**曰：‘吾父逐鞅也，不怒而以宠报之，**栾黡诬范鞅杀其弟栾鍼，罪而逐之，参十四年《传》。栾盈谓范鞅返自秦，士匄不怒其罪，反以宠位（公族大夫）报之。**又与吾同官而专之，**杨伯峻：“同为公族大夫而专任其事。”**吾父死而益富。**范氏益富。**死吾父而专于国，有死而已，吾蔑从之矣！’**杨伯峻：“祁诬栾盈宁死而将作难。”**其谋如是，惧害于主，**称其父为主。**吾不敢不言。”范鞅为之徵。**徵，证也。**怀子好施，**施，施舍。**士多归之。宣子畏其多士也，信之。怀子为下卿，**杨伯峻：“下军佐，位次第六。”**宣子使城著而遂逐之。**杜预：“著，晋邑。在外易逐。”

秋，栾盈出奔楚。宣子杀箕遗、黄渊、嘉父、司空靖、邴豫、董叔、邴师、申书、羊舌虎、叔罴。杜预：“十子皆晋大夫，栾盈之党也。羊舌虎，叔向弟。”**囚伯华、叔向、籍偃。**伯华，羊舌赤，叔向及羊舌虎之兄。籍偃，上军司马。**人谓叔向曰：“子离于罪，其为不知乎！”**离同罹。知同智。**叔向曰：“与其死亡若何？**杨伯峻：“比之于死亡如何，言虽受囚而胜于死亡。”**《诗》曰：‘优哉游哉，聊以卒岁。’知也。”**杨伯峻：“人以叔向不附范氏为不智，叔向以优游卒岁，于各大家族之争不介入为智。叔向之被囚，仅因为虎之兄耳。”

乐王鲋见叔向曰：乐王鲋，乐桓子，乐，氏；王鲋，名。说本梁履绳。**“吾为子请。”叔向弗应。出，不拜。**王鲋出，叔向不拜谢。**其人皆咎叔向。**其人，叔向之臣。**叔向曰：“必祁大夫。”**言唯祁大夫能救己。杜预：“祁大夫，祁奚也。食邑于祁，因以为氏。”**室老闻之，**室老，叔向之家宰。**曰：“乐王鲋言于君无不行，**杜预：“其言皆得行。”**求赦吾子，吾子不许。祁大夫所不能也，而曰‘必由之’，何也？”叔向曰：“乐王鲋，从君者也，**言唯附和于君。杨伯峻：“于君无不顺从。”**何能行？祁大夫外举**

不弃雠，内举不失亲，见三年《传》。其独遗我乎？《诗》曰：'有觉德行，四国顺之。'觉，明也，与昏相对。成十年"公觉，召桑田巫"，觉（jiào）醒曰觉（jué）。则觉本为清醒，清明之义。夫子，觉者也。"

晋侯问叔向之罪于乐王鲋，对曰："不弃其亲，其有焉。"其亲指羊舌虎。言叔向不罪其弟叔虎，必与之同谋。杨伯峻："因叔向不应反而落井下石。"于是祁奚老矣，老，致仕而闲居在家。闻之，乘驲而见宣子，驲rì，快车名。曰："《诗》曰：'惠我无疆，子孙保之。'杜预："言文、武有惠训之德，加于百姓，故子孙保赖之。"《书》曰：'圣有谟勋，明征定保。'杜预："谟，谋也。勋，功也。言圣哲有谋功者，当明信定安之。"夫谋而鲜过，惠训不倦者，叔向有焉，社稷之固也。固犹镇也。犹将十世宥之，十世，十代。宥，宽也。以劝能者。劝，勉也。今壹不免其身，杜预："壹以弟故。"专以虎为叔向弟故。以弃社稷，不亦惑乎？鲧殛而禹兴。杜预："言不以父罪废其子。"伊尹放大甲而相之，卒无怨色。杜预："大甲，汤孙也，荒淫失度，伊尹放之桐宫三年，改悔而复之，而无恨心。言不以一怨妨大德。"管、蔡为戮，周公右王。管叔、蔡叔与周公皆武王之同母弟，管、蔡作乱，周公戮之，而辅佐成王。杨伯峻："言兄弟不相同。"若之何其以虎也弃社稷？子为善，谁敢不勉？多杀何为？"宣子说，与之乘，与祁奚同乘一车。以言诸公而免之。不见叔向而归。祁奚既救叔向，不见之而归。叔向亦不告免焉而朝。叔向亦不谢祁奚，即上朝听政。

初，叔向之母妒叔虎之母美而不使，杨伯峻："使侍（视）寝也，由下文'使往侍（视）寝'知之。"是也。此谓叔虎将生，叔向之母不使探望叔虎之母。羊舌职四子伯华、叔向、叔鱼、叔虎，叔向之母与叔虎之母同为羊舌职之妻妾。其子皆谏其母。叔向及其同母兄弟皆谏其生母。其母曰："深山大泽，实生龙蛇。杜预："言非常之地，多生非常之物。”**彼美，余惧其生龙蛇以祸女。女，敝族也。**杜预：“敝，衰坏也。龙蛇喻奇怪。”**国多大宠，**杜预：“六卿专权。”**不仁人閒之，**言伺隙用事。閒与间通用，间隙也。**不亦难乎？余何爱焉？”**爱，惜也。**使往视寝，**探望叔虎之母。**生叔虎。美而有勇力，**而，且也。**栾怀子嬖之，故羊舌氏之族及于难。**

栾盈过于周，周西鄙掠之。杜预：“劫掠财物。”**辞于行人曰：**行人，王之行人。**“天子陪臣盈，**诸侯之臣于天子自称陪臣，家臣于国君亦自称陪臣。**得罪于王之守臣，**杨伯峻：“《礼记·玉藻》，‘诸侯之于天子曰某土之守臣某’，守臣谓为王室守土之臣。此指晋侯。洪亮吉等谓诸侯之命卿亦可曰守臣，简称曰守，僖十二年《传》‘有天子之二守国、高在’可证，则指士匄。”前说是，后说非。由下文“昔陪臣书”可为证，栾书生前实亦受周天子之命为晋上卿（中军帅兼国政），且贤于士匄，何独于士匄称守臣，而于栾书则称陪臣？十二年《传》“先守某公之遗女若而人”，“守”亦指周室所封诸侯。**将逃罪。罪重于郊甸，**杜预：“重得罪于郊甸，谓为郊甸所侵掠也。郭外曰郊，郊外曰甸。”**无所伏窜，**伏窜，隐匿。**敢布其死。**杜预：“布，陈也。”**昔陪臣书能输力于王室，**输力，出力，效力。**王施惠焉。**盖周朝于栾书曾有赏赐。**其子黡，不能保任其父之劳。**任，承也，负也。劳，功也。**大君若不弃书之力，**大君，天王。**亡臣犹有所逃。若弃书之力，而思黡之罪，臣，戮余也，**杜预“罪戮之余”，言漏杀之人也，非谓戮之而有余辜也。昭十二年“楚子谓成虎，若敖之余也”。**将归死于尉氏，**尉氏，盖周朝掌刑戮之官，犹司寇之职。《传》例曰“将归死于司败”，又“将归死于司寇”。**不敢还矣。敢布四体，**杜预：“布四体，言无所隐。”**唯大君命焉。”王曰：“尤而效之，其又甚焉。”**杜预：“尤晋逐盈而自掠之，是效尤。”**使司徒禁掠栾氏者，归所取焉。使候出诸轘辕。**使候人护送之出轘辕。杜预：“候，送迎宾客之官。轘辕（huányuán），关。”杨伯峻：“轘辕，山名，险道也。”

冬，曹武公来朝，始见也。始，首次，初次。杜预："即位三年，始来见公。"

会于商任，锢栾氏也。与会诸侯见《经》。杜预："禁锢栾盈，使诸侯不得受之。"**齐侯、卫侯不敬。叔向曰："二君者必不免。会朝，礼之经也；**经，经纬之经，纪纲也。**礼，政之舆也；**礼为政之"车"，载政而行。**政，身之守也。**守，护也，庇也。**怠礼，失政；失政，不立，是以乱也。"**

知起、中行喜、州绰、邢蒯出奔齐，杜预："四子，晋大夫。"**皆栾氏之党也。乐王鲋谓范宣子曰："盍反州绰、邢蒯，勇士也。"宣子曰："彼栾氏之勇也，余何获焉？"**获，得也。杜预："言不为己用。"**王鲋曰："子为彼'栾氏'，**此"栾氏"乃借为"主人""贤主"之义。**乃亦子之勇也。"**杜预："言子待之如栾氏，亦为子用也。"

齐庄公朝，指殖绰、郭最曰："是寡人之雄也。"雄，雄俊之雄。**州绰曰："君以为雄，谁敢不雄？**杨伯峻："谁敢不以为雄。"**然臣不敏，平阴之役，先二子鸣。"**杜预："十八年，晋伐齐，及平阴，州绰获殖绰、郭最，故自比于鸡，斗胜而先鸣。"**庄公为勇爵。**杨伯峻："爵，古代饮酒器，则勇爵所以觞勇士者。"**殖绰、郭最欲与焉。**杜预："自以为勇。"**州绰曰："东闾之役，**在十八年。**臣左骖迫，还于门中，识其枚数。**枚数，门钉数。**其可以与于此乎！"**与，从也。此，指勇爵。**公曰："子为晋君也。"**言子乃事晋君也。**对曰："臣为隶新。**杨伯峻："言我初来为汝之臣。"**然二子者，譬于禽兽，臣食其肉而寝处其皮矣。"**十八年平阴之役，州绰射殖绰，俘二子。此比二子如禽兽者，谓二子无勇，不可与己相比。

襄公二十二年

【经】

二十有二年春王正月，公至自会。

夏四月。

秋七月辛酉，十六日。**叔老卒。**叔老，子叔齐子。文公生叔肸，叔肸生公孙婴齐（声伯），婴齐生叔老。

冬，公会晋侯、齐侯、宋公、卫侯、郑伯、曹伯、莒子、邾子、薛伯、杞伯、小邾子于沙随。沙随，宋地。

公至自会。

楚杀其大夫公子追舒。追舒，令尹子南。

【传】

二十二年春，臧武仲如晋，雨，过御叔。杜预："御叔，鲁御邑大夫。"**御叔在其邑，将饮酒，曰："焉用圣人？**杜预："武仲多知（智），时人谓之圣。"**我将饮酒，而己雨行，何以圣为？"**何圣之为。以臧武仲冒雨从公事，是不智之举。**穆叔闻之曰："不可使也，**使，任使。四年："夷羿收之，信而使之。"**而傲使人，**杨伯峻："武仲奉使如晋，故称使人。"**国之蠹也。"**蠹 dù，蠹虫。**令倍其赋。**

夏，晋人徵朝于郑。杜预："召郑使朝。"**郑人使少正公孙侨对曰：**杜预："少正，郑卿官也。公孙侨，子产。"**"在晋先君悼公九年，我寡君于是即位。**晋悼九年，郑简公元年，鲁襄八年。**即位八月，而我先大夫子驷从寡君以朝于执事。**执事实指晋侯。杜预："言朝执事，谦不敢斥晋侯。"**执事不礼于寡君。寡君惧，因是行也，**是，此也。**我二年六月朝于楚，晋是以有戏之役。**在十一年。**楚人犹竞，**杨伯峻："竞，强也。"**而申礼于敝邑。**申，与轻重之重意近同。杨伯峻："晋数伐郑，楚数救郑，即所谓申礼。"**敝邑欲从执事而惧为大尤，曰：晋其谓我不共有礼。**共同恭。有礼谓楚。楚申礼于郑，郑若叛之，则不仅是对楚之不礼，同时亦是对天下之不礼，此固古礼之辩证思维方式。**是以不敢携贰于楚。我四年三月，先大夫子蟜又从寡君以观衅于楚，**杜预："实朝，言观衅，饰辞也。言欲往视楚，知可去否。"**晋于是乎有萧鱼之役。**在十一年。**谓我敝邑，迩在晋国，譬诸草木，吾臭味也，而何敢差池？**杨伯峻："此实郑人自谓，非晋告郑。"杜预："差池，不齐一。"**楚亦不竞，寡君尽其土实，**杨伯峻："土实，土地所生。"**重之以宗器，**杜预："宗庙礼乐之器，钟磬之属。"此宗器实指赂晋之歌钟二肆，及其镈磬。**以受齐盟。**齐同斋。**遂帅群臣随于执事，以会岁终。**萧鱼之会在襄十一年冬（十二月），故曰岁终。**贰于楚者，子侯、石盂，归而讨之。溴梁之明年，**溴梁在十六年。明年，十七年。**子蟜老矣，**子蟜，公孙虿，子游之子。老，退休。**公孙夏从寡君以朝于君，见于尝酎，**杨伯峻据《广韵》，酎为新酿之醇酒，连酿三次曰酎。尝，祭祀名，在夏正七月。**与执燔焉。**与，从也。《传》例曰"祀有执膰"，杨伯峻："燔同膰，音烦，祭肉。句谓曾助祭。"**间二年，闻君将靖东夏，**中原国家又称夏、诸夏。东夏指齐、鲁、邾诸国。于彼时，齐屡伐鲁，邾、莒又助之，故鲁不得安定，东夏不靖。靖东夏实指伐齐。**四月，又朝以听事期。**杨伯峻："澶渊盟在六月，郑伯先二月往，听会期也。"**不朝之间，无岁不聘，无役不从。以大国政令之无常，**杨伯峻："无常，无定准。"**国家罢病，不虞荐至，**不虞，不测，指不测之忧患。杜预："荐，仍（频仍）也。"**无日不惕，岂敢忘职？**杨伯峻："职指朝于晋。"**大国若安定之，其朝夕在庭，何辱命焉？**杜预："言自将往，不须来召。"**若不恤其患，而以为口实，**口实，藉口，借口。成二年"若苟有以藉口，而复于寡君"，与此"口实"同义。句谓晋不恤郑之忧患，唯以不朝作为责讨郑之借口。**其无乃不堪任命，而翦为仇雠，**杜预："翦，削也。谓见剥削不堪命，则成仇雠。"**敝邑是惧。其敢忘君命？委诸执事，**委，致，交付。**执事实重图之。"**

秋，栾盈自楚适齐。晏平仲言于齐侯曰：晏平仲，晏婴。**"商任之会，受命于晋。**杜预："受锢栾氏之命。"**今纳栾氏，将安用之？小所以事大，信也。失信不立，君其图之。"弗听。退告陈文子曰：**陈文子，陈须无。**"君人执信，臣人执共，**共同恭。**忠信笃敬，上下同之，天之道也。君自弃也，弗能久矣！"**杜预："为二十五年齐弑其君光传。"

九月，郑公孙黑肱有疾，公孙黑肱，字子张，穆公子子印之子。**归邑于公。**大夫之食邑本受赐于国君，今仍归于国君。**召室老、宗人立段，**杨伯峻："室老即宰，家臣群吏之长。宗人亦称宗老，盖掌宗室礼仪者。"**而使黜官、薄祭。**沈钦韩："黜官者，减省其家臣，非谓黜段之受职也。"**祭以特羊，**杜预："四时祭，以一羊。"杨伯峻："祭谓四时之常祭。特羊，羊一只。大夫常祭当如少牢馈食礼，此则从省。"**殷以少牢，**杜预："三年盛祭，以羊、豕。殷，盛也。"杨伯峻："本应用大牢，省为少牢，羊、豕。"**足以共祀。**共同供。**尽归其余邑。曰："吾闻之，生于乱世，贵而能贫，民无求焉，**求，责求。**可以后亡。敬共事君与二三子。**共同恭。二三子指诸卿。**生在敬戒，不在富也。"己巳，**二十五日。**伯张卒。君子曰："善戒。《诗》曰：'慎尔侯度，用戒不虞。'**杨伯峻："侯度，公侯之法度。昭十二年《传》'思我王度'，侯度与王度同例。"**郑子张其**

有焉。"

冬，会于沙随，复锢栾氏也。杜预："晋知栾盈在齐，故复锢也。"

栾盈犹在齐，杨伯峻："齐不受晋命。"**晏子曰："祸将作矣！齐将伐晋，不可以不惧。"**

楚观起有宠于令尹子南，未益禄，观起，楚士。禄，爵禄。盖自士人以上始得食公家之禄。未益禄犹言地位无升迁。**而有马数十乘。**士人止有代步车马，且士人之车为最低等之车。春秋时千乘之国即为大国，观起为楚士，而有车马数十乘。**楚人患之，王将讨焉。子南之子弃疾为王御士，**杨伯峻："御士，侍御之人。"**王每见之，必泣。**杨伯峻："有泪无声。"**弃疾曰："君三泣臣矣，敢问谁之罪也？"王曰："令尹之不能，尔所知也。国将讨焉，尔其居乎？"**杜预："问能止事我否。"杨伯峻："欲杀其父而留其子。"**对曰："父戮子居，君焉用之？**谓君将不能信用之。**泄命重刑，**泄露君命当受重刑。**臣亦不为。"王遂杀子南于朝，轘观起于四竟。**轘 huàn，车裂之刑。杨伯峻："分裂其体，徇于四境。"

子南之臣谓弃疾，请徙子尸于朝，子，指弃疾。子尸，弃疾父子南之尸。杨伯峻："子南之臣欲为弃疾偷盗子南之尸于朝。"**曰："君臣有礼，唯二三子。"**二三子指诸卿。杨伯峻："弃疾谓楚君或大臣将移尸，此有礼也，不欲他人犯命盗尸。"君杀其臣，陈其尸于朝、市以儆众，陈尸有一定之期限，且于此期间，君或欲对罪人之尸另行处置亦不可知，故不可盗取。**三日，弃疾请尸，**盖陈尸之礼以三日为限，故弃疾请尸。**王许之。既葬，其徒曰："行乎？"**杜预："行，去也。"**曰："吾与杀吾父，行将焉入？"曰："然则臣王乎？"曰："弃父事雠，吾弗忍也。"**杜预："于事是仇，于实是君，故虽谓仇而不敢报。"**遂缢而死。**杜预："《传》讥康王与人子谋其父，失君臣之义。"

复使薳子冯为令尹，公子齮为司马，屈建为莫敖。屈建，子木也。**有宠于薳子者八人，皆无禄而多马。**无禄，位在士人以下。士以下不得有车马。**他日朝，与申叔豫言。弗应而退。**叔豫不应而退走。**从之，入于人中。**杜预："申叔辟薳子，不欲与语。"**又从之，遂归。**杨伯峻："薳子又从之，申叔于是回家。"**退朝，见之，**杜预："薳子就申叔家见之。"**曰："子三困我于朝，**困，窘也。**吾惧，不敢不见。吾过，子姑告我，何疾我也？"**疾，恶也。**对曰："吾不免是惧，何敢告子？"**谓惧近薳子而获罪，故不敢与之语，况敢告其过？**曰："何故？"对曰："昔观起有宠于子南，子南得罪，观起车裂。何故不惧？"自御而归，**不用司机，自驾车归。**不能当道。**心中惶惧，意不在御，故不能制其车使行中道。**至，谓八人者曰："吾见申叔，夫子所谓生死而肉骨也。**使死者复生，使白骨长肉。谓己为当死之人，夫子再生之。夫子，申叔。**知我者，如夫子则可。**可，可留。**不然，请止。"**止，不从己。**辞八人者，而后王安之。**

十二月，郑游眅将归晋，游眅 fàn，字子明，公孙虿（子蟜）之子，穆公子子游之孙。**未出竟，遭逆妻者，**遭，遇也。逆，迎也。此逆妻者，迎娶于女家，盖尚未出女家所居之邑。**夺之，**夺逆者之妻。**以馆于邑。**杜预："舍止其邑，不复行。"**丁巳，其夫攻子明，杀之，以其妻行。**行，逃亡。**子展废良而立大叔，**子展，子罕之子公孙舍之。杨伯峻："良为游眅之子。大叔即游吉，亦公孙虿子，游眅之弟。"**曰："国卿，君之贰也，民之主也，不可以苟。**苟，苟且。**请舍子明之类。"**舍，弃也。子明之类指良。桓六年："取于父为类。"此谓良如其父子明，均为邪恶。**求亡妻者，**杀子明以妻逃亡者。**使复其所。使游氏勿怨，曰："无昭恶也。"**若报复，则是昭明游氏之恶。

襄公二十三年

【经】

二十有三年春王二月癸酉朔，日有食之。

三月己巳，二十八日。杞伯匄卒。

夏，邾畀我来奔。

葬杞孝公。

陈杀其大夫庆虎及庆寅。

陈侯之弟黄自楚归于陈。

晋栾盈复入于晋，杜预：“以恶入曰复入。”入于曲沃。

秋，齐侯伐卫，遂伐晋。

八月，叔孙豹帅师救晋，次于雍榆。

己卯，十日。仲孙速卒。速，孟庄子。

冬十月乙亥，七日。臧孙纥出奔邾。

晋人杀栾盈。

齐侯袭莒。

【传】

二十三年春，杞孝公卒，晋悼夫人丧之。杜预：“悼夫人，晋平公母，杞孝公姊妹。”杞孝公乃晋平公之舅。丧之，为之服丧也。平公不彻乐，非礼也。彻，去也。礼，为邻国阙。阙，损，不足，不完备也。礼，诸侯宜为邻国之凶丧，减损其饮食宴乐之礼数。

陈侯如楚。杜预：“朝也。”公子黄愬二庆于楚，楚人召之。

杜预："二庆，虎及寅也。二十年，二庆谮黄，黄奔楚自理。今陈侯往，楚乃信黄，为召二庆。"**使庆乐往，**二庆畏诛，不敢自往。**杀之。庆氏以陈叛。**时陈侯仍在楚。**夏，屈建从陈侯围陈。**屈建，楚莫敖。**陈人城，**筑城以拒陈侯、楚师。**版队，而杀人。**版，筑城之板，即长木板。队同坠。役人或不慎坠板于所筑之城下，役夫长遂怒杀坠板者。**役人相命，**相互传命。**各杀其长。**役人怒而作乱。长，各工段之役夫长。**遂杀庆虎、庆寅。楚人纳公子黄。君子谓："庆氏不义，不可肆也。**肆，恣放，肆行。此非"眚灾肆赦"之肆。**故《书》曰：'惟命不于常。'"**天命无常，唯德是辅。不变，或不轻易改易者为常。天命不会长久不变地眷顾某一人，有德则与之，不德则弃之。

晋将嫁女于吴，齐侯使析归父媵之，杨伯峻："使析归父送媵妾。"**以藩载栾盈及其士，**杜预："藩，车之有障蔽者。使若媵妾在其中。"**纳诸曲沃。**杜预："栾盈邑也。"**栾盈夜见胥午而告之。**胥午，守曲沃者，栾盈之臣。告之，告将为复兴栾氏而举事。**对曰："不可。天之所废，谁能兴之？子必不免。**不免于死。**吾非爱死也，知不集也。"**爱，惜也。集，成也。**盈曰："虽然，因子而死，吾无悔矣。**欲使之尽忠也。谓臣下能尽忠于己，己虽死无悔。**我实不天，子无咎焉。"**不天，言违天。既为人臣而作乱，是违背天道，故曰"不天"。宣十二年"孤不天，不能事君"，与此"不天"同义。子无咎焉，此为古礼，胥午为栾盈之臣，只能尽忠于栾盈，纵使为栾盈用戈于晋君，于己无罪。句谓我身为晋臣而作乱国家，罪则在我；然子为吾臣，奉行我之命令，于子无罪。**许诺。伏之，**伏，隐也。**而觞曲沃人。**杜预："胥午匿盈而饮其众。"**乐作，午言曰："今也得栾孺子，何如？"**孺子，栾盈。**对曰："得主而为之死，犹不死也。"**言虽死犹生。**皆叹，**为盈叹其遭遇。**有泣者。爵行，**杨伯峻："犹言互相举杯。"**又言，皆曰："得主，何贰之有？"**杨伯峻："言有死无二。"**盈出，遍拜之。**谢众之不忘己。《传》曰"栾盈好施，士多归之”，此所以其臣能尽忠。

四月，栾盈帅曲沃之甲，因魏献子，以昼入绛。献子，魏舒。绛，晋国都。**初，栾盈佐魏庄子于下军，**庄子，魏绛，献子之父。**献子私焉，**杜预：“私相亲爱。”**故因之。赵氏以原、屏之难怨栾氏。**杜预：“成八年，庄姬谮之，栾、郤为徵（作证）。”**韩、赵方睦。**韩厥幼时曾畜于赵氏，韩、赵久睦。杜预：“韩起让赵武，故和睦。”**中行氏以伐秦之役怨栾氏，**杜预：“十四年，晋伐秦，栾黡违荀偃（中行偃）命，曰：‘余马首欲东。’”**而固与范氏和亲。**杜预：“范宣子佐中行偃于中军。”**知悼子少，而听于中行氏。**杜预：“悼子，知罃之子荀盈也。少，年十七。知氏、中行氏同祖，故相听从。”晋大夫逝遨生荀林父（中行氏）及荀首（知氏），荀偃为林父之孙，荀盈为荀首之孙。**程郑嬖于公。唯魏氏及七舆大夫与之。**七舆大夫见僖十年。

乐王鲋侍坐于范宣子。侍坐，犹陪坐。**或告曰：“栾氏至矣！”宣子惧。**宣子，士匄。**桓子曰：**桓子，乐王鲋。**“奉君以走固宫，**杨伯峻：“固宫，晋侯之别宫。杜注谓其有台观守备。”**必无害也。且栾氏多怨，子为政，栾氏自外，**自外来。**子在位，其利多矣。既有利权，又执民柄，**杜预：“赏罚为民柄。”**将何惧焉？栾氏所得，其唯魏氏乎！而可强取也。**杨伯峻：“可用强力争取为己用。”**夫克乱在权，子无懈矣。”**

公有姻丧，母舅杞孝公之丧。**王鲋使宣子墨缞、冒、绖，**杨伯峻：“缞，衰服；冒，冒巾；绖，腰绖。三者皆墨色。”宣子将如公宫，恐被栾氏劫获，故着丧服伪为悼夫人之人。**二妇人辇以如公，**杨伯峻：“与二妇人乘辇，非二妇人挽辇。古无妇人推辇之事。”**奉公以如固宫。范鞅逆魏舒，**杜预：“用王鲋计欲强取之。”**则成列既乘，将逆栾氏矣。趋进，曰：“栾氏帅贼以入，鞅之父与二三子在君所矣。**二三子，诸大夫。**使鞅逆吾子。鞅请骖乘持带。”**

骖乘居车右之位。带，盖御者所执之一。**遂超乘。**杜预：“跳上献子车。”杨伯峻以“鞅请骖乘”为句，“持带”非范鞅之言，带即绥，非也。文既言“超乘”，明非挽绥登车也。**右抚剑，左援带，**杜预：“劫之。”带即上文之“带”。援，牵引也，助也。**命驱之出。**命驱车以出。**仆请，**仆，御，司机。请，问所往。**鞅曰：“之公。”宣子逆诸阶，**迎献子。**执其手，赂之以曲沃。**以栾氏邑赂之。杜预：“恐不与己同心。”

初，斐豹隶也，著于丹书。杜预：“盖犯罪没为官奴，以丹书其罪。”杨伯峻：“丹书，以红色书于简牍。”**栾氏之力臣曰督戎，国人惧之。斐豹谓宣子曰：“苟焚丹书，我杀督戎。”宣子喜，曰：“而杀之，**而同尔。**所不请于君焚丹书者，有如日！”乃出豹而闭之，**出豹于宫而复闭宫门。**督戎从之。逾隐而待之，**杜预：“隐，短墙也（矮墙，古谓矮为短）。”翻越矮墙而隐于其后以待督戎。**督戎逾入，豹自后击而杀之。**

范氏之徒在台后，徒，私家兵众。台后，公台之后。**栾氏乘公门。**杜预：“乘，登也。”言其车已驰入公门。**宣子谓鞅曰：“矢及君屋，死之！”**命其舍命抵御。言栾氏之箭若射到公屋，汝则死之。**鞅用剑以帅卒，**杜预：“用剑，短兵接敌，欲致死。”**栾氏退。摄车从之，**摄车，摄代他车。杜预：“鞅摄宣子戎车。”**遇栾乐，**杜预：“乐，盈之族。”**曰：“乐免之，**禁其射己。**死，将讼女于天。”**言若射我死，必诉汝罪于天。**乐射之，**乐不听，射范鞅。**不中；又注，**杜预：“注，属矢于弦也。”**则乘槐本而覆。**乘与上文“乘公门”之乘同义。槐本，槐树根之凸出于土上者。车之一轮因登上槐树根而倾覆。哀二年“驾而乘材”，与此情形相似。**或以戟钩之，断肘而死。栾鲂伤。**杜预：“鲂，栾氏族。”**栾盈奔曲沃，晋人围之。**

秋，齐侯伐卫。先驱，杜预：“先驱，前锋军。”**穀荣御王孙挥，召扬为右。申驱，**杜预：“申驱，次前军。”**成秩御莒恒，申鲜虞之傅挚为右。**杜预：“傅挚，申鲜虞之子。”**曹开**

御戎，晏父戎为右。杨伯峻："此齐庄公之车。"**贰广，**杜预："贰广，公副车。"**上之登御邢公，卢蒲癸为右。启，**杜预："左翼曰启。"**牢成御襄罢师，狼蘧疏为右。胠，**杜预："右翼曰胠（qū）。"**商子车御侯朝，桓跳为右。大殿，**杜预："大殿，后军。"**商子游御夏之御寇，崔如为右，烛庸之越驷乘。**杜预："四人共乘殿车。"**自卫将遂伐晋。**

晏平仲曰：平仲，晏婴。**"君恃勇力以伐盟主，若不济，**战而不胜。**国之福也。不德而有功，**有功谓战胜或战有所获。**忧必及君。"崔杼谏曰："不可。臣闻之：'小国閒大国之败而毁焉，必受其咎。'**閒与间通用，隙也，乘隙。败，敝也，指栾盈之乱。杨伯峻："趁晋有内乱，加以武力。"**君其图之！"弗听。陈文子见崔武子，**欲私议此事。武子，崔杼。**曰："将如君何？"**问公将伐晋，我等将如何对之。意谓如何阻止庄公。**武子曰："吾言于君，君弗听也。以为盟主，**杨伯峻："以晋为盟主。"**而利其难。群臣若急，君于何有？**杨伯峻："何有于君，言有急则不顾君矣。"杜预："言有急不能顾君，欲弑之以说晋。"**子姑止之。"**杨伯峻："犹言子姑且罢休。"**文子退，告其人曰："崔子将死乎！谓君甚而又过之，**责君伐盟主为太甚，而己之言行又甚于君。言崔杼更过分。杜预："弑君之恶，过于背盟主。"**不得其死。过君以义，犹自抑也，**为义事而僭越国君，尚自克制。**况以恶乎？"**

齐侯遂伐晋，取朝歌。为二队，入孟门，登大行。兵分二路，一队取道孟门，一队取道太行。杜预："孟门，晋隘道。"**张武军于荧庭，**于荧庭筑武军。武军，军事纪念建筑（内不收敌尸）。**戍郫邵，**杨伯峻："《地名考略》云：'郫邵在太行之南界，接郑、卫。戍之以防退袭。'"**封少水，**杜预："封晋尸于少水，以为京观。"**以报平阴之役，**平阴役在十八年。**乃还。赵胜帅东阳之师以追之，获晏氂。**杨伯峻："赵胜即《鲁语下》之邯郸胜，赵旃之子，食采邑于邯郸，邯郸午之父。”又据《鲁语下》，晏氂为晏婴之子。**八月，叔孙豹帅师救晋，次于雍榆，礼也。**

季武子无适子，杨伯峻:“嫡妻未生子。”**公弥长，而爱悼子，欲立之。**公弥，公鉏。悼子，纥也。二人皆季武子妾所生。**访于申丰，**申丰，鲁大夫，职行人之官。访，咨问立纥之事。**曰：“弥与纥，吾皆爱之，欲择才焉而立之。”**杨伯峻：“古礼，无嫡则立长。此云择才，乃欲立纥之藉口。”**申丰趋退，归，尽室将行。**行，出亡。**他日，又访焉，对曰：“其然，**然，如此。**将具敝车而行。”乃止。**杜预：“止，不立纥。”

访于臧纥，臧纥曰：“饮我酒，吾为子立之。”季氏饮大夫酒，季氏，季武子。**臧纥为客。**杜预：“为上宾。”**既献，**已向宾客献酒。**臧孙命北面重席，新尊洁之。**宾客坐南向北，北面即宾客面向之主位。重席，席二层。杜预：“酒樽既新，复洁澡之。”此皆示将奉为尊者用。立嗣者，虽宗主在，亦不可居主位，而由嗣子居之。**召悼子，降，逆之。**悼子（纥）不在场，旋召之。悼子来，臧孙下阶迎之。**大夫皆起。**上宾降接，众宾自当皆起，亦示迎接。**及旅，**杜预:“献酬礼毕，通行为旅。”旅，旅酬也。正礼既毕，到了酬酢宾客的阶段。杨伯峻：“（旅酬）即主人使相安宾，宾酬主人，主人酬介，介劝众宾酒，众宾按长幼尊卑互相敬酒，同时排定席次。《礼记·中庸》‘旅酬下为上，所以逮贱也’，即此旅酬。”旅，众也。酬，以酒相劝也。宾客之间亦可相互敬酒。少贱者向尊长者敬酒，示恩惠及于卑贱也。**而召公鉏，使与之齿，**杜预：“使从庶子之礼，列在悼子之下。”杨伯峻：“使公鉏与一般宾客齿列坐次。”**季孙失色。**杜预：“恐公鉏不从。”杨伯峻：“或者亦以臧纥此举为太突然。”

季氏以公鉏为马正，杨伯峻：“抚慰公鉏。”马正，家司马。**愠而不出。**怒不受职。**闵子马见之，**闵子马，闵马父。**曰：“子无然！**杨伯峻：“无同毋。然，如此。”**祸福无门，唯人所召。**

为人子者，患不孝，不患无所。杨伯峻："所犹言地位。"**敬共父命，何常之有？**恭父命，即是孝。孝为百礼之先，于孝而言，何常法旧制之有。言季氏不立己虽违背常礼，但相比于孝敬而言，其它礼制皆不足以为礼（常）。文二年："孝，礼之始也。"闵二年："不共是惧，何故废乎？且子惧不孝，无惧弗得立。"**若能孝敬，富倍季氏可也。**言可倍富于宗主。**奸回不轨，**回，邪也。杨伯峻："不轨，不合法度。"**祸倍下民可也。"公鉏然之。**然其言。**敬共朝夕，恪居官次。**言不僭越。恪，敬慎也。次，列，位序。**季孙喜，使饮己酒，而以具往，**杜预："具，飨燕之具。"**尽舍旃。**易就而饮酒。**故公鉏氏富，又出为公左宰。**杨伯峻："出仕于鲁公，为鲁公之左宰。"

孟孙恶臧孙，季孙爱之。之，臧孙也。三孙者，孟庄子（仲孙速）、臧武仲（纥）、季武子（宿）。**孟氏之御驺丰点好羯也，**杨伯峻："御驺，养马兼驾车之官。"好 hào，善，喜欢。羯，仲孙速子孟孝伯，盖为孺子秩之母弟（孺子秩本孟孙適子）。**曰："从余言，必为孟孙。"**杨伯峻："为孟庄子之继承人。"**再三云，羯从之。孟庄子疾，丰点谓公鉏："苟立羯，请雠臧氏。"**知公鉏仇臧氏，故动之曰，若能助羯立，羯愿与子同仇臧氏。**公鉏谓季孙曰："孺子秩固其所也。**孺子秩为孟孙適子，嗣为孟氏之继承人本是理所当然。**若羯立，**若废秩而助羯立。**则季氏信有力于臧氏矣。"**羯本不当立，季氏若助之立，必当亲季氏。杨伯峻谓季氏之势力将因此大于臧氏，不从。季氏世为鲁之上卿，势力在三桓之首，其势力固大于臧氏，不须孟氏之助，且臧氏之势力又在三桓之下。据上文"孟孙恶臧孙，季孙爱臧孙"之言，季氏若助羯立，羯必亲奉季氏，进而改善与臧氏之关系，如此等于季氏信爱助于臧氏矣。**弗应。己卯，孟孙卒，**仲孙速。**公鉏奉羯立于户侧。**户侧，丧主之位。立于户侧者，以丧主之身份迎送来吊之宾客。此举乃是以羯为孟氏之继承人。**季孙至，入，哭，而出，曰："秩焉在？"公鉏曰："羯在此矣！"**杨伯峻："季孙问秩，仍以秩为孟氏后。公鉏答以羯，则以羯为后。”**季孙曰：“孺子长！”**杨伯峻：“季孙仍称秩为孺子，则意未改。”**公鉏曰：“何长之有？唯其才也。**杨伯峻：“此以季孙择立悼子之语还报季孙。”**且夫子之命也。”**杨伯峻：“矫死人之命。夫子指孟庄子。”**遂立羯。秩奔邾。**

臧孙入，哭甚哀，多涕。出，其御曰：“孟孙之恶子也，而哀如是。季孙若死，其若之何？”将如何哀之。**臧孙曰：“季孙之爱我，疢疢也。**疢 chèn。杜预：“常（常常）志相顺从，身之害。”**孟孙之恶我，药石也。**杜预：“常志相违戾，犹药石之疗疾。”杨伯峻：“药谓草木之可治病者。石，或谓针砭用石，谓之砭石。”**美疢不如恶石。**杨伯峻：“美疢，《孟子》云‘寡人有疾，寡人好勇’，‘寡人好色’之好勇好色。或以为指无痛苦之病。恶石，以石为针，刺之常苦痛。”**夫石犹生我，**杜预：“愈己疾也。”**疢之美，其毒滋多。**杨伯峻：“滋多，益多，更多。”**孟孙死，吾亡无日矣。”**言不日将亡。

孟氏闭门，告于季孙曰：“臧氏将为乱，不使我葬。”杜预：“欲为公鉏仇臧氏。”**季孙不信。臧孙闻之，戒。**戒备孟氏，恐为害于己。**冬十月，孟氏将辟，**辟 pì，开辟通往墓地之道。《传》例常曰“除（除道）”，此曰“辟”者，盖其道多土功，此所以家徒不足，故向臧氏借役徒。下文即曰“除”，与此“辟”性质相同。**藉除于臧氏。**藉同借。除，除徒，除道役徒。**臧孙使正夫助之，**杨伯峻：“正夫，鲁都三乡中之正卒。”臧孙为司寇，盖亦兼掌役徒之事，故求借于臧氏。**除于东门，**于东门前清除墓道。**甲从己而视之。**臧孙使甲士从己，如东门视察正夫除道。**孟氏又告季孙。季孙怒，**初告，季孙不信，此次又告有甲兵，季孙遂信。**命攻臧氏。乙亥，臧纥斩鹿门之关以出，奔邾。**鹿门，杜预“鲁南城东门”。斩关者，关卡必有守卫，此时臧孙既得罪，关卡未必为之开，故以武力斩断关卡而出。关，指关卡上用阻止通行之横木，横亘关口通道之上。

初，臧宣叔娶于铸，宣叔，纥之父臧叔许。铸，国名。**生贾及为而死。**宣叔嫡妻生二子而死。**继室以其侄，**继室以其嫡妻之侄女，本为其嫡妻之陪媵者。杜预："女子谓兄弟之子为侄。"**穆姜之姨子也。**杨伯峻据李慈铭及《尔雅》、《吕氏春秋》，谓穆姜之姨即穆姜之姊妹，此从其夫（宣公）所称也。夫称妻之姊妹为姨，今谓大姨子、小姨子，穆姜从其夫，故亦称己之姊妹为姨。庄十年"蔡侯曰吾姨也"可为证。此说极善。此穆姜之姨子即穆姜之姊妹嫁于铸，生女以媵其姑母（媵宣叔嫡妻）而归于臧宣叔者，本穆姜之姨侄女，称穆姜姨母者。**生纥，长于公宫。姜氏爱之，**姜氏，穆姜。**故立之。**立纥为宣叔嗣。**臧贾、臧为出在铸。**杜预："还舅氏也。"**臧武仲自邾使告臧贾，**杨伯峻："贾，武仲之嫡长兄。"**且致大蔡焉，**杜预："大蔡，大龟。"**曰："纥不佞，失守宗祧，**宗祧，宗庙。**敢告不吊。**杨伯峻："古吊字即淑字，不淑，不善也。"**纥之罪不及不祀。**言罪不至于绝祀。**子以大蔡纳请，其可。"**纳大蔡于鲁，请使立己为臧氏后。**贾曰："是家之祸也，非子之过也。贾闻命矣。"再拜受龟。使为以纳请，**使母弟臧为如鲁为己纳请。**遂自为也。**臧为不为兄请，而请鲁立己。**臧孙如防，**防，臧孙邑。**使来告曰：**来鲁朝廷致告。**"纥非能害也，知不足也。**知同智。自谓智不足使，智足使则不能被害。杨伯峻："言使甲士从己，正中公鉏之诬告。"**非敢私请，**杨伯峻："为氏族请，非为个人请。"**苟守先祀，**守，动词使动用法。**无废二勋，**杜预："二勋，文仲、宣叔。"**敢不辟邑。"**杨伯峻："辟同避。谓离防他适。"**乃立臧为。臧纥致防而奔齐。**致防，归防于鲁。**其人曰：**其人，臧纥从者。**"其盟我乎！"**杜预："谓陈其罪恶，盟诸大夫以为戒。"**臧孙曰："无辞。"**杜预："废长立少，季孙所忌，故谓无辞以罪己。"**将盟臧氏，季孙召外史掌恶臣，而问盟首焉，**杜预："恶臣，谓奔亡者。盟首，载书之章首。"**对曰："盟东门氏也，曰：'毋或如东门遂，不听公命，杀适立庶。'**

杜预："文公命立子恶，公子遂杀之，立宣公。"**盟叔孙氏也，曰：'毋或如叔孙侨如，欲废国常，荡覆公室。'"**杜预："谓谮公与季、孟于晋。"**季孙曰："臧孙之罪，皆不及此。"孟椒曰："盍以其犯门斩关？"季孙用之。乃盟臧氏曰："无或如臧孙纥，干国之纪，**干，犯也。**犯门斩关。"臧孙闻之，曰："国有人焉，**人谓人才。**谁居？其孟椒乎！"**杜预："孟椒，孟献子之孙子服惠伯。居，犹与（欤）也。"

晋人克栾盈于曲沃，尽杀栾氏之族党。栾鲂出奔宋。书曰："晋人杀栾盈。"不言大夫，言自外也。杜预："自外犯君而入，非复晋大夫。"

齐侯还自晋，不入。不入国。**遂袭莒，门于且于，**杜预："且于，莒邑。"**伤股而退。**杜预："齐侯伤。"股，大腿，膝盖至胯。**明日，将复战，期于寿舒。**约定于明日会合于寿舒，将复战。**杞殖、华还载甲夜入且于之隧，**杜预："二子，齐大夫。"隧，郊外为隧。**宿于莒郊。明日，**第二日，二子往会齐侯于寿舒。**先遇莒子于蒲侯氏。**遇者，意料之外不期而遇。杜预："蒲侯氏，近莒之邑。"**莒子重赂之，使无死，曰："请有盟。"**杜预："欲以盟要二子，无致死战。"**华周对曰："贪货弃命，亦君所恶也。**华周即华还。君指莒子。**昏而受命，**昏，昨日之昏。**日未中而弃之，何以事君？"**言不忠则无以事人。**莒子亲鼓之，从而伐之，获杞梁。**获，死获。杞梁即杞殖。**莒人行成。**杜预："胜大国益惧，故行成。"

齐侯归，遇杞梁之妻于郊，杜预："梁战死，妻行迎丧。"**使吊之。辞曰："殖之有罪，何辱命焉？**言若殖有罪，则不辱致吊命。**若免于罪，犹有先人之敝庐在，下妾不得与郊吊。"**言礼当吊于丧者之家。杜预："妇人无外事（不主外事）故。下，犹贱也。"**齐侯吊诸其室。**

齐侯将为臧纥田。杜预："与之田邑。"**臧孙闻之，见齐**

侯。**与之言伐晋，**杜预：“齐侯自道伐晋之功。”**对曰：“多则多矣！**言（齐侯之功）多是多。**抑君似鼠。**抑，然也。似，如也。**夫鼠，昼伏夜动，不穴于寝庙，**寝庙，寝，人所居；庙，鬼所居，皆人频繁出入之地。**畏人故也。今君闻晋之乱而后作焉。**杜预：“作，起兵也。”**宁将事之，**之，鼠也。事，师事，效法。**非鼠如何？”**如何，而何。庄公汰侈，臧纥料其将败，恐若受庄公之恩赐（为其党），届时必将被其祸，故为此言，欲使怒而止也（庄公被弑在后年）。

乃弗与田。

仲尼曰：“知之难也。有臧武仲之知，知同智。杜预：“谓能辟齐祸。”**而不容于鲁国？抑有由也，作不顺而施不恕也。**杨伯峻：“作事不顺无適则立长之礼，施为不恕被废者之心。”恕，本义谓如人之心而思之也，今所谓站在对方的处境设身处地地考虑问题，如此方能理解对方。**《夏书》曰：‘念兹在兹。’顺事、恕施也。”**杜预：“念此事，在此身。言行事当常念如在己身也。”

襄公二十四年

【经】

二十有四年春，叔孙豹如晋。杜预：“贺克栾氏。”

仲孙羯帅师侵齐。仲孙羯，孟孝伯，即去年公鉏所立之孟氏继承人。

夏，楚子伐吴。

秋七月甲子朔，日有食之，既。既，尽食也，即日全食。

齐崔杼帅师伐莒。

大水。

八月癸巳朔，日有食之。

公会晋侯、宋公、卫侯、郑伯、曹伯、莒子、邾子、滕子、薛伯、杞伯、小邾子于夷仪。

冬，楚子、蔡侯、陈侯、许男伐郑。

公至自会。

陈鍼宜咎出奔楚。

叔孙豹如京师。

大饥。

【传】

二十四年春，穆叔如晋。范宣子逆之，宣子，士匄。**问焉，曰："古人有言曰，'死而不朽'，何谓也？"穆叔未对。宣子曰："昔匄之祖，自虞以上，为陶唐氏，在夏为御龙氏，**杜预："谓刘累也。"**在商为豕韦氏，在周为唐杜氏，**豕韦、唐杜皆国名。**晋主夏盟为范氏，**士会受范邑，为范氏。**其是之谓乎！"**说的就是这种情况吧。**穆叔曰："以豹所闻，此之谓世禄，非不朽也。鲁有先大夫曰臧文仲，既没，其言立。**杜预："立谓不废绝。"**其是之谓乎！豹闻之：'大上有立德，**杜预："（如）黄帝、尧、舜。"**其次有立功，**杜预："禹、稷。"**其次有立言。'**杜预："史佚、周任、臧文仲。"杨伯峻："立德为最高，立功次之，立言又次之。"**虽久不废，此之谓不朽。**谓功德言教垂于后世，是谓不朽。**若夫保姓受氏，**受，犹保也。**以守宗祊，**杨伯峻："宗祊犹宗庙。"**世不绝祀，无国无之，禄之大者，不可谓不朽。"**

范宣子为政，诸侯之币重。币，贡赋。**郑人病之。二月，郑伯如晋。子产寓书于子西以告宣子，**寓，寄也，托也。子西，子驷之子公孙夏。**曰：**

子为晋国，为，治也。四邻诸侯，不闻令德，而闻重币，侨也惑之。侨闻君子长国家者，非无贿之患，而无令名之难。难 nàn，患也。杨伯峻：“不患于无财货，而患于无善名。贿，财货也。”夫诸侯之贿聚于公室，则诸侯贰。公室，晋公室，此指晋国。贰，携贰于晋。若吾子赖之，以之为己利。则晋国贰。言国人将背离范氏。诸侯贰，则晋国坏。晋国贰，则子之家坏。何没没也！没没盖蔽滞不通。杜预：“没没，沉灭之言。”杨伯峻：“没没犹昧昧，不明白，糊涂。”将焉用贿？

夫令名，德之舆也。令名载德以行。德，国家之基也。有基无坏，无亦是务乎！言当以是为务。无亦，亦也。有德则乐，乐则能久。《诗》云：“乐只君子，邦家之基。”有令德也夫！乐只君子即君子乐只。杜预：“言君子乐美其道，为邦家之基，所以济令德。”“上帝临女，无贰尔心。”有令名也夫！无贰心所以济令名。恕思以明德，则令名载而行之，是以远至迩安。毋宁使人谓子，“子实生我”，杨伯峻：“毋宁即无宁；无宁，宁也。”是。而谓“子浚我以生”乎？浚，挖也。挖人之膏脂以自肥。象有齿以焚其身，贿也。杜预：“焚，毙也。”孔颖达引服虔云：“焚读曰偾。偾，僵也。”非，《传》善用字之引申义，故不必改字。

宣子说，乃轻币。

是行也，郑伯朝晋，为重币故，且请伐陈也。郑伯稽首，稽首晋侯，非稽首宣子。宣子辞。宣子为晋平公相礼，辞郑伯，不敢受稽首礼。子西相，曰：“以陈国之介恃大国，介，附也。大国指楚。而陵虐于敝邑，寡君是以请罪焉。请罪陈。或本作“寡君是以请请罪焉”。敢不稽首。”

孟孝伯侵齐，晋故也。杨伯峻：“去年齐伐晋，鲁为晋侵齐。”

夏，楚子为舟师以伐吴，杜预："舟师，水军。"**不为军政，无功而还。**杨伯峻据孔颖达，军政即军之政教。宣十二年"军政不戒而备"。

齐侯既伐晋而惧，将欲见楚子。楚子使薳启强如齐聘，且请期。杜预："请会期。"**齐社，**杨伯峻："疑此社为军社，即定四年《传》'君以军行，祓社衅鼓'之社。"**蒐军实，**军实，泛指军队及武备。蒐军实，即大检阅。**使客观之。**客，薳启强。**陈文子曰："齐将有寇。吾闻之，兵不戢，必取其族。"**杜预："戢，藏也。族，类也。取其族，还自害也。"隐四年："夫兵犹火也，弗戢，将自焚也。"

秋，齐侯闻将有晋师，将有夷仪之师。**使陈无宇从薳启强如楚，辞，**之前已与楚谋定会期，今以晋师故，辞请不会。**且乞师。崔杼帅师送之，遂伐莒，侵介根。**杜预："介根，莒邑。齐既与莒平，因兵出侵之，言无信也。"

会于夷仪，杨伯峻："夷仪，晋地。"**将以伐齐。水，不克。**

冬，楚子伐郑以救齐，门于东门，次于棘泽。诸侯还救郑。晋侯使张骼、辅跞致楚师，致师，用侮犯摧辱敌人。**求御于郑。**杜预："欲得郑人自御，知其地利故也。"**郑人卜宛射犬，吉。**杜预："射犬，郑公孙。"**子大叔戒之曰：**子大叔，游吉，游氏。**"大国之人，不可与也。"**杜预："言不可与等也。欲使卑下之。"**对曰："无有众寡，其上一也。"**杨伯峻："言国之与国不在兵众多少，我为御，自在车左、车右之上，各国相同。"**大叔曰："不然，部娄无松柏。"**部娄，小土山也。谓山之高峻险远处，长木生焉，为其不易伐取也；部娄则不生长木，以其易取也。太叔比卫若部娄，不具大材，当屈下于晋。

二子在幄，二子，张骼、辅跞。杨伯峻："幄，幄幕，军队所用之帐篷。"**坐射犬于外，**杨伯峻："使射犬坐于幕外。"**既食，而后食之。**杨伯峻："二子先食，食毕，而后使射犬食。"**使御广车而行，**杨伯峻："广车，攻敌之车。"此所以致师用之。**已皆乘乘车。**乘车，常规战车。**将及楚师，而后从之乘，**近楚兵营，始从射犬同乘广车。**皆踞转而鼓琴。**疑“转”为车厢后左右两转角处。**近，不告而驰之。**逼近楚营垒，射犬不提醒二子，疾驱车偪垒。**皆取胄于橐而胄，**杨伯峻：“橐音高，此谓盛甲胄之囊。胄，头盔。下胄字为动词，戴头盔也。皆，亦仅指二人。”**入垒，皆下，搏人以投，**搏取楚卒以投掷其他楚卒。**收禽挟囚。**收禽与挟囚同义。禽，禽获。**弗待而出。**射犬又不待二人登车，即驱车而出。**皆超乘，**二子皆赶超以跃上车。**抽弓而射。**射追者。**既免，**既，已也。**复踞转而鼓琴，曰：“公孙！同乘，兄弟也。胡再不谋？”**杨伯峻：“何故入驰、出垒两次都不打招呼。”**对曰：“曩者志入而已，**曩，之前，之先。**今则怯也。”**言之先志在入敌垒，此次则胆怯也。**皆笑，**杨伯峻：“二人知其为托词。”**曰：“公孙之亟也。”**杜预：“亟，急也。言其性急，不能受屈。”

楚子自棘泽还，使薳启强帅师送陈无宇。

吴人为楚舟师之役故，在今夏。**召舒鸠人，**舒鸠，楚属国。**舒鸠人叛楚。楚子师于荒浦，**杜预：“荒浦，舒鸠地。”**使沈尹寿与师祁犁让之。**让之，责备舒鸠。**舒鸠子敬逆二子，**舒鸠子，舒鸠君。**而告无之，且请受盟。二子复命，王欲伐之。薳子曰：**杜预：“令尹薳子冯。”**“不可。彼告不叛，且请受盟，而又伐之，伐无罪也。姑归息民，以待其卒。**卒，终也。**卒而不贰，吾又何求？若犹叛我，无辞，有庸。”**辞，理也。杜预：“彼无辞，我有功。”**乃还。**

陈人复讨庆氏之党，鍼宜咎出奔楚。

齐人城郏。杜预：“郏，王城也。于是榖、雒斗，毁王宫。齐叛晋，欲求媚于天子，故为王城之。”**穆叔如周聘，且贺城。王嘉其有礼也，赐之大路。**杜预：“大路，天子所赐车之总名。”

晋侯嬖程郑，使佐下军。杜预：“代栾盈也。”**郑行人公孙挥如晋聘。**杜预：“挥，子羽也。”**程郑问焉，曰：“敢问降**

阶何由？” 问晋侯何故使己降级。**子羽不能对。归以语然明，** 杜预：“然明，鬷蔑。”**然明曰：“是将死矣。不然将亡。** 亡，出奔。**贵而知惧，惧而思降，乃得其阶，** 阶，位也。杨伯峻：“得其适合其才德之官秩。”**下人而已，** 在卑让屈下于人而已。**又何问焉？** 杜预：“言易知。”**且夫既登而求降阶者，知人也，** 知同智。**不在程郑。** 杨伯峻：“程郑非此种明智之人。”**其有亡衅乎！** 衅，端倪，苗头。**不然，其有惑疾，** 惑疾，为权力、财货、美色等所迷惑，或思想被蒙蔽，从而堕失心志，不能正常思维。杨伯峻：“惑疾即迷惑之疾。”**将死而忧也。”**

襄公二十五年

【经】

二十有五年春，齐崔杼帅师伐我北鄙。

夏五月乙亥，十七日。齐崔杼弑其君光。

公会晋侯、宋公、卫侯、郑伯、曹伯、莒子、邾子、滕子、薛伯、杞伯、小邾子于夷仪。

六月壬子，二十四日。郑公孙舍之帅师入陈。

秋八月己巳，诸侯同盟于重丘。杜预：“重丘，齐地。”

公至自会。

卫侯入于夷仪。

楚屈建帅师灭舒鸠。

冬，郑公孙夏帅师伐陈。

十有二月，吴子遏伐楚，遏，诸樊也。门于巢，卒。

【传】

二十五年春，齐崔杼帅师伐我北鄙，以报孝伯之师也。报去年孟孝伯之侵。公患之，使告于晋。孟公绰曰：“崔子将有大志，杜预：“志在弑君。孟公绰，鲁大夫。”不在病我，必速归，何患焉？其来也不寇，杜预：“不为寇害。”使民不严，杜预：“欲得民心。”严，严苛。异于他日。”齐师徒归。杜预：“徒，空也。”

齐棠公之妻，东郭偃之姊也。杜预：“棠公，齐棠邑大夫。”棠，江永谓即十八年之邮棠。东郭偃臣崔武子。棠公死，偃御武子以吊焉。见棠姜而美之，使偃取之。使偃为己娶之。偃曰：“男女辨姓，杨伯峻：“辨，别也。即同姓不婚。”今君出自丁，臣出自桓，不可。”杨伯峻：“丁，齐丁公，大公子。桓即桓公小白。崔氏出自丁公，东郭氏出自桓公，同为姜姓，故不可嫁娶。”武子筮之，遇《困》䷮《坎》下《兑》上为《困》卦。之《大过》䷛。《巽》下《兑》上为《大过》。《困》六三变而为《大过》。史皆曰：“吉。”杨伯峻：“史仅就《困》卦言之，《兑》为少女，《坎》为中男，以少女配中男，故吉。”杜预：“阿崔子。”示陈文子，文子曰：“夫从风，杜预：“《坎》为中男，故曰夫。变而为《巽》，故曰从风。”风陨妻，《兑》在上不变；风，陨落物者，而在下，故曰风陨妻。不可娶也。且其《繇》曰：‘困于石，据于蒺藜，蒺藜，一年生草本植物，茎匍匐生，果实为黄豆大小之坚硬刺球。入于其宫，不见其妻，凶。’此《困》卦六三之爻辞。困于石，往不济也。据于蒺藜，据，依也。所恃伤也。蒺藜有刺，恃之必伤。入于其宫，不见其妻，风陨妻也。凶，无所归也。”男以妻为室，无室何归？故曰无所归。崔子曰：“嫠也何害？嫠 lí，寡妇也。先夫当之矣。”先夫谓棠公。当，犹言兑冲。杜预：“言棠公已当此凶。”遂取之。

庄公通焉，骤如崔氏。骤，频也。以崔子之冠赐人，侍者曰：“不可。”公曰：“不为崔子，其无冠乎？”杨伯峻：“言不用崔子之冠，岂无他冠可用乎。意在用崔子之冠与他冠无异。”崔子因是，杜预：“因是怒公。”又以其间伐晋也，杜预：“间晋之难而伐之。”曰：“晋必将报。”欲弑公以说于晋，而不获间。杨伯峻：“间，空隙，机会。”公鞭侍人贾举而又近之，乃为崔子间公。杜预：“（为崔子）伺公间隙。”

夏五月，莒为且于之役故，且于役在二十三年。莒子朝于齐。甲戌，十六日。飨诸北郭。崔子称疾，不视事。杜预：“欲使公来。”乙亥，公问崔子，问，问疾也。公盖以问疾为名，实欲淫从姜氏。遂从姜氏。崔子“有疾”，自不迎客，然姜氏亦崔氏家主，礼当临门迎客。此姜氏迎公，公淫心起，遂弃从者而逐姜氏。姜入于室，与崔子自侧户出。公拊楹而歌。公不知崔子之谋，亦不欲入室问疾，拊楹而歌，欲召出姜氏。拊，拍也，轻拍。楹，柱也。拊楹，用节其歌也。侍人贾举止众从者，而入闭门。诈众从者，使待于门外，入遽闭门。甲兴，崔氏之甲兵起而攻庄公。公登台而请，请舍己。杜预：“请免。”弗许；请盟，弗许；请自刃于庙，弗许。杨伯峻：“此皆庄公缓兵之计，宜其为所拒。”皆曰：“君之臣杼疾病，病重。不能听命。杜预：“不能亲听公命。”近于公宫，杜预：“言崔子宫近公宫，或淫者诈称公。”陪臣干掫有淫者，干同扞，捍也。《说文》：“掫（zōu），夜戒，有所击也。”此义当本于昭二十年《传》，“宾将掫，主人辞。宾曰：‘若不获扞外役，是不有寡君也。’亲执铎，终夕，与于燎”。杜预、杨伯峻皆从此义。“干（扞）掫”当为同义词连用，巡行警戒之义，但未必为“夜戒”，首先于本文，即为白昼之事，不宜谓“夜戒”；昭二十年《传》“终夕，与于燎”，言自其行礼毕（在白昼）即掫，至夕终，且从于火燎（执火把巡视）。夕在昏前，夕时不执火把，至昏时始执火把。其《传》曰“终夕”，而非“终昏”，知其掫至夕终，又稍从于昏，然并未至夜，故“掫”不当为“夜戒”。《说文》不可信。不知

二命。”言只受家主之命。礼，陪臣只受家君之命，不受大君之命。**公逾墙，又射之，**射之，不中，又射之。此有省文。两次及两次以上皆可曰“又”。**中股，反队，**队同坠。复坠于墙内。**遂弑之。贾举，**此贾举为勇力之士，非上文之“侍人贾举”，《传》已以“侍人”区别之。**州绰、邴师、公孙敖、封具、铎父、襄伊、偻堙皆死。**杜预：“八子皆齐勇力之臣，为公所嬖者，与公共死于崔子之宫。”**祝佗父祭于高唐，**杜预：“高唐有齐别庙也。”**至，复命。**复命于死君。**不说弁而死于崔氏。**说同脱。杨伯峻：“弁，爵弁，祭服所戴。”**申蒯侍渔者，**杜预：“侍鱼，监取鱼之官。”**退，谓其宰曰：“尔以帑免，**杨伯峻：“帑，蒯之妻子，托其宰保护之。”是。**我将死。”其宰曰：“免，是反子之义也。”**杜预：“反死君之义。”**与之皆死。崔氏杀鬷蔑于平阴。**以上为齐庄死者皆爪牙小臣，无大臣。杜预：“鬷蔑，平阴大夫，公外嬖。《传》言庄公所养非国士，故其死难皆嬖宠之人。”

晏子立于崔氏之门外，杜预：“闻难而来。”**其人曰：“死乎？”**其人，晏子之臣。**曰：“独吾君也乎哉，吾死也？”**杜预：“言己与众臣无异。”位在晏子之上者数人，皆不为君死，且君弑，卿大夫无必死之礼。**曰：“行乎？”**惧被崔子杀，故问“奔亡乎”。**曰：“吾罪也乎哉，吾亡也？”**自认为无罪，不须奔亡。**“归乎？”**回家。**曰：“君死，安归？**安能归。杜预：“安可以归。”杨伯峻谓“归于何处”，当拘泥于下文“将庸何归”，非也。**君民者，岂以陵民？**陵，陵驾。**社稷是主。**杨伯峻：“主社稷者也。”**臣君者，岂为其口实？**口实，俸禄。**社稷是养。**杜预：“言君不徒居民上，臣不徒求禄，皆为社稷。”**故君为社稷死，则死之；为社稷亡，则亡之。若为己死，而为己亡，**言为私欲死。**非其私暱，**私暱，嬖宠。**谁敢任之？**“之”同上句二“之”字，皆指君。言不敢任其祸患，若为之死，是为无道任祸患也。以上之言亦是晏子对庄公治国之否定。**且人有君而弑之，**杨伯峻："庄公之立，由于崔杼，故言'人有君'，人指崔杼。"**吾焉得死之？而焉得亡之？**杜预"言己非正卿，见待无异于众臣"，且罪在崔子，"我"既无罪，何得为公死亡。**将庸何归？"**君弑，为臣子者能归于何处。谓当入行哭君之礼。**门启而入，枕尸股而哭。兴，**杨伯峻："哭时仆地，哭毕而起。"**三踊而出。人谓崔子："必杀之！"崔子曰："民之望也！**言晏子有忠信。**舍之，得民。"卢蒲癸奔晋，王何奔莒。**杜预："二子，庄公党。为二十八年杀庆舍张本。"

叔孙宣伯之在齐也，宣伯，叔孙豹之兄侨如。成十六年奔齐。**叔孙还纳其女于灵公，**齐叔孙还纳鲁叔孙侨如之女于齐灵公。叔孙还，齐群公子，非鲁之"叔孙"。叔孙还详见襄二十一年及二十八年。**嬖，生景公。**杨伯峻："景公为庄公同父异母弟。"**丁丑，**十九日。**崔杼立而相之，庆封为左相。盟国人于大宫，**大宫，太公庙。**曰："所不与崔、庆者——"晏子仰天叹曰："婴所不唯忠于君利社稷者是与，有如上帝。"乃歃。辛巳，**二十三日。**公与大夫及莒子盟。**杜预："莒子朝齐，遇崔杼作乱未去，故复与景公盟。"

大史书曰："崔杼弑其君。"崔子杀之。其弟嗣书而死者二人。杜预："嗣，续也。并前有三人死。"**其弟又书，乃舍之。南史氏闻大史尽死，执简以往。**杨伯峻："仍书'崔杼弑其君'于简，执之以往。"**闻既书矣，乃还。**

闾丘婴以帷缚其妻而载之，与申鲜虞乘而出，杜预："二子，庄公近臣。"**鲜虞推而下之，**杜预："下婴妻也。"**曰："君昏不能匡，危不能救，死不能死，而知匿其昵，**杜预："匿，藏也。昵，亲也。"**其谁纳之？"行及弇中，**弇 yǎn 中，地名，其道狭而长。**将舍。**舍，路途舍宿。**婴曰："崔、庆其追我！"鲜虞曰："一与一，谁能惧我？"**杨伯峻："道狭，车不能并行，相斗，只能一敌一，不足使我惧。"**遂舍，枕辔而寝，**杜预："恐失马也。”**食马而食**。杨伯峻：“先饲马而后己食，备追者至，易逃也。”**驾而行，**驾，套车。**出弇中，谓婴曰：“速驱之！崔、庆之众，不可当也。”**杜预：“道广，众得用，故不可当。”当，当对，匹敌。**遂来奔**。

崔氏侧庄公于北郭。“侧”与“正”对，疑“侧”之用相当于“殡”也。侧置庄公棺于北郭以待葬，不殡于庙也。**丁亥，**二十九日。**葬诸士孙之里，**杜预：“士孙，人姓，因名里。死十三日便葬，不待五月。”**四翣，**翣 shà，杜预：“丧车之饰，诸侯六翣。”**不跸，**杜预：“跸（bì），止行人。”今谓道路戒严。**下车七乘，不以兵甲**。杜预：“下车，送葬之车。齐旧依上公礼九乘，又有甲兵，今皆降损。”服虔谓下车是陪葬之车。杨伯峻主杜预，且谓下车为粗恶之车，甲兵为送葬之甲兵士卒。

晋侯济自泮，泮 pàn，水名。**会于夷仪，伐齐，以报朝歌之役**。朝歌役在二十三年。**齐人以庄公说，**杜预：“以弑庄公说（悦）晋也。”杨伯峻谓“说”为解说。据二十五年《传》，“欲弑公以说于晋”，杜注是。**使隰鉏请成**。杜预：“隰（xí）鉏，隰朋之曾孙。”**庆封如师，男女以班**。男列为一班，女列为一班，男女别也。哀元年“蔡人男女以辨”，又下文“（陈侯）使其众男女别”，皆与此“男女以班”同。**赂晋侯以宗器、乐器。自六正、**杜预：“三军之六卿。”**五吏、**杨伯峻：“五吏疑为军尉、司马、司空、舆尉、候奄。”**三十帅、**杜预：“武职，皆军卿之属官。”**三军之大夫、百官之正长、师旅及处守者，**杜预：“百官正长，群有司也。师旅，小将帅。处守，守国者。”**皆有赂**。杜预：“皆以男女为赂。”**晋侯许之。使叔向告于诸侯。公使子服惠伯对曰：“君舍有罪，以靖小国，君之惠也。寡君闻命矣！”**

晋侯使魏舒、宛没逆卫侯，卫侯，即十四年出奔齐之卫献公衎，非在国之卫殇公。**将使卫与之夷仪**。“之”指卫献，非指晋。逆卫献于齐，又使卫出夷仪之邑以置献公。**崔子止其帑，以求五鹿**。

杜预："崔杼欲得卫之五鹿，故留卫侯妻子于齐以质之。"时卫献尚未得国，不能予之五鹿，崔子为后图也。

初，陈侯会楚子伐郑，在去年冬。**当陈隧者，井堙木刊。**杜预："隧，径也。堙，塞也。刊，除也。"**郑人怨之，六月，郑子展、子产帅车七百乘伐陈，宵突陈城，遂入之。**突，大军突击。**陈侯扶其大子偃师奔墓，遇司马桓子，**杨伯峻："疑即襄三年《传》之袁侨。"**曰："载余！"曰："将巡城。"**杜预："不欲载公，以巡城辞。"**遇贾获，**杜预："贾获，陈大夫。"**载其母妻，下之，**贾获使其母妻下车。**而授公车。公曰："舍而母！"**杨伯峻："舍，安置。欲其母与之同乘。"**辞曰："不祥。"**言尊卑不敌。**与其妻扶其母以奔墓，亦免。**

子展命师无入公宫，子展，子罕之子公孙舍之。**与子产亲御诸门。**御，守御。杜预："欲服之而已，故禁侵掠。"**陈侯使司马桓子赂以宗器。陈侯免，拥社。**杜预："免（wèn），丧服。拥社，抱社主，示服。"**使其众男女别而累，以待于朝。**杨伯峻："其众谓百官及将佐，自囚待命。"累，本义为捆缚用之绳索，此作动词用。**子展执絷而见，**絷，累索，绑缚俘虏之绳索。详见成二年注。**再拜稽首，承饮而进献。子美入，数俘而出。**杜预："子美，子产也。但数其所获人数，不将以归。"**祝祓社，**祝，郑祝官。杨伯峻："此郑国之祝祓陈国之社，因军入国，恐触怒其国之鬼神，而祓除不祥。"**司徒致民，司马致节，司空致地，乃还。**杨伯峻："三司亦皆郑官。陈自以为国已亡，郑则收其人民、兵马，并驻其土地而又归之，示无所犯。故司徒致其民，司马致其兵符，即复其指挥权，司空归其地，而后旋师。"

秋七月己巳，十二日。**同盟于重丘，齐成故也。**

赵文子为政，杜预："赵武代范匄。"**令薄诸侯之币而重其礼。**薄，轻也，减轻。币，贡赋。**穆叔见之，**叔孙豹。**谓穆叔曰："自今以往，兵其少弭矣！**少读为稍。弭，止息也。**齐崔、庆新得政，**

将求善于诸侯。武也知楚令尹。知，相知，相善，相得。令尹，屈建。**若敬行其礼，道之以文辞，**道同导。杨伯峻："道，语也。"**以靖诸侯，兵可以弭。"**

楚薳子冯卒，屈建为令尹。杜预："屈建，子木。"**屈荡为莫敖。**杜预："代屈建。"**舒鸠人卒叛楚。令尹子木伐之，及离城。**杜预："离城，舒鸠城。"**吴人救之，子木遽以右师先，**杜预："先至舒鸠。"杨伯峻："遽，急也。"**子强、息桓、子捷、子骈、子盂帅左师以退。吴人居其间七日。**居楚右师与左师之间。**子强曰："久将垫隘，**杨伯峻："垫隘犹羸弱。"**隘乃禽也。**杨伯峻："隘即垫隘。"**不如速战！请以其私卒诱之，**杨伯峻："私卒当是各将领之家兵。"**简师陈以待我。**子强以众之私卒诱敌，四子简选精兵，成阵以待事之进展。**我克则进，奔则亦视之，**杜预："视其形势而救助之。"**乃可以免。不然，必为吴禽。"从之。五人以其私卒先击吴师。**五人私卒由子强率领。**吴师奔，登山以望，见楚师不继，**子强固以少师诱吴。**复逐之，**吴中计。**傅诸其军，**吴还逐子强，逼近楚本军。杨伯峻："傅，近也。近楚军。"**简师会之。**四子率简师会子强。**吴师大败。遂围舒鸠，舒鸠溃。八月，楚灭舒鸠。**

卫献公入于夷仪。晋胁迫卫出夷仪而置献公。杜预："为下自夷仪与甯喜言张本。"

郑子产献捷于晋，献入陈之功。**戎服将事。**戎服献捷也。杜预："戎服，军旅之衣，异于朝服。"**晋人问陈之罪，**晋不主郑伐陈，故问何故伐之。**对曰："昔虞阏父为周陶正，以服事我先王。**虞阏（è）父，虞舜之后。虞，舜之号。陶正，主陶器之总官。**我先王赖其利器用也，与其神明之后也，**杜预："舜圣，故谓之神明。"**庸以元女大姬配胡公，**杜预："元女，武王之长女。胡公，阏父之子荡也。"**而封诸陈，以备三恪。**杜预："周得天下，封夏、殷二王后，又封舜后，谓之恪，并二王后为三国。其礼转降，示敬而已，故曰三恪。”杨伯峻本《礼记·乐记》，黄帝、尧、舜之后为三恪。杜说是。**则我周之自出，至于今是赖。**杜预：“言陈，周之甥，至今赖周德。”**桓公之乱，蔡人欲立其出。**杜预：“陈桓公鲍卒，于是陈乱，事在鲁桓五年。蔡出，桓公之子厉公也。”陈厉公为蔡女所生，故曰蔡出。**我先君庄公奉五父而立之，**杜预：“五父佗，桓公弟。杀大子免而代之，郑庄公因就定其位。”**蔡人杀之。**杜预：“欲立其出故。”**我又与蔡人奉戴厉公。至于庄、宣，皆我之自立。**杜预：“陈庄公、宣公皆厉公子。”**夏氏之乱，成公播荡，又我之自入，君所知也。**杜预：“播荡，流移失所。宣十一年，陈夏征舒弑灵公，灵公之子成公奔晋，自晋因郑而入也。”**今陈忘周之大德，蔑我大惠，弃我姻亲，介恃楚众，**介，附也。**以冯陵我敝邑，不可亿逞，**陈伐郑不获大功，故曰未能大快意于我。亿，大也，多也。杨伯峻：“亿逞，满足之意。”**我是以有往年之告。**杜预：“谓郑伯稽首告晋请伐陈。”**未获成命，**晋未许郑。**则有我东门之役。**在去年。**当陈隧者，井堙木刊。敝邑大惧不竞，而耻大姬。**杜预：“上辱大姬之灵。”**天诱其衷，**诱，启也，今曰发。衷，善也。**启敝邑之心。**杨伯峻：“开发我伐陈之心。”**陈知其罪，授手于我。**授手盖谓授手待缚。**用敢献功。”晋人曰：“何故侵小？”对曰：“先王之命，唯罪所在，各致其辟。**杜预：“辟，诛也。”杨伯峻：“辟，刑也。”**且昔天子之地一圻，**圻音祈。杜预：“方千里。”**列国一同，**杜预：“方百里。”**自是以衰。**衰即“降杀以两”之降杀，以其等级逐次减损。杜预：“衰，差降。”**今大国多数圻矣，若无侵小，何以至焉？”晋人曰：“何故戎服？”对曰：“我先君武、庄，为平、桓卿士。城濮之役，**在僖公二十八年。**文公布命，**晋文公。**曰：‘各复旧职！’**杨伯峻：“则郑伯仍为周王卿士。”**命我文公戎服辅王，以授楚捷——不敢废王命故也。”士庄伯不能诘，**杜预：“士庄伯，士弱也。”杨伯峻：“诘，诘问，诘责。”**复于赵文子。文子曰：“其辞顺，犯顺不祥。”乃受之。**

冬十月，子展相郑伯如晋，拜陈之功。杜预：“谢晋受其功。”**子西复伐陈，陈及郑平。**

仲尼曰：“《志》有之：‘言以足志，言语用使人的意志得到完美充分地表达和展现。**文以足言。’**文辞为使语言缜密无缺。**不言，谁知其志？**言以见志，故不言不知其志。**言之无文，行而不远。**事难成大功。**晋为伯，郑入陈，非文辞不为功。慎辞也！”**

楚蔿掩为司马，杜预：“蘧子冯之子。”**子木使庀赋，数甲兵。**子木使蔿掩。杜预：“庀，治。”数，今谓盘点。**甲午，**十八日。**蔿掩书土、田：**杨伯峻：“据下文，土与田是二事。”**度山林，**杜预：“度量山林之材，以共国用。”**鸠薮泽，**鸠，安集。勿使堙刊掠取堕坏之。**辨京陵，**杜预：“辨，别也。绝高曰京。大阜曰陵。别之以为冢墓之地。”**表淳卤，**表，标记，标识，用作标识之物皆可曰表。杨伯峻：“淳卤，今曰盐碱地。”杜预：“表异，轻其赋税。”**数疆潦，**杨伯峻据梁履绳谓：“疆当作强（彊之简体）。强潦谓土性刚硬，受水则潦。亦计算之，轻其赋。”**规偃豬，**豬同猪，即《禹贡》“彭蠡既猪”、“荥波既猪”之猪字，今作潴。杨伯峻：“偃同堰。堰豬犹如陂池。畜水以备灌溉者。规，规画也。”**町原防，**杜预：“广平曰原。防，堤也。堤防间地不得方正如井田，别为小顷町。”此“町”为名词作动词用。**牧隰皋，**杨伯峻：“《尔雅》：‘下湿曰隰。’《汉书·贾山传注》：‘皋，水边淤地也。’”牧者，作为刍牧之地也。**井衍沃，**杜预：“衍沃，平美之地，则如《周礼》制以为井田。六尺为步，步百为亩，亩百为夫，九夫为井。”**量入修赋，**入，收获之数。杜预：“量九土之所入而治理其赋税。”**赋车、籍马，**孔颖达：“赋与籍俱是税也。税民之财，使备车马。”**赋车兵、徒兵、甲楯之数。**杨伯峻：“此两兵字皆指兵器，车上之战士与车下之徒卒所执兵器不同，故云车兵徒兵。甲楯为防护之具。楯即盾。”**既成，以授子木，礼也。**

十二月，吴子诸樊伐楚，以报舟师之役。役在去年。**门于巢。巢牛臣曰：“吴王勇而轻，**轻率。**若启之，**悬门谓开曰启。**将亲门。**亲门，亲自攻门。**我获射之，必殪。**杜预：“殪，死也。”**是君也死，疆其少安。”从之。吴子门焉，牛臣隐于短墙以射之，卒。**短，矮也。

楚子以灭舒鸠赏子木。辞曰：“先大夫蒍子之功也。”以与蒍掩。杜预：“往年楚子将伐舒鸠，蒍子冯请退师以须其叛，楚子从之，卒获舒鸠，故子木辞赏以与其子。”

晋程郑卒，子产始知然明，然明，鬷蔑也。杨伯峻：“去年然明预言程郑将死。”**问为政焉。对曰：“视民如子。见不仁者诛之，如鹰鹯之逐鸟雀也。”子产喜，以语子大叔，且曰：“他日吾见蔑之面而已，**唯见其貌丑。**今吾见其心矣。”**然明者，貌甚丑恶，心则明慧。

子大叔问政于子产。子产曰：“政如农功，日夜思之，思其始而成其终，朝夕而行之。行无越思，如农之有畔。畔，田界也。**其过鲜矣。”**

卫献公自夷仪使与甯喜言，杜预：“求复国也。”**甯喜许之。大叔文子闻之，**杜预：“大叔仪也。”**曰：“乌呼！《诗》所谓‘我躬不说，遑恤我后’者，**杨伯峻：“‘说’，今《诗》作‘阅’，容也。”然若仍以《传》，说同脱，亦可通，且《传》引《诗》往往断章取义，故解《传》不必拘泥于《诗》。遑，暇也，此谓无暇，何暇。恤，忧也，顾也。**甯子可谓不恤其后矣。**杜预：“谓甯子必身受祸，不得恤其后也。”**将可乎哉？殆必不可。君子之行，思其终也，**杜预：“思使终可成。”**思其复也。**杜预：“思其可复行。”此可取《周易·复》卦之义，谓良性周期能够做到频繁往复，恶性周期不受节制，直至灭亡，故不能复。《书》曰：**'慎始而敬终，终以不困。'** 自始至终不失敬慎，则事终不受困。《诗》曰：**'夙夜匪解，以事一人。'** 解同懈，懈怠也。杜预："一人，以喻君。"**今甯子视君不如弈棋，** 视，看待也，亦可读作"事"。**其何以免乎？弈者举棋不定，不胜其耦，** 耦，对弈者。**而况置君而弗定乎？** 以举棋不定比立殇公而不能定之（坚事之）。**必不免矣。九世之卿族，一举而灭之。可哀也哉！"** 杜预："甯氏出自卫武公，及喜九世也。"

会于夷仪之岁， 杜预："在二十四年。不直言会夷仪者，别二十五年（今年）夷仪会。"**齐人城郏。** 杨伯峻："郏即王城，故洛邑。"**其五月，秦、晋为成。晋韩起如秦莅盟，秦伯车如晋莅盟，** 伯车，秦桓公庶长子。据成公十三年载，辅氏之聚（在宣公十五年），秦桓公曾使伯车如晋，则伯车此时当在六十岁以上。杜预谓伯车即秦景公之弟鍼，非也。**成而不结。** 谓双方虽达成共识，然未结定其事。此乃补叙去年事，以启明年传。

襄公二十六年

【经】

二十有六年春王二月辛卯， 七日。**卫甯喜弑其君剽。** 卫人立剽为君在十四年。

卫孙林父入于戚以叛。

甲午， 十日。**卫侯衎复归于卫。** 成十八年："凡去其国，复其位曰复归。"

夏，晋侯使荀吴来聘。 吴，荀偃之子。

公会晋人、郑良霄、宋人、曹人于澶渊。

秋，宋公杀其世子痤。

晋人执卫甯喜。

八月壬午，初一。**许男宁卒于楚。**

冬，楚子、蔡侯、陈侯伐郑。

葬许灵公。

【传】

二十六年春，秦伯之弟鍼如晋修成，此接去年《传》。**叔向命召行人子员。**员 yún。**行人子朱曰："朱也当御。"**御，司也，值也，进也。杨伯峻："当御犹今之值班。"是也。早朝事毕，百官退朝散归，然朝中仍保留值班官员以治办公事。二十八年"公膳日双鸡"，即专为值班官员提供。值班盖实行轮换制，二人（子朱、子员）班爵同，则无尊卑之先后，谁值班，谁任使。**三云，叔向不应。子朱怒，**此子朱值班，自当任使，叔向却命召子员，故子朱怒。**曰："班爵同，何以黜朱于朝？"**杨伯峻："黜，退也，不用之也。"**抚剑从之。**从叔向也。**叔向曰："秦、晋不和久矣！今日之事，幸而集，**集，成也。**晋国赖之。不集，三军暴骨。**杨伯峻："言战争将起。"**子员道二国之言无私，**道，语也。杨伯峻："唯国家之利，无私心，无私见。"**子常易之。**易，违背，改易。**奸以事君者，**言不忠。**吾所能御也。"**御，抵御，抗御，阻止。**拂衣从之。**杜预："拂衣，褰裳也。"杨伯峻："拂衣，振衣。盖将与斗。"**人救之。平公曰："晋其庶乎！**杜预："庶几于治。"**吾臣之所争者大。"师旷曰："公室惧卑。臣不心竞而力争，不务德而争善，**此为假设句。不，若不。**私欲已侈，**已，太也。**能无卑乎？"**

卫献公使子鲜为复，子鲜，献公之母弟鱄。杨伯峻："为复，为己谋复君位。"**辞。**辞不能。**敬姒强命之。**敬姒，献公及子鲜之生母。**对曰：“君无信，臣惧不免。”敬姒曰：“虽然，以吾故也。”**今谓看在母亲的分上。**许诺。初，献公使与甯喜言，**杜预：“言复国。”**甯喜曰：“必子鲜在，不然必败。”**杜预：“子鲜贤，国人信之，必欲使在其间。”**故公使子鲜。子鲜不获命于敬姒，**杜预：“不得止命。”是也。昭二十年“卫侯固请见之。不获命，以其良马见”，不获，谓不获拒绝之命。子鲜本不欲复公，敬姒强命之，故不获拒绝复公之命。杨伯峻因下句“以公命与甯喜言”之意解此，谓敬姒仅强使之，未告以命辞也。以“不获命”为不获敬姒之命辞，误。敬姒仅命子鲜复公，见甯喜非敬姒所命。**以公命与甯喜言，曰：“苟反，**反，返国也。**政由甯氏，祭则寡人。”甯喜告蘧伯玉，伯玉曰：“瑗不得闻君之出，**杜预：“十四年孙氏欲逐献公，瑗走，从近关出。”**敢闻其入？”遂行，从近关出。**国既有君，则当固事之，不可以贰，故蘧伯玉不从而复出。**告右宰榖，**杜预：“卫大夫。”**右宰榖曰：“不可。获罪于两君，**杜预：“前出献公，今弑剽。”**天下谁畜之？”**言无可奔亡之所。《传》例曰“武从姬氏畜于公宫”、“昔吾畜于赵氏”。畜，养也，收养。**悼子曰：“吾受命于先人，不可以贰。”**杜预：“悼子，甯喜也。受命在二十年。”**榖曰：“我请使焉而观之。”**请自使，如夷仪见公。观，观事可行与否。**遂见公于夷仪。反曰：“君淹恤在外十二年矣，**淹，滞也，沉滞，滞留。恤，忧也。**而无忧色，亦无宽言，**言不恕。**犹夫人也。**仍旧是那等人。**若不已，**杨伯峻：“已，止也，谓如果不停止复公计划。”**死无日矣。”悼子曰：“子鲜在。”**言子鲜可为救护。**右宰榖曰：“子鲜在，何益？**言子鲜不能救护我等。**多而能亡，于我何为？”**谓子鲜若获罪，最多不过出奔逃亡，相对于我等之被杀，他能做得了什么呢？**悼子曰：“虽然，不可以已。”**迫于父命，若不纳献公，将不来食其祀。参二十年《传》。

孙文子在戚，孙嘉聘于齐，孙襄居守。杜预：“二子，孙文子之子。”**二月庚寅，**六日。**甯喜、右宰榖伐孙氏，不克。**

伯国伤。杜预："伯国，孙襄也。父兄皆不在，故乘弱攻之。"**甯子出舍于郊**。杜预："欲奔。"**伯国死，孙氏夜哭。国人召甯子**，知伯国死，召甯子复攻之。**甯子复攻孙氏，克之。辛卯**，七日。**杀子叔及大子角**。杨伯峻："子叔即卫侯剽，《卫世家》及《年表》号之曰殇公，盖追谥也。剽之父为子叔黑背，此或以其父之号称之为子叔。其大子角亦被杀。"**书曰："甯喜弑其君剽。"言罪之在甯氏也。孙林父以戚如晋。书曰："入于戚以叛。"罪孙氏也。臣之禄，君实有之。义则进，否则奉身而退，专禄以周旋**，杨伯峻："专禄指孙林父以戚自随。"**戮也**。言当受刑戮。

甲午，卫侯入。书曰："复归。"国纳之也。杜预："本晋纳之夷仪，今从夷仪入国，嫌若晋所纳，故发国纳之例，言国之所纳而复其位。"**大夫逆于竟者，执其手而与之言。道逆者，自车揖之。逆于门者**，门，国都之门。**颔之而已**。颔，点头示意。**公至，使让大叔文子曰："寡人淹恤在外，二三子皆使寡人朝夕闻卫国之言**，杜预："二三子，诸大夫。"言，情报也。**吾子独不在寡人**。杜预："在，存问之。"**古人有言曰：'非所怨勿怨。'寡人怨矣。"**杜预："所怨在亲亲。"杨伯峻："引古人言不怨非所怨，意谓我今之怨则是应怨者也。"**对曰："臣知罪矣。臣不佞，不能负羁绁以从扞牧圉**，羁，马络头。绁，缰绳。扞，捍也。昭二十年"寡君之下臣，君之牧圉也"，牧圉指贱臣，末臣。此文"牧圉"用法同"执事"、"下执事"等，不敢斥言捍卫侯，故谓捍卫侯之牧圉，牧圉借指卫侯。另见僖二十八年"不有行者，谁扞牧圉"。**臣之罪一也。有出者，有居者**，杜预："出谓衎，居谓剽也。"**臣不能贰，通外内之言以事君，臣之罪二也。有二罪，敢忘其死？"乃行，从近关出。公使止之**。

卫人侵戚东鄙，杜预："以林父叛故。"**孙氏愬于晋，晋戍茅氏**。杜预："茅氏，戚东鄙。"**殖绰伐茅氏**，杜预："殖绰，齐人，今来在卫。”**杀晋戍三百人。孙蒯追之，弗敢击。文子曰：“厉之不如！”**厉，恶鬼。古人认为凶死者将为厉，则晋戍三百人被杀者皆将为厉。孙蒯不敢击殖绰，是不如被杀之三百戍人将为厉者。**遂从卫师，败之圉。**为父言所激，逐卫师而败之。**雍鉏获殖绰。**杜预：“雍鉏，孙氏臣。”**复愬于晋。**

郑伯赏入陈之功。三月甲寅朔，享子展，赐之先路三命之服，先八邑。赐子产次路再命之服，先六邑。子产辞邑，曰：“自上以下，降杀以两，言每降一级，减杀两邑。**礼也。臣之位在四，**子产位居子展、伯有、子西之下，纵有功，当受二邑。**且子展之功也。臣不敢及赏礼，请辞邑。”公固予之，乃受三邑。**多受一邑。**公孙挥曰：“子产其将知政矣！让不失礼。”**

晋人为孙氏故，召诸侯，将以讨卫也。夏，中行穆子来聘，穆子，荀吴。**召公也。**杜预：“召公为澶渊会。”

楚子、秦人侵吴，及雩娄，闻吴有备而还。遂侵郑，五月，至于城麇。城麇，郑邑。**郑皇颉戍之，出，与楚师战，败。穿封戌囚皇颉，公子围与之争之。**围，楚共王之子。**正于伯州犁，**正同证。伯州犁，楚太宰，晋伯宗之子，三郤杀伯宗，伯州犁奔楚。**伯州犁曰：“请问于囚。”**以囚言为准。**乃立囚。伯州犁曰：“所争，君子也，其何不知？”**杨伯峻：“谓皇颉为君子，何所不明白，此暗示也。”**上其手，**高举其手向王子围，示所指者尊。**曰：“夫子为王子围，寡君之贵介弟也。”**杜预：“介，大也。”**下其手，曰：“此子为穿封戌，方城外之县尹也。谁获子？”**明示尊卑以导囚意。**囚曰：**囚会意。**“颉遇王子，弱焉。”**弱，降服，言被囚。**戌怒，抽戈逐王子围，弗及。楚人以皇颉归。**

印堇父与皇颉戍城麇，堇父，盖子印之孙。**楚人囚之，以献于秦。郑人取货于印氏以请之，**向印氏取财货，用赎堇父于秦。**子大叔为令正，**令正，主辞令之长官。杨伯峻："据杜注，乃主稿文件之官。"**以为请。**杨伯峻："为请赎之辞。"**子产曰："不获。**杜预："谓大叔辞以货请堇父，必不得。"**受楚之功而取货于郑，不可谓国，秦不其然。**杨伯峻："出卖楚所献之功而得郑国之财，非国家所宜为，秦不至如此。"**若曰：'拜君之勤郑国。微君之惠，楚师其犹在敝邑之城下。'其可。"**杜预："辞如此，堇父可得。"**弗从，遂行。秦人不予。更币，从子产而后获之。**杜预："更遣使执币，用子产辞，乃得堇父。"

六月，公会晋赵武、宋向戌、郑良霄、曹人于澶渊以讨卫，疆戚田。取卫西鄙懿氏六十以与孙氏。六十，服虔谓六十邑。杨伯峻主之，且曰"邑有大小"，可信。**赵武不书，尊公也。向戌不书，后也。**后，后期而至。**郑先宋，不失所也。**言如此序列是为得所。诸侯盟会之班序，除以国大小之故，亦视与会者之恭敬与否而定，故后期至者虽大或尊，亦常班列于后。鲁亦间或有后会期至者，《经》则讳而不书诸侯，盖亦有讳列己于后之嫌。

于是卫侯会之。杜预："晋将执之，不得与会，故不书。"**晋人执甯喜、北宫遗，使女齐以先归。**以甯喜、北宫遗先归晋。杜预："遗，北宫括之子。女（rǔ）齐，司马侯。"**卫侯如晋，晋人执而囚之于士弱氏。**杜预："士弱，晋主狱大夫。"

秋七月，齐侯、郑伯为卫侯故如晋，请免卫侯。**晋侯兼享之。**兼，一并也。**晋侯赋《嘉乐》。**杜预："取其'嘉乐君子，显显令德，宜民宜人，受禄于天。'"杨伯峻："嘉齐、郑二君也。"**国景子相齐侯，**杜预："景子，国弱。"**赋《蓼萧》。**杨伯峻："取其'既见君子，孔燕岂弟，宜兄宜弟'诸句。"谓晋侯宜兄宜弟。晋、齐、卫、郑皆兄弟，此实欲使晋侯恤卫侯也。齐虽异姓，然列国相谓兄弟。晋称齐为兄弟在三年，"寡君愿与一二兄弟相见"。**子展相郑伯，赋《缁衣》。**杨伯峻："盖取义于'适子之馆兮，还，予授子之粲兮'，望晋侯能见齐侯、郑伯之亲来，晋能许其求。”**叔向命晋侯拜二君，曰：“寡君敢拜齐君之安我先君之宗祧也，敢拜郑君之不贰也。”**杨伯峻：“二君赋《诗》，本在释卫侯，叔向明知之，而晋侯不欲释之，叔向乃故意误会其意，且使晋君拜。解诗本无达诂，各取所求。孔《疏》引刘炫云：‘《蓼萧》首章云：“既见君子，燕笑语兮，是以有誉处兮”，言晋侯有声誉，常处位，是得宗庙安也。’又引沈氏云：‘《缁衣》首章云“缁衣之宜兮，敝，予又改为兮。适子之馆兮，还，予授子之粲兮”，欲常进衣服，献饮食，是其不二心也。’”**国子使晏平仲私于叔向，**私与叔向语。**曰：“晋君宣其明德于诸侯，恤其患而补其阙，正其违而治其烦，所以为盟主也。今为臣执君，**杜预：“为林父执卫侯。”**若之何？”**若诸侯何。**叔向告赵文子，文子以告晋侯。晋侯言卫侯之罪，使叔向告二君。国子赋《辔之柔矣》，**杜预：“义取宽政以安诸侯，若柔辔之御刚马。”**子展赋《将仲子兮》，**取其“岂敢爱之，畏人之多言。仲可怀也，人之多言，亦可畏也”之句。杜预：“义取众言可畏，卫侯虽别有罪，而众人犹谓晋为臣执君。”**晋侯乃许归卫侯。**

叔向曰：“郑七穆，罕氏其后亡者也。子展俭而壹。”杜预：“子展，郑子罕之子，居身俭而用心壹。郑穆公十一子，子然、二子孔三族已亡，子羽不为卿，故唯言七穆。郑七穆，谓子展公孙舍之（子罕之子），罕氏也；子西公孙夏（子驷之子），驷氏也；子产公孙侨（子国之子），国氏也；伯有良霄（子良之孙），良氏也；子大叔游吉（子游之孙），游氏也；伯石公孙段（子丰之子），丰氏也；子石印段（子印之孙），印氏也（杜预误谓子石公孙段、伯石印段，此已改之）。”

初，宋芮司徒生女子，杜预：“芮司徒，宋大夫。”**赤而毛，弃诸堤下，共姬之妾取以入，**共姬，宋伯姬也，鲁宣公长女。**名之曰弃。长而美。平公入夕，**杜预：“平公，共姬子也。”杨伯峻：“入夕，夕时入而问安。”春秋时无夜生活，夕食既毕，即将准备寝息，故有夕时问安之礼。**共姬与之食。**之，平公。**公见弃也，而视之，尤。**杜预：“尤，甚也。”尤，谓事物在某一方面达到极致，后常以“尤”指男、女之容貌极美，即所谓“尤物”者。**姬纳诸御，**御，侍御之妾。**嬖，生佐，**杜预：“佐，元公。”**恶而婉。**恶，貌丑。婉，性温顺。**大子痤美而很，**杨伯峻：“很，今俗作狠，心狠毒。”**合左师畏而恶之。**合左师，向戌。**寺人惠墙伊戾为大子内师而无宠。**杜预：“惠墙，氏；伊戾，名。”杨伯峻：“内师，盖太子宫内宦官之长，故为寺人。”

秋，楚客聘于晋，过宋。大子知之，杨伯峻：“知，相识。”**请野享之。公使往，伊戾请从之。**请从太子往。**公曰：“夫不恶女乎？”**夫指太子。**对曰：“小人之事君子也，恶之不敢远，好之不敢近，敬以待命，敢有贰心乎？纵有共其外，莫共其内，**外，指文辞仪节交涉之事。内，指饮食起居。**臣请往也。”遣之。至，则欿，用牲，加书，徵之，**杨伯峻：“此伊戾所诈为。欿亦作坎，挖坑。用羊或牛，加盟书于牲上，伪作太子曾与楚客盟之迹，而己验之。徵，验也。”**而骋告公，**骋，驰也。**曰：“大子将为乱，既与楚客盟矣。”公曰：“为我子，**杨伯峻：“子谓嗣子。”善。**又何求？”对曰：“欲速。”**杜预：“言欲速得公位。”**公使视之，则信有焉。**信，今曰确实。**问诸夫人与左师，**杜预：“夫人，佐母弃也。”盖平公嫡夫人（太子痤之母）已死，故弃得立为夫人。**则皆曰：“固闻之。”公囚大子。大子曰：“唯佐也能免我。”召而使请，**召佐使之为己请公。**曰：“日中不来，吾知死矣。”左师闻之，聒而与之语。**《书·盘庚》：“今汝聒聒，起信险肤。”聒聒，聒噪且絮叨不休也。**过期，**杨伯峻：“过日中而未至痤处。”**乃缢而死。佐为大子。公徐闻其无罪也，乃亨伊戾。**亨同烹。

左师见夫人之步马者，杨伯峻：“步马，今曰溜马。”**问之，**

问谁之马。**对曰："君夫人氏也。"左师曰："谁为君夫人？余胡弗知？"**左师实明知故问。杨伯峻："弃以御妾而至君夫人，其出身低微，左师卑之，且欲令其重己，因故作此问。"**圉人归，**圉人即步马者。**以告夫人。夫人使馈之锦与马，先之以玉，**杜预："以玉为锦马之先。"**曰："君之妾弃使某献。"左师改命曰"君夫人"，**杨伯峻："改命辞中之'君之妾弃'为'君夫人'。"**而后再拜稽首受之。**

郑伯归自晋，使子西如晋聘，辞曰："寡君来烦执事，惧不免于戾，杜预："言自惧失敬于大国而得罪。"**使夏谢不敏。"**夏，子西也。不敏，不达事。**君子曰："善事大国。"**

初，楚伍参与蔡大师子朝友，其子伍举与声子相善也。杜预："声子，子朝之子。伍举，子胥祖父椒举也。"**伍举娶于王子牟，王子牟为申公而亡，**杜预："获罪出奔。"**楚人曰："伍举实送之。"**言伍举护送之出奔。**伍举奔郑，将遂奔晋。声子将如晋，遇之于郑郊，班荆相与食，**荆，荆条枝叶。杨伯峻："荆是草名。"误。班，铺列也。班荆，铺排荆条枝叶于地，藉以为席。**而言复故。**杜预："布荆坐地，共议归楚事。"故，事也。**声子曰："子行也！吾必复子。"**

及宋向戌将平晋、楚，杜预："平在明年。"**声子通使于晋。**杜预："为国通平事。"**还如楚，令尹子木与之语，问晋故焉，**故，事也。**且曰："晋大夫与楚孰贤？"对曰："晋卿不如楚，**杨伯峻："此一语先使子木高兴。"**其大夫则贤，皆卿材也。如杞、梓、皮革，自楚往也。虽楚有材，晋实用之。"子木曰："夫独无族姻乎？"**谓难道其无族、姻可用，而用楚材乎？**对曰："虽有，而用楚材实多。归生闻之：'善为国者，**为，治也。**赏不僭而刑不滥。'**谓赏刑得当。僭，僭越失度。滥，泛滥，淫也。**赏僭，则惧及淫人；**赏赐过度，则恐无功淫邪者窃得之。**刑**

滥，则惧及善人。刑罚过度，则惧伤及无辜善人。**若不幸而过，宁僭无滥。**宁僭赏，不滥刑。**与其失善，宁其利淫。**与其滥刑及善，宁僭赏于淫人。**无善人，则国从之。《诗》曰：'人之云亡，邦国殄瘁。'**杨伯峻："殄、瘁盖同义连用。《周礼·稻人》郑注：'殄，病也。'"**无善人之谓也。故《夏书》曰：'与其杀不辜，宁失不经。'**经，经纬纲纪，经略法度之经。杨伯峻："不经即不守正法之人。"**惧失善也。《商颂》有之曰：'不僭不滥，不敢怠皇，**杨伯峻："怠，懈怠。皇，《诗》作'遑'，暇也。"**命于下国，封建厥福。'**杜预："不敢怠解自宽暇，故能为下国所命为天子。"**此汤所以获天福也。古之治民者，劝赏而畏刑，**杜预："乐行赏而惮用刑。"此说是，然据下文"三者，礼之大节也"，此句似有双关义，故又解为以赏劝之，以刑畏之。**恤民不倦。**恤，忧，怀，顾。**赏以春夏，刑以秋冬。**杜预："顺天时。"**是以将赏，为之加膳，加膳则饫赐，**杜预："饫（yù），餍也。酒食赐下，无不餍足，所谓加膳也。"**此以知其劝赏也。将刑，为之不举，**杜预："不举盛馔。"**不举则彻乐，此以知其畏刑也。夙兴夜寐，朝夕临政，此以知其恤民也。三者，礼之大节也。**三者，劝赏、畏刑、恤民。**有礼无败。今楚多淫刑，其大夫逃死于四方，而为之谋主，以害楚国，不可救疗，**杜预："疗，治也。"**所谓不能也。**不能，即不能"三者"，劝赏、畏刑、恤民也。**子仪之乱，析公奔晋。**在文十四年。**晋人寘诸戎车之殿，**杨伯峻："戎车之殿，盖晋侯戎车之后也。"**以为谋主。绕角之役，**在成六年。**晋将遁矣，析公曰：'楚师轻窕，**杨伯峻："轻窕即轻佻，不厚重，不坚韧。"**易震荡也。若多鼓钧声，**钧声，鼓声恒同，无缓急登降。杜预："钧同其声。"**以夜军之，**杨伯峻："军之，犹言全军合攻之。"疑此意即"军"字之本义。**楚师必遁。'晋人从之，楚师宵溃。晋遂侵蔡，袭沈，获其君，败申、息之师于桑隧，获申丽而还。**在成八年。**郑于是不敢南面。**言不敢南事楚。**楚失华夏，则析公之为也。雍子之父兄谮雍子，君与大夫不善是也。**杨伯峻："不善是即不能调解和济之。"**雍子奔晋。晋人与之鄐，以为谋主。彭城之役，晋、楚遇于靡角之谷。**在成十八年。**晋将遁矣。雍子发命于军曰：'归老幼，反孤疾，二人役，归一人，**一家有二人服兵役者，归一人。**简兵蒐乘，**杜预："简，择。蒐，阅。"**秣马蓐食，**秣马，喂马。杨伯峻："蓐食，使兵士食饱。"**师陈焚次，**言于明朝列阵后即焚烧营宿。杜预："次，舍也。焚舍，示必死。"**明日将战。'行归者，**杨伯峻："归者即老幼孤弱等。"**而逸楚囚，**杜预："欲使楚知之。"**楚师宵溃。晋降彭城而归诸宋，以鱼石归。**在襄元年。**楚失东夷，子辛死之，**杜预："楚东小国及陈，见楚不能救彭城，皆叛。五年楚人讨陈叛故，杀令尹子辛。"**则雍子之为也。子反与子灵争夏姬，**子灵，申公巫臣，氏屈，故又称屈巫。**而雍害其事，**雍同壅，壅阻，破坏。本是子灵先壅害子反之事，子反因报复之，然据《左传》之外交书辞，不乏有污曲事实者，故此句当直解为子反壅害子灵之事。**子灵奔晋。晋人与之邢，以为谋主。扞御北狄，**扞，捍本字。**通吴于晋，教吴叛楚，教之乘车、射御、驱侵，使其子孤庸为吴行人焉。**见成七年。**吴于是伐巢、取驾、克棘、入州来，楚罢于奔命，至今为患，则子灵之为也。若敖之乱，**在宣四年。**伯贲之子贲皇奔晋。晋人与之苗，以为谋主。鄢陵之役，**在成十六年。**楚晨压晋军而陈，晋将遁矣。苗贲皇曰：'楚师之良，在其中军王族而已。若塞井夷灶，成陈以当之，栾、范易行以诱之，**杜预："栾书时将中军，范燮佐之。易行谓简易兵备，欲令楚贪己，不复顾二穆之兵。"可信。韦昭、孔颖达、杨伯峻等皆解"易"为"改易"之易，不从。《传》言"诱"者，自当以简易示弱诱敌。**中行、二郤必克二穆。**杜预："郤锜时将上军，中行偃佐之。郤至佐新军。令此三人分良以攻二穆之兵。楚子重、子辛皆出穆王，故曰二穆。”**吾乃四萃于其王族，必大败之。’**杜预：“四萃，四面集攻之。”**晋人从之，楚师大败，王夷师熸，**夷，伤也。杨伯峻：“熸（jiān），火灭也，此喻楚师士气不振。”**子反死之。郑叛吴兴，楚失诸侯，则苗贲皇之为也。”子木曰：“是皆然矣。”声子曰：“今又有甚于此者。椒举娶于申公子牟，子牟得戾而亡，**戾，罪也。**君大夫谓椒举：**杨伯峻：“楚君及其大夫也。”**‘女实遣之！’惧而奔郑，引领南望，曰：‘庶几赦余。’亦弗图也。**杜预：“言楚亦不以为意。”**今在晋矣。晋人将与之县，以比叔向。**杨伯峻本陆粲曰：“令其禄秩比叔向。叔向上大夫，盖以上大夫处伍举。”**彼若谋害楚国，岂不为患？”子木惧，言诸王，益其禄爵而复之。声子使椒鸣逆之。**杨伯峻：“椒鸣，伍举之子，伍奢之弟。”

许灵公如楚，请伐郑，曰：“师不兴，孤不归矣。”八月，卒于楚。楚子曰：“不伐郑，何以求诸侯？”言若不能救诸侯之患，诸侯何故来服？

冬十月，楚子伐郑。郑人将御之，言“郑人”者，谓众人之意志。**子产曰：“晋、楚将平，诸侯将和，楚王是故昧于一来。**杨伯峻：“昧，今言冒昧。”**不如使逞而归，**逞，得志。**乃易成也。夫小人之性，衅于勇，啬于祸，**杨伯峻：“衅即衅隙之衅，见有衅隙，则凭血气之勇，应曰勇于衅，此倒其句，言曰衅于勇。”衅于勇者，谓小人见形势于己有利，即放肆逞勇。《老子》曰：“治人事天，莫若啬。夫唯啬，是谓早服。”啬，畏，惧也。啬于祸者，小人见有祸患，则畏惧脱逃，不顾大局，此在下位之小人；若在上位之小人，好大喜功，遇到形势不利，因畏惧失掉名誉和地位，而制定违背自然周期的政令，与事物发展规律背道而驰，为维护一己之荣誉和地位，将隐患推于后人。**以足其性而求名焉者，非国家之利也。若何从之？”**之，指上文之“小人”，言为政者不可有“小人之性”。**子展说，不御寇。**

十二月乙酉，五日。**入南里，堕其城。**堕，毁也。**涉于乐氏，**杜预："乐氏，津（渡口）名。"**门于师之梁。**师之梁，郑城门。县门发，县同悬。发，放，落也。悬门曰启发，对开门曰开闭（辟阖）。**获九人焉。涉于氾而归，而后葬许灵公。**

卫人归卫姬于晋，乃释卫侯。杨伯峻："早数月晋虽许释卫侯，犹未实行，至此获女而后释之。"**君子是以知平公之失政也。**杜预："《传》言晋之衰。"

晋韩宣子聘于周，王使请事。杜预："问何事来聘。"**对曰："晋士起将归时事于宰旅，无他事矣。"**杜预："起，宣子名。礼，诸侯大夫入天子国称士。时事，四时贡职。宰旅，冢宰之下士。言献职贡于宰旅，不敢斥尊。"**王闻之曰："韩氏其昌阜于晋乎！辞不失旧。"**杜预："阜，大也。《传》言周衰，诸侯莫能如礼，唯韩起不失旧。"

齐人城郏之岁，在二十四年。**其夏，齐乌馀以廪丘奔晋，**杜预："乌馀，齐大夫。"**袭卫羊角，取之。遂袭我高鱼，**高鱼，鲁邑。**有大雨，自其窦入，**杜预："雨，故水窦开。"**介于其库，**杜预："入高鱼库而介其甲。"**以登其城，克而取之。又取邑于宋。于是范宣子卒，**杨伯峻："宣子即士匄，又谓之范匄。卒于二十五年。"**诸侯弗能治也，及赵文子为政，乃卒治之。**文子，赵武。卒，终也。**文子言于晋侯曰："晋为盟主。诸侯或相侵也，**或有相互侵伐而掠取他国土地者。**则讨而使归其地。今乌馀之邑，皆讨类也，**杨伯峻："皆侵夺而来，在讨伐之列。"**而贪之，是无以为盟主也。请归之。"公曰："诺。孰可使也？"对曰："胥梁带能无用师。"**杜预："胥梁带，晋大夫。能无用师，言有权谋。"**晋侯使往。**

襄公二十七年

【经】

二十有七年春，齐侯使庆封来聘。

夏，叔孙豹会晋赵武、楚屈建、蔡公孙归生、卫石恶、陈孔奂、郑良霄、许人、曹人于宋。杜预："案《传》，会者十四国，齐、秦不交相见，邾、滕为私属，皆不与盟。宋为主人，地于宋，则与盟可知。故《经》唯序九国大夫。"

卫杀其大夫甯喜。

卫侯之弟鱄出奔晋。书"弟"，罪卫侯也。例参襄二十年、昭元年《经》。

秋七月辛巳，五日。**豹及诸侯之大夫盟于宋。**舍族，不书"叔孙豹"。

冬十有二月乙亥朔，日有食之。

【传】

二十七年春，胥梁带使诸丧邑者具车徒以受地，必周。周，此谓保密。杜预："周，密也。必密来，勿以受地为名。"**使乌馀具车徒以受封。**杜预："乌馀以地来，故诈许封之。"杨伯峻："仍具车徒者，防其余党作乱也。"**乌馀以众出，**杜预："出受封也。"**使诸侯伪效乌馀之封者，**杜预："效，致也。使齐、鲁、宋、（卫）伪若致邑封乌馀者。"文八年："效节于府人而出。"昭二十六年："宣王有志，而后效官。"昭三十二年："属役赋丈，书以授帅，而效诸刘子。"

而遂执之，尽获之。杜预："皆获其徒众。"皆取其邑，而归诸侯。诸侯是以睦于晋。

齐庆封来聘，其车美。孟孙谓叔孙曰："庆季之车，不亦美乎？"庆季，庆封。叔孙曰："豹闻之：'服美不称，必以恶终。'不称，不称其身份地位，抑或不称其德。古时，车服有严格的尊卑等级制度，不可僭越。美车何为？"叔孙与庆封食，不敬。为赋《相鼠》，亦不知也。《相鼠》有云："人而无仪，不死何为？""人而无止（耻），不死何俟？""人而无礼，胡不遄死？"

卫甯喜专，专，擅专，专断。甯喜时为卫国政。公患之。公孙免馀请杀之。杜预："免馀，卫大夫。"公曰："微甯子不及此，杜预："及此，反国也。"吾与之言矣。言政由甯氏。事未可知，杜预："恐伐之未必胜。"只成恶名，止也。"对曰："臣杀之，君勿与知。"知，犹谋议也。与知，参与，插手。乃与公孙无地、公孙臣谋，使攻甯氏。弗克，皆死。无地及臣皆死。公曰："臣也无罪，父子死余矣！"杜预："献公出时，公孙臣之父为孙氏所杀。"夏，免馀复攻甯氏，杀甯喜及右宰穀，尸诸朝。石恶将会宋之盟，受命而出。衣其尸，枕之股而哭之。欲敛以亡，杨伯峻："衣其尸，已是小敛。则此敛是大敛。以尸入棺曰大敛。"惧不免，惧因而得罪。且曰："受命矣。"乃行。

子鲜曰："逐我者出，谓孙林父。纳我者死，谓甯喜。赏罚无章，何以沮劝？沮恶劝善。沮，止也。君失其信，而国无刑，不亦难乎？国难以至治。且鱄实使之。"使甯喜纳君。此子鲜自罪也。遂出奔晋。公使止之，不可。不肯留。及河，又使止之。止使者而盟于河。杜预："誓不还。"既盟，遂济河奔晋。托于木门，托，寄也，寓也。杜预："木门，晋邑。"是也。不乡卫国而坐。乡同向。杜预："怨之深也。"木门大夫劝之仕，仕，仕于晋。不可，曰："仕而废其事，罪也；更仕他人而废他人之政事（比如，更仕晋而废晋之政事），罪也。“其”指更仕之新主。**从之，**从新主之政事，即不废其（新主）事。杜预：“谓治其事也。”**昭吾所以出也。**有君不事而外事于人，则是昭明己出亡之罪在卫君而已。**将谁怼乎？**子鲜意在罪己，虽出，义不非君。**吾不可以立于人之朝矣。”**言己有罪。**终身不仕。公丧之，如税服，终身。**杜预：“税，即繐也。《丧服》：繐，缞裳，缕细而希（稀），非五服之常，本无月数。痛愍子鲜，故特为此服。此服无月数，而献公寻薨，故言终身。”

公与免馀邑六十，辞曰：“唯卿备百邑，臣六十矣。杨伯峻：“我已有邑六十。”**下有上禄，乱也，臣弗敢闻。且甯子唯多邑，故死。臣惧死之速及也。”公固与之，受其半。以为少师。公使为卿，辞曰：“大叔仪不贰，能赞大事。**赞，佐也。**君其命之！”乃使文子为卿。**文子，大叔仪。

宋向戌善于赵文子，又善于令尹子木，欲弭诸侯之兵以为名。杨伯峻：“弭兵之意起自赵文子，见二十五年《传》。向戌欲成此事以得名誉。”**如晋，告赵孟。赵孟谋于诸大夫，韩宣子曰：“兵，民之残也，**杨伯峻：“残害人民者。”**财用之蠹，**蠹，蠹虫。战争损耗极大，故比之为蠹虫。**小国之大菑也。**菑同灾。**将或弭之，虽曰不可，必将许之。**杜预：“虽知兵不得久弭，今不可不许。”**弗许，楚将许之，以召诸侯，则我失为盟主矣。”晋人许之。如楚，楚亦许之。如齐，齐人难之。**杨伯峻：“难之，不欲许弭兵。”**陈文子曰：“晋、楚许之，我焉得已。且人曰弭兵，而我弗许，则固携吾民矣，**民恶兵，今不许弭兵，民必疾君。**将焉用之？”齐人许之。告于秦，秦亦许之。皆告于小国，为会于宋。**

五月甲辰，二十七日。**晋赵武至于宋。丙午，**二十九日。**郑良霄至。**良霄，伯有。**六月丁未朔，宋人享赵文子，叔向为介。司马置折俎，礼也。**杜预：“折俎，体解节折，升之于俎，合卿享宴之礼，故曰礼也。《周礼》：司马掌会同之事。”**仲尼使举是礼也，**举，称也，崇举，犹旌也。**以为多文辞。**杜预：“宋向戌自美弭兵之意，敬逆赵武。赵武、叔向因享宴之会，展宾主之辞。故仲尼以为多文辞。”**戊申，**二日。**叔孙豹、齐庆封、陈须无、卫石恶至。甲寅，**八日。**晋荀盈从赵武至。**赵武已在宋，此不亲随而曰“从”之例。**丙辰，**十日。**邾悼公至。壬戌，**十六日。**楚公子黑肱先至，**先令尹子木而至。**成言于晋。**就盟会中双方关切之事与晋达成初步共识。**丁卯，**二十一日。**宋向戌如陈，从子木成言于楚。**时令尹子木在陈。**戊辰，**二十二日。**滕成公至。子木谓向戌：“请晋、楚之从交相见也。”**杜预：“使诸侯从晋、楚者更相朝见。”**庚午，**二十四日。**向戌复于赵孟。赵孟曰：“晋、楚、齐、秦，匹也。**匹，匹敌。**晋之不能于齐，犹楚之不能于秦也。**杨伯峻：“晋不能指挥齐，楚亦不能指挥秦。”**楚君若能使秦君辱于敝邑，寡君敢不固请于齐？”**杨伯峻：“赵孟以此难楚。”**壬申，**二十六日。**左师复言于子木。**子木仍在陈。**子木使驲谒诸王，**驲，快车名。谒，告也。**王曰：“释齐、秦，他国请相见也。”**杜预：“《经》所以不书齐、秦。”**秋七月戊寅，**二日。**左师至。**杜预：“从陈还。”**是夜也，赵孟及子皙盟，以齐言。**杜预：“子皙，公子黑肱。素要齐其辞，至盟时不得复讼争。”**庚辰，**四日。**子木至自陈。陈孔奂、蔡公孙归生至。**杜预：“二国大夫与子木俱至。”**曹、许之大夫皆至。以藩为军。**藩，即藩篱。以藩篱代为警卫之军旅，示不相忌。

晋、楚各处其偏。杜预：“晋处北，楚处南。”**伯夙谓赵孟曰：**杜预：“伯夙，荀盈。”**“楚氛甚恶，惧难。”**杜预：“氛，气也。言楚有袭晋之气。”难，患也。**赵孟曰：“吾左还，入于宋，**盟所在宋西门外，晋营坐北向南，左还，则入宋西门。**若我何？”**

辛巳，五日。**将盟于宋西门之外，楚人衷甲。**着甲于衣内。伯州犁曰：“合诸侯之师，以为不信，无乃不可乎！夫诸侯望信于楚，是以来服。若不信，是弃其所以服诸侯也。”固请释甲。子木曰：“晋、楚无信久矣，事利而已。苟得志焉，焉用有信？”大宰退，杜预：“大宰，伯州犁。”告人曰：“令尹将死矣，不及三年。求逞志而弃信，志将逞乎？志以发言，志，思想，意志。思想决定言行，此谓思想决定言论。言以出信，信以立志，信以辅立其志。立志者，使其志得立，犹言济成其志向。参以定之。参同三。杜预：“志、言、信三者俱，而后身安存。”信亡，何以及三？”不及三年。赵孟患楚衷甲，以告叔向。叔向曰：“何害也？匹夫一为不信，犹不可，单毙其死。“单”字尚不得训，杜预：“单，尽也。”不知信否。《尚书·洛诰》“考朕昭子刑，乃单文祖德”，单，大也；《尚书·君奭》“丕单称德”、《诗·小雅·天保》“俾尔单厚”，单，可解为大，亦可解为尽；《吕刑》“明清于单辞”，单，单独，单一，单方。以上仅供参考。毙，踣也，仆倒。若合诸侯之卿，以为不信，必不捷矣。食言者不病，食言，古今同义。病，亦患也。谓食言者不足以病害他人。非子之患也。夫以信召人，而以僭济之。僭，不信也。济，成也。必莫之与也，与，从也，犹今曰“助”。安能害我？且吾因宋以守病，病指楚患。则夫能致死，夫指楚师。杨伯峻谓“夫指晋军”，不从。与宋致死，我亦与宋致死御之。虽倍楚可也。杨伯峻：“纵加一倍楚军犹可抗拒。”子何惧焉？又不及是。杨伯峻：“叔向估计楚不敢攻晋，故云。”曰弭兵以召诸侯，而称兵以害我，称，举也。吾庸多矣，庸，用，功，利也。非所患也。”

季武子使谓叔孙以公命，曰：“视邾、滕。”杨伯峻：“季孙以鲁公之命谓叔孙豹，以鲁国比于邾、滕。邾、滕小国，其赋轻，季孙恐既属晋又属楚，贡献于两国，非国力所胜。”既而齐人请邾，宋人请滕，皆不与盟。杨伯峻：“齐以邾为其属国，宋以滕为其属国，属国不参与盟会。”**叔孙曰：“邾、滕，人之私也；我，列国也，何故视之？宋、卫，吾匹也。”**匹，匹敌。**乃盟。故不书其族，**《经》书“豹及诸侯之大夫盟于宋”，不书“叔孙豹”。**言违命也。**

晋、楚争先。杜预：“争先歃血。”**晋人曰：“晋固为诸侯盟主，未有先晋者也。”楚人曰：“子言晋、楚匹也，若晋常先，是楚弱也。且晋、楚狎主诸侯之盟也久矣，**杜预：“狎，更也。”可通。昭二十一年：“将注，则又关矣。曰：‘不狎，鄙。’”**岂专在晋？”叔向谓赵孟曰：“诸侯归晋之德只，**杨伯峻：“只，语末助词。”**非归其尸盟也。**杜预：“尸，主也。”**子务德，无争先。且诸侯盟，小国固必有尸盟者。**谓不乏有小国主盟者。杨伯峻：“盟主先歃血，而执牛耳诸事，则他国之大夫执事。”**楚为晋细，**谓当楚为小国之主盟者。**不亦可乎？”乃先楚人。**许楚先歃。**书先晋，晋有信也。**此盟之班列，仍书晋于楚上，晋有信也。

壬午，六日。**宋公兼享晋、楚之大夫，赵孟为客。**杨伯峻：“客为上宾，如后代谳客坐首席者。”**子木与之言，弗能对。使叔向侍言焉，子木亦不能对也。**

乙酉，九日。**宋公及诸侯之大夫盟于蒙门之外。**杨伯峻：“蒙门为宋都之东北门。”**子木问于赵孟曰：“范武子之德何如？”**范武子，士会。**对曰：“夫人之家事治，言于晋国无隐情，其祝史陈信于鬼神，无愧辞。”**言不矫诬也。杨伯峻：“鬼即下文之人。”误。人死曰鬼，鬼又常指祖先而言。神指天、地、山、川、日、月、星、辰等之主。鬼神亦省曰神，广义之神包括鬼，如有圣德者，死而封神，《传》例曰“先君鬼神实嘉赖之”，是“鬼”亦可称“神”。**子木归，以语王。王曰：“尚矣哉！**杜预：“尚，上也。”**能歆神人，**神人，鬼神及人民。杜预：“歆，享也。使神享其祭，人怀其德。”**宜其光辅五君以为盟主也。”**杜预：“五君谓文、襄、灵、成、景。”**子木又语王曰：“宜晋之伯也，有叔向以佐其卿，楚无**

以当之，当，犹敌也。**不可与争。”**

晋荀盈遂如楚莅盟。杜预：“重结晋、楚之好。”

郑伯享赵孟于垂陇，杜预：“自宋还，过郑。”**子展、伯有、子西、子产、子大叔、二子石从。**二子石，印段、公孙段。**赵孟曰：“七子从君，**君，郑伯。**以宠武也。请皆赋，以卒君贶，武亦以观七子之志。”**七子之志亦代表郑国之意志，故欲观之。杜预：“诗以言志。”**子展赋《草虫》，**杜预：“《草虫》曰：‘未见君子，忧心忡忡。亦既见止，亦既觏止，我心则降。’以赵孟为君子。”**赵孟曰：“善哉，民之主也！抑武也不足以当之。”**不足以当君子。**伯有赋《鹑之贲贲》，**杜预：“《鹑之贲贲》，卫人刺其君淫乱，鹑鹊之不若。义取‘人之无良，我以为兄，我以为君’也。”**赵孟曰：“床笫之言不逾阈，况在野乎？**杨伯峻：“笫（zǐ），床版（板）。床笫之言即男女枕席之情话。阈（yù），门坎。”**非使人之所得闻也。”**使人，赵孟自谓。**子西赋《黍苗》之四章，**杜预：“《黍苗》四章曰：‘肃肃谢功，召伯营之。列列征师，召伯成之。’比赵孟于召伯。”**赵孟曰：“寡君在，武何能焉？”**杜预：“推善于其君。”**子产赋《隰桑》，**杜预：“义取思见君子尽心以事之，曰：‘既见君子，其乐如何？’”**赵孟曰：“武请受其卒章。”**杜预：“卒章曰：‘心乎爱矣，遐不谓矣。中心藏之，何日忘之？’赵武欲子产之见规诲。”**子大叔赋《野有蔓草》，**杜预：“取其‘邂逅相遇，适我愿兮。’”杨伯峻：“盖子大叔与赵孟乃初次相见，故云不意而会面。”**赵孟曰：“吾子之惠也。”**杜预：“大叔喜于相遇，故赵孟受其惠。”**印段赋《蟋蟀》，**杜预：“《蟋蟀》曰：‘无以大康，职思其居。好乐无荒，良士瞿瞿。’言瞿瞿然顾礼仪。”**赵孟曰：“善哉，保家之主也！吾有望矣。”**杜预：“能戒惧不荒，所以保家。”**公孙段赋《桑扈》，**杜预：“义取君子有礼文，故能受天之祜。”**赵孟曰：“‘匪交匪敖’，**《桑扈》之句，言不骄不傲。**福将焉往？若保是言也，欲辞福禄，得乎？”**

卒享。文子告叔向曰："伯有将为戮矣。戮，刑戮。诗以言志，志诬其上，而公怨之，以为宾荣，上，郑君。宾，赵孟。其能久乎？幸而后亡。"言后若得逃亡，是为幸；若不幸，则将被杀。叔向曰："然，已侈，已，太也。侈，汰侈。所谓不及五稔者，五稔，谷五熟，即五年也。夫子之谓矣。"夫子指良霄。谓良霄不及五年将被杀。文子曰："其余皆数世之主也。子展其后亡者也，在上不忘降。杜预："谓赋《草虫》曰'我心则降'。"印氏其次也，乐而不荒。乐以安民，不淫以使之，后亡，不亦可乎？"

宋左师请赏，曰："请免死之邑。"兵，民之残也。弭兵所以免万民于暴骨，故曰免死。公与之邑六十。以示子罕，大赏必书赐命于简策，以命策赐受赐者。此向戌以策书示子罕。子罕曰："凡诸侯小国，晋、楚所以兵威之，畏而后上下慈和，慈和而后能安靖其国家，以事大国，所以存也。无威则骄，骄则乱生，乱生必灭，所以亡也。天生五材，杜预："金、木、水、火、土也。"民并用之，废一不可，谁能去兵？兵之设久矣，所以威不轨而昭文德也。圣人以兴，杨伯峻："圣人以兵兴。"乱人以废。废兴存亡昏明之术，皆兵之由也。杨伯峻："皆由兵。"而子求去之，不亦诬乎？诬，欺也。以诬道蔽诸侯，蔽，蒙蔽。罪莫大焉。纵无大讨，而又求赏，无厌之甚也。"厌，满足。削而投之。古人身不离刀剑，此取以削其策书而掷之地。杨伯峻谓"削去其字迹"，则过分解读。左师辞邑。

向氏欲攻司城，司城，子罕。左师曰：左师，向戌。"我将亡，夫子存我，德莫大焉。又可攻乎？"君子曰："'彼己之子，邦之司直。'《毛诗传》："司，主也。"乐喜之谓乎！乐喜，子罕。'何以恤我，我其收之。'收，犹纳也。向戌之谓乎！"杜预："善向戌能知其过。"

齐崔杼生成及强而寡。嫡妻死。**娶东郭姜，**东郭姜，棠邑大夫棠公之妻。详见二十五年。**生明。东郭姜以孤入，曰棠无咎，**孤，孤子。无咎，东郭姜与棠公之子。**与东郭偃相崔氏。**东郭偃，东郭姜之弟。**崔成有疾，而废之，而立明。成请老于崔，崔子许之。**杜预："成欲居崔邑以终老。"**偃与无咎弗予，曰："崔，宗邑也，必在宗主。"**杜预："宗邑，宗庙所在。宗主谓崔明。"**成与强怒，将杀之。告庆封曰："夫子之身亦子所知也，唯无咎与偃是从，父兄莫得进矣。**父兄，成与强自谓。进，进言。**大恐害夫子，**夫子，崔杼。**敢以告。"庆封曰："子姑退，吾图之。"告卢蒲嫳。**杜预："嫳，庆封属大夫。封以成、强之言告嫳。"**卢蒲嫳曰："彼，君之雠也。**杜预："君为齐庄公，为崔杼所弑。"**天或者将弃彼矣。彼实家乱，子何病焉？崔之薄，庆之厚也。"**杜预："崔败则庆专权。"**他日又告。**成与强又告庆封。**庆封曰："苟利夫子，必去之。难，吾助女。"**

九月庚辰，五日。**崔成、崔强杀东郭偃、棠无咎于崔氏之朝。崔子怒而出，其众皆逃，求人使驾，不得。使圉人驾，**杨伯峻："圉人本职养马，今使之套车。"**寺人御而出。**杨伯峻："御者亦逃，宦官为御。"**且曰："崔氏有福，止余犹可。"**崔氏，可泛指崔族，亦可指成与强。言崔氏若欲有福，舍己不得。杜预："恐灭家，祸不止其身。"误，崔杼此时尚未意识到将有灭家之患。**遂见庆封。**欲使攻崔氏。**庆封曰："崔、庆一也。**杜预："言如一家。"**是何敢然？请为子讨之。"使卢蒲嫳帅甲以攻崔氏。崔氏堞其宫而守之，**堞，动词，筑堞也。**弗克。使国人助之，遂灭崔氏，杀成与强，而尽俘其家，其妻缢。**妻，东郭姜。**嫳复命于崔子，且御而归之。**归之，送其回家。**至，则无归矣，**男以妻为室，妻死，已无室（家）可归。**乃缢。**杜预："终'入于其宫，不见其妻，凶'。"**崔明夜辟诸大墓。**辟同避。大墓，崔氏大墓。**辛巳，**

六日。**崔明来奔，庆封当国。**杜预：“当国，秉政。”

楚薳罢如晋莅盟，晋侯享之。将出，赋《既醉》。杜预：“《既醉》曰‘既醉以酒，既饱以德。君子万年，介尔景福’，以美晋侯，比之太平君子也。”**叔向曰：“薳氏之有后于楚国也，宜哉！承君命，不忘敏。**杨伯峻：“既醉既饱，谢享礼；万年景福，颂晋侯；将出而赋此，甚得其时，所谓敏于事者也。”**子荡将知政矣。**子荡，薳罢。**敏以事君，必能养民，政其焉往？”**杜预：“言政必归之。”

崔氏之乱，二十五年弑齐庄公。**申鲜虞来奔，**凡“来奔”者，皆指来奔鲁。**仆赁于野，**仆赁即赁仆。赁，租赁也。仆，仆人。杨伯峻：“郊野有自由贫民可供雇佣。”**以丧庄公。**为齐庄公服丧。**冬，楚人召之，遂如楚为右尹。**杜预：“《传》言楚能用贤。”

十一月乙亥朔，日有食之。辰在申，司历过也，再失闰矣。杨伯峻：“辰谓斗柄。斗柄指申，于周正为九月。而日食《传》书十一月，相差两月。故《左传》作者以为当时主管历法者有过误，两次应置闰而未置闰。”

襄公二十八年

【经】

二十有八年春，无冰。冬温，无冰可藏。

夏，卫石恶出奔晋。

邾子来朝。

秋八月，大雩。

仲孙羯如晋。

冬，齐庆封来奔。

十有一月，公如楚。

十有二月甲寅，十六日。**天王崩。**周灵王。

乙未，楚子昭卒。楚康王。

【传】

二十八年春，无冰。梓慎曰：杜预："梓慎，鲁大夫。"**"今兹宋、郑其饥乎！**今兹，今年。**岁在星纪，而淫于玄枵，**枵 xiāo。杨伯峻："岁即岁星，亦即木星。木星公转周期为 11.86 年，而古人则误以为十二年。既误以为十二年，因分周天为十二次。次者，日月所会之处。日月每年十二会，因分十二次，每次三十度（周天三百六十度）。中国古天文家，初则以岁星纪年，而又以十二支配之，不知岁星公转不足十二年，而十二支则固定不变。又以十二支配十二次，则其与客观天象宜其不合。十二次之次序为：降娄、大梁、实沈、鹑首、鹑火、鹑尾、寿星、大火、析木、星纪、玄枵、娵訾。据梓慎推算，此年之岁星应在星纪，而观察所得，实在玄枵。淫者，过也。故云'淫于玄枵'。"**以有时菑，**菑同灾。时菑，天道失时令造成之灾害。即宣十五年"天反时为灾"，是谓时灾，此文指无冰而言。**阴不堪阳。**当寒而温，以致无冰，故曰阴不堪阳。**蛇乘龙。**杨伯峻："古人以岁星为木，木为青龙。而次于玄枵，玄枵相当女、虚、危三宿。虚、危古以为蛇。龙行疾而失位，出虚、危宿下，龙在下而蛇在上，故曰蛇乘龙。"**龙，宋、郑之星也。**杨伯峻："此古分野之说，以土地疆域配天上星宿。"**宋、郑必饥。玄枵，虚中也。**杨伯峻："玄枵有三宿，女、虚、危。虚宿在中。"**枵，耗名也。**杨伯峻："《正字通》云：'凡物虚耗曰枵，人饥曰枵腹。'"**土虚而民耗，不饥何为？"**杜预："岁为宋、郑之星，今失常，淫入虚耗之次。时复无冰，地气发泄，故曰土虚民耗。"

夏，齐侯、陈侯、蔡侯、北燕伯、杞伯、胡子、沈

子、白狄朝于晋，宋之盟故也。杜预："陈侯、蔡侯、胡子、沈子、楚属也。宋盟曰晋、楚之从交相见，故朝晋。"**齐侯将行，庆封曰："我不与盟，**杨伯峻："宋之盟，齐、秦未参加。"**何为于晋？"**既未参加，则固不必奉行其盟约。杨伯峻："于晋谓朝于晋。"**陈文子曰："先事后贿，礼也。**言于大国，当以事奉为先，以贡献财币为次。**小事大，未获事焉，**宋盟未参加，自不必履行其义务，故曰未获事。**从之如志，礼也。**杨伯峻："之指晋。志谓晋国意图。句谓顺晋国意图而往朝。"**虽不与盟，敢叛晋乎？重丘之盟，**在二十五年。**未可忘也。子其劝行！"**

卫人讨甯氏之党，故石恶出奔晋。卫人立其从子圃，从子，兄弟之子也，今曰侄。**以守石氏之祀，礼也。**

郑悼公来朝，时事也。杨伯峻："时事谓四时朝聘。"

秋八月，大雩，旱也。

蔡侯归自晋，入于郑。杨伯峻："入于郑，谓入郑都。"**郑伯享之，不敬。**蔡侯不敬。**子产曰："蔡侯其不免乎！**杜预："不免祸。"**日其过此也，**杨伯峻："日，往日，以前。过此，指往晋时经郑。"**君使子展廷劳于东门之外，**杜预："廷，往也。"劳，慰劳。**而傲。吾曰：'犹将更之。'**更，改也。**今还，受享而惰，乃其心也。**心，本心，本性。**君小国，事大国，**蔡虽侯爵然国小，郑为伯爵而国大。**而惰傲以为己心，将得死乎？**得死，得好死，得善终。**若不免，**杨伯峻："不免于被杀。"**必由其子。其为君也，淫而不父。**与太子般之妻通奸，非为父之道。三十年《传》："蔡景侯为大子般娶于楚，通焉。大子弑景侯。"**侨闻之，**侨，子产之名。**如是者，恒有子祸。"**

孟孝伯如晋，告将为宋之盟故如楚也。杜预："鲁，晋属，故告晋而行。"

蔡侯之如晋也，郑伯使游吉如楚。及汉，汉，汉水。**楚人还之，**使之返回。**曰："宋之盟，君实亲辱。**君，谓郑伯。

今吾子来，寡君谓吾子姑还，姑，姑且。吾将使驲奔问诸晋而以告。”杜预：“问郑君应来朝否。”子大叔曰：“宋之盟，君命将利小国，而亦使安定其社稷，镇抚其民人，以礼承天之休，杜预：“休，福禄也。”此君之宪令，而小国之望也。杜预：“宪，法也。”寡君是故使吉奉其皮币，以岁之不易，易，容易之易。不易言多难（nàn）。聘于下执事。下执事，不斥言楚君也。今执事有命曰：‘女何与政令之有？言大叔位贱，无资格致郑之政令。与，从也，参与，插手。必使而君弃而封守，而同尔。跋涉山川，杨伯峻：“山行曰跋，水行曰涉。”蒙犯霜露，以逞君心。’以得楚君快意。小国将君是望，敢不唯命是听？无乃非盟载之言，无乃，乃也。载，载书，盟书。言盟誓之载书上未有此命令。以阙君德，而执事有不利焉，小国是惧。不然，其何劳之敢惮？”

子大叔归，复命，告子展曰：“楚子将死矣。不修其政德，而贪昧于诸侯，以逞其愿，欲久，得乎？杨伯峻：“不能久于人世。”《周易》有之，在《复》䷗《震》下《坤》上。之《颐》䷚，《震》下《艮》上。《复》上六爻变而为《颐》。曰：‘迷复，凶。’《复》卦上六之爻辞。其楚子之谓乎！欲复其愿，杨伯峻：“复即复言之复，实践也。”误。此自是《周易》之“复”，非“复言”之“复”，且复言之复亦非实践之义。杜预：“复，反（返）也。（《复》）极阴反阳之卦。”《复》为六十四卦之首，天道归元而复，复者复行其道也，故复有复行、复始、复归等义。其愿，伯诸侯之愿。而弃其本，本，在天道（《周易》）指“元”。元为《坤》与《复》之交接点，亦即冬至点。此文之“本”则指政德。复归无所，是谓迷复，无所，所者本也，犹人以家为所，天道以元为所。天道欲复必自元始，天道所归必至元。无所何始？无所何归？故曰迷复。能无凶乎？君其往也，送葬而归，杜预：“言楚子必死，君往当送其葬。”以快楚心。

楚不几十年，未能恤诸侯也。几，近也。恤，忧也，抚也。未能恤诸侯，即不能争霸。此句亦本《复》上六爻辞“至于十年不克征”而言。**吾乃休吾民矣。”**杜预：“休，息也。”**裨灶曰：“今兹周王及楚子皆将死。岁弃其次，**杨伯峻：“即不在星纪。”**而旅于明年之次，**旅，羁旅之旅。**以害鸟帑。周、楚恶之。”**杜预：“旅，客处也。岁星弃星纪之次，客在玄枵。岁星所在，其国有福，失次于北，祸冲在南，南为朱鸟，鸟尾曰帑。鹑火、鹑尾，周、楚之分，故周王、楚子受其咎。俱论岁星过次，梓慎则曰宋、郑饥，裨灶则曰周、楚王死，《传》故备举，以示卜占惟人所在。”

九月，郑游吉如晋，告将朝于楚，以从宋之盟。子产相郑伯以如楚，舍不为坛。杜预：“至敌国郊，除地，封土为坛，以受郊劳。”**外仆言曰：**外仆，官名。此为郑之外仆。外即“女主内，男主外”之外，外与内对，内常指饮食起居诸事，外则针对公事、政事而言。外仆盖主管公事之琐碎细节事务，其职司范围甚广。**“昔先大夫相先君，适四国，未尝不为坛。自是至今，亦皆循之。**杨伯峻：“是指先大夫相先君之时。”**今子草舍，**杨伯峻：“不除草而为舍，谓草舍。”**无乃不可乎！”子产曰：“大适小，则为坛。小适大，苟舍而已，**大，大国。小，小国。**焉用坛？侨闻之，大适小有五美：宥其罪戾、赦其过失、**宥，宽也。赦，免也。**救其菑患、赏其德刑、**杜预：“刑，法也。”**教其不及。**以上“其”字皆指小国。**小国不困，怀服如归。**如归，如回己家然。**是故作坛以昭其功，**其，大国自谓。大国适小国，则自作坛于小国之郊以受郊劳，以昭明己功。**宣告后人，无怠于德。小适大有五恶：说其罪戾、**小国陈说大国之愆过。说，陈述，诉说。其，大国，下同。**请其不足、行其政事、**服行大国之政事。**共其职贡、**共同供，供奉。职贡，职事、贡赋。**从其时命。**据杨伯峻，此时命为不时之命，随时之命，指役使征发等。**不然，则重其币帛，**其，小国。小国不如此，则加重其贡献之币帛。**以贺其福而吊其凶，**二“其”，指大国。**皆小国之祸也，焉用作坛以昭其祸？**其，小国自谓。小国适大国，不自作坛以昭己祸。**所以告子孙，无昭祸焉可也。”**

齐庆封好田而耆酒，田，打猎。耆同嗜。**与庆舍政。**杜预：“舍，庆封子。庆封当国，不自为政，以付舍。”**则以其内实迁于卢蒲嫳氏，**杜预：“内实，宝物妻妾也。移而居嫳家。”**易内而饮酒。**易，容易，方便之义，非易换，交换之义。内，饮食起居。杨伯峻以“内”专指妻妾，误。或谓“易内”为交换妻妾，尤误。而，且也。**数日，国迁朝焉。**庆封既移居卢蒲嫳家，则诸卿大夫当如卢蒲嫳家而朝之。**使诸亡人得贼者，**诸亡人，之前获罪逃亡者。贼，崔氏之党。**以告而反之，**杨伯峻：“逃亡之人得崔氏之党者，告于庆氏，将功除罪，令其返国。”**故反卢蒲癸。癸臣子之，**子之，庆舍。**有宠，妻之。**杜预：“子之以其女妻癸。”**庆舍之士谓卢蒲癸曰：“男女辨姓。子不辟宗，何也？”**杨伯峻：“古礼同姓不婚，故云男女辨姓。庆氏与卢蒲氏皆姜姓，同宗，故云不避宗。”**曰：“宗不余辟，**杜预：“言舍欲妻己。”**余独焉辟之？**杨伯峻：“焉，疑问副词，如何。”**赋诗断章，余取所求焉，**杨伯峻：“赋诗断章，譬喻语。春秋外交常以赋诗表意，赋者与听者各取所求，不顾本义，断章取义也。”**恶识宗？”**恶，何也。桓十六年“弃父之命，恶用子矣”、昭十六年“恶识国”、哀七年“恶贤而逆之”、哀十一年“然则止乎？曰：‘恶贤？’”皆与此同。**癸言王何而反之，**杨伯峻：“言于庆舍，使王何返齐。”**二人皆嬖，**杜预：“二人皆庄公党，二十五年崔氏弑庄公，癸、何出奔；今还，求宠于庆氏，欲为庄公报仇。”**使执寝戈而先后之。**杜预：“寝戈，亲近兵杖。”

公膳，日双鸡。公膳非齐侯之膳，此乃由朝廷提供于在朝值班官员之伙食。**饔人窃更之以鹜。**杨伯峻：“饔人，主割烹之事者。鹜音务，家鸭。”**御者知之，**御者，进食者。**则去其肉而以其洎馈。**杨伯峻：“洎音暨，肉汁。”**子雅、子尾怒。**杜预：“二子皆惠公孙。”

庆封告卢蒲嫳。杨伯峻："公膳之事，当国者有责，子雅、子尾故怒庆封，庆封知之以告卢蒲嫳。"**卢蒲嫳曰："譬之如禽兽，吾寝处之矣。"**杨伯峻："古者杀兽，食其肉而寝其皮。"**使析归父告晏平仲**。杜预："欲与共谋子雅、子尾。"**平仲曰："婴之众不足用也，知无能谋也**。知同智。**言弗敢出**，不敢泄密。**有盟可也。"**愿以盟誓保证不泄言。杨伯峻："晏婴不与庆封之谋，饰辞以谢之。又惧祸及于己，故曰言弗敢出。"**子家曰："子之言云，又焉用盟？"**子家，庆封。杨伯峻曰："析归父以晏婴之言告庆封，封答之（晏婴）也。云，如此。"**告北郭子车**。杜预："子车，齐大夫。"**子车曰："人各有以事君，非佐之所能也。"**子车亦不从庆封之谋。杜预："佐，子车名。"**陈文子谓桓子曰**：杜预："桓子，文子之子无宇。"**"祸将作矣，吾其何得？"对曰："得庆氏之木百车于庄。"**杨伯峻："庄，临淄城大街名。《日知录》引邵国宝云，'此陈氏父子为隐语以相喻也。'木乃作屋之材，庄是京都之道，意谓庆氏必败，我可得人得权。"**文子曰："可慎守也已。"**慎守勿使失之。

卢蒲癸、王何卜攻庆氏，示子之兆，杨伯峻："子之，即庆舍。兆，龟之裂纹，由此裂纹以卜吉凶。"**曰："或卜攻雠，敢献其兆。"**或，有人，某人。**子之曰："克，见血。"冬十月，庆封田于莱，陈无宇从。丙辰**，十七日。**文子使召之，请曰："无宇之母疾病，请归。"庆季卜之**，庆季，庆封。**示之兆，曰："死。"**杨伯峻："以兆示无宇，无宇曰死兆。"**奉龟而泣**，杨伯峻："无宇捧龟而假泣。无宇必欲归，不惜伪言母将死。"**乃使归。庆嗣闻之**，杜预："嗣，庆封之族。"**曰："祸将作矣。"谓子家："速归！**杜预："子家，庆封字。"**祸作必于尝**，杜预："尝，秋祭。"杨伯峻："盖齐用夏正，鲁之冬，夏正之秋也。"**归犹可及也。"子家弗听，亦无悛志**。杜预："悛，改寤也。"**子息曰**：杜预："子息，庆嗣。"**"亡矣！幸而获在吴、越。"陈无宇济水而戕舟发梁**。戕，残坏，破坏。梁，桥也。发，拆斥堕陷也。杜预："不欲庆封得救难。"

卢蒲姜谓癸曰：卢蒲姜，卢蒲癸之妻，庆舍之女。**"有事而不告我，必不捷矣。"癸告之。**杜预："告欲杀庆舍。"**姜曰："夫子愎，**夫子指庆舍。杨伯峻："愎音必，倔强。"**莫之止，将不出，我请止之。"**止，阻止。出，出国避祸。此盖欲免其父。**癸曰："诺。"十一月乙亥，**七日。**尝于大公之庙，庆舍莅事。**庆舍为政，祭祀之事必当莅位主祭。莅事，莅位主持祭祀。杨伯峻："句省'将'字，谓将莅事也。"不从。此本述事之言，不必有"将"字，非省之也。**卢蒲姜告之，且止之。**告之或将作乱，止之不使往。**弗听，曰："谁敢者？"**谁敢作乱。**遂如公。**如公宫。**麻婴为尸，**杨伯峻："古代祭祀，以活人代受祭者，曰尸。"**庆奊为上献。**奊 xiè。杜预："上献，先献者。"盖献祭于鬼神（尸）。**卢蒲癸、王何执寝戈。庆氏以其甲环公宫。**杜预："庙在宫内。"**陈氏、鲍氏之圉人为优。**圉人，养马者。杨伯峻："优，俳优。演戏以及表演曲艺者。"**庆氏之马善惊，**善，好也，喜也。杨伯峻："惊则跳跃奔驰。"**士皆释甲束马而饮酒，**释甲，脱甲。杜预："束，绊之也。"**且观优，至于鱼里。**此为优者将演艺于鱼里，故意表演曲艺且经过公宫外之道，以引诱庆氏之徒，故庆氏之徒遂从而往观之。庆氏固不知礼，亦不能治其家众，故其徒卒弃职观优。**栾、高、陈、鲍之徒介庆氏之甲。**杜预："栾，子雅。高，子尾。陈，陈须无。鲍，鲍国。"**子尾抽桷，击扉三，**祭祀宜静，此三击扉，乃谋乱者事先约定内外同时举事之暗号。杜预："桷，椽也。扉，门阖（门扇）也。以桷击扉为期。"**卢蒲癸自后刺子之，王何以戈击之，解其左肩。**解，肢解，即庖丁解牛之解。**犹援庙桷，**援，牵引也。桷，方形椽子。**动于甍。**杨伯峻："甍音萌，栋梁也。《释名》谓为屋脊。"**以俎、壶投，**俎，盛肉器；壶，盛酒器，皆祭器。**杀人而后死。**杜预："言其多力。"**遂杀庆绳、麻婴。**杜预："庆绳，庆奊。"**公惧，鲍国曰："群臣为君故也。"**

杜预："言欲尊公室，非为乱。"**陈须无以公归，税服而如内宫。**税同脱。服，祭服。

庆封归，遇告乱者。丁亥，十九日。**伐西门，弗克。还伐北门，克之。入，伐内宫，**杜预："陈、鲍在公所故。"**弗克。反，陈于岳，**杜预谓岳为里名，杨伯峻驳之，谓岳亦是大街之名。**请战，弗许。遂来奔。献车于季武子，美泽可以鉴。**言车有光泽，可以照人。**展庄叔见之，**杜预："鲁大夫。"**曰："车甚泽，人必瘁，**《左传》常"神人"连言，神，鬼神也；人，人民。此文之"人"亦当取此义。庆氏为齐国政，亦民之主也，其车泽，民必瘁。**宜其亡也。"叔孙穆子食庆封，庆封氾祭。**杜预："礼，食有祭，示有所先也。"杨伯峻："古代饮食必先祭。叔孙宴庆封，非庆封所宜为，封不知礼也。"**穆子不说，使工为之诵《茅鸱》，**杜预："工，乐师。《茅鸱》，逸诗，刺不敬。"**亦不知。既而齐人来让，**杨伯峻："责备鲁国接受庆封避难。"**奔吴。吴句馀予之朱方，**句馀，吴子。服虔谓句馀即馀祭。朱方，吴邑。**聚其族焉而居之，富于其旧。**杨伯峻："较在齐时更富。"**子服惠伯谓叔孙曰："天殆富淫人，庆封又富矣。"穆子曰："善人富谓之赏，淫人富谓之殃。天其殃之也，其将聚而歼旃。"**杨伯峻："歼灭，尽杀之也。旃，之焉合音字。"

癸巳，十一月二十五日。**天王崩。未来赴，亦未书，礼也。**

崔氏之乱，丧群公子。崔氏之乱指崔杼既立庄公，执公子牙，杀高厚、夙沙卫，二十一年又复讨公子牙之党诸事。**故鉏在鲁，叔孙还在燕，贾在句渎之丘。及庆氏亡，皆召之，具其器用，而反其邑焉。与晏子邶殿，其鄙六十，**言邶殿大。其，邶殿也。杨伯峻："邶殿，齐之大邑，其郊鄙亦广。六十，六十邑。"**弗受。子尾曰："富，人之所欲也，何独弗欲？"对曰："庆氏之邑足欲，故亡。吾邑不足欲也。益之以邶殿，乃足**

欲。足欲，亡无日矣。在外，不得宰吾一邑。杨伯峻："言若逃亡在外，我连一邑都不能主宰之。"**不受邶殿，非恶富也，恐失富也。且夫富如布帛之有幅焉，**杨伯峻："《说文》：'幅，布帛广也。'"广，宽度，实指标准宽度。**为之制度，使无迁也。**杨伯峻："古代布宽二尺二寸，帛宽二尺四寸，此即制度，不能增减。《礼记·王制》：'幅广狭不中量，不粥（鬻）于市。'"**夫民生厚而用利，**民生厚则贪求更大的物质享受。**于是乎正德以幅之，**杨伯峻："端正道德以限制之。此幅字由布帛之幅引申为限制之义。"**使无黜嫚，**杨伯峻："黜，贬也，下也，退也。此用作不足之义。嫚，借为漫，水满而泛滥为漫，此用为过之之义。"**谓之幅利。**杨伯峻："限制其利。"**利过则为败。吾不敢贪多，所谓幅也。"与北郭佐邑六十，受之。与子雅邑，辞多受少。与子尾邑，受而稍致之。**杨伯峻："《广雅·释诂》：'稍，尽也。'尽还之于景公。"**公以为忠，故有宠。释卢蒲嫳于北竟。**释，放也。

求崔杼之尸，将戮之，欲刑其尸。**不得。叔孙穆子曰："必得之。武王有乱臣十人，**乱，治也。《尚书·微子》："殷其弗或乱正四方。"《顾命》："其能而乱四方，以敬忌天威。"《说命》："不惟逸豫，惟以乱民。"《洛诰》"诞保文武受民，乱为四辅"，"乱为四方新辟"。《吕刑》："民之乱，罔不中听狱之两辞。"《周官》："敬尔有官，乱尔有政。"《君牙》："克左右，乱四方。"则《尚书》，"乱"又训为治。乱之训治者，当与《周易·剥》之"剥"字训法同。在《剥》卦，剥有二义：一、腐败，朽化，剥落。二、剥除，剥除其腐败者。如此，"乱"可解为治乱。**崔杼其有乎？不十人，不足以葬。"**言武王治臣多，故能济事；崔杼无治臣，不能得葬。**既，崔氏之臣曰："与我其拱璧，**与，予也。杨伯峻："拱璧，大璧。"**吾献其柩。"于是得之。十二月乙亥朔，齐人迁庄公，殡于大寝。**杜预："更殡之于路寝也。"**以其棺尸崔杼于市，**其棺，杜预谓崔杼葬庄公之棺，杨伯峻谓崔杼之棺。当以杜注为是，齐人志在得崔杼之尸，既得其尸，则其棺实无甚价值，不必将来陈示。而崔杼葬庄公之棺因不合礼制，故以其棺置崔杼尸侧，以彰其罪。**国人犹知之，皆曰："崔子也。"**

为宋之盟故，公及宋公、陈侯、郑伯、许男如楚。公过郑，郑伯不在。杜预："已在楚。"**伯有廷劳于黄崖，**伯有，良霄。**不敬。穆叔曰："伯有无戾于郑，**戾，罪也。无戾，不获罪，不得罪。**郑必有大咎。**言伯有若不获罪于郑，则郑国当任其祸殃。**敬，民之主也，而弃之，何以承守？**杜预："言无以承先祖，守其家。"**郑人不讨，**讨，治其罪。**必受其辜。济泽之阿，**杨伯峻："渡口曰济；水草之交曰泽。"杜注"阿"为薄土。**行潦之蘋藻，**杨伯峻："行，道路。潦，积水。蘋，浮萍。藻，水草。"**寘诸宗室，**杜预："荐宗庙。"**季兰尸之，**杨伯峻谓"季兰"即《诗·召南·采蘋》，"谁其尸之，有齐（斋）季女"之"季女"，是也。尸，即上文"麻婴为尸"之尸。**敬也。敬可弃乎？"**

及汉，楚康王卒。公欲反，叔仲昭伯曰："我楚国之为，岂为一人？杜预："昭伯，叔仲带。"一人，指楚康王，下同。杨伯峻："言我来乃为楚国，非为康王一人。"**行也！"子服惠伯曰："君子有远虑，小人从迩。饥寒之不恤，谁遑其后？**言无暇顾远。**不如姑归也。"叔孙穆子曰："叔仲子专之矣，**专，专于事之道，即得政事之道。杜预："言足专用。"**子服子始学者也。"**谓其言是初学为政之言。杜预："言未识远。"**荣成伯曰："远图者，忠也。"**杜预："成伯，荣驾鹅。"**公遂行。宋向戌曰："我一人之为，非为楚也。**言我乃专为楚康王而来，非为楚国而来。**饥寒之不恤，谁能恤楚？姑归而息民，待其立君而为之备。"宋公遂反。**

楚屈建卒。赵文子丧之如同盟，礼也。屈建，令尹子木。

王人来告丧。问崩日，以甲寅告，杨伯峻："实死于癸巳。"

故书之，从告而书“甲寅”。**以徵过也。**“徵”或本作“惩”，误。徵，彰也，明也。

襄公二十九年

【经】

二十有九年春王正月，公在楚。

夏五月，公至自楚。

庚午，六月五日。**卫侯衎卒。**

阍弑吴子馀祭。阍，守门者。

仲孙羯会晋荀盈、齐高止、宋华定、卫世叔仪、郑公孙段、曹人、莒人、滕人、薛人、小邾人城杞。仲孙羯，孟孝伯。

晋侯使士鞅来聘。

杞子来盟。杞为伯爵，称“杞子”，贱之也。

吴子使札来聘。杜预：“吴子，馀祭。既遣札聘上国而后死。札以六月到鲁，未闻丧也。”

秋九月，葬卫献公。

齐高止出奔北燕。

冬，仲孙羯如晋。

【传】

二十九年春，王正月，公在楚，释不朝正于庙也。杜预：“释，解也。告庙（公）在楚，解公所以不朝正。”

楚人使公亲襚，襚，死人之衣服，此为动词，致襚。杨伯峻：“襚，为死者穿衣。含、襚、赗、临为诸侯使臣吊邻国之丧礼，此时鲁公至楚，楚人竟欲鲁公亲为之。据下文祓殡，则康王已大敛而停柩矣。殡后致襚，亦见《杂记上》，将送死者之衣服置于柩东。”**公患之。穆叔曰：“祓殡而襚，则布币也。”**杜预：“先使巫祓除殡之凶邪而行襚礼，与朝而布币无异。”杨伯峻：“布币，即将朝聘之皮币陈列之。”**乃使巫以桃茢先祓殡。**用桃茢扫除灵柩之凶邪。桃，桃枝。杜预：“茢，黍穰。”《周礼》郑注曰：“茢，苕帚。”或“茢”类似高粱穗制成之炊除。**楚人弗禁，既而悔之。**杜预：“礼，君临臣丧乃祓殡，故楚悔之。”

二月癸卯，六日。**齐人葬庄公于北郭。**杜预：“兵死不入兆域，故葬北郭。”杜预之“兵死”乃指凶死，非指死于戎事。

夏四月，葬楚康王。公及陈侯、郑伯、许男送葬，至于西门之外。诸侯之大夫皆至于墓。楚郏敖即位。杜预：“郏敖，康王子熊麇也。”**王子围为令尹。**杜预：“围，康王弟。”**郑行人子羽曰：“是谓不宜，必代之昌。松柏之下，其草不殖。”**松柏之林下不长草。此比王子围为松柏，郏敖为其下之草，为松柏所盖，将不能生殖。

公还，及方城。季武子取卞，卞 biàn，鲁公邑。杜预：“取卞邑以自益。”**使公冶问，**杜预：“问公起居。公冶，季氏属大夫。”**玺书追而与之，**杨伯峻：“以印封书追与公冶，使之转致襄公。玺（xǐ），印章。”**曰：“闻守卞者将叛，臣帅徒以讨之，既得之矣，敢告。”**杨伯峻：“乘襄公不在国内，借口卞大夫将叛而自取之。”**公冶致使而退，**杨伯峻：“致使，问鲁公安，亦交玺书。”**及舍而后闻取卞。**杜预：“发书乃闻之。”**公曰：“欲之而言叛，只见疏也。”**见同现。徒现疏远于我。杜预：“言季氏欲得卞，而欺我言叛，益疏我。”杨伯峻：“意谓季武子欲之，无妨与我言之，借口卞叛而取之，徒疏远我。”

公谓公冶曰：“吾可以入乎？”杨伯峻：“恐季氏于己有

不利行为。”对曰：“君实有国，谁敢违君？”公与公冶冕服。善其知礼。杜预：“以卿服玄冕赏之。”固辞，强之而后受。公欲无入，盖欲适诸侯谋季氏。荣成伯赋《式微》，其句有“式微式微，胡不归”，谓公室式微，若不归，惧不得归也。乃归。五月，公至自楚。

公冶致其邑于季氏，示不食其禄。而终不入焉。杜预：“不入季孙家。”曰：“欺其君，何必使余？”季孙见之，则言季氏如他日。不见，则终不言季氏。及疾，聚其臣，曰：“我死，必无以冕服敛，非德赏也。杨伯峻：“公冶自恨为季孙欺骗鲁君，鲁君赏之，则非以其有德，因不欲以所赏敛。”且无使季氏葬我。”

葬灵王，郑上卿有事。有事，祭也。子展使印段往。伯有曰：“弱，不可。”弱，年少。子展曰：“与其莫往，杨伯峻：“莫，无人也。”弱不犹愈乎？《诗》云：‘王事靡盬，杨伯峻：“靡，无也。盬，不坚固，不细致。”不遑启处。’杨伯峻：“遑，暇也。启，跪也。处，居也。处则以膝着地而臀下于足跟。此处跪处犹言安居。”东西南北，谁敢宁处？坚事晋、楚，以蕃王室也。《传》蕃与藩通用，藩屏也。王事无旷，旷，即今旷课，旷工之旷。何常之有？”遂使印段如周。

吴人伐越，获俘焉，以为阍，阍 hūn，司门禁者。使守舟。吴子馀祭观舟，阍以刀弑之。

郑子展卒，子皮即位。子皮，罕虎。杜预：“子皮代父为上卿。”于是郑饥而未及麦，民病。子皮以子展之命，杜预：“在丧，故以父命也。”饩国人粟，户一锺，锺，量器名。是以得郑国之民。故罕氏常掌国政，以为上卿。宋司城子罕闻之，曰：“邻于善，民之望也。”宋亦饥，请于平公，出公粟以贷，使大夫皆贷。司城氏贷而不书，杨伯峻：“不书，不书借约，即不求归还。”为大夫之无者贷。杨伯峻：“子罕又为大夫之无粟者，代之贷于民。”**宋无饥人。叔向闻之，曰：“郑之罕，**子展、子皮，罕氏。**宋之乐，**宋子罕，乐氏。**其后亡者也，二者其皆得国乎！**杜预：“得掌国政。”**民之归也。施而不德，**施舍而不自居其德。**乐氏加焉，其以宋升降乎！”**杨伯峻：“谓随宋之盛衰而升降，与国同运也。”

晋平公，杞出也，杨伯峻：“晋悼公夫人为杞国女。”**故治杞。**杜预：“治，理其地，修其城。”**六月，知悼子合诸侯之大夫以城杞，孟孝伯会之。郑子大叔与伯石往。**伯石，公孙段。**子大叔见大叔文子，**文子，大叔仪。**与之语。文子曰：“甚乎！其城杞也。”**甚，今曰过分。**子大叔曰：“若之何哉？晋国不恤周宗之阙，**沈钦韩：“周宗言周室也。”**而夏肄是屏。**杞为夏之后代，故曰夏肄。肄即《诗·周南·汝坟》“遵彼汝坟，伐其条肄”之肄，《毛诗传》：“肄，余也。斩而复生曰肄。”**其弃诸姬，亦可知也已。诸姬是弃，其谁归之？吉也闻之，弃同、即异，**即，就，从也。言弃同姓而从异类。**是谓离德。《诗》曰：‘协比其邻，昏姻孔云。’**协比，和协亲比。孔，甚也，大也。云，聚，集也。《郑风·出其东门》：“出其东门，有女如云。”《周易·小畜》：“密云不雨。”**晋不邻矣，其谁云之？”**

齐高子容与宋司徒见知伯，女齐相礼。杜预：“子容，高止也。司徒，华定也。知伯，荀盈也。女齐，司马侯也。”**宾出，司马侯言于知伯曰：“二子皆将不免。子容专，司徒侈，**专，擅专。杜预：“专，自是也。”侈，汰侈。**皆亡家之主也。”知伯曰：“何如？”对曰：“专则速及，侈将以其力毙，**由其汰侈之力度决定其毙之迟速。**专则人实毙之，将及矣。”**“将及矣”乃从属于“专则人实毙之”，非与之平列。或本作“侈将及矣”，误。

范献子来聘，拜城杞也。杜预：“谢鲁为杞城。”**公享之，展庄叔执币。**杜预：“公将以酬宾。”**射者三耦，**杜预：“二人为耦。”

公臣不足，取于家臣。家臣，展瑕、展玉父为一耦。展玉父，或本作“展王父”，误。**公臣，公巫召伯、仲颜庄叔为一耦，鄫鼓父、党叔为一耦。**杜预：“言公室卑微，公臣不能备于三耦。”

晋侯使司马女叔侯来治杞田，女 rǔ 叔侯，女齐。杜预：“使鲁归前侵杞田。”**弗尽归也。**未悉数归还。**晋悼夫人愠曰：“齐也取货。**杜预：“夫人，平公母，杞女也。谓叔侯取货（受贿）于鲁，故不尽归杞田。”是也。杨伯峻驳杜注，非也。**先君若有知也，不尚取之。”**杜预：“不尚叔侯之取货。”**公告叔侯，叔侯曰：“虞、虢、焦、滑、霍、扬、韩、魏，皆姬姓也，**杜预：“八国皆晋所灭。”**晋是以大。若非侵小，将何所取？武、献以下，兼国多矣，**杜预：“武公、献公，晋始盛之君。”兼，兼并，吞并。**谁得治之？杞，夏余也，而即东夷。**杜预：“行夷礼。”**鲁，周公之后也，而睦于晋。以杞封鲁犹可，而何有焉？**何有，何顾恤也。有，存念于心也。杨伯峻：“何有于杞，谓不当心目中有杞国也。”**鲁之于晋也，职贡不乏，玩好时至，公卿大夫相继于朝，史不绝书，**言朝聘殷也。朝聘必书于策，由史官书之。**府无虚月。**杜预：“无月不受鲁贡。”**如是可矣，何必瘠鲁以肥杞？**瘠与肥对。**且先君而有知也，**杨伯峻：“而，用法同如。”**毋宁夫人，而焉用老臣？”**毋宁，宁也。言宁用夫人为政，又何必用老臣。古礼妇人不涉政。

杞文公来盟。杜预：“鲁归其田，故来盟。”**书曰“子”，贱之也。**

吴公子札来聘，并聘诸侯，先至鲁。札，季札。**见叔孙穆子，说之。**说同悦。**谓穆子曰：“子其不得死乎！**杜预：“不得以寿死。”**好善而不能择人。**择用善人。**吾闻‘君子务在择人’。吾子为鲁宗卿，而任其大政，不慎举，**杨伯峻：“不慎重举拔人。”**何以堪之？祸必及子！”**

请观于周乐。杜预：“鲁以周公故，有天子礼乐。”**使工为之歌《周南》、《召南》，**此当指二《南》之首篇，《关雎》与《鹊巢》也。**曰：“美哉！始基之矣，**杜预：“王化之基。”**犹未也，然勤而不怨矣。”**杨伯峻：“基之，为王乐奠定基础，犹未成功，而民虽劳而不怨。”**为之歌《邶》、《鄘》、《卫》，**杨伯峻：“邶、鄘、卫，本三国，所谓三监，三监叛周，周公平定之，后并入于卫，故季札只言卫。”**曰：“美哉，渊乎！忧而不困者也。**杨伯峻：“渊，深也。康叔时遭管叔、蔡叔以殷叛。卫武公，康叔九世孙，遭幽王褒姒之难，自是忧。然而不为之困，武公曾将兵助周平戎。”**吾闻卫康叔、武公之德如是，是其《卫风》乎！”**杨伯峻：“康叔，周公弟。周初无谥，康非谥。康叔初食采邑于康。”**为之歌《王》，**杨伯峻：“《王》乃东周雒邑王城之乐曲。”杜预：“《王》，《黍离》也。”**曰：“美哉！思而不惧，**杜预：“宗周陨灭，故忧思。犹有先王之遗风，故不惧。”**其周之东乎！”**杨伯峻：“谓此殆周东迁以后之乐诗。”**为之歌《郑》，曰：“美哉！其细已甚，**杨伯峻：“所言多男女间琐碎之事，有关政治极少。”**民弗堪也，是其先亡乎！”为之歌《齐》，曰：“美哉，泱泱乎！**泱泱，广大无际貌。**大风也哉！表东海者，其大公乎！**表，表率。杜预：“大公封齐，为东海之表式。”**国未可量也。”为之歌《豳》，**杜预：“豳（bīn），周之旧国。”**曰：“美哉，荡乎！**荡即《尧典》“荡荡怀山襄陵”之荡荡。荡荡乎，激荡澎湃貌。**乐而不淫，其周公之东乎！”**乐，lè。杜预：“乐而不淫，言有节也。周公遭管、蔡之变，东征三年，为成王陈后稷先公不敢荒淫，以成王业，故言其周公之东乎。”**为之歌《秦》，曰：“此之谓夏声。**古以西方为夏。**夫能夏则大，**夏，大也，故曰能夏则大。**大之至也，其周之旧乎！”**杨伯峻：“秦尽有周之旧地。”杜预：“（秦）襄公佐周平王东迁而受其（周）故地，故曰周之旧。”**为之歌《魏》，**魏，姬姓国，闵元年为晋献公所灭。**曰：“美哉，沨沨乎！**飘风发发貌。**大而婉，**形体庞大，然善刚柔屈伸展转之变，故曰大而婉。婉，指其歌词委婉。**险而易行，**遇险阨隘阻自能收放屈伸不为所困，故曰易行。**以德辅此，则明主也。”为之歌《唐》，**晋之始封君叔虞封唐。《唐》，晋国之风。**曰：“思深哉！其有陶唐氏之遗民乎！**杨伯峻：“尧本封陶，后徙于唐，则唐旧为尧都，故云有‘陶唐氏之遗民’。”**不然，何其忧之远也？**杜预：“忧深思远，情发于声。”**非令德之后，谁能若是？”为之歌《陈》，曰：“国无主，其能久乎？”**杜预：“淫声放荡无所畏忌，故曰国无主。”杨伯峻：“陈灭距此年不过六十五年。”**自《郐》以下无讥焉。**讥，犹评议也，非讥讽讥刺之讥。昭十年“吾是以讥之”，与此“讥”同义。**为之歌《小雅》，曰：“美哉！思而不贰，**杜预：“思文、武之德，无贰叛之心。”竹添光鸿：“思只是哀思，非思文、武。”善。**怨而不言，**杜预：“有哀音。”**其周德之衰乎！犹有先王之遗民焉。”**杨伯峻：“先王当指周代文、武、成、康诸王。服虔谓周德之衰疑其为幽王、厉王之政。”**为之歌《大雅》，曰：“广哉，熙熙乎！**庸和貌。**曲而有直体，**杨伯峻：“言其乐曲有抑扬顿挫高下之妙，而本体则直。”**其文王之德乎！”为之歌《颂》，曰：“至矣哉！直而不倨，**杨伯峻：“倨，倨傲，不逊。”**曲而不屈，**柔顺委曲，虽屈下而不屈服，不因压迫失掉信仰。杨伯峻：“虽能委曲，而不屈折。”**迩而不偪，**近而不侵迫。**远而不携，**携，离也。**迁而不淫，**迁，去位而行也。《说文》：“迁，登也。”登，升，晋，进也。《广雅》：“迁，移也。”《尔雅》：“迁，徙也。”**复而不厌，**频繁于其周期，而不厌倦。**哀而不愁，**愁则伤性。杜预：“知命。”**乐而不荒，**杜预：“节之以礼。”**用而不匮，**杨伯峻：“用谓行其德，故杜注云‘德弘大’。”是也。**广而不宣，**博大而不自显。不自显今曰不炫耀。**施而不费，**杜预：“因民所利而利之。”善其道，故不自费，比如授人以渔而非授人以鱼。**取而不贪，处而不底，**处，居，守也。底，止，滞，僵滞也。**行而不流。**流，涣散也。犹水注平地，必涣散而不能行。“处而不底，行而不流”与今“一抓就死，一放就乱”意近似而相对。**五声和，**宫、商、角、徵、羽。**八风平，**杜预：“八方之气，谓之八风。”**节有度，守有序，**杜预：“八音克谐，节有度也。无相夺伦，守有序也。”**盛德之所同也。”**据杜预，《颂》有《周颂》、《鲁颂》、《商颂》，故曰盛德之所同。

见舞《象箾》《南籥》者，杜预：“皆文王之乐。”箾shuò。籥yuè。**曰：“美哉！犹有憾。”**杜预：“美哉，美其容也。文王恨不及己致大平。”**见舞《大武》者，**杜预：“武王乐。”**曰：“美哉！周之盛也，其若此乎！”见舞《韶濩》者，**杜预：“殷汤乐。”濩huō。**曰：“圣人之弘也，而犹有惭德，**杜预：“惭于始伐。”杨伯峻：“惭愧之德，季札或以商汤伐桀为以下犯上，故云‘犹有惭德’。”**圣人之难也。”见舞《大夏》者，**杜预：“禹之乐。”**曰：“美哉！勤而不德，**杨伯峻：“不德，不自以为德也。”**非禹其谁能修之？”**杨伯峻：“修之谓创此乐舞。”**见舞《韶箾》者，**杜预：“舜乐。”**曰：“德至矣哉，大矣！如天之无不帱也，**帱音陶，覆盖也。**如地之无不载也。虽甚盛德，其蔑以加于此矣，观止矣。**杨伯峻：“尽善尽美至于最大限度，故曰观止。”**若有他乐，吾不敢请已。”**杜预：“鲁用四代之乐，故及《韶箾》而季子知其终也。舞毕知其乐终，是素知其篇数。”

其出聘也，通嗣君也。杜预谓嗣君为馀祭，是也。贾逵、服虔、杨伯峻皆谓嗣君为夷昧。然馀祭被弑在六月，而季札至鲁亦在六月，故馀祭之被弑当在季札出聘之途中。若依礼，此时馀祭尚未得葬，夷昧今年又不能即位，不能行君令，而遽遣使通嗣于诸侯，故以为非。且据《传》，诸侯立三四年而遣使通嗣者亦不乏其例（馀祭于鲁襄二十六年即位）。**故遂聘于齐，说晏平仲，谓之曰：“子速纳邑与政。**杜预：“纳，归之公。”**无邑无政，乃免于难。齐国之政将有所归，**归谓归于应得之人。**未获所归，难未歇也。”**歇，息也。**故晏子**

因陈桓子以纳政与邑，是以免于栾、高之难。栾、高之难在昭十年。

聘于郑，见子产，如旧相识。与之缟带，子产献纻衣焉。纻 zhù。**谓子产曰："郑之执政侈，**执政指伯有。**难将至矣，政必及子。子为政，慎之以礼。不然，郑国将败。"**

适卫，说蘧瑗、蘧 qú 伯玉。**史狗、**杜预："史朝之子文子。"**史鰌、**史鰌 qiū，史鱼。**公子荆、公叔发、**杜预："公叔文子。"**公子朝。曰："卫多君子，未有患也。"**

自卫如晋，将宿于戚。戚，孙文子之邑。**闻钟声焉，曰："异哉！吾闻之也：'辩而不德，**辩，辩论，争辩，争议也。辩则不可谓直。诸侯于孙林父出其君之事广有争议，或谓林父不臣，然亦不乏罪献公者，如晋侯即认为献公有罪，故此孙林父得免于诸侯之讨。而，且也。**必加于戮。'**戮，刑也。**夫子获罪于君以在此，惧犹不足，而又何乐？**乐 lè。**夫子之在此也，犹燕之巢于幕上。**幕随时可能拆去。**君又在殡，**献公卒，未葬。**而可以乐乎？"**乐 yuè。**遂去之。**杜预："不止宿。"**文子闻之，终身不听琴瑟。**杨伯峻："琴瑟，乐之小者；钟鼓，乐之大者。此以小概大。"

适晋，说赵文子、韩宣子、魏献子，曰："晋国其萃于三族乎！"杜预："言晋国之政，将集于三家。"**说叔向，将行，谓叔向曰："吾子勉之！君侈而多良，**杨伯峻："良谓良臣。"良或特指叔向多良。**大夫皆富，政将在家。**家，卿大夫曰家。**吾子好直，必思自免于难。"**

秋九月，齐公孙虿、公孙灶放其大夫高止于北燕。杜预："虿（chài），子尾。灶，子雅。"**乙未，**二日。**出。书曰："出奔。"罪高止也。高止好以事自为功，且专，故难及之。**

冬，孟孝伯如晋，报范叔也。杜预："范叔，士鞅也。此年夏来聘。"

为高氏之难故，高竖以卢叛。杜预："竖，高止子。"十月庚寅，二十七日。闾丘婴帅师围卢。高竖曰："苟使高氏有后，请致邑。"杜预："还邑于君。"齐人立敬仲之曾孙酀，杜预："敬仲，高傒。"良敬仲也。十一月乙卯，二十三日。高竖致卢而出奔晋，晋人城绵而寘旃。杜预："晋人善其致邑。"

郑伯有使公孙黑如楚，杜预："黑，子皙。"辞曰："楚、郑方恶，而使余往，是杀余也。"伯有曰："世行也。"世，世代。行，行人。言公孙黑素居行人之职，固当往。子皙曰："可则往，难则已，何世之有？"杨伯峻："可往则往，有危难则止，无所谓代代为使者。"伯有将强使之。子皙怒，将伐伯有氏，大夫和之。十二月己巳，七日。郑大夫盟于伯有氏。裨谌曰："是盟也，其与几何？杨伯峻："即'其几何欤'之变句，言不能久。"裨谌 bìshén。《诗》曰：'君子屡盟，乱是用长。'今是长乱之道也。祸未歇也，必三年而后能纾。"杜预："纾，解也。"然明曰："政将焉往？"将归于谁。裨谌曰："善之代不善，天命也，其焉辟子产？辟同避。举不逾等，则位班也。杨伯峻："若依班次，子产应执政。"择善而举，则世隆也。杨伯峻："若择善人，子产为世所重。"天又除之，杨伯峻："除之，为子产清除道路。"夺伯有魄，伯有将不能久。子西即世，子西位在伯有之下，子产之上，然已死，故此时伯有之下即为子产。将焉辟之？将非子产莫属。天祸郑久矣，其必使子产息之，乃犹可以戾。《诗经》"戾止"、"止戾"常连言，戾，止也。杜预："戾，定也。"不然，将亡矣。"

襄公三十年

【经】

三十年春王正月，楚子使薳罢来聘。

夏四月，蔡世子般弑其君固。

五月甲午，五日。宋灾，宋伯姬卒。

天王杀其弟佞夫。称“弟”，罪周王。

王子瑕奔晋。

秋七月，叔弓如宋，葬宋共姬。杜预：“共姬，从夫谥也。叔弓，叔老之子。”

郑良霄出奔许，良霄，伯有。自许入于郑，郑人杀良霄。

冬十月，葬蔡景公。

晋人、齐人、宋人、卫人、郑人、曹人、莒人、邾人、滕人、薛人、杞人、小邾人会于澶渊，宋灾故。

【传】

三十年春，王正月，楚子使薳罢来聘，通嗣君也。杜预：“郏敖即位。”穆叔问：“王子之为政何如？”杜预：“王子围为令尹。”对曰：“吾侪小人，食而听事，犹惧不给命，杨伯峻：“不给命，给，足也，谓不足完成使命。”而不免于戾，焉与知政？”固问焉，不告。穆叔告大夫曰：“楚令尹将有大事，杨伯峻：“谓将杀王而自立。”子荡将与焉，子荡，薳罢。与，从也。助之匿其情矣。”

子产相郑伯以如晋，叔向问郑国之政焉。对曰："吾得见与否，在此岁也。驷、良方争，杜预："驷氏，子皙也。良氏，伯有也。"未知所成。未知结果如何。成，广义之成，事有结果皆可曰成；狭义之成，唯好的结果曰成。若有所成，吾得见，乃可知也。"叔向曰："不既和矣乎？"对曰："伯有侈而愎，侈，汰侈。愎 bì，乖戾自用。子皙好在人上，莫能相下也。虽其和也，犹相积恶也，恶至无日矣。"杜预："为此年秋良霄出奔传。"

二月癸未，二十二日。晋悼夫人食舆人之城杞者。杜预："舆，众也。城杞在往年。"绛县人或年长矣，或，有人，某人。无子而往。因无子，故己被征为役徒，而往城杞。与于食。亦来受犒食。有与疑年，有与，有与食者，此人或为宴所之监事官吏。疑年，怀疑其年龄。因其太老，不堪为役徒，故认为其或者冒充役人来蹭饭。使之年。使言其年。曰："臣小人也，不知纪年。臣生之岁，正月甲子朔，四百有四十五甲子矣，杨伯峻："六十日轮一次甲子，已历四百四十五甲子。"其季于今三之一也。"其季，其最末之甲子，即第四百四十五甲子。第四百四十五甲子尚未终，至今仅过其三分之一，故老者在世日数为四百四十四整甲子，外加三分之一甲子（二十日）。以上为犒食场所（宴所）之事，以下则是晋国朝中之事。吏走问诸朝，吏自宴所走问于朝廷。皆不能知老者年岁，故致问于朝。走，跑也。春秋时，一日两餐，即朝食与夕食，朝食为主，夕食为辅食，故享宴之礼常于上午食时进行，则从宴食者必当于食时之前就位，此时正当早朝之时。师旷曰："鲁叔仲惠伯会郤成子于承匡之岁也。在鲁文十一年。是岁也，狄伐鲁，叔孙庄叔于是乎败狄于咸，获长狄侨如及虺也豹也，而皆以名其子。七十三年矣。"史赵曰："亥有二首六身，下二如身，此"亥"字拆解，当参考小篆体。是其日数也。"士文伯曰："然则二万六千六百有六旬也。"二万六千六百六十日。

赵孟问其县大夫，知老者为绛县人，因问在朝之绛县大夫。杨伯峻："问老人其县大夫为谁。"误，老人不在朝，何得问之？**则其属也。**老者乃绛县大夫之属民。**召之，**老者时在宴所，故召之使来朝廷。**而谢过焉，**谢己身为国政，而使贤人掩没。**曰："武不才，任君之大事，以晋国之多虞，**杨伯峻："虞，忧也。"哀五年"二三子间于忧虞"，"忧虞"连言。虞亦常解为料，察，虑，图谋。**不能由吾子，**杜预："由，用也。"古有举贤之礼，《传》所谓"举淹滞"、"出滞淹"是也，则"由吾子"者，凭借己之贤才而被征用，以才自效于用也。则贤人能凭借才华主宰一己之命运，故曰"由"。**使吾子辱在泥涂久矣，武之罪也。敢谢不才。"遂仕之，使助为政。辞以老。与之田，使为君复陶，**昭十二年"秦复陶"，复陶为衣服名，此可借指"君职"，盖谓为君职补阙也。**以为绛县师，**杜预："县师，掌地域，辨其夫家人民。"**而废其舆尉。**杜预："以役孤老故。"

于是，鲁使者在晋，归以语诸大夫。季武子曰："晋未可媮也。媮，犹敷衍，糊弄。言事晋不可媮。**有赵孟以为大夫，有伯瑕以为佐，**伯瑕，士弱之子士匄，士文伯也（与范宣子士匄同族同名）。**有史赵、师旷而咨度焉，**咨礼为度，咨度即咨礼。事之善道曰礼，礼非仪也。**有叔向、女齐以师保其君。其朝多君子，其庸可媮乎？勉事之而后可。"**

夏四月己亥，郑伯及其大夫盟。杜预："驷、良争故。"**君子是以知郑难之不已也。**

蔡景侯为大子般娶于楚，通焉。大子弑景侯。

初，王儋季卒，杜预："儋（dān）季，周灵王弟。"**其子括将见王，而叹。**杜预："括除服见灵王，入朝而叹。"**单公子愆期为灵王御士，**杨伯峻："御士，侍御之士。"**过诸廷，**杜预："愆期行过王廷。"**闻其叹而言曰：**而，且也。**"乌乎！必有此夫！"**杜预："欲有此朝廷之权。"**入以告王，且曰："必杀之！**

不戚而愿大，父死而不戚。戚，哀也。愿大，欲得周室政权。**视躁而足高，**视躁，目光焦躁。杨伯峻："足高犹桓十三年《传》'举趾高，心不固矣'。"**心在他矣。不杀，必害。"王曰："童子何知？"**童子指衍期。**及灵王崩，儋括欲立王子佞夫。**杜预："佞夫，灵王子，景王弟。"**佞夫弗知。戊子，**二十八日。**儋括围蒍，逐成愆。**杜预："成愆，蒍邑大夫。"**成愆奔平畤。**杜预："平畤，周邑。"**五月癸巳，**四日。**尹言多、刘毅、单蔑、甘过、巩成杀佞夫。**杜预："五子，周大夫。"**括、瑕、廖奔晋。书曰"天王杀其弟佞夫。"罪在王也。**杜预："佞夫不知故。"

或叫于宋大庙，杜预："叫，呼也。"**曰："譆，譆！出出！"**杜预："譆譆，热也。出出，戒伯姬。"杨伯峻："（譆譆）象声之词。"**鸟鸣于亳社，**杜预："殷社。"**如曰："譆譆。"甲午，宋大灾。宋伯姬卒，待姆也。**杜预："姆，女师。"伯姬之宫亦失火，伯姬不出，必待保姆来，傅己而后出，因被火而死。**君子谓："宋共姬，女而不妇。女待人，妇义事也。"**杨伯峻："未嫁曰女，已嫁曰妇。君子谓伯姬其行乃女道，非妇道。女应无保傅不下堂，妇则可以便宜行事，何必葬身火窟中。"伯姬为鲁宣公与穆姜之长女，成九年嫁于宋。

六月，郑子产如陈莅盟。归，复命。告大夫曰："陈，亡国也，不可与也。杜预："不可与结好。"**聚禾粟，缮城郭，恃此二者，而不抚其民。其君弱植，**植根弱，**不重固。公子侈，大子卑，大夫敖，**敖同傲。**政多门，**杜预："政不由一人。"**以介于大国，**杜预："介，间也。"**能无亡乎？不过十年矣。"**

秋七月，叔弓如宋，葬共姬也。叔弓，子叔敬叔。宣公母弟叔肸生公孙婴齐（声伯），婴齐生叔老（子叔齐子），叔老生叔弓。

郑伯有耆酒，耆同嗜。**为窟室，**杜预、杨伯峻皆认为窟室即地下室，不从，窟室当为洞穴，凿洞为室。且此窟室不在伯有家，而在壑谷，伯有盖于壑谷凿洞为室。成十二年"地室"、昭二十七年"堀室"，则是地下室。**而夜饮酒击钟焉。朝至未已。**杨伯峻：“群卿大夫先朝伯有，犹齐之大夫朝庆封。朝者已至，伯有饮尚未止。”**朝者曰：“公焉在？”**公谓伯有。**其人曰：“吾公在壑谷。”**壑谷当不在其家，故不能遽告伯有。**皆自朝布路而罢。**杜预：“布路，分散。”是也。杨伯峻：“言自伯有之朝分路散归。”**既而朝，**杜预：“伯有朝郑君。”**则又将使子皙如楚，归而饮酒。庚子，**十一日。**子皙以驷氏之甲伐而焚之。伯有奔雍梁，醒而后知之，遂奔许。**

大夫聚谋，子皮曰：“《仲虺之志》云：杜预：“仲虺（huǐ），汤左相。”**‘乱者取之，亡者侮之。推亡固存，国之利也。’罕、驷、丰同生。**杜预：“罕，子皮；驷，子皙；丰，公孙段也。三家本同母兄弟。”**伯有汰侈，故不免。”**杜预：“三家同出，而伯有孤特，又汰侈，所以亡。”

人谓子产：“就直助强。”杜预：“时谓子皙直，三家强。”**子产曰：“岂为我徒？**杜预：“徒，党也。言不以驷、良为党。”**国之祸难，谁知所儆？**儆，戒，备豫。儆者，事先防御戒备祸难之生发。杨伯峻等，改“儆”为“敝”，又借“敝”为“弊”，不从。**或主强直，难乃不生。**杜预：“言能强能直则可弭难，今三家未能，则伯有方争。”**姑成吾所。”**成，就也。所，意志也，今谓立场。杨伯峻：“所，意也。”句谓坚持己之立场。**辛丑，**十二日。**子产敛伯有氏之死者而殡之，不及谋而遂行。**杜预：“不与于国谋。”**印段从之。**杜预：“义子产。”**子皮止之，众曰：“人不我顺，何止焉？”**杨伯峻：“谓其收伯有氏死者之尸而葬之。”**子皮曰：“夫人礼于死者，况生者乎？”遂自止之。壬寅，**十三日。**子产入。癸卯，**十四日。**子石入。**子石，印段。**皆受盟于子皙氏。乙巳，**十六日。**郑伯及其大夫盟于大宫。**杨伯峻：“大宫，始封君桓叔之庙。”**盟国人于师之梁之外。**杜预：“师之梁，郑城门。”

伯有闻郑人之盟己也，盟，陈亡者之罪恶，共盟以相戒。**怒。**

闻子皮之甲不与攻己也，喜，曰："子皮与我矣。"杨伯峻："误以为子皮助之。"**癸丑，**二十四日。**晨，自墓门之渎入，因马师颉介于襄库，**杜预："马师颉，子羽孙。"**以伐旧北门。驷带率国人以伐之。**驷带，子西之子，嗣子西为驷氏宗主，亦即子皙之宗主。**皆召子产。**杜预："驷氏、伯有俱召。"**子产曰："兄弟而及此，吾从天所与。"**与，从也，即也，就也，犹今曰"助"。**伯有死于羊肆。**杨伯峻："卖羊之街。"**子产禭之，**杨伯峻："衣其尸，小敛也。"**枕之股而哭之，敛而殡诸伯有之臣在市侧者，**杨伯峻："敛，大敛，以尸入棺。殡，停棺。"**既而葬诸斗城。子驷氏欲攻子产，**以其不从己而葬伯有故。**子皮怒之曰："礼，国之干也，**干，体也。**杀有礼，祸莫大焉。"**杜预："敛葬伯有为有礼。"**乃止。**

于是游吉如晋还，闻难不入，复命于介。介，副使。**八月甲子，**六日。**奔晋。驷带追之，**乱由驷氏起，恐致众怒，故追之。**及酸枣。与子上盟，用两珪质于河。**杜预："子上，驷带也。沈珪于河为信也。"**使公孙肸入盟大夫。**杨伯峻："公孙肸或即介。"**己巳，**十一日。**复归。**杜预："游吉归也。"

书曰"郑人杀良霄。"不称大夫，言自外入也。杜预："既出，位绝，非复郑大夫。"

于子蟜之卒也，子蟜，子游之子公孙虿。卒在十九年。**将葬，公孙挥与裨灶晨会事焉。**公孙挥，子羽。会事，如子蟜家会合商办丧事。**过伯有氏，其门上生莠。**莠 yǒu，狗尾草。**子羽曰："其莠犹在乎！"**伯有之门上生莠，而伯有久不除，今二子将过其门前，复议论之。莠为害草且生非所，而伯有不除之，喻伯有怙恶不悛改。**于是岁在降娄，**岁，岁星，今谓木星。岁星行在降娄。**降娄中而旦。**杜预："降娄，奎娄也。周七月，今五月（农历），降娄中（在中天）而天明（旦）。"**裨灶指之，**杨伯峻："之，降娄。此时日将出，天尚暗，故可见娄宿三星。"

曰：“犹可以终岁，杨伯峻：“终岁，岁星（木星）绕日一周终也。”古人分周天为十二次，岁星每年行其一次，十二年行一周天，即岁星之公转周期。以今年岁星在降娄计，须经大梁、实沈、鹑首、鹑火、鹑尾、寿星、大火、析木、星纪、玄枵、娵訾，是为一岁终。岁不及此次也已。”此次，岁星再及降娄之次。及其亡也，岁在娵訾之口。娵訾 jūzī 之口，在室宿和壁宿之间，形若口。其明年乃及降娄。

仆展从伯有，与之皆死。杜预：“仆展，郑大夫，伯有党。”羽颉出奔晋，杨伯峻：“羽颉即马师颉，以其祖子羽为氏。”为任大夫。任，晋邑。鸡泽之会，在三年。郑乐成奔楚，遂适晋。羽颉因之，与之比，而事赵文子，言伐郑之说焉。说，读“学说”之说，言论也。以宋之盟故，不可。杜预：“宋盟约弭兵故。”子皮以公孙鉏为马师。杜预：“鉏，子罕之子，代羽颉。”

楚公子围杀大司马蒍掩而取其室。申无宇曰：杜预：“无宇，芋尹。”“王子必不免。善人，国之主也。王子相楚国，将善是封殖，杨伯峻：“谓宜封殖善人。”而虐之，是祸国也。虐，杀也。且司马，令尹之偏，杜预：“偏，佐也。”而王之四体也。四体，四肢。绝民之主，去身之偏，艾王之体，杨伯峻据杨树达谓：“艾读为刈，斩除也。”以祸其国，无不祥大焉。言无有不祥大于此不祥者。何以得免？”

为宋灾故，诸侯之大夫会，以谋归宋财。冬十月，叔孙豹会晋赵武、齐公孙虿、宋向戌、卫北宫佗、郑罕虎及小邾之大夫，罕虎，子皮。会于澶渊。既而无归于宋，故不书其人。

君子曰：“信其不可不慎乎！澶渊之会，卿不书，不信也。诸侯之上卿，会而不信，宠名皆弃，杨伯峻：“宠指其执政之位，宠，荣也，尊也。名谓其氏族与名字。”不信之不可也如是。《诗》曰：‘文王陟降，在帝左右。’陟，登也，升也。帝，上帝。**信之谓也。又曰：'淑慎尔止，无载尔伪。'**止，行止。**不信之谓也。"书曰"某人某人会于澶渊，宋灾故"，尤之也。**尤，罪也，愆过也。**不书鲁大夫，讳之也。**

郑子皮授子产政，杜预："伯有死，子皮知政，以子产贤，故让之。"**辞曰："国小而偪，**杜预："偪近大国。"**族大宠多，不可为也。"**杜预："为犹治也。"**子皮曰："虎帅以听，谁敢犯子？子善相之。国无小，小能事大，国乃宽。"**宽对偪。

子产为政，有事伯石，任之以事。伯石，公孙段。**赂与之邑。子大叔曰："国，皆其国也？奚独赂焉？"**言国非独为公孙段之国，何为独赂之。**子产曰："无欲实难。皆得其欲，以从其事，**昭六年"制为禄位以劝其从"，此子产乃专任之（伯石）事，以劝其协从。**而要其成，**要，约也，约束。成，济也。**非我有成，其在人乎！**非我一人能成其治，其在众人之协从。**何爱于邑？邑将焉往？"**杜预："言犹在国。"爱，惜也，吝惜。**子大叔曰："若四国何？"**恐四邻尤为始作俑者。**子产曰："非相违也，而相从也，**言此为之目的不是为了相互违忤，而是为了相互协从。**四国何尤焉？**尤，责过也。**《郑书》有之曰：'安定国家，必大焉先。'**杜预："先和大族，而后国家安。"**姑先安大，以待其所归。"**视其归于德，抑或归于恶，再作区处。昭四年："而修德以待其归。若归于德，吾犹将事之，况诸侯乎？若适淫虐，楚将弃之。"**既，伯石惧而归邑，卒与之。伯有既死，使大史命伯石为卿，辞。**不受。**大史退，则请命焉。**私下请太史更命己。**复命之，又辞。如是三，乃受策入拜。**策，书有赐命之策书。伯有此行为，实欲使国人谓己谦让知礼。**子产是以恶其为人也，**杜预："恶其虚饰。"**使次己位。**杜预："畏其作乱，故宠之。"

子产使都鄙有章，杜预谓"都"为国都，不从，《传》国都例称"国"。杨伯峻："此都为广义，凡大夫之采邑，侯国之下邑皆可曰都。"

鄙，鄙野。章，服章之章，衣服之色彩图案。隐五年："昭文章，明贵贱。"**上下有服；**服，车服。子产理其尊卑贵贱，使都鄙、上下之车服文章不得僭越失度。**田有封洫，**杨伯峻："封，田界。洫，水沟。"**庐井有伍。**杜预："庐，舍也。九夫为井，使五家相保。"**大人之忠俭者，从而与之；泰侈者，**泰侈即汰侈。**因而毙之。**杜预："因其有罪而毙踣之。"

丰卷将祭，丰卷，丰氏。祭，祭公子丰。**请田焉。**请田猎以获取祭品。**弗许，**子产不许。**曰："唯君用鲜，**鲜，鲜野兽。**众给而已。"**杜预："众臣祭以刍豢（饲养之禽兽）为足。"杨伯峻："众人则视其有无，大致足够而已。"**子张怒，退而徵役。**征集家兵将攻子产。子张，丰卷。**子产奔晋，子皮止之而逐丰卷。丰卷奔晋。子产请其田、里。**里，丰卷之私里。**三年而复之，**使丰卷复返郑国。**反其田、里及其入焉。**其入，杜预"田、里所收入"。

从政一年，舆人诵之曰："取我衣冠而褚之，子产禁止服章僭越失度，一些人认为是夺取了自己之衣冠。杜预："褚，畜也（蓄藏）。"**取我田畴而伍之。**杜预："并畔为畴。"**孰杀子产，吾其与之。"及三年，又诵之曰："我有子弟，子产诲之；我有田畴，子产殖之。子产而死，谁其嗣之？"**嗣，继承。

襄公三十一年

【经】

三十有一年春王正月。

夏六月辛巳，二十八日。**公薨于楚宫。**不薨于路寝，失所也。楚宫，襄公仿楚国宫殿样式为己所造之宫。

秋九月癸巳，十一日。**子野卒。**杜预："不书葬，未成君。"

己亥，十七日。**仲孙羯卒。**

冬十月，滕子来会葬。

癸酉，二十一日。**葬我君襄公。**

十有一月，莒人弑其君密州。密州无道也。

【传】

三十一年春，王正月，穆叔至自会。杜预："澶渊会还。"**见孟孝伯，语之曰："赵孟将死矣。其语偷，**偷，苟且。**不似民主。且年未盈五十，**盖四十七八岁。**而谆谆焉如八九十者，**杨伯峻："谆谆，语絮絮不休貌。"**弗能久矣。若赵孟死，为政者其韩子乎！**杜预："韩子，韩起。"**吾子盍与季孙言之，可以树善，君子也。**杜预："言韩起有君子之德，今方知政，可素往立善。"**晋君将失政矣，若不树焉，使早备鲁，**杜预："使韩子早为鲁备。"**既而政在大夫，韩子懦弱，大夫多贪，求欲无厌，齐、楚未足与也，**与，从也，事也。**鲁其惧哉！"孝伯曰："人生几何？谁能无偷？朝不及夕，**

将安用树？”穆叔出而告人曰：“孟孙将死矣。吾语诸赵孟之偷也，而又甚焉。”甚于赵孟。又与季孙语晋故，故，事也。季孙不从。及赵文子卒，卒在明年。晋公室卑，政在侈家。韩宣子为政，不能图诸侯。杨伯峻：“不能谋求为诸侯霸主。”鲁不堪晋求，谗慝弘多，是以有平丘之会。杜预：“平丘会在昭十三年，晋人执季孙意如。”

齐子尾害闾丘婴，害，患也。欲杀之，使帅师以伐阳州。阳州，鲁邑。我问师故。杜预：“鲁以师往，问齐何故伐我。”夏五月，子尾杀闾丘婴以说于我师。说，解说也。工偻洒、渻灶、孔虺、贾寅出奔莒。杜预：“四子，婴之党。”出群公子。

公作楚宫。杜预：“适楚，好其宫，归而作之。”穆叔曰：“《大誓》云：‘民之所欲，天必从之。’君欲楚也夫，欲，犹慕，向往也。故作其宫。若不复适楚，必死是宫也。”六月辛巳，公薨于楚宫。

叔仲带窃其拱璧，杜预：“拱璧，公大璧。”以与御人，与，予也。纳诸其怀，而从取之，由是得罪。杜预：“得罪谓鲁人薄之，故子孙不得志于鲁。”叔仲带即叔仲昭伯，叔仲氏出于桓公子叔牙。

立胡女敬归之子子野，杜预：“胡，归姓之国。敬归，襄公妾。”次于季氏。秋九月癸巳，卒，毁也。杜预：“过哀毁瘠，以致灭性。”

己亥，孟孝伯卒。

立敬归之娣齐归之子公子裯。杜预：“齐，谥。裯，昭公名。”裯 chóu。穆叔不欲，曰：“大子死，有母弟，则立之；无，则立长。杜预：“立庶子则以年。”年钧择贤，义钧则卜，钧同均。杜预：“先人事，后卜筮也。义钧谓贤等。”古之道也。非適嗣，何必娣之子？杜预：“言子野非適嗣。”且是人也，居丧而不哀，在戚而有嘉容，戚，哀也。杨伯峻：“嘉容，容色喜悦。”是。嘉容又指修饰之容貌，非此文之义。是谓不度。不度之人，鲜不为患。

若果立之，必为季氏忧。”武子不听，卒立之。比及葬，三易衰，易，更换。衰cuī，丧服。三易者，共用四件也。衰衽如故衰。衽，衣襟也。故，旧也。襄公五月而葬，昭公服丧，嬉戏如儿童，穿烂三件丧服，比襄公葬时，第四件丧服之衣襟亦已破旧。于是昭公十九年矣，于今年昭公十九岁。犹有童心，君子是以知其不能终也。

冬十月，滕成公来会葬，惰而多涕。惰，懈怠也。子服惠伯曰：惠伯，孟献子之孙孟椒。“滕君将死矣。怠于其位，而哀已甚，兆于死所矣。杨伯峻：“将死之预兆。”能无从乎？”从谓从其兆。

癸酉，葬襄公。

公薨之月，子产相郑伯以如晋，晋侯以我丧故，未之见也。子产使尽坏其馆之垣而纳车马焉。士文伯让之，让，责让。士文伯，士匄，与范宣子士匄同族同名。曰：“敝邑以政刑之不修，寇盗充斥，杨伯峻：“充斥，充满也。”无若诸侯之属辱在寡君者何？无若，若也。是以令吏人完客所馆，完同院，此为动词。完客所馆者，为宾客之馆所筑院墙。高其闬闳，闬闳hànhóng，皆门也。厚其墙垣，以无忧客使。杜预：“无令客使忧寇盗。”今吾子坏之，虽从者能戒，能自戒备。其若异客何？以敝邑之为盟主，缮完葺墙，缮、葺为动词。完、墙为名词。杨伯峻：“完借为院。”可信。以待宾客，若皆毁之，其何以共命？共命，供给使客求宿之命。寡君使匄请命。”杜预：“请问毁垣之命。”对曰：“以敝邑褊小，介于大国，诛求无时，杜预：“介，间也。诛，责也。”是以不敢宁居，悉索敝赋，赋，贡赋，此指可用献为贡赋者。以来会时事。杜预：“随时来朝会。”则“时事”谓不时之事。逢执事之不閒，閒，闲暇。而未得见，又不获闻命。下文“宾见无时，命不可知”，与此同。命，指荐币之命，非召见之命。未知见时，不敢输币，输，入也，送也。亦不敢暴露。杨伯峻：“日晒夜露。”

其输之，则君之府实也，非荐陈之，不敢输也。荐，进也，献也。陈，列也。贡献有荐陈之礼，于公共场合行展示交接之仪式，用征信于众，使受者不得事后否认。**其暴露之，则恐燥湿之不时而朽蠹，以重敝邑之罪。侨闻文公之为盟主也，**杜预：“侨，子产名。文公，重耳。”**宫室卑庳，**杨伯峻：“庳音婢。卑庳同义。”**无观台榭，**观，动词。无可供观望之台榭。**以崇大诸侯之馆。馆如公寝，库厩缮修，司空以时平易道路，圬人以时塓馆宫室。**杨伯峻：“圬音乌。圬人，今之泥工。塓音觅，泥也，涂也。”**诸侯宾至，甸设庭燎，**甸，甸人。杜预：“设火于庭。”**仆人巡宫，**杜预：“巡宫行夜。”**车马有所，**车有库，马有厩。**宾从有代，**杜预：“代客役。”**巾车脂辖，**杜预：“巾车，主车之官。”是。杨伯峻：“辖音匣，车轴头上穿着之小铁棍，管住车轮使不脱落。脂，膏脂，此作动词，上油。”脂辖泛指保养车辆。**隶人牧圉，**隶人，杂隶之总称。牛有牧，马有圉。**各瞻其事，**瞻，顾也，视也。**百官之属，各展其物。**隶人牧圉司宾客之内事，百官之属主宾客之外事。宾客来使，必与主人有接洽、会谈、盟誓等等公共事务，则地主国诸相关官员必与宾客相见，涉及受授、知会、传达、向导、交涉诸事宜，则诸接待官员必展相关器物以待宾。**公不留宾，而亦无废事，**杜预：“宾得速去，则事不废。”**忧乐同之，事则巡之，**巡，巡视。杨伯峻：“巡，抚也。”**教其不知，而恤其不足。宾至如归，无宁菑患？**杜预：“言见遇如此，宁当复有菑患邪？无宁，宁也。”**不畏寇盗，而亦不患燥湿。今铜鞮之宫数里，**杜预：“铜鞮（dī），晋离宫。”**而诸侯舍于隶人。**杨伯峻：“住于隶人之舍。”**门不容车，而不可逾越。**门不容车辆通过，又不能翻墙而过。**盗贼公行，而天厉不戒。**杜预：“厉犹灾也，言水潦无时。”**宾见无时，命不可知。**命，荐币之命。**若又勿坏，是无所藏币以重罪也。敢请执事，将何以命之？**命币于何所。**虽君之有鲁丧，亦敝邑之忧也。**晋、鲁、郑同为兄弟。**若获荐币，修垣而行，君之惠也，敢惮勤劳？”**

文伯复命，赵文子曰："信。杜预："信如子产言。"**我实不德，而以隶人之垣以赢诸侯，**从商得利曰赢，商贾而有获得曰赢。赢，获也，得也。句谓以隶人之馆垣赚得诸侯之服事。**是吾罪也。"使士文伯谢不敏焉。**不敏，今谓不会办事。

晋侯见郑伯，有加礼，杜预："礼加敬。"**厚其宴好而归之。**据杨伯峻，宴好即僖二十九年之"加燕好"，燕同宴。燕谓燕礼，好谓好货。**乃筑诸侯之馆。**

叔向曰："辞之不可以已也如是夫！已，止也，止而不用也。**子产有辞，诸侯赖之，若之何其释辞也？**杨伯峻："释，舍弃也。"**《诗》曰：'辞之辑矣，民之协矣。辞之绎矣，民之莫矣。'**杜预："言辞辑睦，则民协同；辞说绎，则民安定。莫犹定也。"辑，顺也。绎，今《诗》作"怿"，悦怿也。《邶风·静女》："说怿女（汝）美。"《小雅·頍弁》："既见君子，庶几说怿。"《节南山》："既夷既怿。"《商颂·那》："我有嘉客，亦不夷怿。"莫，暮本字，引为止息。《大雅·皇矣》："监观四方，求民之莫。"**其知之矣。"**杜预："谓诗人知辞之有益。"

郑子皮使印段如楚，以适晋告，礼也。杜预："得事大国之礼。"

莒犁比公生去疾及展舆，杜预："犁比，莒子密州之号。"**既立展舆，**杜预："立以为世子。"**又废之。犁比公虐，国人患之。十一月，展舆因国人以攻莒子，**因，依靠，凭借。**弑之，乃立。**自立为君。**去疾奔齐，齐出也。**杜预："母齐女也。"**展舆，吴出也。**杜预："为明年奔吴传。"**书曰"莒人弑其君买朱鉏。"言罪之在也。**买朱鉏即密州。

吴子使屈狐庸聘于晋，杜预："狐庸，巫臣之子也。成七年适吴为行人。"**通路也。**杜预："通吴、晋之路。"**赵文子问焉，曰："延州来季子其果立乎？**延、州来皆季札邑，故称延州来季子。**巢陨诸樊，**二十五年吴子诸樊门于巢，受箭而死。**阍戕戴吴，**戴吴即吴子馀祭，二十九年为阍所杀。**天似启之，**启季札为君。**何如？”对曰：“不立。是二王之命也，**命，宿命，命运。二王，诸樊及馀祭。**非启季子也。若天所启，其在今嗣君乎！**杜预：“嗣君谓夷昧。”**甚德而度。**而，且也。度，法度。**德不失民，度不失事。**任事有度则事济。**民亲而事有序，其天所启也。有吴国者，必此君之子孙实终之。季子，守节者也。虽有国，不立。”**杜预：“其三兄虽欲传国与之，终不肯立。”

十二月，北宫文子相卫襄公以如楚，杜预：“文子，北宫佗也。襄公，献公子。”**宋之盟故也。过郑，印段廷劳于棐林，**廷，往也。**如聘礼而以劳辞。**杨伯峻：“仪节如聘问之礼，而用郊劳之辞。”**文子入聘。**谢其礼敬。杜预：“报印段。”**子羽为行人，冯简子与子大叔逆客。**杜预：“逆文子。”**事毕而出，**聘毕出郑国（都）。**言于卫侯曰：“郑有礼，其数世之福也，其无大国之讨乎！《诗》曰：‘谁能执热，逝不以濯。’**逝，去也，此谓去热。杜预：“濯（zhuó），以水濯手。”**礼之于政，如热之有濯也。濯以救热，何患之有？”**

子产之从政也，择能而使之。冯简子能断大事，断，裁断。**子大叔美秀而文，**而，且也，下同。文，善文辞。**公孙挥能知四国之为，**为，治政之方略。人心不同，治国各异。杨伯峻：“为谓政令。”**而辨于其大夫之族姓、班位、贵贱、能否，而又善为辞令。裨谌能谋，谋于野则获，谋于邑则否。**杜预：“此才性之敝。”**郑国将有诸侯之事，子产乃问四国之为于子羽，且使多为辞令。与裨谌乘以适野，使谋可否。而告冯简子，使断之。事成，乃授子大叔使行之，以应对宾客，是以鲜有败事。北宫文子所谓有礼也。**

郑人游于乡校，杜预：“乡之学校”**以论执政。**杜预：“论其得失。”**然明谓子产曰：**然明，鬷蔑。**“毁乡校，何如？”**杜预：“患人于中谤议国政。”**子产曰：“何为？夫人朝夕退而**

游焉，以议执政之善否。其所善者，吾则行之；其所恶者，吾则改之，是吾师也。若之何毁之？我闻忠善以损怨，杜预："为忠善则怨谤息。"**不闻作威以防怨。岂不遽止？**杨伯峻："作威防怨，怨可以急止。"**然犹防川。大决所犯，伤人必多，吾不克救也。不如小决使道，**杜预："道，通也。"杨伯峻："道同导，引导使之流。"**不如吾闻而药之也。"**药，作动词用，治也。**然明曰："蔑也今而后知吾子之信可事也。小人实不才，若果行此，其郑国实赖之，岂唯二三臣？"**

仲尼闻是语也，曰："以是观之，人谓子产不仁，吾不信也。"

子皮欲使尹何为邑。杨伯峻："尹何，子皮属臣。为邑，家邑之宰。"**子产曰："少，未知可否。"**杜预："尹何年少。"**子皮曰："愿，**愿，悫实也。《尚书·皋陶谟》："宽而栗，柔而立，愿而恭，乱而敬，扰而毅，直而温，简而廉，刚而塞，强而义。""而"前后两字之义皆相对。往往宽者不能严，太柔（无刚）则不能立，悫实者不屑礼仪，乱者不善敬，顺者不坚毅，直者不温，太简则不清楚明确，刚者不能堵塞（塞宜柔物），强戾者常因过度而失义。能与"恭"字义相对，而又不失人品端正，唯悫实者可以当之。杜预："愿，谨善也。"则与"恭"字义不相对。**吾爱之，不吾叛也。使夫往而学焉，**杜预："夫谓尹何。"**夫亦愈知治矣。"子产曰："不可。人之爱人，求利之也。今吾子爱人则以政，**杜预："以政与之。"**犹未能操刀而使割也，其伤实多。**杜预："多自伤也。"**子之爱人，伤之而已，其谁敢求爱于子？子于郑国，栋也。栋折榱崩，侨将厌焉，**榱 cuī，椽子。厌（厭）同压（壓）。**敢不尽言？子有美锦，不使人学製焉。**不使学徒用作学习使用。製，简体作制，裁制。**大官、大邑，身之所庇也，**言所以庇身者。**而使学者製焉，**谓与尹何邑，使学为政。**其为美锦，不亦多乎？**杜预："言官邑之重，多于美锦。”侨闻学而后入政，杨伯峻：“学而优则仕。”未闻以政学者也。若果行此，必有所害。譬如田猎，射御贯则能获禽，御，驾御。杜预：“贯，习也。”若未尝登车射御，言连车都没有上过，就要驾车射猎。则败绩厌覆是惧，何暇思获？”杨伯峻：“则唯恐车翻人压，无心思及于得禽兽。”子皮曰：“善哉！虎不敏。吾闻君子务知大者、远者，小人务知小者、近者。我，小人也。衣服附在吾身，我知而慎之。大官、大邑所以庇身也，我远而慢之。慢，轻慢。微子之言，吾不知也。他日我曰：‘子为郑国，我为吾家，为，治也。以庇焉，其可也。’今而后知不足。自今，请虽吾家，听子而行。”子产曰：“人心之不同如其面焉，吾岂敢谓子面如吾面乎？人之想法不同，亦如人之面貌各异，因此人与人之想法不同，理所当然。子产意在不否定子皮。抑心所谓危，抑，然也。亦以告也。”子皮以为忠，故委政焉。子产是以能为郑国。

卫侯在楚，北宫文子见令尹围之威仪，言于卫侯曰：“令尹似君矣，孔颖达：“言令尹威仪已是国君之容矣。”将有他志。他志，篡位。虽获其志，不能终也。《诗》云：‘靡不有初，鲜克有终。’谓人谋事大都能敬其始，鲜有慎之以终者。终之实难，令尹其将不免。”公曰：“子何以知之？”对曰：“《诗》云：‘敬慎威仪，惟民之则。’令尹无威仪，民无则焉。民所不则，以在民上，不可以终。”公曰：“善哉！何谓威仪？”对曰：“有威而可畏谓之威，有仪而可象谓之仪。君有君之威仪，其臣畏而爱之，则而象之，故能有其国家，令闻长世。臣有臣之威仪，其下畏而爱之，故能守其官职，保族宜家。宜家，合宜其家。顺是以下皆如是，是以上下能相固也。《卫诗》曰：‘威仪棣棣，不可选也。’棣棣，杜预“富而闲也”，杨伯峻“安和貌”。选，择也。《诗》本意盖谓舍此不能觅如此有威仪者，

《传》非取《诗》之本意。**言君臣、上下、父子、兄弟、内外、大小皆有威仪也。《周诗》曰：'朋友攸摄，摄以威仪。'** 杜预："攸，所也。摄，佐也。"**言朋友之道，必相教训以威仪也。《周书》数文王之德，曰：'大国畏其力，小国怀其德。'言畏而爱之也。《诗》云：'不识不知，顺帝之则。'** 不识者不知者，则当顺行上帝（天道，自然）之法则。**言则而象之也。纣囚文王七年，诸侯皆从之囚。纣于是乎惧而归之，可谓爱之。文王伐崇，再驾而降为臣，** 两次出征，崇国畏而臣服。**蛮夷帅服，可谓畏之。文王之功，天下诵而歌舞之，可谓则之。文王之行，至今为法，可谓象之。有威仪也。故君子在位可畏，施舍可爱，进退可度，周旋可则，容止可观，作事可法，德行可象，声气可乐，** 乐 lè。**动作有文，** 文同纹，纹理，条理。**言语有章，** 点画为纹，会纹成章。《小雅・六月》："织文鸟章，白旆央央。"章是由纹理组成的具有象征意义的图案，此指章节而言。《小雅・都人士》"出言有章"，谓言辞条理且有层次，蔚然成篇章。**以临其下，谓之有威仪也。"**